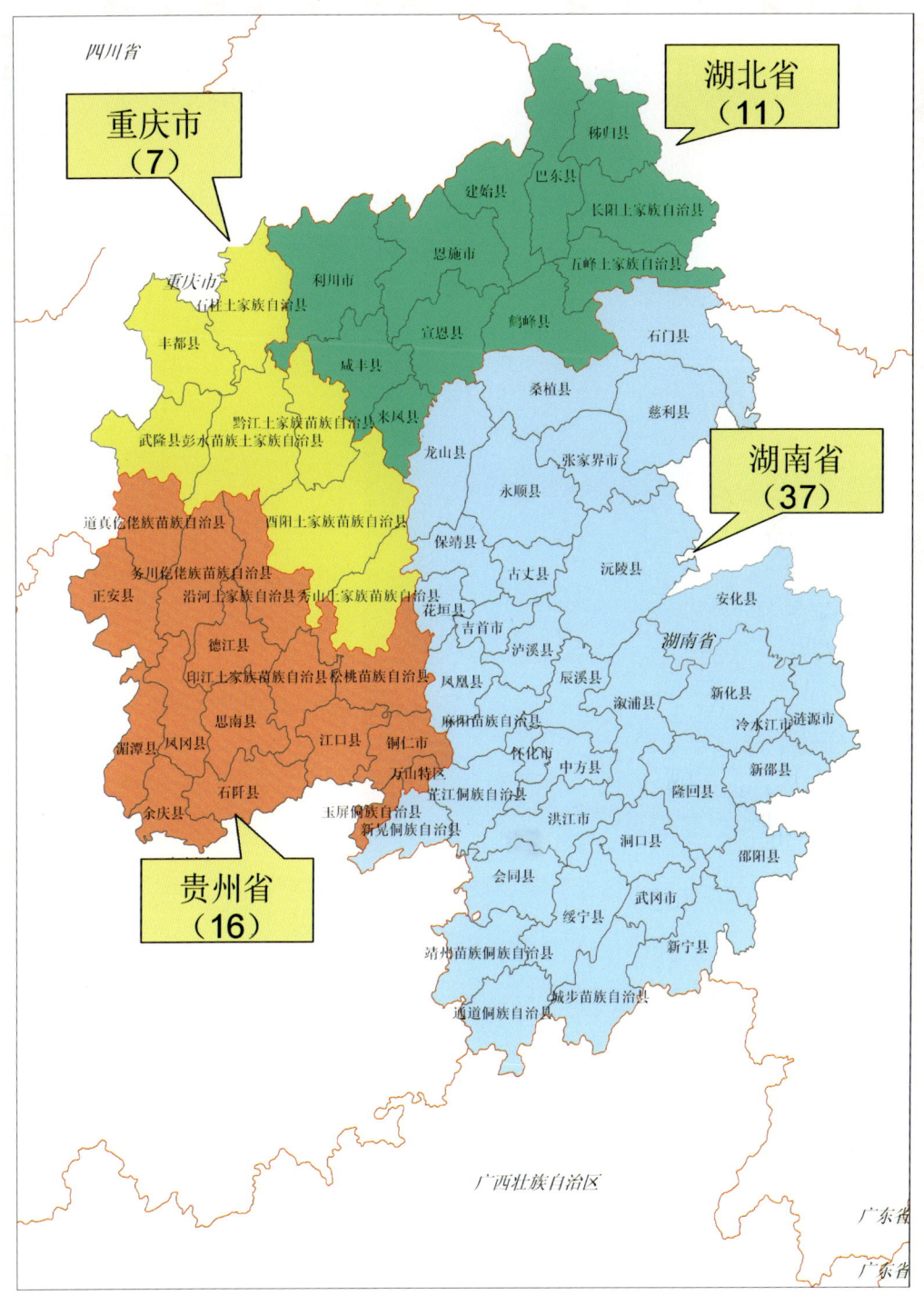

武陵山片区行政区划图

天星山
（龙中森 摄）

大酉藏书洞
（欧维湘 摄）

崀　山（王淑贞　摄）

土家吊脚楼（张昌俊　摄）

苗族椎牛（武吉海 摄）

苗族鼓舞（武吉海 摄）

苗族还傩愿（武吉海 摄）

浦市茶馆（武吉海 摄）

麻阳花灯
（王淑贞 摄）

苗族边边场（苗妹儿 摄）

傩坛（王淑贞 摄）

酉水号子（黄青松 摄）

石林对歌（沈祥辉 摄）

辛女庙（谭必友 摄）

芷江受降坊（何永军 摄）

《煜园问学》之三

神韵武陵

故事与文化

谭必友　洪文雄 ◎ 主编

学苑出版社

图书在版编目（CIP）数据

神韵武陵：故事与文化／谭必友，洪文雄主编．—北京：学苑出版社，2018.12

ISBN 978-7-5077-5636-4

Ⅰ.①神… Ⅱ.①谭… ②洪… Ⅲ.①民族文化－西南地区－通俗读物 Ⅳ.① K280.7-49

中国版本图书馆 CIP 数据核字（2018）第 300813 号

书名题字：韩景森

出 版 人：孟　白
责任编辑：杨　雷　陈柯宇
印制总监：张　翔
出版发行：学苑出版社
地　　址：北京市丰台区南方庄2号院1号楼
邮政编码：100079
网　　址：www.book001.com
电子邮箱：xueyuanpress@163.com
销售电话：010-67601101（营销部）、67603091（总编室）
印 刷 厂：河北赛文印刷有限公司
开本尺寸：787×1092　1/16开本
印　　张：23.5印张
字　　数：375千字
版　　次：2019年1月第1版
印　　次：2019年1月第1次印刷
定　　价：68.00元

东北大学中国满学研究院南方基地项目

东北大学秦皇岛分校人才引进资助项目

湖南民族历史文化研究基地资助项目

湖南师范大学民族与人类学研究中心大学素质课
《武陵山民族文化》辅助性教材

湖南师范大学人类学硕士生指定读物

湖北省教学研究项目成果(2012)

顾　　问：武吉海　赵　杰
主　　编：谭必友　洪文雄
副 主 编：龚志祥　陆　群
撰稿人（按姓氏笔画排序）：
　　　　　王淑贞　向　轼　杨　沁　郑艳萍
　　　　　胡　云　郗玉松　徐雯栋　黄　丽
　　　　　彭　佳　潘芬萍　戴楚洲
策 划 人：孙君子　杨建波　朱　峰

目 录

绪　论　武陵山：一个有故事的地方

第一篇　族源与传说

第一讲　地理与传说　/014
　　第一节　喀斯特地貌与神话传说　/014
　　第二节　丹霞地貌与神话传说　/023
　　第三节　武陵山水资源与神话传说　/025

第二讲　辛女传说与爱情故事母题　/034
　　第一节　辛女与槃瓠传说　/034
　　第二节　浪漫的宗教信仰与辛女古国　/039
　　第三节　对中国爱情故事的影响　/046

第三讲　廪君传说与战神起源　/049
　　第一节　从巴人廪君传说到土家族白虎图腾　/049
　　第二节　白帝天王的来历　/052
　　第三节　白帝天王教信仰　/058
　　第四节　战神白虎星的形成　/065

第二篇 制度与故事

第四讲 土司及其爱国故事 /069
第一节 土司制度概况 /069
第二节 武陵山土司故事 /071
第三节 土司制度评价 /083

第五讲 苗侗伙款与古老的民主文化 /084
第一节 古老的苗族伙款 /084
第二节 古老的侗款 /090
第三节 传说与故事 /094

第六讲 19世纪的土改运动——傅鼐与苗疆新政 /102
第一节 苗民起义与乾嘉之问 /102
第二节 傅鼐领导的均屯田及难题 /104
第三节 苗疆新政与中国历史曙光 /112
第四节 傅鼐留给我们的启示 /116

第七讲 书院与文化 /118
第一节 武陵山地区历史上的教育 /118
第二节 书院教育与人才培养 /123

第三篇 神秘的武陵之战

第八讲 武陵山少数民族先民的起义战争 /129
第一节 武陵山少数民族起义与刘尚征武陵 /129
第二节 马援征武陵 /130
第三节 起义的平息与善后措施 /134

　　　　第四节　武陵遍地伏波宫
　　　　　　——马援征武陵的历史影响　　　　　　/135

第九讲　溪州之战与溪州铜柱　　　　　　　　　　/137
　　　　第一节　马殷建楚及其对"五溪"地区的统治　/137
　　　　第二节　彭士愁经营"五溪"　　　　　　　　/139
　　　　第三节　溪州之战　　　　　　　　　　　　　/141
　　　　第四节　溪州铜柱及其影响　　　　　　　　　/142

第十讲　乾嘉苗民起义战争　　　　　　　　　　　　/146
　　　　第一节　历史上的武陵山苗民起义回顾　　　　/146
　　　　第二节　乾嘉苗民起义战争经过　　　　　　　/151
　　　　第三节　苗军为何有超常战斗力　　　　　　　/166

第十一讲　晚清民国时期的武陵山战事　　　　　　　/169
　　　　第一节　武陵山区辛亥革命先行者　　　　　　/169
　　　　第二节　武陵山区辛亥革命志士功绩　　　　　/173
　　　　第三节　中国共产党领导的革命斗争　　　　　/180

第四篇　文化与艺术

第十二讲　抢修芷江机场与中日雪峰山决战　　　　　/198
　　　　第一节　武陵山区各民族参加抗战概况　　　　/198
　　　　第二节　武陵山人民修建芷江抗战机场　　　　/204
　　　　第三节　中日雪峰山决战　　　　　　　　　　/207
　　　　第四节　芷江洽降　　　　　　　　　　　　　/210

第十三讲　歌与哭的故事　　　　　　　　　　　　　/215
　　　　第一节　古老的军歌战舞　　　　　　　　　　/215

　　　　第二节　苗族情歌　　　　　　　　　　/220

　　　　第三节　侗族大歌　　　　　　　　　　/223

　　　　第四节　哭嫁歌　　　　　　　　　　　/225

　　　　第五节　撒尔嗬　　　　　　　　　　　/228

第十四讲　集场与爱情　　　　　　　　　　　/232

　　　　第一节　赶边边场　　　　　　　　　　/232

　　　　第二节　四月八　　　　　　　　　　　/234

　　　　第三节　苗族爱情故事　　　　　　　　/239

第十五讲　富于神性的民间艺术　　　　　　　/241

　　　　第一节　原始戏剧的活化石——傩戏　　/241

　　　　第二节　辰河号子、阳戏、花灯戏　　　/247

　　　　第三节　辰州符的故事　　　　　　　　/251

第十六讲　独具特色的饮食工艺　　　　　　　/258

　　　　第一节　自然环境与饮食文化传统　　　/258

　　　　第二节　饮食习俗　　　　　　　　　　/267

　　　　第三节　武陵山区的酒与茶　　　　　　/275

第十七讲　建筑工艺及故事　　　　　　　　　/287

　　　　第一节　干栏式民居建筑——吊脚楼　　/287

　　　　第二节　侗族特色公共建筑——鼓楼和风雨桥　/294

　　　　第三节　洪江古城　　　　　　　　　　/302

第五篇　名人与传统

第十八讲　革命家与军事家　　　　　　　　　/308

　　　　第一节　两把菜刀闹革命的元帅——贺龙　/308

第二节　中国现代战争之父——粟裕　　/310
　　第三节　赵世炎、周逸群、滕代远、向警予　　/311

第十九讲　文人传统　　/317
　　第一节　中国第一位时政学校校长　　/317
　　第二节　中国学历最低的文豪　　/329

第二十讲　侠客行　　/345
　　第一节　侠客传统　　/345
　　第二节　普通人身上的豪侠情怀　　/349
　　第三节　南北大侠杜心五　　/352

后　记

绪 论

武陵山：一个有故事的地方

武陵山区是一个有故事、富传奇的地方。大约从春秋时代开始，武陵山区就因其文化上的神秘而引发了外界的好奇，成为知识分子创作故事、演绎传奇的原型地。这里成为中国爱情故事的发源地、鬼故事之都、神仙鬼怪的藏身之所。古代这里诞生了伟大诗人屈原，现代诞生了中国文凭最低的大文豪沈从文，古代这里诞生了象征战神的白虎星（白帝天王），近代也诞生了23岁当贵州提督、25岁代理贵州巡抚的传奇战将田兴恕！历史上，这里的人自由浪漫、激情澎湃、能歌善舞，而且用歌舞帮助几代帝王打天下，现在也出了无数名闻天下的艺术家，不仅仅创造美，而且用艺术帮助国家建设和谐社会。这里古代是，今天依然是值得我们去探究的神奇土地。

一、"武陵"的四层含义

武陵是一个具有丰富内涵与悠久历史的地理、经济、文化概念。"武陵"的含义随着时代变迁而不断丰富，在不同的时代，有着不同的历史命运。

（一）地理概念的武陵：武陵山脉与武陵山区

提到武陵，人们自然会想到武陵山，也就是武陵山脉。武陵山坐落在我国版图的中间部位，是我国东部与西部的分界线。武陵山是褶皱山，长度420千米，面积约10万平方千米，一般海拔高度1000米以上，最高峰为贵州的凤凰山，海拔2570米。山脉为东西走向，呈岩溶地貌发育，主峰在贵州铜仁市境内江口县、松桃苗族自治县、印江土家族苗族自治县交界处的梵净山。峰顶比较平坦，山体形态呈现出顶平、坡陡、谷深的特点，武陵山脉地貌发育自北向南分为三支。

北支：分布于湘、川、鄂边境的八面山、八大公山、青龙山、东山峰、壶瓶山、太清山等；

中支：沿澧水干流北侧，有天星山、红星山、朝天山、张家界、白云山等；

南支：从贵州省境延伸过来，进入湖南省有腊尔山、羊峰山、天门山、大龙山、六台山等，为武陵山脉的主脉，是澧水与沅水的分水岭。

上述三支山脉均消失于洞庭湖平原。武陵山脉纵贯湘西、鄂西、渝东南、黔东、黔东南等地，成为东西交通的屏障，但局部地段有较低的山隘（如洞口等地），构成东西交通的通道。

历史上人们常常提到的武陵山区，正是武陵山脉所覆盖的地区，即今天的湘鄂渝黔边境地区。包括湘西自治州、怀化市的北部、张家界市、常德市的石门县、恩施州、宜昌市的长阳、五峰两个自治县，渝东南、黔东及黔东南等地。在2011年10月，国家《武陵山片区区域发展与扶贫攻坚规划》出台之前，人们讨论武陵山区，大致就是指的这些地方。但正如后面将要看到的情况，此后的武陵山区发生了较大变化。

（二）行政上的武陵：从武陵郡到武陵蛮

人们都知道武陵山或武陵山脉，但是，这武陵山脉是先有这个山名呢，还是先有行政区划的名称呢？

《史记》一书最早记载这一词："孝景帝二年（前155年）春，封故相国萧何孙萧系为武陵侯。"[1]这记载所反映的年代较晚。而且内容较模糊，也就是说，这个武陵侯的封地是在什么地方不清楚。《汉书》虽是晚出的一部书，但它记载了一个更早时间的"武陵"："武陵郡，高帝置。"[2]高帝即汉高祖刘邦。书中并对武陵郡的地域与辖区进行了详细记载。这个武陵郡与我们今天所讨论的武陵山区大体一致。比这个记载更加准确的是《后汉书》中的记载："武陵郡，秦昭王置，名黔中郡，高帝五年更名。"[3]也就是说，这是在高帝五年（前202年）将黔中郡

---

[1] 司马迁《史记》卷十一《孝景本纪第十一》。
[2] 班固《汉书》卷二十八上《地理志第八上》。
[3] 范晔《后汉书》卷三十二《郡国四》。

改名为武陵郡。从此，武陵成为这个地区的常用名称。

对于这个武陵山脉，在较早的历史典籍中，都很少提到。我们很难判断，到底是先有武陵山这个山脉名称呢，还是先有武陵郡这个行政区划名称？

有了武陵这个地名，就有了武陵人。武陵人是一些什么人？历史上，提到武陵人，有两个含义。

第一个含义是武陵蛮。蛮是古代中原王朝对南方少数民族的称呼，所谓东夷、南蛮、西戎、北狄，这是古代中原王朝对周边少数民族的一个大致分类。南蛮在西汉时还称为西南夷。到了东汉，就普遍使用蛮。而蛮人中最有名的就是武陵蛮。为什么这么说呢？因为从汉代开始，这个地区的少数民族，就始终与中原王朝保持着或服或叛的关系，我把这种关系称为多民族的冲突共居模式。其实，就算是反叛，也不稀罕。中国几千年历史上，周边少数民族反叛中原王朝乃是常见的事情。稀罕的是，这个地方的少数民族从汉代至今，举行的民族起义、民族暴动等反叛事件，声势大、频率高，几乎是中国任何其他地方不能比拟的。东汉光武帝二十四年（公元48年），这里的蛮民举行了暴动。武威将军刘尚前去征剿，冒进深入，结果全军四万余人覆没。这一事件震动朝野，60岁的著名将军马援请缨挂帅。可是马援不但没有征服这些蛮民，自己也病死在壶头山（在现今的沅陵县境内），圆了他自己的"男儿当死于边野，以马革裹尸还葬耳"的志愿。从此之后，这武陵蛮成为中原王朝的一块心病，比西边的匈奴还要让统治者头痛。

第二个含义是陶渊明笔下偶然闯入世外桃源的渔夫"武陵人"："晋太元中，武陵人捕鱼为业。缘溪行，忘路之远近。忽逢桃花林……"。这样的渔夫原本即是今天的汉族人。但由于陶渊明的《桃花源记》问世后，人们对这世外理想国无比崇奉，连带把这个捕鱼为业的"武陵人"也视为武陵山区具有特殊身份的人了。

无论是前面的武陵蛮，还是后边的渔夫，都是我们故事中的主人翁，都会在我们的故事中反复出现。

（三）文化上的武陵：武陵山民族走廊

著名的文化人类学家费孝通先生1991年10月份来到武陵山区考察，写了《武陵行》的长篇文章。他在文中提出，武陵山区是一个民族走廊："这个山区在历史巨浪不断冲击下实际上早已不再是个偏僻的世外桃源了,已成为从云贵高原向江汉平原开放的通道。这条多民族接触交流的走廊,一方面由于特殊的地貌还保住了各时期积淀的居民和他们原来的民族特点,另一方面又由于人口流动和融合,成了不同时期入山定居移民的一个民族熔炉。"[1] 从此之后,武陵民族走廊的概念逐渐被学者们广泛接受。武陵民族走廊成为理解当地文化的一个重要概念。

历史上的武陵山区,有很多民族来到这里,或从这里经过。这些民族的文化沉积下来,使得这里的民族文化十分丰富。按照中共中央的考察,武陵山区共有土家族、苗族、侗族、瑶族、仡佬族、汉族等多个世居民族。武陵少数民族的周期性反叛,多民族文化的沉积,导致这里变成中国大地上最为神秘的地方之一。激发了历代知识分子前来采风探险,创作了各种各样神奇的故事。

(四)经济上的武陵:从武陵山连片贫困区到武陵山经济协作区

正如费孝通在《武陵行》一文中所描述的,这个地区"山势巍峨,危岩突起。有山顶略平,四周悬崖的高地,俗称山盖;有群山环抱,山坡梯田层层,山间地势较开阔的小型盆地,除了川东的秀山和湖南的大庸外都难称有坪坝之处。在公路两旁见到的多是夹在众峰之间,溪流弯曲的沟壑和槽地。……这里的交通极不便利。水溪危道,曲折陡峭,置身其中不能不感到山穷水尽,如入迷津。难怪当时的山区居民与世隔绝,'不知有汉,无论魏晋'"。这种特殊的地质条件,决定了在工业社会前期武陵山的贫困。从20世纪80年代以来,这里成为中央政府命名的"武陵山连片贫困区"(又简称武陵山片区)。

长期以来,除了政府坚持不懈地在这里进行扶贫以外,本地人也在积极探索发展的道路。大家认识到,这个地区不仅仅是民族走廊,而且处于相同的山区里,各地的资源也大致相同,属于同一个经济区域。要想发展,必须联合起来,形成协作关系,共同开发利用当地的资源,才能克服好发展过程中的无序甚至恶性竞争。在广大干部群众与学者共同努力呼吁之下,2009年国家同意武陵山成立经济协作区。2012年11月,国务院出台了《武陵山片区区域发展与扶贫攻坚规划》的

---

1 费孝通《武陵行(上)》,载《瞭望》1992年第1期。

文件，正式启动武陵山经济协作区建设。到此为止，这个一直令历代中央王朝寝食不安的武陵山区，终于有了一个新的准行政"番号"，可以开展统一的经济文化活动了。

不过国家划定的"武陵山经济协作区"，远远超出了武陵山区。它是一个以武陵山区为核心地带，北边覆盖巫山、大巴山，南边覆盖雪峰山的一个更大区域。总共包括 71 个县市区。他们是：湖北 11 个县市（包括恩施土家族苗族自治州及宜昌市的秭归县、长阳土家族自治县、五峰土家族自治县）、湖南 37 个县市区（包括湘西土家族苗族自治州、怀化市、张家界市及邵阳市的新邵县、邵阳县、隆回县、洞口县、绥宁县、新宁县、城步苗族自治县、武冈市，常德市的石门县，益阳市的安化县，娄底市的新化县、涟源市、冷水江市）、重庆市七个县区（包括黔江区、酉阳土家族自治县、秀山土家族苗族自治县、彭水苗族土家族自治县、武隆区、石柱土家族自治县、丰都县）、贵州 16 个县市（包括铜仁市及遵义市的正安县、道真仡佬族苗族自治县、务川仡佬族苗族自治县、凤冈县、湄潭县、余庆县。[1] 覆盖区域如图所示。

武陵概念的扩展既有其历史文化的内在逻辑，也是政府积极应对形势发展、科学决策的结果。武陵山经济协作区既然扩大了武陵山的范围，那么我们的文化研究，也应该顺势而为，将传统的局限于武陵山区的文化研究，扩展至今天的协作区范围以致更远，扩展到武陵山文化圈所覆盖的所有地区，我们将武陵山经济协作区没有涵盖的黔东南地区东南部的邵阳也纳入我们的研究视野。

二、武陵民族文化研究的现实意义

武陵民族文化研究具有重要的现实意义。经济协作区建设是国家的一个重要战略布局，武陵山经济协作区是其中一个实验性经济建设区，目的是在不打破现有的行政设置的前提下，探索一条相关省市充分发挥协作优势，共同开发利用武

---

[1]《规划》中将怀化市定为 12 个市县区，其实应该是 13 个市县区：鹤城区、中方县、洪江市、沅陵县、辰溪县、溆浦县、会同县、麻阳苗族自治县、新晃侗族自治县、芷江侗族自治县、靖州苗族侗族自治县、通道侗族自治县和洪江区管委会。《规划》漏掉了"洪江管委会"这个县级行政区。

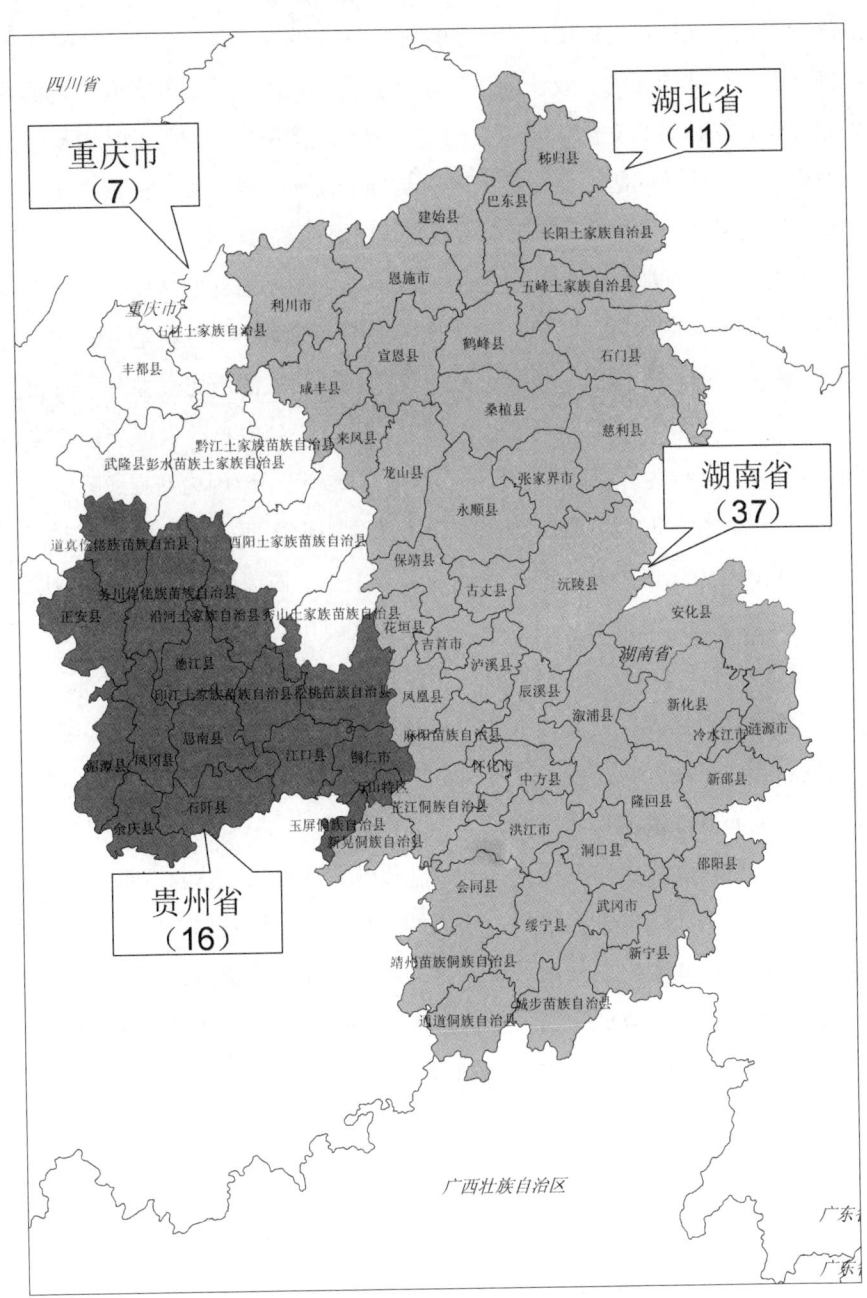

图 1 武陵山片区行政区划图（朱峰 供图）

陵山优质资源，促进各民族团结进步的路子。这样的建设任务决定了武陵山各地干部群众必须突破传统的行政认同，建立新的文化认同，才能使我们预期的协作优势充分建立在必要的文化认同的基础上。随着经济协作区建设的日益推进，武陵山民族文化的认同问题，摆在各级政府与群众面前。对武陵山民族文化开展整体研究，形成相关文化共识，就成为民族文化研究的重要任务。

武陵山的历史表明，武陵开发是历代政府谋求国家强盛的风向标。这个风向标在今天显得更加突出更加紧迫。一个地区在国家战略中的位置是由其文化特性决定的。武陵山的开发历史，是国家政权谋求发展壮大的历史。在一个政权初起之时，一般都对武陵山采取较为宽松的羁縻政策。一到中央政权谋求强盛之时，武陵山区开发立即成为政府的中心议题。西周初期，巴子国因为拥有武陵山地区，成为天下强国。春秋时代，巴子国也因失去武陵山地区而一蹶不振。相反，楚国因为占据了武陵山地区（黔中郡），成为天下霸主。西边的秦国在谋求中原霸业的时候，一直将武陵山视为必占之地，所以数次要用武关以外大片土地换取楚国黔中[1]。紧急时刻，秦国甚至撕破脸皮，用强扣楚王为人质，以换取黔中[2]。东汉光武中兴，建设耗费巨大，中原地区建设资源供应紧张，才有了马援征武陵之举。北宋初期，当政权稳固，需要谋求壮大的时候，武陵山就成为必须经营的地方，这才有了王安石开边五溪的重大举动。章惇也因开发五溪有功，日后得以入主宰辅。明朝出于经营北方国防的压力，大举建设北京等城市，木材资源严重短缺，这才有了明朝对武陵山的开发之举。今天的中国，走出积贫积弱的时代，正朝着富强的大国迈进。武陵山以其蕴藏着丰富的现代工业建设资源，引发了新的开发浪潮。武陵山开发再一次成为当今中国走向强盛的风向标。这个风向标的现实，决定了武陵民族文化研究，必须在新的时代背景下有所作为。

---

1 司马迁《史记》卷七十《张仪列传第十》。
2 司马迁《史记》卷四十《楚世家第十》。

三、武陵民族文化研究的学术价值

武陵民族文化研究具有重要的学术价值。武陵山区是一个重要的民族走廊，古往今来，各民族文化都在这里有一定积淀。各民族文化既有自己的主线，相互之间又有交融与层叠，形成了十分独特的地域文化，即我们所说的武陵山民族文化。这样的文化具有不可替代的研究价值。

第一，这里的民族文化是我们探索历史、认识文化的重要资源。历史过程是复杂的，历史典籍的记载总是有限的。在研究历史与认识社会的过程中，我们还必须借助更多的研究方法。通过田野的方法研究武陵山的文化，就是重要的方法之一。

第二，在民族学与人类学的研究史上，学者们建构了多种文化研究模式。马林诺斯基创立的静态小社区的文化研究模式、博厄斯创立的文化相对主义研究模式、罗伯特·雷德菲尔德创立的大小两种文化层次的研究模式、王明珂创立的羌在藏汉之间的文化研究模式等。武陵山民族文化很难用前人创立的这些模式加以研究。在这个民族走廊上，是人类多民族文化和平共处的一种文化研究模式。因此具有特殊的不可替代的研究价值。

本书是湖北省教学研究项目的成果之一，最初是为文化人类学或者说民族学专业课程提供的辅助性读物。2013年至2015年，本书在湖南师范大学及其他高校作为素质课《神韵武陵：故事与文化》的辅助性教材试用，取得了很好的效果。

文化人类学或者民族学，就是通过一个个看似平常其实不平常的故事，解读文化、建构人类行为模式、探索人类发展道路、倡导人文关怀的学问。文化人类学是一门非常有趣的人文科学或社会科学。从故事性来说，它几乎可以与文学相比。从科学来说，它是社会科学中比较强调科学性、实践性的学科。在一些西方国家，人类学学会是人文社会科学中规模最大的学会之一，文化人类学理论也是受到其他学科引述最为普遍的理论之一。《神韵武陵：故事与文化》不是为讲故事而讲故事，不是专门演绎传奇，是在文化人类学理论方法的指导下，通过讲故事达到阐释文化的目的。武陵山民族文化富有激情与浪漫、追求自由与勇敢、崇尚公平与信义、富于进取与创新。我们希望将这种文化精神与素质，植入我们的大学教育，丰富大学生的精神文化素质。

当然，自古以来，武陵山也是淘金者的乐园。本书如能对那些正在或即将前往武陵山开发建设的读者有所启迪，我们全体编撰者，都将格外高兴。

第一篇 族源与传说

引 言

　　族源指的是民族、部族、宗族等人类群体（或族群）的起源或发源。族源传说就是关于民族是怎样起源的传说故事。中国除了汉族之外，还有55个少数民族。其中，分布在武陵山区的少数民族有土家族、苗族、侗族、瑶族、仡佬族、畲族、白族、维吾尔族等多个世居民族。可以说，每个民族都有自己的民族起源传说，有的民族还有多个民族起源传说。这些传说，构成了复杂的文化现象，为我们今天实现"文化强国"的伟大战略积累了丰富的文化资源。

　　族源传说反映的是一个族群在复杂的历史过程中的集体记忆。历史上，由于民族战争、天灾人祸，各民族之间进行文化交流、人口交流等，形成了各个民族之间你中有我、我中有你的相互融合局面。但是各民族的族源传说却通过民间故事、民族与民间宗教、风俗习惯等形式得到保存。

　　——民间故事是族源传说最重要的保存形式。民间故事是老百姓创作的故事。其中很多故事是族群的集体记忆，反映了族群早期起源的具体情况。人类学家、民族学家、历史学家以及考古学家，经常从一些民间故事中还原人类早期的发展情况。比如历史学家从西方的"诺亚方舟"与中国的"洪水神话"中，还原早期人类经历的洪水灾难。

　　——民族与民间宗教，在保存族源传说中，比民间故事有更多的稳定性。民族或民间宗教一般都会有一个或一套民间传说故事支撑。通过一个或一套传说故事来阐释这个神是怎样形成的，或具有何种功能。我国的民族与民间宗教，发展都比较迟缓，处于较古朴的发展阶段，保存了较多人类发展初期的行为痕迹。

　　——风俗习惯也是族源传说的重要寄居地。风俗习惯是一种更加古老朴素的信仰形式。其中大部分风俗习惯是人类适应生活环境的产物,但是也有少部分是人们为了纪念祖先重大历史活动的产物,包括族群起源。

族源传说成为中国多种文化的源头。人们说,中国文化博大精深。这博大二字,就是指其涉及领域非常宽广,而且种类也非常多。中国文化是由全国56个民族共同创造的,正因为有56个民族的共同创造,才使得中国文化呈现出博大精深的气象。在中国文化的各种各样的形式里面,有许多是由武陵山民族所创造的。比较乐为人道的有屈原的楚辞被誉为中国浪漫主义诗歌的源头。而武陵山的族源传说,更是中国许多文化的源头。

——白帝天王传说,是中国战神白虎星神话的源头。其中的红神与黑神,成为中国英雄结义故事的母题。

——盘瓠与辛女传说,白富美与屌丝男的爱情故事,成为中国爱情故事的母题,影响所致,直到今天依然可在各种影视剧中看到痕迹,有着重要的文化价值。

族源传说是当代文化产业的重要资源,文化强国又是中国的一项重要战略。提倡文化强国,就要发展文化产业,要发展文化产业,就需要大量的文化资源。文化资源怎么来?要从民族文化中去发掘。武陵山族源传说,是当代文化产业的重要资源。

第一讲 地理与传说

武陵山脉是一个褶皱山。褶皱山（folded mountain）是地表岩层受垂直或水平方向的构造作用力而形成岩层弯曲的褶皱构造山地。新构造运动作用下形成高大的褶皱构造山系是褶皱地貌中最大的类型，因而武陵山区的地质构造十分复杂。这里最有名的地貌当属喀斯特地貌与丹霞地貌两种，山势巍峨、危岩突起。这里的水主要有沅水、澧水、清江、乌江等水系。水溪危道，曲折陡峭，置身其中不能不感到如入迷津。山陡而水险，必然要孕育出许多故事。

第一节 喀斯特地貌与神话传说

一、关于喀斯特地貌

"喀斯特"一词源于19世纪末。南斯拉夫学者司威治，发现位于南斯拉夫和意大利的交界处的亚得里亚海迪纳尔，阿尔卑斯山西北部有一个叫喀斯特的高原上，发育着奇形怪状的地貌，到处是石沟、石芽、竖井、落水洞、干谷、洼地和峰林、峰丛并绵亘几百千米，山中地下还隐藏着许多巨大而奇特的洞穴，洞穴内的钟乳石、石笋、石柱、石幔、石花等千姿百态，冰莹玉洁，璀璨夺目。司威治仔细考察研究了这些地上地下奇景后，觉得无法将它归入已知的地貌类型，便用所在研究地的名字，将这一奇特的地表形态统称为"喀斯特地貌"。

喀斯特地貌（karats landform）是具有溶蚀力的水对可溶性岩石进行溶蚀等作用所形成的地表和地下形态的总称，又称岩溶地貌。喀斯特地表形态类型属正地形的主要有峰林、孤峰、残丘、喀斯特丘陵和石芽。负地形主要类型有落水洞、斗淋、竖井、盲谷、干谷、喀斯特洼地、波立谷、喀斯特平原、喀斯特嶂谷（峡谷）、溶沟与溶隙等。在中国，仅裸露型喀斯特即有约90万平方千米以上，为喀斯特分布最广、类型最全的国家。喀斯特地貌因形态奇特和地下洞穴，以及一些洞穴空气和水的特性与有益成分而成了重要的旅游资源。

二、武陵山区喀斯特分布状况

曾几何时，喀斯特环境因为它的脆弱，而为贫困落后的代名词，甚至被称为是"最不适宜人类生存的地区"。而今天，喀斯特岩溶地区发生了根本性的转变，当我们接近这些神秘莫测的景致时，仿佛触摸到了神制造的奇境。无以计数的喀斯特地貌，以奇异的魔法造型遍布在辽阔的武陵山地区。从张家界武陵源风景区到恩施梭布垭、恩施大峡谷；从重庆武隆深切峡谷到贵州思南石林……都无不有着令人惊叹的神秘故事。在这里，有20万年历史的"定海神针"；在这里，有与土家创世神话紧

图2 天门山（戴楚洲 摄影）

密相连的"日天笋"；在这里，还有恩施大峡谷那些被马帮行走过的足迹，正沿这个地区绵延出去，形成了美轮美奂的绝壁栈道……

三、著名喀斯特地貌及其传说

（一）著名的山峰

武陵山脉横亘400多千米，南北三座山体，其中有无数座高峻突兀的大山险峰，这些山峰成为武陵山最著名的风景。张家界、雪峰山、梵净山、夹山、巫山、

武落钟离山、梅山等，都是驰名中外的名山。这些山都有自己的传说，或美丽、或神奇、或凄艳，不一而足。要尽数这些传说故事，几乎是不可能的。我们只能采择其中几个故事，以见武陵山的概貌。

1. 天门山——"武陵之魂"

天门山属典型的喀斯特岩溶地貌，在漫长的地质活动中，天门山经历海相沉积上升为陆相沉积，逐渐隆起形成高山，后经三叠纪强烈的燕山运动和白垩纪喜马拉雅山造山运动，天门山剧烈抬升1500米以上，其周围被断层节理深深切割，加上长期风雨侵蚀的岩溶作用，使天门山分别被两条断层峡谷切割为四周绝壁的台型孤山，造就了天门山素壁千寻，横列云表，拔地擎天，嵯峨高峙的伟岸雄姿，被人誉为世界最美的空中花园和天界仙境。历史文化积淀深厚的天门山，一直被当地人民奉为神山、圣山，更被誉为"湘西第一神山"和"武陵之魂"。这些美誉的由来，在当地人代代相传的传说故事中尽可以找到根源。在当地乃至整个湘西流传最广、影响最大、最具震撼力和诱惑力的当数天造地设的天门洞了。

天门洞是天门山最具代表性的地方"天门洞开"，是世界海拔最高的天然穿山溶洞，南北对穿，高131米，宽57米，深60米，其状恰如天门敞开，令人如临仙境。沿999级台阶的"上天梯"拾级而上，登临天门，有"梅花飘雨"胜景，也有"天门吐雾"的绝世奇观，尽可令人超然脱俗，身居天界了。尤其这里还有预示天下大事的"天门翻水"，有保佑一方吉祥的"天门转向"等众多至今悬疑的千古之谜。著名作家罗长江先生在所著《张家界读本》一书中有过如下记载：

"天门翻水"是天门洞右侧绝壁之顶，会在旱季晴天忽泻洪水。"天门翻水"之所以被称为"谜"，在于它的三个离奇之处：一是瀑布就有源头，但是天门翻水的瀑布找不到源头，每次翻水都是凭空从地下冒出一股水来。二是洪水一般发生在雨季，但是天门翻水每每发生在大旱季节。第三是"天门翻水"每次的发生都与中国一些重大的历史事件紧密联系在一起，常常是翻水不久，中国大地就会发生社会变革、人类浩劫或者自然灾害。这是天门山最神秘也最令人难以解释的地方。直到今天，天门洞口还有一块碑专门刻着翻水的纪年表，记录的几次翻水分别在1949、1965、1976、1989、1998年，在这些年里我们中国大地上都发生着重要的历史事件，难道这真的是天机预警吗？

"天门转向"也是家喻户晓故事，当地居民几乎都很肯定地认为，天门洞的方向近几十年来在悄悄转动，以前在市内几处能清楚看见天门洞的位置，现在却因方向不对，见山不见洞，只有天门洞从北向西北方向发生转动才会如此。[1]

千百年来，凌空绝顶的天门山峭壁万仞，如屏耸立，吸引着中华多少英雄传奇人物结缘天门。这里有神农雨师赤松子炼丹的故事；有纵横家鼻祖鬼谷子学《易经》；有张良"愿弃人间事，欲从赤松子游"；更有汉代大将军马援马革裹尸；北周武帝宇文邕祭天祈福；如净和尚朱元璋责令王灵官守山门等。他们都在山上山下留下过足迹和名声。还有很多关于天门山自然现象的神奇传说广泛流传，许多现象很难有科学的解释，这一切使得天门山更显神秘玄奇。

2. 梅山——神奇的梅山神

梅山地处今天的洞庭湖以南、南岭山脉以北、湘沅二水之间。具体来说，就是位于西南—东北走向的资水流域所覆盖的雪峰山区，土地面积近五万平方千米，为长江中下游平原的边缘区域向湘中丘陵山地延伸的地带，地形复杂，环境独特，因而山民据险以居。属亚热带季风气候区，气候温和，雨水充沛。地形地貌多样，高山叠嶂，土地肥沃，各类资源丰富。独特的梅山地理环境，孕育了独特的梅山文化，梅山文化中最为神秘的是梅山神，梅山神是中国的猎神。

（二）著名的溶洞

1. 黄龙洞——一只石猴和定海神针

黄龙洞位于张家界市核心景区武陵源风景名胜区内，现已探明的洞底总面积为10万平方米，全长15华里，垂直高度140米，内分两层旱洞两层水洞。整个溶

---

[1] 罗长江《张家界读本》，长沙：湖南人民出版社，2009年。

洞犹如一株古木错节盘根，仿佛一座神奇的地下"魔宫"。据专家考证，黄龙洞属典型的喀斯特岩溶地貌。大约3.8亿年前，黄龙洞地区是一片汪洋大海，沉积了可溶性强的石灰岩和白云岩地层，便形成了今天这样的地下奇观。"定海神针"是黄龙洞标志性景点，位于龙宫大厅，宫中四壁石柱、石花，这其中便有一根雕满花纹的巨大石柱，顶天立地。传说，这根石柱就是《西游记》中孙大圣借用的"定海神针"。在"定海神针"下，数十尊石笋如武士守卫其旁，像是防止孙悟空再度将它拿走。当然，"定海神针"不真的是"如意金箍棒"，而是一根石笋，它不能随意地伸缩，变大变小，而是黄龙洞最高的一根石笋，洞穴学家推算它至少需要近20万年才长到今天这样的高度。"定海神针"上端离洞顶还有六米，顶部还有滴水，尚在生长发育之间，估计需要六万年就可以"顶天立地"了。虽然不是"如意金箍棒"，但"定海神针"的价值毋庸置疑，1998年黄龙洞投资股份有限公司为其买下了一个亿的保险，创下了世界为资源性资产买保险的先河。

关于黄龙洞的来历，还有一个令人感动的故事：

> 黄龙洞内的泉水叫黄龙泉，年年长流不断、清甜可口。提起这黄龙泉啊，当地人都会给你讲述一个凄美的传说。相传很久以前，遇到百年大旱，数百里之内田地龟裂，禾苗不生，草木枯死，百姓天天祈求上天赶快降雨。当地有一个著名的法师叫何俊如，他身怀绝技，具有上刀山下火海的功夫。有一天，何俊如奉百姓之命带着"师刀"进洞求雨，洞中住着一条黄龙。黄龙见何法师心诚，即从口中吐出几滴口水，其时洞外立马降下瓢泼大雨。可是这何法师因身处洞中，不知外面已降下大雨，反以为龙王心术不正，见旱不救，操起"师刀"就朝龙头挥去。龙王见状惊问，我下了大雨，你何法师为何反要动刀？何法师说，你口中吐出那几滴口水也算是降雨吗？龙王不悦，吐水如注，一瞬间洞内洞外涨起了漫天大水。待到这何法师逃出洞外时，才发觉自己不仅仅已经遍体鳞伤，而且还将自己心爱的"师刀"也遗留在洞中，师刀丢了也就算了，更重要的是村落被洪水冲为荒滩河洲，乡亲被冲得七零八落。何法师后悔自己刚才的莽撞，于是在洞口刻下"干死当门田，莫打黄龙泉"

十个字后,含恨西去。自此之后,当地百姓无不谈洞色变,黄龙洞之名也开始流传开来。[1]

武陵山的溶洞不仅仅是一道奇特的景观,而且历史上也给穷苦百姓、农民起义者、土匪等各色人等提供了较好的遮风避雨的藏身之所,是武陵山人生存与发展的重要资源。今天,这些溶洞又成为新的资源,比如他们成为旅游开发资源、特色养殖场所(娃娃鱼)等。

2. 二酉洞——二酉洞藏书

二酉藏书洞位于沅陵县城西北20里处的二酉山上,二酉是一个地名,历史上流传有二酉藏书的故事。若干世纪以来,人们对二酉藏书经过众说纷纭。后来,《辞源》对"二酉藏书"作了较明确的注释:"二酉,指大酉小酉二山。在今湖南沅陵县西北。太平御览四九荆州记:'小酉山上石穴中有书千卷。相传秦人于此而学,因留之。后称藏书名二酉'。因为发源于四川酉阳县的酉江和源于湖南古丈县的酉溪河流,在这座山西面汇合,故名此山为二酉山。"

二酉山气势磅礴,二酉藏书洞就深藏在悬崖峭壁的正当中,好像燕子垒窝在屋梁。在一个不到一米宽的长形台阶上,矗立着四块大石碑,上面刻着"古藏书处"四个斗大的楷体字,旁边刻着一排小字:"清光绪庚寅年湖南督学使者张亨嘉书。"在古藏书处的石碑后面,是一丈多高笔直的岩壁,石壁之上即是二酉藏书洞。二酉洞洞口宽阔,洞内敞亮,整个洞的洞身由半山腰舒展内进,而后倾斜向下延伸,在洞深15米处,宽度最大,相传藏书就在此地的右侧。右侧的石阶上,当年有"藏书篾",洞的上方有炼丹池,炼丹池岩缝里,常年喷水,清澈明净。再往洞内倾斜深入,不少地方已倒塌,显得阴森。相传洞的尽头,通向酉江河底。

相传2000多年前,秦始皇焚书坑儒时,京都咸阳儒生惨遭坑戮,眼见经书古籍行将灭迹之时,两个"秃发老伏生",偷偷将家存书籍,从咸阳经河南,水舟陆车,日夜南奔,然后经洞庭湖再乘小船,沿沅水转酉水逆江而上,把1000多卷竹简书籍藏在这"鸟飞不渡""兽不敢临"的二酉山古洞里。刘邦建汉以后,竹

---

[1] 参见赵朕等《旅游胜地的民俗与传说》,北京:中国旅游出版社,2010年。

简木牍、经典书籍很快受到重视。这两个秃发儒生把竹简书籍带去京城求见，一时间，满朝文武无不感动，书史学人，不惜花钱，千金争购。正是"二酉奇篇人鲜识，焚书翻遣书遍存"。历代达官显贵，文人墨客，都专程到二酉山访古朝圣，顶礼膜拜。清朝光绪年间，湖南督学使张亨嘉，奉朝廷圣旨，到二酉藏书洞树碑立传。从此，每年到二酉山朝拜的书生、秀才络绎不绝（关于二酉洞藏书的地点，学术界有不同的说法。辰溪县考古专家在辰溪县发现了另一处大酉藏书洞（图3，辰溪县最新发掘出来的大酉洞石匾）。

图3　辰溪县大酉洞（欧维湘 摄影）

（三）著名的石林

1. 梭布垭——土家人的"戴冠石林"

梭布垭风景区位于湖北省恩施市太阳河乡境内，梭布是土家语三个的意思，梭布垭即三个垭。这里的石林由奥陶纪灰岩组成，总面积21平方千米，是中国第二大石林，其植被居全国石林之首。现已开发出七平方千米，属典型的喀斯特地貌。据说，在很古很古的时候，向王天子统一巴人五姓各个部落，当上了巴人的大首领，和盐水女神结为了夫妻。那时，巴人的部族大了，人口多了，原来的地方住不下，向王天子就带领大家去寻找适合居住的地方。一天，向王登上一座高山，命巴人修起清江河、吊脚楼。方圆数百里，到处都是巴族人烟。向王天子把营寨修在连绵青山之中，这里花香鸟语，林木茂密，只是没有岩头建宫殿。他天天在山林里钻，到处盘查地势山形。这一天，他走到一个窝淌淌里，朝上一看，连连三个大垭口都是天险地界，这地盘真是一夫当关万夫莫开的好去处，按巴人的话说，连到三个垭，应该就叫梭布垭。

走进梭布垭石林，展现在我们面前的是一座座大山，历经千万年的风雨磨砺侵蚀，仿佛被一双无形的大手作弄着，形成了一道道奇异的山峰、一条条曲折的沟谷、一根根高耸的石柱、一块块嶙峋的怪石、一个个莫测的洞穴……梭布垭的外形像一只巨大的葫芦，步入其中，就像进入了石头的世界。这些形状各异的石头，幻化成各种各样的形状，其独特怪异，有时简直超出了人们的想象。这便是大自然鬼斧神工的奇幻与魅力！

磨子沟是梭布垭主要景点之一，因一块形似磨子的岩石而得名。这里不仅生长有千姿百态、惟妙惟肖的象形石，还因为溶沟的纵横交错，形成魔幻般的石林迷宫。传说古时候洪水泼天，只剩下两兄妹，为了繁衍后代，取天地之信证，从两座山头同时推下两扇磨子，合则而婚。这一打着群婚制的烙印，并有着古代性文化特色的故事，在这里的山水间表现得淋漓尽致，磨子交合的地方叫磨子沟，磨子滚地的方叫响水洞，动物朝贺的地方叫熊掌洞、大狮子湾、九龙聚会；"一线天"内，那傩婆石分明是傩妹的化身，那苕窖淌、芋头坑、夫妻摇摇石则是兄妹俩生活与游玩的地方。

在梭布垭石林，还有很多像宝莲花一样的岩石，称为石莲花。这石莲花漫山遍野，到处都是，据说这些石莲是一位名叫宝莲的姑娘的化身。

图4　石林对歌（沈祥辉 摄影）

很久以前，石林一带住着一个姓田的妹子。她妈生她的头天晚上，梦见天上飘来一朵宝莲花。莲花落地，变成了一个美丽的姑娘。田妹子生下来后，她妈就给她取名叫宝莲。一晃十几年过去，宝莲已出落成一个水灵灵的大妹子，又有一双巧手，织出来的西兰卡普和她人一样漂亮，四方的后生做梦都想娶她。不幸的是，宝莲的爹妈相继去世，丢下她一人过着孤苦伶仃的日子。好在宝莲织的西兰卡普人人都喜欢，搁到市场上可以换点油米钱，加上周围百姓们的帮助，尽管日子过得凄凉，倒也能勉强维持生活。

一天，宝莲去赶场，不巧碰上了土司巡城，被土司看上，土司就威逼宝莲做他的小老婆，宝莲宁死不从，并设法逃跑了。最后宝莲拼力跑进石林，躲了起来，但最终敌不过土司的穷追猛打，被逼跳下岩坎。土司一看宝莲跳了岩，气急败坏地说："下去给我找，生要见人，死要见尸！"兵丁们下到坎底，怎么也找不到宝莲的尸体，只看到万点鲜血染红了绿色的草坪。一阵风吹来，那万点鲜血突然化成了莲花朵朵，迎风摇摆，好像在嘲笑土司和他的兵丁们。土司更加气恼，命令兵丁们去把所有的莲花都扯掉。兵丁们扯呀扯呀，累得上气不接下气，却始终扯不完。莲花越长越多，最后竟长得满山都是。突然卷起一阵狂风，吹得乌云滚滚，天昏地暗。一声炸雷从天而降，一位仙子从云中飘到石林上空。土司抬头看清仙子的面容，吓得屁滚尿流。原来，这仙子和宝莲长得一模一样，只见仙子两手一挥，满山遍野的莲花一起飞上半空，变成朵朵石莲。仙子又朝土司和兵丁们一指，千万朵石莲顿时怒啸着像冰雹一样劈头盖脸地砸向土司和他的爪牙们，把他们砸成了一堆肉泥。从此以后，石林中开满了石莲，人们都说是宝莲姑娘的化身。（摘自恩施土家族苗族自治州旅游网）

梭布垭四周翠屏环绕，群峰锦绣。莲花寨、磨子沟、锦绣谷、梨子坪等，每一处都遍布奇峰怪石，有的形若苍鹰望日，有的神似仙女回眸，有的恰似龙争虎斗，有的酷肖莲花朵朵，有的婀娜多姿，有的峥嵘雄奇。千般姿态，万种风情，令人叹为观止。

第二节　丹霞地貌与神话传说

一、丹霞地貌

丹霞地貌（Danxia landform）是由中国地质学家确认并命名的一种地貌类型。是指由产状水平或平缓的层状铁钙质混合不均匀胶结而成的红色碎屑岩（主要是砾岩和砂岩），受垂直或高角度节理切割，并在差异风化、重力崩塌、流水溶蚀、风力侵蚀等综合作用下形成的有陡崖的城堡状、宝塔状、针状、柱状、棒状、方山状或峰林状的地形。丹霞美在色相,是时间长河淘洗而成的作品,体现了自然的伟力和耐心。是受喜马拉雅造山运动的影响,地壳上升,地层遂被抬升成陆地。炎热的气候又使富含铁质的沉积物氧化,渐显红褐色。尘寰的寒寒热热,风雨的抽打侵蚀,流水的日夜切割,土层也好,岩石也好,或变成丹霞赤壁,或变成城堡状山体,或融成洞穴、窠缝、峰林、石蛋和石笋,凹凸丹霞红,奇幻风光无限。

丹霞地貌主要分布在中国、美国西部、中欧和澳大利亚等地,以中国分布最广、数量最多。2010年8月1日,第34届世界遗产大会审议通过了将中国湖南崀山、广东丹霞山、福建泰宁、贵州赤水、江西龙虎山和浙江江郎山联合申报的"中国丹霞地貌"列入"世界自然遗产目录"。

二、与传说一起看武陵山区丹霞的五彩斑斓

(一)崀山——国之瑰宝,丹霞之魂

崀山,位于湖南省南部跟广西交界的新宁县。南部靠近桂林风景区,北部跟张家界风景区呼应。按崀山地理位置不在武陵山之内,但因新宁县曾被列入武陵山经济协作区范围之内,因此,我们将其纳入武陵文化范围之内。

崀山,自然景观独具特色,多奇异的石头山峰、幽深的溶洞。资江上游的扶夷江(夫夷水)蜿蜒贯穿南北,风光如画,有桂林的美丽、有青城山的幽静、有泰山的雄奇。崀山,人文景观同样非常丰富。有出土的10万年前的猕猴头骨化石,4500年前的新石器文化遗址,历代农民起义的古代

图5 崀山(王淑贞 摄影)

城堡，晚清重臣的宗祠墓葬。汉、瑶、苗、壮民族杂居，民族风情异彩纷呈。古今文人墨客在这里写下了不少脍炙人口的华章诗赋，著名诗人艾青也发出了"桂林山水甲天下，崀山山水赛桂林"的咏叹。2010年6月，在世界遗产中心关于中国丹霞的评估报告中指出："崀山和丹霞山最清楚地演示了中国丹霞的典型特征。"崀山的丹霞地貌青年、壮年、晚年各个时期都有发育，是中国丹霞景区中丹霞地貌发育丰富程度最好的景区。是一座天然的丹霞地貌博物馆，被地质专家们赞誉成为"丹霞瑰宝"。

相传第一个发现崀山、给崀山命名的是舜帝。舜帝南巡时途经新宁，见其山水奇秀、美丽，不由摇头赞曰："此山良好，可谓崀山。"崀山这个词就被这方山水独家享用至今。良为崀，舜帝造的这个"崀"字，也在无意中给这处美景蒙上了神秘的面纱。崀山的每一处景观都承载着一定的历史传奇，将军石是一位保境安民、除暴安良的英雄的化身，是崀山的守护神；八角寨云台寺始建于北宋末期，有湘、桂、黔佛教圣地之称；天一巷目前还留有太平天国翼王石达开屯兵驻扎的遗址。这些历史文化元素与科研价值、美学价值一起，构成了鲜活的崀山丹霞文化。

（二）贵州松桃——梵天净土，桃源丹霞

位于梵净山东麓的松桃自治县，有着巴蜀文化、荆楚文化和苗族文化融会而形成的独特文化底蕴，除了浓郁的民族文化，松桃的自然山水亦呈现奇丽、巍峨之势，让人流连忘返。响水洞、盘豹洞、红岩洞、凉风洞、老寨洞，溶洞星罗棋布；七星坡、虎渡口、云落屯、白云寺、天马寺、苏麻河、木姜河、蔡冲河，景点随处可见。苗族特殊的生活历程构成了一种独特的文化，历尽风雨的沧桑，越来越显示出顽强的生命力和震撼人心的魅力。

而其中，松桃县城独特的丹霞地貌近

图6 松桃丹霞奇观（欧新富 摄影）

年来更是为国内外所认可。根据考证，松桃县城地层主要为白垩纪砾石、泥质粉砂岩组成，是在距今约6500万年前的晚白垩纪裂陷盆地的背景下形成、发展起来的青年期丹霞地貌景观，由悬棺、云落屯公园、平浪村、观音山、红岩壁、万岁山等景点首尾相连而成，景区面积约三平方千米，景区内发育着典型的赤壁、洞穴、巷谷、线谷等丹霞地貌景观。松桃丹霞地貌发育完善，满目苍翠的松江河两岸向人们展示了流水侵蚀、重力崩塌和构造运动的神奇力量，典型的地质遗迹生动地为您讲述着丹霞地貌漫长的演化进程。丹霞奇观"云落耸翠"便是其中之一。它位于松桃县云落屯，由藤蔓植物覆盖，色浓如黛，浑然一体，山石奇异，嶙峋多姿，花草如织，争芳斗艳，佳趣天成，堪称一绝。相传远古之时，云落屯上曾有流泉数股飞流而下，注入半山溶洞中。洞身透迤延伸，深邃莫测、水流淙淙，如鼓琴瑟。更兼云落屯四周松柏苍翠，郁郁葱葱，修竹茂林，气韵清嘉，使云落屯更显巍峨壮观，因而历代当地或过往墨客，都要选胜登临，尽情赏玩，将云落屯誉为苗乡松桃的第一奇观。

第三节　武陵山水资源与神话传说

武陵山区水资源丰富，大小河流数千条，属于长江水系。主要有清江、澧水、酉水，沅水，乌江，唐岩河等。

一、百里酉水，六千年文明

酉水是沅水最大的一条支流。有北、中、南三条源流。北源出于湖北鹤峰县西北，南流经来凤、龙山、酉阳，折东经花垣、保靖、永顺、古丈，至沅陵县城南注入沅水，全长477千米；中源发源于秀山，到里耶与北源汇合，北源和中源在里耶汇合后始称为酉水。酉水流域的许多地方，发现了旧石器、新石器文化，特别是在龙山县里耶发现的战国古墓群，表明酉水流域逐步形成了一个独立的文化体系，并在战国时期融合了巴、楚文化以及有别于巴、楚文化的土著文化。酉水文化以其强大的生命力和巨大的包容性吸纳着周围地区的先进文化,取长补短,延续至今。

如果说黄河是中华民族的母亲河,那么酉水就是湘西的母亲河,历代生活在酉水流域的先辈们穿着兽皮,手持石斧,从崇山峻岭中走来;他们背着一捆捆简牍,披荆斩棘,从昏黄古道中走来;他们擂鼓摇旗,开疆拓土,从土司王朝中走来;他们嘶吼着船工号子,肩扛纤绳,从激流险滩中走来。正是有了湘西千百年来民族文化的浸润,酉水才这般丰盈;也是有了酉水这千百年来的滋养,湘西民族文化才这般耀眼夺目;更是这酉水流域各种风俗习惯与酉水一脉相承,才成就了这沉淀丰厚的酉水文化。

(一)酉水诗词文化

酉水的山,酉水的水,塑造了酉水诗词,也给它灌注了酉水的灵性。

从八部大王涅壳赖、吕洞山的传说,到梯玛神歌中,可以了解酉水诗词的生态原貌,从土家山歌、苗歌、酉水船工号子中,可以触摸到原生态诗词渐进演化的痕迹,从古典诗词、现代诗中,可以欣赏到酉水诗词脱胎换骨的鼎盛风貌。关于酉水的诗词,古老传说很多,可以让人想得很远。

> 相传,在遥远的亘古,湘西是一片荒凉的原始。崇山峻岭,万年密林,荒古荆棘。大山中劳苦山民,日出而作,日落而息,艰苦寂寞,郁闷无声。天庭王母云游西域,观云下山民只有汗流,没有歌声,怜悯地对身边两个女儿说:"你俩下凡,去教化一下山民的歌咏吧。让民间精神爽快一点。"二仙女下凡,一个投土寨,一个降苗山,天天聚山民歌唱,土家的山歌,苗家的情歌,传遍土寨苗岭。历史的岁月,就这样代代相传,流唱至今。[1]

在酉水流域,山歌人人会唱,苗歌个个会哼,远古年代就有了民族的歌咏。歌唱源远流长,傩歌就是其中典型的代表。傩歌是民间祭神祈福的歌谣,是古老神秘的诗韵,传说在八部天王时代就开始传唱,这些带着神秘色彩的歌曲与人类

---

[1] 宋涛《酉水诗词的厚土与高山》。

生活有着千丝万缕的联系。《梯玛神歌》是一部珍贵的民族史诗，它既有对自然的崇拜、关爱、珍惜的一面，也有敢于在恶劣的自然环境中不屈不挠、英勇奋斗的一面。在《创世纪》这段神歌中，是这样描述人类起源的[1]：

  玉帝涨起齐天大水要把人类毁灭，只留下补所雍尼两兄妹，为了人类的繁衍，兄妹无奈成亲。雍尼怀胎三年零六个月后，生下一个肉团。兄妹俩把这肉团剁成一百二十坨，合上泥土撒出去，便有了土家，合上青草撒出去，便有了苗家，合上沙子撒出去，便有了客家（汉族）。

酉水流域是歌的世界，唱出来的是歌，唱出来的是诗。歌与诗相融，互为诗歌，一切都融入在歌唱里。纵向看，人生的每一岁月，从生到死，均充斥在歌韵中。"恋歌""迎亲歌""丧歌""葬歌"等人生百态，都以歌溢放。横向看，生活的方方面面，也是以歌为声，缤彩纷呈。

（二）酉水民俗文化

酉水河流域是土家族、苗族世代劳动耕耘，生息繁衍之地，有其独特的民族语言、宗教礼仪、节庆形式、服饰、戏剧、歌舞、建筑群落等，都保持了远古遗风。每年的农历五月十五日是当地的大端阳节，酉水河上都要举行热热闹闹的龙舟赛，谱就一曲曲浪尖上的壮歌。

1. 与众不同的端午节

端午节本来是指农历五月初五这一天，而酉水流域的人们则把这一天叫小端午，而把农历五月十五这一天叫大端午。酉水流域的人看重的是大端午，常把大端午过得热热闹闹，插艾草、包粽子、吃鸭子、赛龙舟……为什么酉水人要过大端午？这是有来历的。

酉水是沅江的支流，伟大的爱国主义诗人屈原，曾被流放到沅江，他在《湘夫人》中写道："沅有芷兮澧有兰，思公子兮未敢言，荒忽兮远望，观流水兮潺湲。"他在《涉江》中也写道："乘舲船余上沅兮……朝发枉渚兮，夕宿辰阳，

---

1 土家族梯玛神歌，中国网2009-07-15/2013-06-10。

苟余心其端直兮……"。公元前276年初夏正当他准备起程沿沅江而上来酉水时，突然传来了楚军大败的消息，于是在农历五月初五，悲愤之极的屈原写下绝命词《怀沙》后，投汨罗江而死。汨罗人怕鱼食屈原，赶紧家家户户做粽子，乘船将粽子投入江中。酉水两岸的百姓得知这一消息后，悲痛欲绝，家家户户也赶做粽子，然后乘船沿酉水而下，一路经沅江、穿洞庭、过湘江，火速赶往汨罗，于农历五月十五赶到汨罗，立即与当地百姓一起，将粽子投入江中。而没有成行的酉水人则在寨主的带领下，在祭司的指挥下，把一箩箩、一筐筐、一篮篮的粽子，撒入酉水，他们只能站在酉水河边遥望，把一行行泪水凝成一个个辛酸而凄美的传说。（摘自《〈礼仪常识〉端午节的来历和习俗》）

"吃粽子、爬龙船，五月端午请屈原。""这端午，那端午，处处是端午。"从此，酉水人每年都要过大端午，大端午这一天，酉水沿岸的各族人民都要举行龙舟大赛。

2. 酉水号子

酉水号子作为土家民俗文化不可分割的重要组成部分，它是酉水船工在辛苦的水上劳动中为协调劳动动作、调节劳动情趣而即兴演唱的口头歌曲，其声铿锵有力，其节粗犷豪迈，包括滩头歌、风流歌、盘歌、码头歌、骨牌歌、四言八句、拜码头等几十种样式和

图7　酉水号子（黄青松 摄影）

数十种不同的号子，生动再现了湘西土家族的民间文学风采与民间语言艺术的特色，也生动地展示了酉水流域土家族的风俗习惯与劳动生产等民俗文化现象。

蹈波走滩于酉水的船工们，用他们的智慧，留下了一首首脍炙人口的《酉水号子》，那粗犷悠扬的号子配上耐人寻味的唱词，会把你带到神秘而古老的岁月。酉水船工号子按用途有"橹号子""纤号子""桨号子""急号子""缓号子"等

不同的种类，一首号子有时还会出现多段体的结构。急速行船时，号子激烈、紧迫；平滩中，号子节奏缓慢，曲调优美；平时，船工们则喜欢唱一些具有生活气息的句子，此类号子抒情、逗趣，它反映了船工们的日常生活和喜怒哀乐。

酉水号子歌词长短不一，但句式工整，首尾押韵，在演唱中是"一人启口、众人帮腔"，领唱与众人和唱相互交替。在酉水号子中，"橹号子"和"桨号子"最有特色。"橹号子"的领唱者所唱歌词带有号令性质，起着指挥与协调劳动节奏的作用，其他船工多以一些衬词和吼喊伴唱。"橹号子"的歌词多为船工即兴编唱，他们采用夸张、讽刺、比喻等手法，描述酉水河岸的风光、民俗以及自己的苦难生活。如：

> 辰州上来十八滩（众唱：哎嗬），
> 二面二幅桂竹山（众唱：哎嗬），
> 人说桂竹无用处（众唱：哎嗬），
> 小小桂竹撑大船（众唱：哎嗬），
> 船儿弯到北关山（众唱：哎嗬），
> 打酒称肉铁炉巷（众唱：哎嗬），
> 东关豆腐西关酒（众唱：哎嗬），
> 流氓痞子溪子口（众唱：哎嗬）。[1]

"桨号子"抒情，曲调高亢悠扬，它的歌词一般也是由船工们即兴编唱，而且时间较长。"橹号子"与"桨号子"，代表了酉水号子的不同风格与类型。

二、清江文化

清江，古称夷水、盐水，北魏郦道元《水经注》卷三十七记载："夷水，即崑山清江也。水色清照十丈，分沙石，蜀人见其清澈，因名清江也。"清江发源于湖北利川市的齐跃山，主流由西向东流经利川、恩施、建始、巴东、长阳、宜

---

[1] 熊晓辉《古老的酉水号子》，载《民族论坛》，2003年。

都等市县，在宜都汇入长江，全长 423 千米。清江流域几乎包括湖北所有的民族自治地区，是土家族主要聚居地之一，清江也被称为土家人的母亲河。清江文化丰富多彩，源远流长。上天似乎对清江特别偏爱，五大世界级的文化支撑着清江文化发展的宏伟殿堂，一是健康长寿的"硒"；二是神奇的生态文化（北纬 30 度现象）；三是古老的干栏式建筑文化；四是人类文明进程文化；五是神秘的巴文化。本文因为篇幅的关系，以巴文化为例来展示清江文化之精彩。

在这五大文化中，巴文化又是最神秘，最令人向往的。据考证，中国人类的起源从元谋到巫山的"源带"，长江文明之兴起应当早于黄河，而汉江文明之兴起比长江、黄河更早，清江文明之兴起则比汉江还早，堪称祖母河。巴人是古老的民族、智慧的民族。武王伐纣，初建庸国（巴国），为巴师八国之首。正是八国巴师，使周人坚信"三分天下有其二"，一战而胜，神威尽显。巴人创造的民族文化更是源远流长，古代就"歌舞以凌殷人"。表明巴人也是歌舞的民族，保留了众多民族文化的精华，并享誉海内。巴文化体现在日常生活中，更是有许多鲜活的素材，而这些也正是清江文化的精髓。

（一）民族歌曲

龙船调是中国最优秀的民歌之一，也是世界 25 首优秀民歌之一。歌词通俗又洗练，以浅显质朴的词成功地塑造艺术形象。歌中描绘了一个活泼俏丽的少妇回娘家时途经渡口，请艄公摆渡过河的一幅鲜明生动画面。至今闻名世界的经典民歌《黄四姐》，它以喜花鼓的明快节奏和生动欢乐的情爱内容，表现了青年男女互相爱慕追求、馈赠定情信物的情节，被誉为中国民歌中鲜艳盛开的奇葩，深为人民喜爱传唱，历经百年而不衰；还有土家传统的婚俗哭嫁歌、建始的丝弦锣鼓，都成为巴文化的重要组成部分。

（二）民族舞蹈

土家摆手舞反映土家人的战斗、劳作、生活场面；茅古斯舞，土家族最古老的舞蹈，也是传授狩猎技艺的民间武术，体现土家族先民的生活情态。由于有比较完整的情节，有固定的场次和对话，故又被专家称为中国戏剧的"活化石"。茅古斯舞一般要跳六个晚上，按序分生产、打猎、钓鱼、接亲、读书、接客。其动作原始粗犷、滑稽有趣，是中国古典民族舞蹈的宝贵遗产。

傩戏是在古代傩舞基础上演绎而来的。现在又叫"傩愿戏""傩堂戏"，它源于原始社会图腾崇拜的傩祭。到商代形成了一种固定的用以驱鬼逐疫的祭祀仪式。傩戏表演的主要特点是角色都戴木制假面，扮作鬼神歌舞，表现神的身世事迹。傩所供奉的神灵为传说中的伏羲兄妹，尊为傩公傩婆，又称"东山圣公"和"南山圣母"。以缅怀传说中再造人类的祖先，并祈求他们护佑子孙。

（三）民族节日

1. 女儿会

每年农历五月初三在大山顶的响板溪，七月十二在石灰窑举行。这一天青年男女穿戴一新前往赶会，女孩捎带山货伴装出售，男子假装购买，若价格越来越高男子便知趣的离开，反之则可当乘龙快婿。于是双方退出闹市，找一僻静处自订终身。

"女儿会"作为一种婚恋节俗。据1912年黄氏《日用杂志》手抄本中《十个棚女儿会》的记述，大意是说：石灰窑地带在明末清初还处于地远山荒时期，当地本无人居住耕种。时逢江河湖滨水灾频发，清政府鼓励进山开荒种地。于是灾区难民纷纷逃往高处，挽草为记，开荒种地，建家置产。当时来到石灰窑地方的主要有张、薛、李、滕、杨等十户人家，均在此搭棚建屋，故称"十个棚"。随着社会的发展，他们开始选举头领来管理十棚事务，各棚经常聚集一起开会议事，因此这里有人又称"十会窑"。当时薛家棚薛大老爷，经常外出做生意。有一年薛大老爷远游后于七月十一日归家，妻女设酒宴相待。薛大老爷忽唤第九个女儿珍珠道："明晨（七月十二日）你姐妹可理头善装，上街赶场，游玩一日，平时不可。"其妻说："女儿家赶场到商埠游玩，成何体统。"薛大老爷开导说："江湖一带女子，当老板、当掌柜、做店员，经商是里手，水上会划船，饭店会厨师，服装会缝纫，能歌善舞，杰女之多，令我钦佩。我要女儿们上街赶场，商埠游玩，增长见识，大有益处。"于是珍珠等姐妹第二天一早便打扮一新，上街游玩，顿令街上行人个个称羡。自此每年七月十二趁过月半节之机，"十个棚"的女儿们都学着薛氏女儿的做法，梳理打扮，穿着一新，相邀上街，游玩一日。久而久之，相沿成习，便成了"十个棚女儿会"。

2. 过月半

七月十五过月半,也有和"女儿会"融为一体的,但本质却有区别。当地素有"年小月半大"之说。月半节又称中元节、鬼节、亡人节,其主要活动是祭祖。祭时以纸钱封包,写已故亲人名字,焚于户外,并扬声呼名哀悼,以示敬送银钱。

3. 牛王节

每年的四月十八日,是土家族的牛王节。传说多少年前,牛是天上的神,看到人间日子苦,终日劳作,仍吃不饱,就悄悄盗了仙谷给人间。这事让守谷神发现了,告到玉帝那里,玉帝一气之下将神牛打下凡间,让它跟人一道吃苦受罪。从那以后,牛就陪伴人们耕田了。人们不忘神牛盗仙谷之恩,就将"仙谷"改为"盗谷",日后又将"盗谷"改为"稻谷"。神牛盗仙谷的时间是农历四月十八日,便将这天定为"牛王节"。

4. 晒龙袍

六月初六晒龙袍,这天家家户户将衣服、被子、书画等物拿出来翻晒。相传元朝时期,朝廷派兵镇压土家族人民,民族英雄覃土王抗击元军,在六月初六这一天不幸战败,血染战袍,仍宁死不屈,被元军杀害。当地人民为纪念覃土王的恩德,以晒衣服代替战袍(因覃土王战袍上绣有龙,故称龙袍)表示哀悼。

5. 过社

立春后第五个戊日为春社。其主要活动一是上坟祭祖,二是吃"社饭"。"社饭"即用蒿菜末、野蒜、地米菜、豆干粒、腊肉丁为佐料蒸制的糯米饭。亲邻友好,彼此以社饭相赠以示和睦。

三、乌江文化

"红土地高原、蓝色的乌江,是我那神奇的故乡……"一首《乌江之恋》道出了乌江人对这片土地的热爱。乌江是中国贵州省第一大河,长江上游右岸支流,又称黔江。发源于贵州省威宁县香炉山花鱼洞,流经黔北及渝东南,在重庆市涪陵区注入长江,干流全长 1037 千米,流域面积八万多平方千米。乌江水系呈羽状分布,流域地势西南高,东北低。地形以高原、山原、中山及低山丘陵为主。由于地势高差大，切割强，自然景观垂直变化明显，以流急、滩多、谷狭而闻名于世，号称"天险"。乌江是一条相对闭塞而神奇的河流，孕育了流域众多的民族，也孕育了该流域源源不断的文化，乌江山峡是乌江文化的天然博物馆。两亿多年的鱼骨化石、折皱挤压后扭曲的怪石、商代的人居遗址、汉代的豪华墓葬、花纹独特的汉砖、悬崖绝壁上的纤道等，都真实地记录了地球地质的演变和人类的发展变迁。乌江山峡九滩十八子，滩滩都有动人的故事，子子都有美丽的传说，历代文人骚客游览乌江时无不发出赞誉。唐代大诗人白居易有"江水三回曲，愁人两地情，雨后天连碧，秋来澈底清"之美文。清代诗人翁若梅吟出"蜀中山水奇，应推此第一"之绝唱。

古人曰："上善若水，水利万物而不争。"水是生命之源、健康之本、发展之需。水资源不仅孕育着美丽的自然风光，也有美丽的神话传说和人文蕴涵。也就是这美丽的自然风光、神秘的传说故事，深厚的人文底蕴造就了武陵文化的丰富与厚重。

第二讲　辛女传说与爱情故事母题

第一节　辛女与槃瓠传说

一、故事梗概

《后汉书·南蛮传》是对盘瓠辛女传说记载的较为全面的一部古籍，其原文说：

"昔高辛氏有犬戎之寇，帝患其侵暴而征伐不克，乃访募天下有能得犬戎之将吴将军头者，赐黄金千镒、邑万家，又妻以少女。时帝有畜狗，其毛五色，名曰盘瓠。下令之后，盘瓠遂衔头造阙下，群臣怪而诊之，乃吴将军首也……帝不得已乃以女配盘瓠。盘瓠得女负而走入南山，止石室中，所处险绝，人迹不至。……经三年，生子一十二人，六男六女，盘瓠死后因自相夫妻……其后滋蔓，号曰蛮夷……今长沙、武陵蛮是也。"

以上记载大约来自写于后汉末期的《风俗通义》一书。《风俗通义》是东汉泰山太守应劭（约153～196年）撰写的，其曰："计盘瓠不可妻之以女，人曰：'可将犬覆缸内七天可变人也'。帝依之以行。期间，公主怜夫饥渴提时开缸，龙犬果是人肤。但颅欠之。帝仍以女配盘瓠。"

上面的故事都是文言文，不好懂。我们用现代汉语对这个故事进行解说。

在远古的时候，有五个极受百姓爱戴的帝王，分别为黄帝、颛顼、帝喾、唐尧、虞舜。这个时代被称为"五帝"时代。其中第三个帝王帝喾又称为高辛氏。话说高辛氏时，有犬戎人来犯。高辛氏对其进行征伐，但是一直打不下来。一个原本和睦幸福的天下，被这犬戎之寇搞的人心惶惶，边境之地，更是民不聊生。高辛氏无奈，于是向天下访募能够打赢犬戎人大将吴将军的英雄，并承诺如果谁能够猎获吴将军的人头，将赐给他千锱黄金，赏其万户人的封地，并将自己的小女儿嫁给他为妻子。这小女儿长得美丽大方、聪敏贤惠，真可是人见人爱，人们都亲切地叫她辛女。帝喾为什么用嫁辛女做赏格呢？这也是征得了辛女的同意。这辛女是何等聪明的人，她早就立下志愿，要嫁就嫁给天下第一流男儿。可是，她经常留意朝中文武，并没有她中意的英雄。因此，她的父亲征求她的意见时，她满口应承。这才有了帝喾的嫁女赏格。这样的赏格当然能够激发有志气有野心的英雄出场。

不过，吴将军也不是凡夫俗子，他的头哪有轻易可取的？因此，高辛氏虽有重赏，但吴将军一直平安无事。人们常说，重赏之下必有勇夫，高辛氏的重赏，终于激出一位千古以来第一流英雄人物。说他是人物，也未必准确，因为他此时还不是标准的人，他仅仅是高辛氏门口值班的、地位最低的打工者，被人们称作盘瓠的一条畜狗。

说起这盘瓠，还有一段来历。话说当时有老妇人耳痛，她用挖耳挖耳朵，竟然挖出一条蚕儿。于是老妇人将蚕儿放在盘子里，覆以桑叶。这条蚕儿不久长成一条五色的狗，因而被叫作盘瓠。盘瓠成年后，一直也没有找到合适的工作，只好来到皇宫打工，给高辛氏看门，成为高辛氏集团下一名没有人的身份的门卫。

话说这盘瓠身为畜狗，俱有人性，每天在大门口值班，几乎每天都能看到辛女，早已对辛女爱在心头，无奈自己地位低下，没有向辛女表白的资格。此时听到高辛氏的如此赏格，他盘瓠立马意识到自己的机会来了。他虽然没有身份没有地位，但他有的是智慧与本领。他没有告诉任何人，单枪匹马直闯犬戎人的大本营，在万军丛中，将吴将军的人头，一口叼了下来。然后又闯出重围，一路奔跑，回到高辛氏的皇宫。将吴将军人头丢在朝堂之下。那天，正是高辛氏与群臣在朝议事的时候，大家面对盘瓠叼来的人头，反复鉴别，确认是吴将军人头。

无论是高辛氏，还是群臣，看到这个场景，无不欢欣雀跃。这下，国家的心头之患终于被除去了，大家可以放松心情，好好过太平日子了。但是，高兴之后，大家立马就陷入忧心忡忡的境地。不为啥，就为这盘瓠。盘瓠如果是人，那就好办，拿下吴将军人头，不但富可敌国，还有当今天下第一号美女为妻，岂不是一段英雄美人的佳话。可是，这盘瓠是一条畜狗！这人畜之间哪能婚配啊？这问题一时间难倒了高辛氏，也难倒了朝中各位大臣，怎么办？

高辛氏说话了："盘瓠，你叼下吴将军人头，确实是立下了第一大功。无奈，你身为畜狗，这人畜之间不能婚姻。但是，我许下的诺言，也不会失信。你看，不如这样，这婚姻呢，就不必了。我给你更多的黄金与封地，也就是说，这天下你一半我一半，你看如何？"群臣听了高辛氏这一番表白，也都认为非常有道理，也认为配得起盘瓠所立下的大功劳。群臣听了高辛氏的话，纷纷点头称是。可是，坐在朝堂中间的盘瓠，却默不作声。既不表示认可，也不表示否定。这下，给高辛氏和君臣都出了大难题。高辛氏一时语塞。此时有臣子出来圆场，说到，此事事关重大，不妨先放一放，容大家再商量一个更为妥当的办法。

这件事情终于传到辛女的耳中。这辛女平日里也经常看到盘瓠，空下来的时候也经常逗一逗盘瓠，有时候还带着盘瓠外出郊游。这盘瓠每每表现出非凡的智慧与勇气，经常还叼回一只野兔、野猫之类，有些时候甚至能将豹子叼回，送给辛女做礼物。辛女对盘瓠早已爱护有加，有时候形影不离。但是，这种感情对辛女来说，就是人与宠物之间的感情。这辛女做梦都没想到要与这盘瓠结为夫妻，更让她做梦也不会想到，这盘瓠早已经爱上她这个天下第一号美女。可是，盘瓠就是爱了，并且为了这爱，已经用自己的勇气、胆略与智慧，换来了机会！辛女听到父亲为此事犹豫不决，她倒是首先想开了。父亲是一国之君，言出必行，否则将何以治国？再说了，她与这盘瓠耳鬓厮磨也非一日了，只是此前绝没有想到这人畜之间还真有相爱的机会。现在，盘瓠既然完成了帝王下的命令，自己正好与这盘瓠完成婚配。辛女于是主动找到父亲，表白自己的心思，愿意嫁给盘瓠为妻。帝喾无奈，只好同意辛女的要求。

盘瓠与辛女在朝堂举行婚礼之后，就驮着辛女，一路南奔，两人来到武陵山一座大山里，住在半山的一个石窟中，过起了新的生活。若干年后，他们共生了六男六女。等孩子们长大后，盘瓠就带着儿子们上山打猎，辛女带着女儿们在家纺织浆洗、烧火做饭。一大家人生活的美美满满。辛女以其帝女声望，加上自己的智慧，在武陵山区建立了自己的辛女国。辛女国里的百姓在辛女的治理下，都过得十分美满。

好多年以后，盘瓠死了。辛女带着她的儿女回到高辛氏国看他们的外公外婆。外公外婆同情他们的外孙在山里生活不易，就想让他们搬到平原上来。可是这些孩子在山里生活习惯了，不愿意出山。帝喾只好给他们更大的封地，让他们生活在武陵山中。再后来，这12个孩子之间自相婚姻，繁衍后代，就成为长沙武陵蛮。

二、屌丝男追求白富美的爱情故事

这个故事是中国神话传说中最早的爱情故事。基本构思就是白富美与屌丝男的爱情故事。三皇五帝是传说中中国人的始祖时代。此时段中共有五位帝一级的领袖：黄帝、颛顼、帝喾、唐尧、虞舜。帝喾又称为高辛氏。他有两个女儿，其中二公主就叫辛女，民间称为帝女。辛女理所当然是那个时代的第一号白富美，此时在皇宫大门口值班的盘瓠，只是下等士兵，连一个正式身份都没有取得，是典型的屌丝男。可是这个屌丝男尽然爱上了这个白富美，为了追上白富美，他用的是抛头颅洒热血的从军办法。当他获得军功，可以得到皇上半壁江山的报酬的时候，他却放弃江山而选择美人！

三、遗留在民间的传说

在湖南省泸溪县、沅陵县、辰溪县交界的沅水河边，有一座绝壁千仞的高山——辛女岩（图8）。这座山是盘瓠辛女爱情故事的发源地。我们在这座山下的好几个村庄里做田野调查，发现盘瓠辛女传说远非《后汉书》记载的那么简单。今天已经申请为国家级非物质

图8　泸溪辛女岩（谭必友 摄影）

文化遗产保护名录的《盘瓠故事》也经过了当代学者的大量修改。可以说，在沅水边上的盘瓠辛女传说，每一个村庄都有细微差别。

（一）关于盘瓠的身份

我们在实地调查中，发现人们对盘瓠的身份，看法不一。归纳起来，下面两种说法是最为流行的看法。

一半人脸一半狗脸的人。盘瓠是一个人，只是长相比较丑，一边脸是人脸，一边脸是狗脸。

白天是狗晚上是人。盘瓠比较特殊，他白天是狗，带着孩子们上山打猎。晚上他又变成人，与辛女做夫妻。

当然，这个故事在畲族人那里，会有一些出入。畲族人认为，盘瓠是人身狗头。是动物进化还没有完全的结果。无论是人身狗头，还是半边人脸半边狗脸，都是将盘瓠定性为人身，是长相问题。这个说法表达了讲故事者对人类长相的理解。有意思的还是"白天是狗，晚上是人"的说法。这个故事，表达了人们对劳动者的理解。白天是一条像狗一样忠于职守的劳动者，晚上是有着爱情的男人，尽一个男人应尽的本分。

（二）关于盘瓠之死

史书上对盘瓠的死，语焉不详，没有详细交代。但是，在泸溪县与辰溪县交界的辛女岩一带，却有着精彩的民间传说。

话说，辛女凭着卓越的智慧，把辛女国治理得井井有条，百姓过着美满幸福的生活。可是，幸福美满不是永恒的，幸福中总是隐藏着灾难。辛女国百姓的幸福生活，遭到周围其他国家的嫉妒。有一天，其他国的人在山上打猎时，遇到盘瓠的儿子们，就带着讥讽的口气问他们，别人都有父亲，你们怎么没有父亲呢？这几个儿子，原来并没有意识到这个问题，现在经别人这么一追问，也就发现这确实是个问题。于是，他们回家反复问他们的母亲，他们的父亲在哪里？最初，辛女总是以他们的父亲出远门了，不久就要回来了搪塞过去。终于有一天，辛女被儿子追问不过，只好如实回答，每天带他们上山打猎的盘瓠就是他们的父亲。听到这个真相，对这几个孩子来说，无异于五雷轰顶。这太不可思议了？他们的父亲怎么会是畜狗呢？他们不愿意接受这样的现实。第二天，当盘瓠又带着他们上山打猎时，他们几兄弟便一齐将盘瓠打死，然后丢在溪沟里，让溪水冲走。

到了下午他们几兄弟回家时，辛女发现盘瓠没有回来，就问，他们的父亲去哪里了？他们几兄弟答复说，已经被他们打死，丢在溪沟里了。辛女立马赶到溪沟边去找她的丈夫，但盘瓠已被溪水冲走了。辛女就顺着溪沟一路寻找，一直来到沅水边。发现盘瓠正被水向河的下游冲去，她就站在沅水岸边守望。就这样一直望啊望，年复一年、月复一月、日复一日，也不知过了多少岁月，她就变成一座石头，高高地立在沅水岸边。

（三）盘瓠辛女遗迹

在辛女岩一带，至今留下许多地名，与盘瓠顺水漂流有关：

打狗冲：据说是当时打狗的地方。

丢狗坨：将狗打死后，将狗丢进溪沟的地方。

黄狗沱：就在辛女岩下，因盘瓠漂流至此时，毛色还是黄色的，故名黄狗沱。

侯家（黑狗）：当盘瓠漂流至此，毛色经水浸泡，变成黑色了。所以此地被命名为黑狗。后来人将黑狗写成"侯家"，因本地话，侯家读音为"黑狗"。

甲落坪（刮落皮）：盘瓠漂流至此，毛皮已被刮破，故此地名刮落皮。刮落皮本地人读成"galuobei"，后来人将其写成甲落坪。

曲望（屈望）：盘瓠漂流至此，全身已经弯曲，站在辛女岩上，只能看到弯成弓一样的狗背，故名曲望。从外地来的人附会屈原流放沅水的故事，以为是屈原在这里向上游打望，故将此地名改写为屈望。

流过滩：站在辛女岩上的辛女看到盘瓠流过这个滩，故名。

以上地名是一个完整的故事，记载了辛女寻找盘瓠的经过。这些地名故事，包含了人们对辛女盘瓠之恋的敬慕，以及对他们超越地位的生死爱情的追思。

第二节　浪漫的宗教信仰与辛女古国

辛女岩及其周围一系列的相关地名，难道真的仅仅是一些古老而没有边际的传说？辛女随着盘瓠从中原来到这遥远的五溪，仅仅是隐居吗？当时的五溪地区有没有形成自己的政权？带着这一系列问题，我们对辛女岩周边进行了深入的田野调查。我们发现，辛女与盘瓠的故事，不仅仅是一些传说，从这些传说中还可以还原出一个古老的女系氏族国家。我们不妨将其命名为辛女古国。为什么这么说呢？让我们先来看看这里的浪漫的民族民间宗教信仰。

一、浪漫的辛女信仰

辛女信仰不仅仅是此地还存在几座辛女庙，更多的是流传着许多相关的传说。这些传说沉淀了大量古史信息。

（一）辛女庙分神的传说

盘瓠死后，人们把他葬在辛女岩山脚下。当辛女也过世之后，人们为其夫妻俩在辛女岩山脚下修建了祠庙，加以祭祀，这就是辛女庙。周围村庄的人，逢年过节、红白喜事，都要去辛女庙烧香烧纸，求公公娘娘保佑。由于香火很旺，前来朝拜的人很多，为此常常闹出麻烦。有一年做庙会时，半山上滚下一块石头，还砸死了人。在太上老君的指点下，大家就商量着，将辛女庙分了，各自请一个神回到自己的村庄里去供奉，这样即可保佑村庄平安，也可省了大家来往过河划船的麻烦。但在怎样分神的问题上，大家意见不一，争论不休，各村都坚持将娘娘菩萨迎回自己的村庄。这时候，太上老君给大家出了主意，相约各村人第二天来辛女庙分神，先到的分娘娘神，次到的分公公神，再次到的分儿女神、臣子神等。也就是说，大家迎回去的神虽然都是三座，娘娘、公公、儿女、侍卫等，庙的名称也都叫作辛女庙（祠，再后来有些村庄又将庙名改为辛女庵）。但是先到的人，将神迎回去建立的辛女庙称作娘娘庙，其次的称为公公庙、再次的称为儿女庙。汀流村离辛女岩最远，而且要过河。铁柱潭村在辛女岩的南山脚下，比汀流村要近，比辛女溪、侯家等村要远。铁柱潭村人就多了点心眼，天未亮就出发去辛女庙。他们以为，汀流村要过河，此时绝对到不了辛女庙。谁知，汀流村人比他们还狡猾，前一天晚上根本没有回家，而是就在庙后的树林里住了一晚。等铁柱潭人到的时候，他们已在庙里等候了。只有辛女溪村人最实在。他们以为自己离辛女庙最近，其他村人来路远，天亮前绝对赶不到辛女庙。他们睡了一个懒觉，天亮后才慢吞吞地赶到辛女庙。到后才知道，他们来的是最晚的。从此之后，各地建立的庙虽然都叫辛女庙，但是相互之间还是有等级，汀流村分到的是娘娘庙，铁柱潭村分到的是公公庙，辛女溪村、侯家村等分到的是儿女庙或臣子庙。

（二）辛女（高山娘娘）管辖洞庭湖水神

当地人说，汀流村的辛女庙（娘娘庙）是最灵的（图9）。辛女溪村的辛女庙（儿女庙）是最不灵的，这座庙保留至今也就成为最小最破败的一座庙（图10）。为什么说娘娘庙最灵呢？这有个传说。据说，当年有人驾船过洞庭湖，突然遇到湖神阻拦，湖神掀起暴风，激起的巨浪铺天盖地，直朝木船打来。眼看木船快要被打翻。说时迟那时快，船夫仰天大叫一声"高山娘娘保佑"。高山娘娘是人们对辛女的又一爱称。喊声过后，暴风巨浪立马退去，刹那间，洞庭湖风平浪静，水波不兴。从此之后，驾船人从洞庭湖到沅水，如果遇到风浪，只要叫一声"高山娘娘保佑"，霎时风平浪静、烟消云散。只要高山娘娘在，任何妖魔鬼怪，都不敢在沅水至洞庭湖一带作恶。

（三）浪漫的公公娘娘相会习俗

分布在辛女岩周围村庄的数座辛女庙，庙里的规制原本大体上一致。主神是三座，分别是娘娘（辛女）、公公（盘瓠）、侍卫。由于辛女信仰一直属于民间信仰，没有统一的理论，也没有统一的管理机构，对于该信仰中的诸多传说，各人都可

图9　辰溪县汀流村辛女娘娘庙
（谭必友 摄影）

图10　泸溪县辛女溪村辛女庙
（谭必友 摄影）

以根据自己的知识结构与生活经验来加以解构，因此，各个辛女庙里供奉的神仙与菩萨，逐渐有了小小区别。但是，供奉的三座主神一直是统一的，从这一点来看，当地人对辛女盘瓠的信仰是经得起时间检验的。奥妙出在公公庙与娘娘庙之间。

　　从庙中供奉的主神来说，各个辛女庙之间是一致的。也就是说，他们夫妻在神庙里一直是形影不离相伴在一起的。既然如此，就不必为他们相会再举行另外的仪式。可是在辛女岩脚下、沅水两岸的老百姓看来，经过太上老君分神后，各个庙里虽然都有娘娘、公公塑像，但他们事实上已经被分开居住了，娘娘庙就是供奉娘娘的，公公庙就是供奉公公的。就像人间的夫妻一样，已经分开在两个房间居住了，夫妻分开居住总不合天伦，不合天伦就要闹出麻烦。因此，当地人在遇到人间出现较大天灾人祸的年份，就会认为，是因为娘娘与公公两人分开太久，彼此思念对方了。这个时候，周围村庄就要一起来协商，搞一次公公与娘娘相会的祭祀活动。没有规定的时间，只要大家都有这样想法，那就是他们相会的日期接近了。具体办法，就是将铁柱潭村公公庙里的公公菩萨抬到汀流村的娘娘庙里去，让他们老两口聚一次会。公公娘娘会是当地一个重要的祭神仪式，很多百姓会来参加。公公菩萨塑像比较大，要很多人抬。后面跟着看热闹的人也很多，山路较窄，免不了要从别人田地里经过，踩坏别人庄稼也是情理之中的事情。可是，如果是因为抬公公去会娘娘的大事，被踩坏庄稼的人是不能责怪人的，更不能闹出索赔之类的事端。如果因庄稼被损坏而生气索赔，那就会遭到公公娘娘的惩罚。轻则破财，重则天灾人祸。当然了，公公娘娘也不会害人，抬公公过程中被踩坏的庄稼，到第二天早上，自然会神奇地全部复原，丝毫未损。这正是公公与娘娘保佑的结果。

二、辛女古国

　　从上面的信仰传说中，我们可以推测，辛女古国曾经是一个实实在在的古老国家，有着古国所具有的权力形态。

　　一是在当地所有与辛女传说有关的庙宇中，辛女庙是最权威的。辛女比盘瓠还要权威，也比她的子女要权威，这是早期女性氏族文化的一个积淀。由抬公公去会娘娘的规矩来看，也印证了我们前面的看法，即这里原本是以娘娘为主的，娘娘是最高领袖。这个国家应该是辛女国，盘瓠不是王而是臣，所以不能叫盘瓠国。关于盘瓠的臣子属性，我们还可以从当地人关于盘瓠的后续故事中辨出蛛丝马迹。当地人对盘瓠，不叫盘瓠王，而是叫护国公。为什么叫护国公？据说，盘瓠护国有功，被皇帝封为护国公。其实，这个护国公的传说，正说明当时确实存在一个国，除了曾经打败南方犬戎国的吴将军，保护了高辛氏的国以外，盘瓠终其后半生所要护的国，主要是辛女国。辛女是主，盘瓠是臣。因此，这个古国应该是以辛女命名。

二是从洞庭湖水神服从高山娘娘来看，辛女时代是一个很大的古部落国家，从洞庭湖到武陵山，都属于辛女国的范围。按照最近几百年来的传统，洞庭湖区域是比沅水中上游的武陵山地区更加开放，更加文明，更具有权威的地区。国家权力都集中在洞庭湖一带，权力的实施，都是从处于下游的洞庭湖一带向上游的武陵山地区扩展的。比如从明朝开始，在常德设置湖北分巡抚，管辖着武陵山区，期间虽在沅州（现在的芷江）设置过偏沅巡抚，但那只是很短暂的时间；清代中前期，在常德设置湖广提督府，专管武陵山一带驻防。历史的经验是洞庭湖管辖着沅水中上游地区。按照这种政权的实施历史，一般会产生一个洞庭湖水神管辖辛女神的传说。但是，本地的辛女娘娘传说却告诉我们一个相反的经验，即居住在偏远地区辛女岩的高山娘娘管辖先进文明的洞庭湖水神，为什么地方传说与历史经验反道而行呢？这里说的虽然是神的故事，但正是这个神话传说，透露出，历史上是当地政权对洞庭湖一带居民具有管辖权。因此，这个辛女古国曾经是一个很大的古国，不仅仅管辖武陵山地区，而且东边一直管辖到洞庭湖。对于这个古国，我们今天能够知道的还非常有限，但我们可以从民间存在的大量文化遗迹中去细细考察，逐渐恢复出这个古部落国的原貌，特别是文化的主要特征。

三是对于这个辛女古国的猜想，除了这些田野证据以外，是否还有其他故事或其他文字证据呢？文字记载是非常关键的证据，当我们从田野拿到这些证据之后，我们就想从相关古籍中找到文字记载以得到进一步的印证。前面提到的记载盘瓠辛女事迹的《后汉书》等史书，除了讲述盘瓠辛女的恋爱故事外，再没有讨论到还存在这样一个古国。从明代的《辰州府志》到清代的各种地方志中，也没有找到相关记载。古籍中会有与我们的猜想相一致的记载吗？我们去哪部古籍中找证据呢？这样的古籍还真有。在唐代人编撰的一部叫作《蛮书》的书中，就有这么一段话。在将《后汉书》中的盘瓠辛女故事叙述一遍后，《蛮书》作者写道："帝赐以南山，乃起高栏为居止之。其后滋蔓，自为一国"[1]。一国就是一个国家。也就是说，关于早期历史上曾经存在的辛女古国，在唐代还是一个被许多学者相信的传说。英雄所见略同啊。原来我们从田野调查中推测的结论，与1200多年前学者们的意见竟然惊人的一致！

上面三则材料，道出了一个辛女古国形态。这个古国家，是一个女系氏族的政权。管辖范围以沅水流域为核心，东到洞庭湖，北与清江流域的巴人相邻，西部到武陵山的尽头，南部止于南岭。后来称为长沙武陵蛮。

三、辛女信仰中诸多待解之谜

这个公公娘娘会是一个令人深思的会，有许多待解之谜。比如：

第一，为什么各个庙里已经塑有公公娘娘像，两人已经是长相厮守了，还要另外搞一套公公娘娘会的祭祀仪式出来？

第二，为什么抬着公公去会娘娘，而不是相反。中国传统，是男人当家做主，男为尊女为卑，按理应该是让娘娘去会公公才对。当地的居民，大多数自称为汉族，遵循的是儒家文化礼仪。这些人也应该知道男尊女卑的传统。可他们怎么按照相反的思路，来理解公公娘娘之间的关系呢？

第三，既然是家人团聚，为什么仅仅限于公公娘娘之间，不将儿女庙的塑像纳入相会的仪式？

第四，为什么公公娘娘会没有规定具体的举办年份，而以出现天灾人祸之年为约定日期？

第五，在辛女岩不远的浦市镇，农历三月初六与六月六两天，人们有抬黑龙的习俗。抬黑龙，就是将黑神菩萨抬着到镇里大街小巷游走，帮助人们驱邪除祟。

---

[1] 向达《蛮书校注》，第255页，北京：中华书局，1962年。

这抬公公的活动与抬黑龙的习俗，相互间有没有关系？是哪一个习俗影响了另一个习俗？

这些疑问我们一时半会儿也是解答不清楚的。我们只能对其中一些问题做一些初步的猜测。既是猜测，结论也许准确，也许离谱，目的是希望引起更多的学者进一步深入探索。

对于第一个疑问，我们猜想，这里的辛女庙原本只有一座，建在辛女山脚下。这是当地土著居民世代相传继承下来的神庙，庙中的祭神仪式与故事表述都是由当地土著居民掌管，表达了土著居民对当地事务的主导权。可是新来汉族人不甘于受制于土著居民主导的祭神活动，从而想出了太上老君分神的办法，将原本由土著居民掌管的祭神活动，拿到自己村庄里去，由自己掌管。这种分神活动对于汉族人来说，既是一次成功的地方领导权的更替，也造成了汉族人自身心理上的永久不安，这毕竟是一场对神的阴谋对神的不敬，人为地制造了娘娘与公公的分离，为了弥补这种具有阴谋性质的分神，汉族人不得不继续导演公公娘娘会的祭神仪式，来换得神的谅解。

这个分神故事也表明本地文化的分化过程。居于河东岸的是汉族人，居于河西岸辛女溪村是汉族人与古辛女遗种当地土人的混血。据辛女溪村人说，他们的祖先是汉人，来到此地做了当地土人的上门女婿，后代成为土著，当地人把他们称为瓦乡人。河东的纯汉人比河西有着土人血统的瓦乡人要聪明，掌握更多的农业生产技术，因此编造了更多的神话方法，来继承辛女文化。使得原本属于瓦乡人的辛女信仰，逐渐演变成汉人掌握的信仰。

对于第二个问题，这说明辛女古国是一个女性氏族政权，辛女比盘瓠具有更大的权威性。同时，在女系氏族阶段，妻子是一家的主人，丈夫只是临时性成员，丈夫想见妻子，只能利用晚上去妻子家拜访。当地人传说，盘瓠"白天是狗，晚上才是人"，也隐约透露出，盘瓠的身份很特殊，白天他失去了在家里的主人身份，所以是一只狗。晚上他可以去拜访他的妻子，所以又变成了人。因而有了盘瓠白天是狗，晚上是人的传说。

对于第三第四两个疑问需要进一步考察。对于第五个疑问，可以做出下面的推理。辛女国是古国，辛女信仰是本土信仰。黑龙信仰是白帝天王信仰中的组成部分。白帝天王信仰是由廪嘎人带来的。这廪嘎人北宋时代被称为"猱狑"或"犵狑"。在早期，这"狑"人是由巴人演变而来。巴人原本生活在清江流域，巴子国被灭之后的战国时代，巴人逐渐南移，来到沅水流域。在此建立了黔中郡。从时间顺序来说，这黔中郡是一个新兴政权，是一个外来政权。由巴人的白虎崇拜演化而来的白帝天王信仰，与辛女信仰相比，也是一个外来神或后来的神。因此，辛女信仰中的抬公公会娘娘的仪式是更加古老的仪式，浦市镇抬黑龙的习俗，当是受到辛女信仰的影响。这也表明，当地多种身份的族群，前后来到这沅水两岸开发时，发生过多种竞争。正是这些看不见又确实存在的激烈的生存竞争，激发了人们从传统文化资源中寻找对自己有利的元素加以改造，使自己的文化能够得到更多族群的认同，从而使大家能够更好地融洽相处。这就是我们在辛女岩周围数十里之内，看到了不同形式的抬菩萨的祭神仪式。

第三节　对中国爱情故事的影响

中国爱情故事起源很早，但是在中国具有爱情故事母题的，应该数辛女盘瓠恋。这有几个理由。第一，上古时代的爱情，无论是洪水兄妹成婚，还是女娲造人，都没有给后代留下爱情模式。第二，春秋战国时代人们创作的爱情故事，没有相关传奇，故事性不强。直到《史记》中记载的爱情，其文学色彩也不强。唯独《后汉书》从民间采集的这个辛女盘瓠传说，从时间发生顺序来说，是很早的民间传说，在民间流传已久，从武陵山一直传播到山东，终于进入文人的视野。这个传说从故事性来说，具有强烈的传奇色彩，有很强的细节与故事性。因此，这个传说，无疑成为中国民间爱情故事的母题。这个爱情故事母题，具有两个影响。

一、奠定了中国爱情故事的基本框架——白富美与屌丝男的爱情模式

中国民间有四大爱情故事，分别为牛郎与织女、梁山伯与祝英台、白蛇与许仙、

孟姜女哭长城四个故事。其中前面三个故事又演绎出无数的大同小异的爱情故事。这些爱情故事，具有一个共同的特征，就是白富美与屌丝男的故事。故事中女主人翁，不是富贵人家大小姐，就是仙女下凡，总之是属于当今时代所谓"白富美"一类角色。男主人翁则是一些穷小伙，在遇到女主人翁之前，在社会上没有什么社会地位，不受人关注，也无人看得起，不说找到白富美的老婆，只怕找个对象都很难，是今天人们所谓的典型的"屌丝男"。然而正是这些生活中很难发生的婚姻，成为故事的主题。自从屌丝男与白富美相爱之后，生活立马改变了，屌丝男自身所具有的巨大潜能得到极大发挥，转身变成了英雄。但是，这样的爱情，也埋藏着一些悲剧。牛郎与织女终于被无情分开，梁山伯与祝英台只好死后化成两只鸟相伴而飞，白蛇与许仙也没有好结果，白蛇被压在雷峰塔永世不得出来。这些故事，正像辛女与盘瓠一样，盘瓠最终死在自己的儿子们手上，而不能与辛女共享天伦之乐。

白富美与屌丝男的爱情纯洁而美丽，困难而坚强，有情人终能成眷属。但是，这样的爱情也总归埋藏着种种不测，总归是一出悲剧。这就是中国的爱情故事传统，这个传统一直影响着中国民间的故事创作，也在某种意义上影响着中国文人的爱情故事创作。

二、塑造了与欧洲灰姑娘与白马王子的爱情模式的不同传统

辛女盘瓠恋的爱情母题，还开创了与欧洲人的爱情故事不一样的传统。欧洲人的爱情故事，以灰姑娘遇到白马王子为母题。这个母题故事说，从前，有一位长得很漂亮的女孩，她有一位恶毒的继母与两位心地不好的姐姐。她便经常受到继母与两位姐姐的欺负，被逼着去做粗重的工作，经常弄得全身满是灰尘，因此被戏称为"灰姑娘"。有一天，城里的王子举行舞会，邀请全城的女孩出席，但继母与两位姐姐却不让灰姑娘出席，还要她做很多工作，使她失望伤心。这时，有一位仙女出现了，帮助她摇身一变成为高贵的千金小姐，并将老鼠变成马夫，南瓜变成马车，又变了一套漂亮的衣服和一双水晶（玻璃）鞋给灰姑娘穿上。灰姑娘很开心，赶快前往皇宫参加舞会。仙女在她出发前提醒她，不可逗留至午夜十二点，十二点以后魔法会自动解除。灰姑娘答应了，她出席了舞会，王子一看到她便被她迷住了，立即邀她共舞。欢乐的时光过得很快，眼看就要午夜十二时了，灰姑娘不得已要马上离开，在仓皇间留下了一只水晶鞋。王子很伤心，于是派大臣至全国探访，找出能穿上这只水晶鞋的女孩，尽管有后母及姐姐的阻碍，大臣仍成功地找到了灰姑娘。王子很开心，便向灰姑娘求婚，灰姑娘也答应了，两人从此过着幸福快乐的生活。

灰姑娘遇到白马王子的故事，细节发生在灰姑娘身上，白马王子成为一个细节较少的虚拟人物，故事总是以灰姑娘最后找到白马王子并变成白天鹅为结局。但是，辛女盘瓠恋的传统，则是相反，白富美常常是虚拟，没有很多细节。但是屌丝男则是具有很多细节，充满故事性的人物。屌丝男自从找到白富美之后，事业得到发展并成为被人们尊重的英雄。中欧之间的民间爱情故事，由这两个母题演绎出不同的传统。

第三讲 廪君传说与战神起源

第一节 从巴人廪君传说到土家族白虎图腾

一、故事梗概

廪君是巴人原始社会早期的部族首领。关于他的事迹传说,在《世本》《后汉书·南蛮西南夷列传》等史籍中均有较详细的记载。《世本》是先秦的典籍,最先记廪君的事迹:

"廪君之先,故出巫诞。巴郡南郡蛮,本有五姓:巴氏、樊氏、瞫氏、相氏、郑氏皆出于武落钟离山。其山有赤黑二穴,巴氏之子生于赤穴,四姓之子生于黑穴。未有君长,俱事鬼神。廪君名曰务相,姓巴氏,与樊氏、瞫氏、相氏、郑氏凡五姓,俱出皆争神。乃共掷剑于石,约能中者,奉以为君。巴氏子务相,乃独中之,众皆叹。又令乘土船,雕文画之,而浮水中,约能浮者,当以为君。余姓悉沉,惟务相独浮。因共立之,是为廪君。"

这个史料讲述了巴人早期首领巴务相成为廪君的故事。巴郡南郡蛮,本来有五姓人,巴氏、樊氏、瞫氏、相氏、郑氏。这五姓人都出自武落钟离山。此山有两个石穴,一个红穴,一个黑穴。巴姓人出自红穴,其余四姓人出自黑穴。当时五姓人还没有君长,但他们都信奉鬼神。五姓人都想当君长,争执不下,因此大家一起约定,谁能够把剑掷进河对面的石穴中,就当首领。其余四姓人都无法掷进去,独巴务相掷进去了。众人虽然感叹巴务相本领高强,但是众人还是不服。因此再一次相约,谁能造出土船,船上雕画美丽的花纹,浮在水上不沉,那就可以为首领。此时,其余四姓人所造土船,都沉下去了。独独巴务相造的土船可以浮在水面上。众人再次不得不服了，大家一致推举巴务相为廪君。

《后汉书·南蛮西南夷列传》记载了更加详细的廪君传说。提到他率领巴人西征，占据夷城，统一了盐水女神部落。在此期间还发生一段爱情故事。夷城有女神，看到远道而来的廪君仪表堂堂、武艺高强、聪敏过人，顿生爱慕之心。对廪君说到，我这个夷城，盛产鱼与盐，百姓因而生活富足，四方之人都有求于我。只要你愿意，请你留下来与我结婚生子，让我们的子子孙孙在此共同享受这大好的鱼盐资源。廪君没有立即答应。他并不是不贪恋这鱼盐所出的富饶土地，只是不想凭空占了盐水女神的领地。他廪君为人处世，浩浩荡荡，绝不会干这种不地道的事情。盐水女神对廪君之爱已是如痴如醉、欲罢不能了。她不管廪君同不同意，她自己是同意了。为了爱，她不计后果。她使出的几乎是死缠烂打的求爱术。每天晚上，她就来到廪君住地，与廪君共宿。天亮之后，她又化成虫子，与群虫一起飞走。为了留住廪君常住于此，不让廪君白天迁走，她与群虫在天空中飞时，遮蔽了日光，使得廪君不辨东西南北，无法行动。可是，这盐水女神也不想想，你使用这样的死缠烂打的手段，虽然可以暂时留住廪君的身，怎能留住他的心？再说了，为了留住廪君不远走，你遮蔽了日光，却让多少老百姓无法进行正常的劳动生产？这不严重地干扰了其他人的生活吗？廪君为此十分恼怒。他开始还对盐水女神抱着犹豫的态度，对盐水女神进行了百般劝慰，希望她认清形势。但是，女神没有把廪君的话当作一回事，依然故我。最后，廪君实在没办法，看看再不处理女神的胡闹，百姓实在无法生活下去了。因此，他瞅了个机会，待盐水女神化成虫子，正飞入群虫中之际，用他的箭将盐水女神射杀了。女神死后，天上群虫顿时飞散，天空立即恢复了往日的晴朗。百姓又重新恢复了正常的生产与生活。廪君从此统一了盐水女神部落，以夷城为都，建立了自己的巴子古国政权。廪君死后，魂魄世世代代化为白虎，从此之后，白虎成为巴人的图腾。

在此，我们要对上古史料提出几个问题。巴人首领为什么叫廪君，而不叫巴君？这廪君种部落后来是怎样演变的？廪君与我们今天所要介绍的白帝天王是什么关系？

二、"廪"与"廪君"包含的文化信息

为什么叫廪君，史书上没有交代。首先，廪君不是人的名字。君就是首领，即君主的意思。史料中也是这样使用"君"的："奉以为君""当以为君"。巴氏子本名叫巴务相，不叫"廪君"。只是他在竞赛中胜出，才被大家举为"廪君"。以此看来，这"廪"字不是巴务相自己封的，而是大家推举的。"巴"仅仅是对赤穴的人的统称。其余还有四姓人。那么这五姓人合起来之后，应该有一个统一的称呼。从"廪君"一词来看，当时的五姓人其实是把"廪"作为内部的统一称呼。所谓廪君，就是廪人之君。那为什么史书中不见"廪人"称呼，而只见"巴人"称呼呢？这是因为，巴务相成为"廪君"，即廪人的首领之后，外人就用"巴人"代称"廪人"。加上廪君的后人在建立国家的时候，自称"巴子国"，外人更是不知道还存在"廪"人这一族群名称。总起来说，"廪"人是当时五姓人的自称，"巴"人是他称，是外界对巴郡南郡蛮的称呼。这就是巴人与廪人之间的真实关系。

巴子国覆灭之后，廪人四处迁移。其主体向南迁移，来到武陵山与雪峰山一带，他们一直保留"廪人"的自称。因此，到了宋代，王安石开发五溪流域的时候，终于发现这里还有一个非常剽悍的族群，自称"狑"人。宋代文人将这个"狑人"又写作"猎狑""犵狑""令"等。因为当时生活在靖州的杨姓猎狑，非常有名，外界又用"靖州猎狑"作为"猎狑"的总名称[1]。其实，无论外界怎么称呼他们，他们自己一直自称"廪"。这廪人发展到今天，依然自称"廪嘎人"，"嘎"是家的意思，廪嘎人也就是廪家人的意思。今天还依然自称廪嘎人的族群，分布在武陵山腹地的湖南省凤凰、泸溪、溆浦、吉首、花垣、麻阳，贵州省铜仁，重庆市

---

[1] 有学者认为，"猎狑"一词乃是用汉语拼读侗族自称"金"的急切发音（见张民、向零、吴永清《关于辰、沅、靖州猎狑杨和猎狑吴二姓族属问题的浅见》，载《贵州民族研究》1985年第4期）。这是缺乏科学依据的。因为我们现在无法准确判断宋代时，"金"的急切读音是否可以写成"猎狑"。如果语音没有发生实质性变化，那"金"的急切读音，无论怎样也没办法写成"猎狑"。对少数民族的语言出现急切读音，只能是在较偶然接触下，才可能出现。宋代时，由于开发五溪的缘故，中原来的官员，与猎狑有过长期紧密的接触，不存在与自称"金"的民族产生所谓的偶然相遇的问题，也就不存在因为急切读音的问题而将单音节"金"写成双音节词了。从北宋到南宋，中原政府与猎狑的紧密接触，持续大约两百多年，不会一次记音不准，以后次次记不准的现象。

秀山、酉阳一带。廪嘎人信奉白帝天王,把白帝天王作为自己的祖神供奉在家里的正神龛上,而且演绎出了一系列与白帝天王有关的神话故事与风俗习惯。

第二节 白帝天王的来历

在武陵山腹地,最有影响的神当属白帝天王。为什么这么说呢?本地地方神祠主要有伏波宫、飞山庙、辛女庙、黑神庙、红神庙、白帝庙等。伏波宫分布在沅水大小码头;飞山庙分布最广,遍及各地城乡,但不是主神;辛女庙仅限于沅水中游的辛女岩周围;黑神与红神都是从白帝庙中独立出来的地方神;唯有白帝天王作为各地主神,雄立于武陵山腹地。从明代以来,学者们对此神就发生了浓厚的兴趣,对其来源与演变做出过许多种猜测。直到最近,才由学者考证出,白帝天王原本是廪嘎人的祖神,经过清朝政府的一再渲染,最后终于演变成武陵山腹地中的湘西苗疆的主神。[1] 在武陵山腹地,白帝天王几乎是家喻户晓的故事,这是一个什么样的故事呢?

传说白帝天王有三兄弟,分别叫金龙、金纂、金彪。没有父亲,只有母亲,所以随母亲姓杨。为什么没有父亲呢,这说来话长。当年鸦溪(今湖南省吉首市)这个地方,田地肥沃,广袤数千亩。鸦溪有一个峒官,人们都叫他杨老峒官。有一年,出现大天旱,数月不下一滴雨,鸦溪的数千亩良田眼看都干裂口了,当年的粮食眼看就要颗粒无收。杨老峒官站在田头的一口快要干枯的水井边,心中默默祈祷,如果谁能降下雨来,救了这数千亩良田,我愿意将小女儿嫁给他为妻。他当时也就是想了那么一会儿,并没有十分相信自己的许诺真能起作用。可是,他的话刚好被正在水井里游玩的龙王三太子听到了。这三太子想,平日里总听到人们传说,这杨老峒官只有一位女儿,才貌双全,杨老峒官老夫妻两人视这女儿为掌上明珠,至今十六岁了,还舍不得将她许配人家,想不到杨老峒官一急之下,竟然许下这等大愿。

---

[1] 谭必友,田级会《田野中的文化呈现——穿越文化浸洗的廪嘎人歌舞研究》,北京:人民出版社,2010年。

我不妨降点雨，救下这坪田地，看看他倒是兑现不兑现。这龙王三太子思虑之间，就鼓起水来。鸦溪地方顿时电闪雷鸣、大雨倾盆而下，百姓久旱逢雨，无不额手相庆。杨老峒官当时也很稀奇，怎么万里无云的天空，突然间下起了瓢泼大雨？他当时百思不得其解。这龙王三太子下过雨后，就在水井边等，可是左等右等，也没有等到杨老峒官将其女儿送来。终于有一天，杨老峒官的女儿来水井边洗衣，龙王三太子才找到机会，一步步将杨女引进水里，然后带回龙宫里去，两人成了亲。

再说这杨老峒官自从他的女儿去洗衣之后，就一直找不到人影了。人说，活要见人死要见尸。可是杨家请了许多人到处寻找，就是找不到女儿的影子。最初一段时间，杨老峒官老夫妻两人，也很悲伤，但日久之后，也就逐渐从悲伤中摆脱出来，渐渐将这件事忘记了。谁知，三年后的一天，这失踪的女儿突然回来了。不仅仅是杨老峒官夫妇惊奇不已，整个村子的人都惊奇不已。于是纷纷来打听个中缘由，杨女才将整个事情的来龙去脉交代清楚。原来，她那天去洗衣，突然发现自己的戒指掉到水井里去了，她急忙伸手去水中捡。可是当她快要够着戒指的时候，刚好又涌来一股波浪，将戒指涌到更深的地方。她就一步步地走进水里去了，她自己当时也不知道是怎么回事，反正最后随着三太子来到龙宫里，与三太子成了亲。现在成亲已经三年，极其想念家中老父母，因此征得三太子同意回家省亲，这就是她失踪这三年的具体情况。

家里的亲朋好友听闻之下，一片唏嘘之声。乃纷纷追问，那你结婚三年，难道没有生儿育女？你的孩子现在又在哪里？杨女不慌不忙，从身上取下一个葫芦，告诉大家，孩子就在葫芦里边，要到明天早上，才能打开。孩子是龙种，如果打开早了，孩子就无法变成真龙。家中亲朋好友更加惊奇，当天就在杨家坐等天亮，守候杨家龙种外孙出生。谁知，大家坐到五更早晨，人人支持不住，等不起快点打开葫芦。天尚未亮，众人就打开葫芦来看。此时，龙子尚未完全变成人，葫芦一打开，从里面跳出三条小小龙子。一会儿，龙子变成了三个小孩。由于出生提前，龙子福气大受影响，这要到将来才会明白。三兄弟出生后随母亲生活在外公家里，这就是他们有母亲而无父亲的缘故。

三兄弟成年后，个个长得魁梧高大，打仗勇猛无敌。其时在凤凰齐梁洞有反王何差聚众起义，他上掠滇黔，下控荆湘，官军莫敌。金龙三兄弟奉皇命进剿，与何差在现今的凤凰县境内布下战场。这何差是何许人也？何差也不是平凡之辈。何差的故事也充满传奇。

话说杨氏三兄弟在外公家成长的时候，在太湾地方（现在湘西凤凰县官庄镇境内，也有说在现今的凤凰县落潮井乡），出了一个少年叫何差。何差的父亲原是一个地理先生，一生中给别人找了无数风水宝地，让许多家庭因此圆了富贵梦。但自己家里一直都宽裕不起来。快到老年时，他老婆说他：从来只为别人找宝地，何不也为自家找一块，将来儿孙也有个发达之日。他回答说，风水宝地有倒是有，只怕儿孙无福享受，反招来杀身之祸。他老婆说，你试都没试一下，何以知道？风水先生拗不过老婆的唠叨，便交代老婆，在他死后，将他葬于某山某处，并在坟墓旁栽桑一棵。到奇迹发生那年便可让儿子何差将桑树砍来做成弓，到大年初一早上鸡叫三叫、东方发白之际，让何差用此弓望东方连放三箭，之后就可以聚众称王。

风水先生死后，他老婆依计安葬，在他的墓坟旁栽桑树一棵。说来也怪，自风水先生葬下后，坟墓周围的草木长得格外茂盛，那些草长起来就一丈多高，那棵桑树更是疯长，短短三年，就有好几丈高大了。若说别处，那草顶好也就四五尺高罢了，那桑顶好也就一丈多高。何差母亲看到这一切，心中暗自欢喜，知道风水先生说话定然不虚了。从此，她越发有信心，整日监督孩子讲习武艺，等待奇迹发生那一年，好聚众称王。

再说何差，人虽是个老大小伙子了，似乎并未长大。母亲要他学习的武艺韬略，他总是知之大略，不喜欢深究。他倒是喜欢在河里山间闲逛，好似一个无赖之徒一般。他母亲看到他这副德行，心中似乎又略为有些泄气。何差整日在河边玩，有一天在沙滩上捡到一把短剑，上面锈迹斑斑，他觉得好玩，便带在身上，并为它缝了一个牛皮套子装起来。没事干的时候，他就在沙滩上用这把剑演练用兵作战的游戏。如此一来二往，由于经常用剑在沙滩上摩擦，锈迹褪尽，那剑原是一把宝剑，寒光闪闪。他想砍什么东西，只要用那剑光一晃，那东西就断了。他心想，这样宝贝从此更要藏好，轻易不能拿出来，以免伤了别人。他母亲看他读书习武没长进，像个小孩子似的整日只知在沙滩上玩，看来是没什么出息了。心想，那死风水先生的话也未必能当真。从此断了让何差做什么王的念头,一门心思想让何差学做些农活。有一天,她把何差叫来训斥,你就知道玩,也不做事。从明日起,你去河边那块山上把那块灌木丛给砍了,开春的时候烧一把火好种小米。天天去砍畬,不砍完不许去河边玩,哪一天砍完哪一天为止。何差听了,也不说什么。吃过早饭,就去砍畬,中午时分就回来了。他妈问他,那片山还好砍吧?他说已砍完了。他妈听后很生气,那片山就凭你这么个半大孩子,少说也得一个月才砍完,你一个上午如何砍得完它,这是骗谁哪?于是大声呵斥他不诚实。何差说,不信你去看吗!母亲立即去看,果然,那片山上,密密麻麻的灌木丛被齐整整地全砍倒在原地。这真是奇了?怪了?回家后,她逼问何差,到底是怎样砍的?何差说,他有一把宝剑,只要抽出来晃一晃,剑光晃过之处,柴草都被砍断了。母亲不信,要他将宝剑拿来看看。何差说,这把宝剑不能给人看,给人看了就会有凶,母亲还是不信。何差无奈,即嘱咐母亲,稍微离远一点。他即慢慢将剑从牛皮套里拔出来,只轻轻晃动了下,一股寒光闪过!还算幸运,寒光只从母亲头顶闪过。不过,母亲的一绺头发已被划断了。真险!他母亲见到这把宝剑,立即恍然大悟,知道何差父亲生前的预言应验了!

说来也怪,自从何差亮剑那天后,人像长大了许多,已经完全成熟了,为人处事都有了王者气象。母子俩合力将父亲坟旁那棵桑砍来,做成一把大弓。并日夜做着各种准备工作,只等过了年,到明年初一早上竖起反旗称王。

话说,真到了除夕那天,为了不耽误第二天早上鸡叫三叫的时辰,母子俩轮流守更。前半夜何差守更,后半夜他母亲守更。想想就可称王了,她母亲格外着急。度一个时辰像度一年一样长。尽管到了后半夜,她很疲倦了,但还是尽力守着。好不容易,熬到鸡叫头遍了,不久,鸡又叫二遍了。他母亲越来越累,越来越急。她实在熬不住了,看看鸡总是不叫第三遍,她走到鸡笼边,假装用簸箕簸食物,发出声响,引诱大公鸡叫第三遍。那大公鸡被簸箕声吵醒,提前叫起了第三声。这一声洪亮有力,将整个山垅都叫醒了。何差听到鸡叫声,立即爬起来,拿起那把大弓,走出门外,面向东方,连放三箭。箭矢入云,飞向东方,很快不见了踪影。何差放完三箭,立即觉得浑身瘙痒,用手去抓,一抓皮肤上即长出一片鱼鳞。仅仅一会儿，全身都长满了鳞片。鳞片结实有韧性，刀枪不入。当天，他就树起反旗，自称鸡公大王，招兵买马，从此横行湘黔边界，大本营安扎在奇梁洞。

再说，何差放出的那三支箭，一直飞向东方皇宫。那时皇帝刚刚起床，正坐在龙椅上。在他弯腰下去洗脸之际，三支响箭从宫门外飞来，端端正正插在龙椅背上。皇上大惊，站起来细看，三支箭所扎的位置，正是他平坐时的两眼与咽喉的位置。若是这三支响箭再迟来半个时辰，他那时洗完脸，正端坐龙椅上接受百官早朝之际，三支箭必将他当场射死！多险！看看这箭，他知道西方某处已有反王作乱。但从三支响箭早来半个时辰来看，这西方反王没有做真命天子的福分，心下又暗自庆幸，立即下诏，进兵剿灭。谁知这何差武艺高强，把所有来剿官兵都打败了。皇上急募天下勇士前往助剿，正是在这样的情况下，金龙三兄弟的命运与何差连在了一起。

金龙三兄弟长成年之后，生得孔武有力。由于母子四人傍着外公生活，家里没有片土，日子过得十分拮据。一天，他们在村头玩，看到朝廷张贴的募集英雄的布告，心头喜欢。三兄弟一合计，认为这是他们效力朝廷、出人头地的大好机会。立马就撕了皇榜，招了一帮兄弟，前去征剿何差。

这何差是鸡公大王化身，一身鳞片，刀枪不入。三兄弟虽然多次杀败何差的队伍，但是终究无法彻底打败何差。何差战场失利之后，带兵退入奇梁洞内，依靠奇梁洞天险，与三兄弟打起了经年累月的拉锯战。三兄弟眼看拿何差无可奈何，此时何差的妹妹出现了。何差的妹妹爱上了金龙，何差妹妹对何差造反本就不同意，现在又与金龙相爱了。这何小姐就有意要帮助金龙扫平何差的反军，因此，将何差的一个致命秘密透露给了金龙。

何差虽有一身鱼鳞，刀枪不入，但有一致命的软穴。何差是鸡公大王化身，每天午时，他必定准时从奇梁洞飞出来，飞到不远的梅花井边喝水。他喝水的时候，头就高高仰起，鳞片张开，将整个咽喉部位全部暴露在外。此时如能突然杀入其咽喉，准能一刀毙命，何小姐透露给金龙的就是这个秘密。金龙依计而行，在午时之前，就躲在梅花井对面的山里，专等何差出来喝水。到了午时，那何差果然从奇梁洞飞出来，满身金鳞，在太阳下金光闪闪，显得格外英勇。可是，谁知道，此时的金龙已经拉满长弓，趁何差仰头吞水的瞬间，那支利箭脱弦而去，瞬间插入何差的咽喉。可怜这震动滇黔的一代反王还来不及反应过来，就一命呜呼了！

金龙三兄弟射杀何差之后，立即杀进奇梁洞去，三人六手，将何差九千兵马斩杀殆尽。血洗奇梁洞之后，三兄弟即赶往何差的老家太湾，将何差家屋后的一大片竹林全部砍倒。因为何差不仅是鸡公大王，还是竹王转世。自他招兵后，就在屋后那片竹林里练竹兵。可惜竹兵未练成，人已先被射死。天王将砍倒的竹子一一剖开，每根竹子的节骨里都坐有一个快练成的竹兵。不过他们已经因竹子被提前砍断，失了元神而枯死了。如果稍微推迟几个时辰，这成千上万竹节里端坐的竹兵都将练成，即将破竹而出。如果真到竹兵练成，天下就无人能战胜这支庞大而神奇的竹兵队伍了。好在金龙三兄弟及时赶到，提前消灭了他们。

擒杀了何差，立了大功。三兄弟便带着田、杨、苏、罗、吴、林、谭七个亲兵进京领赏。皇帝看到三兄弟相貌堂堂有王者气象，怕他们日后谋反，有意要谋害他们。皇帝封了他们官，并赐一坛御酒，要他们回到故土才能开坛而饮。三兄弟及亲兵回到沅陵白马渡，看看已到家乡，心中喜悦，开坛饮酒。大哥先饮，只喝了一小口，脸色变白，溜下马来死去；看到大哥倒下，二哥心中很不舒服，念叨："这大哥也太不中用，被一小口御酒就醉死了。不值价。看我的。"二哥力气较猛，拿起酒坛，一口气喝了一大口，脸色变红，溜下马来死去；三弟看到大哥二哥都醉死了，更加不服气，念叨："这大哥二哥也真是没有福气，哪能被皇帝的一杯御酒就醉死的道理？看我的。"三弟拿起酒坛，将剩下的整坛酒，一口气喝了个干净，脸色变黑，溜下马来死去。原来皇帝赐的是鸩酒。大哥喝酒较少，毒性不大，醉死时，脸呈白色。二哥喝酒稍多，毒性稍大，死后脸呈红色。可惜三弟喝酒最多，中毒最深，死后脸呈黑色。这就是白帝天王三兄弟的脸分别是白红黑的来由。三兄弟死后，阴魂不散，化成三条龙大闹朝廷金銮宝殿。皇帝吓得胆战心惊，急忙给他三兄弟封了种种神位，三条龙都不肯离去。后来封为白帝天王，与皇帝一样称帝，阴阳两管，在其故里立庙建祠，三条龙才点了三下头，离去了。

皇帝敕封杨氏三兄弟为白帝天王之后，三兄弟魂魄回到了沅陵，将敕封之事托梦于跟随进京的七个亲兵，这七人只好强忍着仇火怒气，护着天王尸体，赶回故里。在路上举行祭奠,哪里请得到巫师?无奈,大家只好将平日的操演阵势作祭仪跳演,不会唱巫词,就唱天王生平勋迹。

如此14日才到家,将天王安葬立庙后,七人盟约以后廪嘎七姓人父母终世,都不举行道士孝仪,而将七人护送天王灵柩过程中所演所唱作为廪嘎人丧葬的统一仪式,他们叫打廪跳排,世代相传,决不改变。

读者不禁要问,这廪君与白帝天王是什么关系?为何将这两个传说扯在一起了?

第三节 白帝天王教信仰

一、白帝天王庙与天王行宫

白帝天王三兄弟死后被封白帝天王。他的七姓亲兵公同商议,在鸦溪为其立庙祭祀。建庙初期是什么情况,现在已经不得而知。从明朝的文献来看,大约在宋代时候,庙中就已经有了三座塑像。因大哥死时脸呈白色,故塑像为白脸,坐在正中;同样的道理,二哥为红脸,坐在大哥的左边;三弟为黑脸,坐在大哥的下手边。20世纪80年代初期,鸦溪复建天王庙,人们按照旧时规矩,在庙中正神位上塑三尊神像,白脸大哥、红脸二哥、黑脸三弟。同时在大庙后堂塑天王母亲像,为穆氏婆婆。在庙的厢房为天王塑三个马夫,每名马夫手中牵一匹骏马。在正神案台下面的墙壁上,开挖一个小孔,里面塑一小船夫。据说当年是这个船夫将天王渡过沅陵白马渡,送天王回家的。

从现有的资料来看,至少迟在宋代,天王庙就是鸦溪这

图11 凤凰中寨天王庙(谭必友 摄影)

一座。别的地方也建庙，但是只能叫作拜亭或天王行宫，比如建在凤凰靖疆营的白帝天王庙，就只叫作拜亭[1]；建在现今泸溪县浦市镇的白帝庙，人们将其称为天王行宫。或者只供奉红黑二神，叫作黔王宫（黑神庙），或者叫作红神庙。我们现在可以在沅水流域以及廪嘎人迁徙路线上，找到许多这种黑神庙[2]。黑神庙是因为庙中供奉的神系白帝天王中老三神像，脸为黑色，人们按照黑脸特征，称呼他为黑神。在浦市及其周边，黑神庙门楣上所悬庙名多是黔王庙或黔王宫。在其他地方黑神没有立庙，而是将黑神视为祖神，放在自家的宗祠里面。如四川遂宁谭姓人祠堂（右图），以及溆浦县大江口镇沱里村夏氏祠堂，都是将黑神供奉在宗祠里面。

图12　溆浦县斯文村夏氏宗祠（谭必友 摄影）

从清代开始，由于清政府要利用白帝天王信仰的政教功能，因而积极引导武陵山腹地各地广建白帝天王庙。特别是为治理湘西苗疆，白帝天王庙更是遍地开花，从城镇到村庄，随处可见。由于白帝天王庙在政府主导下，布满苗疆。正是这个原因，当代许多学者，在史料不全的情况下，简单依靠白帝天王庙的分布地区与苗族聚居区紧密，就轻易得出结论，认为白帝天王是苗族人的信仰。另外一些学者则依据当代的民族身份，从今天的信仰者群体的民族身份往回追溯，也可以得出白帝天王是苗族的信仰的结论。殊不知，今天的民族身份既有政治的原因，也有个体的利益等原因，今天的民族身份已经与传统的族群身份不一致了。

天王庙所供奉的三个神祇，为什么脸呈白红黑三色？老百姓讲述的民间故事

1　谭必友《多民族社区宗教信仰体系近代框架的构建——以19世纪湘西苗疆为例》，人类学的中国话语——人类学高级论坛2007卷，2007-10-26，国际会议。

2　据泸溪县生宝谭氏族谱四川省遂宁支系的分谱记载，他们是自泸溪县浦市迁往四川的，在入川的路上，吴氏太婆始终背着黑神，自后成为绥宁谭氏的祖神，至今绥宁谭氏还将黑神庙与谭氏祠堂融为一体。这恰巧可以解释在四川贵州一带为什么有大量黑神庙。

是一种解释,但不是科学解释。著名人类学家潘光旦曾对此做过详细考证。认为,这白脸祭祀的是廪君,因廪君死后魂魄世代化为白虎,因此用白脸来象征廪君。红黑二神,分别祭祀出自红穴与黑穴的巴人。在没有更为扎实的证据之前,我们认为潘光旦的这个说法是最有说服力的。潘光旦将白帝天王与廪君联系在一起,认为白帝天王经历了"廪君—白虎—白帝"的演化过程。详细论证过程很复杂,我们在此就省略了。

二、廪嘎人的流落师傅及打廪跳排

在廪嘎人的民俗中,至今在丧葬仪式中保留着一套叫着"打廪"的独特祭祀活动。执行法事的土老司叫"流落"。"流落"由七姓人内部人充当,需要经过严格的学习,获得师傅认可,才能正式主持法事。

"流落"的职责比较多,如祭祀白帝天王以及其他神祇,但主要还是为廪嘎人主持丧葬仪式,超度亡人。在丧葬仪式中,"流落"要表演一种叫着"打廪"或"打廪跳排"的丧葬舞蹈。舞蹈中,由一名"流落"师傅击鼓,另外两名徒弟(或四名)身穿前后写有"兵"字的古代军服,各人手里拿着一根约1.5米长的竹篙,外加一节约0.3米长的破竹筒,两人(或四人)列队表演战斗、撑船、敲竹篙等动作,每一节动作结束时,众人一齐大叫一声"啊吙"。据学者考证,土家语"打"即表演,所谓"打廪",就是"表演廪君"之意。与舞蹈交叉进行的节目就是唱《廪歌》与孝子绕棺,唱《廪歌》时,一位师傅照着《廪歌经》演唱,另一位师傅则领着众孝子绕棺,其余弟子则在师傅唱《廪歌》时和唱(他们叫帮腔)。廪歌共有七卷,每一卷的帮腔方法有别,比如在演唱《喏歌》时,师傅每唱完两句,众弟子即一起合唱"喏——喏——"。绕棺时,领头师傅还手拿一把破蒲扇,一边走一边扇凉,现在土家族丧葬仪式中的打绕棺活动即是从此演变而来(参见第十三讲第一节《军歌战舞》)。

而《廪歌》,即演唱廪君的歌,现存廪歌虽然还有七卷之多,但它已历经文化浸洗,因而渗入了种种其他文化内容。尽管这样,我们依然可以根据其中的《喏歌》《吹号歌》等卷歌词,看出其早先时代的一些面貌。廪歌是廪嘎七姓人结盟西迁与隐居的一部史诗,这部史诗是由不同时代的"流落",根据新的生活背景不断修改、增添新的内容,记载了廪嘎人各个时代不同的发展变迁,是一部内容非常丰富的部族迁移史诗。

廪嘎人是怎样表述这种独特的丧葬仪式的?据一位资深"流落"说:"打廪跳排时为哪样要打鼓?因为白帝天王打仗非常勇敢,战场上只许进不许退,所以廪嘎人的绝大多数祭祀活动都只能用鼓,不许用锣。打廪跳排的时候更是不能犯忌了,用锣以及其他金属乐器,那就等于冒犯了天王。"

为什么要穿着军服?因为七姓人都是天王的亲兵,跟着天王打仗。天王死了之后,七姓人就用平日跟着天王打仗时的动作来表达对他的哀悼,也顺便用这种方式超度天王的亡魂。

为什么要用竹篙与破竹筒?据说天王死在沅陵白马渡,七姓人用竹排把天王运过河,竹篙表示撑船的情况。又说七姓人抬着天王尸体回家,晚上露宿在野外,大家担心野兽来吃天王的尸体,所以敲响破竹筒来赶跑野兽。师傅拿破蒲扇据说当时是为了赶蚊子,因为蚊子要来叮咬天王尸体。

为什么要唱廪歌?七姓人抬着天王尸体回家,路途比较远,大家为了赶跑旅途疲劳,也为了驱赶恐惧与寂寞,大家就把天王在战场上的各种英勇事迹随口演唱出来,也就是现在的廪歌。现在的廪歌是有顺序的,但流落演唱的时候必须打乱顺序。因为当时七姓人演唱的时候是随意编随意唱,是没有顺序的。

这是廪嘎人的流落对"打廪"的自述。从这些自述中,我们可以发现,打廪跳排都是从白帝天王信仰中发展而来,是一种原生性的祭祀活动,保留了上古时代活生生的记忆。在人类历史过程中,丧俗与丧葬仪式是比较严肃的,因而是保持得比较稳定的历史活动。廪嘎人长期僻居于武陵山腹地,打廪跳排的活动非近期形成,也很难说是像他们自述的那样,形成于宋朝(见下一节)。从上古时代到今天,其间虽有细微变化,但大体环节还保留了原生形态。

而现在有关白帝天王信仰的种种说法,又与廪嘎人的打廪跳排中的各种细节表演保持千丝万缕的联系。如关于白帝天王打仗的故事,白帝天王乘船回家的故事,白帝天王被毒酒鸩杀的故事等,似乎都是对打廪跳排的一些细节表演的文化阐释，打廪跳排与白帝天王信仰之间已经形成一种鸡与蛋的关系。

打廪就是土家族最原始的跳丧舞，这种舞蹈在土家族不同的聚居区，由于受到道教、佛教的影响，后来发展成不同的形式，在湘西、鄂西、黔东、渝东等地演变成打绕棺，在鄂西北部土家族地区以及清江下游地区，演变成撒尔和。无论打绕棺还是撒尔和，它们的早期形态应该是与打廪比较一致的跳丧仪式。

三、廪嘎人的两个神龛与祭祀仪式

廪嘎人除了打廪跳排、唱廪歌的传统，还保留了一套独特的文化事象，当地人可以根据这些事象判断自己与廪嘎人之间的界线。其中一个重要事象就是廪嘎人在神龛壁上安装一大一小两个神龛、在节庆期间的独有的祭神仪式等。

大小神龛也是廪嘎人的一个象征。凡是廪嘎人，他们都在自家的神龛壁上安装一大一小两个神龛。大神龛在正中央，小神龛在右边稍低的位置上。小神龛两旁贴有对联，其中一联上面写有"七姓证盟七字"，或者"七字流芳远"等字样。对大小两个神龛的自述，在廪嘎人中间有两种版本。由于自述不一样，相应的祭祀仪式也有区别。

比较盛行的版本是由流落做出的权威解释。

为什么有了大神龛，还要装一个小神龛？因为廪嘎七姓人是跟随天王打仗的亲兵，因此，七姓人都要祭祀天王。小神龛就是祭祀天王以及随天王打仗的七姓人祖先的。所以，廪嘎人小神龛两旁都要写上"七姓证盟七字"，或者"七字流芳远"。

与这种解释相对应，在祭祀时，一般在堂屋里放一张四方桌，桌上放十个碗（碗中盛牺牲物），桌下放一个碗。他们说：

> 因为七姓人跟随天王打仗，平时与天王同桌吃饭，与天王享有平等的地位。祭祀的时候，祭桌上放十个碗，其中三个表示天王，另外七个表示七姓人。祭桌下放一个碗祭祀辰州土地（又叫大坊土地）。其他姓氏的人在祭祀天王时，桌上放三个碗，桌下放一个碗，三个碗表示祭祀三天王。桌下一个碗表示祭祀大坊土地。

另一种解释不太盛行，主要由少部分廪嘎匠作人员做出的，或者在失去了打廪跳排以及不信仰流落的地方的廪嘎人，他们也如是说：

> 为什么要装一个小神龛？小神龛是祭祀三代以内祖先的。三代以外祖先的都移到大神龛，不用专门祭祀。所以小神龛叫着祭祀老人嘎（祖先）。祭神时分两个步骤，先在堂屋里祭祀家先（家里的祖先）。主要看他屋小神龛上写有几个神名字，有几个神名字就放几个碗。祭桌下放一个碗，祭辰州土地。祭祀完家神之后，再把桌子移到堂屋外祭祀天王。祭天王时，桌子上放三个碗，桌下放一个碗。三个碗表示祭祀天王，一个碗表示祭大坊土地。[1]

这第二种解释显然有些牵强。第一，因为中国人的常规祭祀都是从大到小，从远到近，讲究大小顺序，很少有先从最近的祖先开始的。第二，如果小神龛上祭祀的是最近的祖先，那么，小神龛上的对联就应该是"天地君亲师"之类文字，而非带有远古记忆的"七姓证盟七字"等文字。现实上恰恰相反，大神龛上"天地君亲师"等文字表明了他们对最近祖先的记忆，而小神龛上的"七姓证盟七字"表明他们的远古记忆。因此，少数匠作人员的解释仅仅代表他们的猜测。可见小神龛上的神不是一般的家先，而是比较特殊的神。

无论怎样，廪嘎人在家里祭祀天王，这是大家一致之处，也是他们与当地其他各族群众不一样的地方，这是他们的特权，也是被当地所有其他群众认可的一种对天王的特权。其他各族群众都必须去天王庙祭祀（演变到后来，当地其他民族的少数人家也请流落在家门口祭祀天王，但祭祀还是不敢在自己屋子里进行）。从这些完整的祭祀仪式以及当地群众对他们享有的特权的认可来看，廪嘎人确实是天王的最早信仰者，在历史上的某个时期，天王神位本是他们家内的主要神位。

四、武陵山腹地的开斋节

除夕夜，也就是过年，是中国大多数民族最隆重的节日。可是古代的廪嘎人

---

[1] 谭必友、田级会《田野中的文化呈现——穿越文化浸洗的廪嘎人歌舞研究》，北京：人民出版社，2010年。

最隆重的节日不是过年，而是开斋节。当其他民族在除夕夜，举行隆重的团聚仪式时，廪嘎七姓人却有意把除夕夜搞的特别的简单。七姓人把过年叫作豆腐青菜年。也就是在除夕夜那一天，一家老小大清早就要起来，随意炒一点青菜豆腐，然后在神龛前烧点香纸，就算是过年了。不能炒肉、不能喝酒、也不讲究团聚。或者大清早天未亮之时，一家老小就起床，随便炒点剩菜剩饭，脸都不洗，便吃饭。叫作过眼屎年。无论是称为青菜豆腐年，还是眼屎年，都是要淡化除夕。那么，他们有没有隆重的节日呢？有，那就是开斋节。

从农历五月小暑节前一个辰日到小暑节后的巳日，在这 14 天中，不能杀牲、不能渔猎、不能大声说话、不能动土，连小孩都不敢大声哭等。据说，这个时间，正是当年白帝天王被毒死在白马渡之后，七位亲兵护送天王灵柩回到鸦溪老家的日子。因而此 14 日成为廪嘎人的封斋日。开斋之后，人人喜笑颜开、家家户户就可以大吃大喝一顿，廪嘎人谓此为开斋节。开斋节是廪嘎人最为看重，也是过的最为隆重的节日，是廪嘎人的春节，或叫作廪嘎年。此习俗对湘西苗疆有很深的影响[1]，直至 20 世纪 80 年代还比较普遍，但近些年开斋节已经衰落并濒临消失了。只在凤凰县三箭塘、泸溪县达岚镇一带，还可以见到这个习俗，当地人叫开忌节。泸溪县还将这一习俗申报了湘西州州级非遗保护项目，政府将其重新命名为六月年。

五、白帝天王庙中喝猫血酒赌咒

白帝天王是全能的，白天管阳间，晚上管阴间，号称阴阳两管。白帝天王是武陵山腹地最为灵验的神。在诸多能力中，最为人乐道的是去天王庙中喝猫血酒赌咒。如果两个人之间发生纠纷，被对方冤枉而无法证明自己的清白之时，双方就可以去天王庙中赌咒，让天王做出公正判决。具体办法就是，邀集众人一起到凤凰天王庙中，将猫血滴入酒中，双方喝下猫血酒之后，当着天王菩萨赌咒："我若冤你，我九死九绝；你若冤我，我大发大旺。"说了假话的一方，必然遭到天

---

[1] 也有学者据此得出结论，白帝天王是苗族的信仰。开斋节并不是苗族人的苗年，苗族人另有自己的苗年，具体时间各地苗族不统一。湘西腊尔山周围的苗族是在农历二月初六过春节，相当于汉族的正月初一（《清代前期苗民起义档案史料》下册，第 122 页，北京：光明日报出版社，1987 年。）

王惩罚，不死即残，当地老百姓对此法深信不疑。据说，某年某月某日，就有两人在天王庙中赌咒，赌完之后，两人刚走出庙门，说了假话的一人果然从天王庙石阶上倒下，当场毙命。还有许多其他传说，个个传说都传的有鼻子有眼，仿佛人人都看见过似的。

这种赌咒，就是学者们说的"神判"。在武陵山区，流传过许多神判形式，在天王面前喝猫血酒赌咒的方式，是最为常见、最受人乐道的方式。此方式至今还被一些当地人使用。

为何要喝猫血酒呢？因为猫与虎是同科，喝猫血等于喝虎血。原本应该喝虎血，喝了虎血就意味着白虎魂进入了自己的身体，如果说谎，就会亵渎白虎神廪君，必遭白虎神廪君的惩罚。但是虎毕竟不容易得，只好用与虎同科的猫代替。这样，在白帝天王庙中赌咒发誓的时候，就变成喝猫血了。

第四节　战神白虎星的形成

传说中的白帝天王是能征善战的将军，打仗非常勇敢，带领的士兵在战场上，只能进不许退。所以直到今天，流落师傅在做法事的时候，只用鼓不用锣。锣是金属，古代战斗的时候，鸣鼓前进，鸣金收兵。廪嘎人的祭祀仪式都忌讳使用锣，认为这是对一生英勇的白帝天王的大不敬。

廪嘎人的白帝天王传说，对中原文化发生了重要影响。汉初之际，刘备与项羽争天下的时候，得到过巴人的重大援助。刘备做皇帝后，对巴人十分尊重，并给巴人许多特殊恩惠。受此影响，从汉代开始，中原文化开始借用廪嘎人的白帝故事，创造了白虎星的传说。再后来，这白虎星又成为战神的象征。老百姓对那些勇敢的战将，多认为他们是白虎星下凡，或是白虎转世。因而具有非凡的武艺与谋略，作战勇敢，所向无敌。

第二篇 制度与故事

引 言

武陵山地区自秦汉以来，一直实行着一些特殊的社会制度，这些制度让外界很难理解。其中一些制度是由中央政府与当地土著居民协商制定的，有些则是由当地土著居民自己创立的。在这些制度中，有些制度被外界视为落后野蛮的制度，从而受到历代知识分子的讥讽，比如土司制度，被认为是落后野蛮的象征。有些制度则超出当时人的想象，站在历史反思的观点来看，几乎是历史上曾经最先进的社会制度。不过，这些最先进的制度却是那些被认为是最落后最愚昧的人在践行。就如19世纪，中央政府在苗疆推行的新政，那正是中国后来乌托邦运动的先声，也是中国历史走进近代的先声，被一些学者称为中国历史拂晓前的曙光。

无论是我们近几十年来接受的马克思主义理论，或者是欧洲先进的历史理论，都异口同声地断言，只有最先进的人群才能践行最先进的社会制度。可是，践行苗疆新政的人，却是知识分子们一直宣称的当地苗族土家族人民，这些人历来都被讥讽为落后愚昧的人。这些愚昧落后的族群怎么能践行最先进的社会制度？是我们曾经学习过的各种先进理论错了，还是历史错了？无论怎样，历史似乎都在与我们开玩笑一样，让我们面对武陵山曾经存在的各种各样的社会制度时，找不到一个恰当的理解途径。也许这种现实正表明，历史上武陵山的各种制度有故事、富于传奇，值得我们深入去探索。这就是本篇的撰写主旨。

第四讲　土司及其爱国故事

第一节　土司制度概况

一、土司制度是一种什么样的制度

　　土司制度是元代开始实行的治理西南、西北少数民族地区的一种制度。是元朝政府对秦汉以来中央政府治理少数民族地区的羁縻政策的一个新发展。从秦汉开始，中央政府对少数民族聚居的边远地区实行羁縻制。所谓"羁"，《史记·司马相如传·索隐》解释说："羁，马络头也；縻，牛蚓也"，羁："罒"从网，从革（皮革），从马；本义：马笼头。縻：捆，拴；本义：牛缰线。合起来表示用皮革制成的网络来把马与牛等牲畜络住，羁縻引申为笼络控制。也就是说，对那些少数民族，就要像套马牵牛那样来治理。秦朝从秦惠王开始，对武陵山区的少数民族实行羁縻政策，后来汉朝继承这一方法，采用羁縻政策管理武陵山区。这一政策发展到唐朝，成为一种正式的制度，叫羁縻制。唐朝正式确认了大量羁縻州县。羁縻政策的原则是"附则受而不逆，叛则弃而不追。愿意归附则接受，不逆其意；叛离了则弃之，不予追究。"到了元朝，将羁縻制改为土司制，就是由当地土人治理本地。土著政权的首领，通常就笼统地叫作土司。与羁縻制度相比，土司制度有了更大发展。在一定条件下，更适合当地的社会发展条件，更能有效管理地方社会。

　　土司制度兴起于元朝[1]，完善于明朝中前期，衰落于明朝后期，清代前期政府采取了改土归流政策，裁撤了中国版图上的绝大部分土司，完成了政权的统一。

1　民间说法，土司兴起于宋朝，但未能从正式史料中找到证据。

改土归流，就是改掉土司，实行流官制度。什么是流官制度？这是从汉武帝开始的一种官制，即不得在原籍为官，不能在一地久任地方官员的任职制度，是中国延续了两千年的一个古老传统。"流官"就是流动的官，有一定任期，期满调任，而且官员不得在本籍任官。这样避免了官员在本地任职滥用权力为自己谋私利的弊端。从清初开始，政府在武陵山地区实行了大规模的改土归流运动，到雍正年间，武陵山土司基本上被革除。实行了近两千年的地方自治政权，统一到中央政府政权之下。武陵山各个族群从此进入更快的发展时期。

二、土司制度的主要内容

元朝确立的土司制度，相对于羁縻制度而言，更加完善、更有利于中央政府对地方行使管辖权，保证中央政令的畅通。

第一，设立各种级别的土司政权与土司职务。土司政权分为指挥使司、宣慰使司、宣抚使司、安抚使司、招讨使司、长官司等，各级使司有相应的指挥使、宣慰使、宣抚使、安抚使、招讨使、长官等。

第二，任用各族群中的豪酋为各级土司土官。从指挥使、宣慰使、宣抚使、安抚使、长官，到路、府、州、县的长官大多以各族群中的豪酋担任。

第三，明确了土司的义务。元朝对所任用的土司都规定必须向中央王朝尽一定的义务，贡赋包括朝贡和纳赋两项内容。朝贡是明朝与土司、附属国之间的一种贸易形式。土司们向朝廷朝贡土特产，朝廷按物有所值给予高价赏赐。而土司对中央政权的纳赋都只是象征性的，税赋极少。

第四，规定了土官的信物、承袭、升迁、惩罚的制度。元朝对土司的管理，包括对土司的任命、承袭、升迁及对土司的惩罚等，都有明确的规定。一般来说实行的是世袭制。但如果土司有严重的不法行为，也可被追究法律责任直至被革职查办。

第五，土司在自己的领地上，可以颁布相关法律制度，有较大的独立人事权与军权。土著居民在土司制度下，幸福与否，全靠自己的命运，遇到那些追求上进、仁慈爱民的土司，生活相对稳定，也更有幸福感。如果遇到那些贪婪残暴的土司，则终身过着牛马一样的生活。

三、武陵山区有哪些土司

从元代开始，至改土归流结束，中央政府在武陵山区建立过大大小小很多土司政权。有的土司在元朝就裁撤了，比如浦口（现今的泸溪县浦市镇）土千户谭子兴，于元朝延祐七年（1320年）就被裁撤了[1]，有的土司到清朝才得到中央认可。现在已经无法详细考证这些土司政权，更无法分辨这些土司的管辖地域。仅就明代来说，较大的土司主要有永顺军民宣慰使司、保靖州军民宣慰使司、施州指挥使司、施南道宣慰使司、容美宣慰使司、散毛沿边宣慰使司、沙溪宣慰使司、石砫宣慰使司、酉阳宣慰使司、播州宣慰使司、思州宣慰使司、思南宣慰使司。由这些大土司管辖的各级小土司还有上百个。这种复杂的政权结构既有优点也有弊病。优点是可以充分体现权力制衡，保护地方利益。弊病是政令不一，相互之间经常发生冲突甚至战争，吃苦的总是老百姓。这种制度，在行政效率低下、交通极为不便、行政成本极高的时代，还是可行的。当经济开发到一定程度之后，就成为阻挡社会发展的绊脚石。而且土司个人的人品与能力等，也对辖区行政及百姓福祉起到决定作用。

第二节 武陵山土司故事

一、土司报国——东南抗倭第一功

（一）明朝倭患背景

说起倭患，一定会追溯到明朝洪武年间确立的海禁政策。民众被禁止和外国人通商，甚至下海捕鱼也遭到禁止，所谓"寸板不得下海"。对于依靠捕鱼和海

---

[1]《元史》卷二十七《英宗一》载："（延祐）七年，……三月……丁亥，罢沅陵浦口千户所"。这个千户所，正是土千户，即土司。《元史》卷六十三《地理六》在"思州军民安抚司"一条的下面，列出本地的土司政权，其中有"浦口"，说明这个"浦口"是一个土司政权。浦口土千户谭子兴是笔者的先祖，谭子兴被裁撤的第二年，笔者的先祖还联合廪嘎人（当时称为猺狑），发动了一场浩浩荡荡的反元大起义。起义很快被平息。不过，到了元朝末年，我们的先祖再一次跟随陈友谅发动反元起义，成为元朝末年反元大军中的一部分，为推翻元朝的暴力统治，做出了贡献。

上贸易为生的海边民众而言，这无疑是绝其活路。走私商贩、海盗像野草一样地滋蔓开来。但是，由于明朝前期政治比较清明，军队也比较有战斗力，这些走私商贩与海盗还没有形成较大的危害。可是，到了明朝中期，一件突发事件终于引爆了倭患。

嘉靖二十六年（1547年）夏天，浙江余姚发生了一起重大的纵火抢劫案件。一伙强盗趁夜攻入余姚谢氏庄园（据说是已故朝廷阁老谢迁的产业），杀人放火，劫掠而去。这起案子原本同任何其他案子一样，无非都是由民间纠纷引起的仇杀。但是余姚县令破不了案，为了推脱责任，就仓促上报，说有倭贼入寇。谁也没想到，这起案件成了明朝海防政策突变的导火索。

自朝廷实行海禁，严厉打击走私以来，其实民间的海上贸易并没有停止过。地方官员常常是睁一只眼闭一只眼，而且有大量官员还直接参与走私，从中牟利。由海上走私引发的腐败，已经成为政府与民间的热门话题。但因牵涉到很多官员们的切身利益，海上走私一直无法严查。

余姚谢庄事件震惊了朝廷。接到地方官员的报告，嘉靖皇帝迅速做出反应，启用强硬派朱纨为浙闽巡抚兼提督军务，总揽"倭患"事务。朱纨是进士出身，历任武职，为官廉洁，作风强硬，这和闽浙官员暗通海商的作风大不一样。朱纨到任后雷厉风行，整顿海防。沿海大船全部登记注册，限制出海；渔民则行保甲，互相防范。这一回不得了了，沿海贸易全部无法进行了。这些原本就是海盗再加上与日本武装力量纠合在一起的走私商贩，他们不得不干出抢劫杀人的勾当。据朱纨估算，那些不愿登记而在大海飘荡的大船总共有1290多艘，生活在船上的各色人等总计有数十万人。特别是当时的中国人，为了不给自己的亲人带来麻烦，一上贼船，就取一个日本人的名字，所以这些人全成为日本人了。

倭寇由走私商贩、海盗、日本浪人等纠合在一起，形成大大小小很多股暴恐分子。他们没有固定的据点，没有任何原则，见物就抢，见人就杀。神出鬼没，飘忽不定。所以，从1547年的余姚事件发生后，短短数年中，把整个东南沿海都变成他们烧杀抢劫的目标。再加上长期腐败，这些朝廷官兵，平日对付手无寸铁的老百姓还可以，见到倭寇，那则是一遇就溃。倭患使整个国家都陷入噩梦之中。

在这种背景下，土司们出场了。

(二) 大年三十誓师

东南御倭七年，朝廷官兵一蹶不振。不但无功，倭患日炙。于此万分紧急之时，明世宗嘉靖皇帝接纳大臣们的策略，征调湖广士兵平倭。为什么想到要调湖广土司率领的士兵呢？这也是朝廷上下从最近几十年来的一些战斗经验中形成的共识——土司能打仗。

嘉靖皇帝登位不久，当时四川广西等地都发生过大规模的农民起义。嘉靖六年（1527年）四川的蓝廷瑞、鄢本恕等28人结义，聚起十余万人，自称大王，树立48座大营，横行川蜀湖广贵州。朝廷派出大兵镇压，但是无可奈何。蓝廷瑞为了进一步壮大势力，积聚力量攻下明朝廷，有意联合永顺土司彭世麟共同反明，特意将女儿嫁给永顺土司彭世麟的儿子，两人结为儿女亲家。彭世麟明地同意，暗地里则做好剿杀蓝廷瑞的准备。到了两家举行婚礼的那一天，蓝廷瑞偕同他的27位兄弟，带着数千战士，陪着女儿前往彭世麟家完婚。彭世麟暗地与朝廷官兵在酉水岸边设下伏兵，等蓝廷瑞数千大兵刚渡过河，彭世麟立即杀出，官兵在对岸截断蓝廷瑞后路。两军就在酉水边大战。这一仗下来，蓝廷瑞军队，仅淹死在酉水的义军就有700多人。蓝廷瑞等人被抓住。第二年，刘三率领的蓝廷瑞余部再一次与永顺宣慰使彭明辅遭遇，被彭明辅彻底打败。

保靖州宣慰使也已经立下非凡的战功。当时贵州、湖广、广西等地，发生多起少数民族起义。保靖州宣慰使多次奉朝廷征调，率士兵前往镇压，立下赫赫战功，获得朝廷格外恩赏。成化五年（1469年），朝廷还特意减免保靖州的税赋853石，以示赏赐。

正是有这些战功在前，所以，朝廷在围剿倭寇七年，不但倭患未除，倭寇反而越来越猖獗，东南沿海人民深陷水深火热的噩梦之时，朝廷又想起征调武陵山的土司。这次征调的土司较多，计有湘西永顺土司彭翼南、致仕土司彭明辅、保靖州土司彭荩臣、桑植土司向鹤峰、慈利麻寮土千户唐仁、茅岗司长官覃尧之及湖北容美土司田世爵等组成士兵联军，于嘉靖三十三年（1554年）冬，率士兵三万余众，远涉3000余里，奔赴抗倭前线。

这年冬天，皇帝征调的圣旨到达武陵山土司地区，土司们不敢怠慢，因为一来倭奴寇我东南、杀我人民、烧我房屋、奸淫我妻女，这些消息早已在国内传得沸沸扬扬。这些土司们倡导忠义、专好打抱不平，一口恶气憋在心中，早就想出征东南，将这些倭奴赶尽杀绝。二来这是皇上的圣旨，也是朝廷看得起我等土司。所以，接到圣旨的时候，土司们不敢怠慢，此时接近大年三十了。但是，土司土民万众一心，可以不过年，但不可以不抗倭。困难之际见真情，土司们对朝廷的忠诚可从他们响应征调看出来。土司们将誓师出征的日期就定在大年三十，大年三十务必全军出发。与土司府较近的人家早几天知道出征消息，家家户户提前几天把年过了，送父老兄弟上战场。离土司府较远的人家，是在腊月二十九半夜才接到通知，所以他们赶在大年三十的大清早，天还未亮的时候，一家人连脸都来不及洗，就草草将年过了，然后送父老兄弟上战场。从此之后，土家人就形成了提前过年的习俗。从腊月二十四一直到腊月三十的凌晨，天天都有不同姓氏人家在提前过年。

（三）王江泾战役——东南第一战功

嘉靖三十四年（1555年）五月，永顺保靖士兵与倭寇在浙江王江径镇（今浙江省嘉兴县北三十里）遭遇。这次遭遇，原本有些意外。士兵几乎是误打误撞，进入了倭寇设下的伏击圈。倭寇这一次也是铁了心，要将这支从武陵山远道而来的士兵一举围歼。倭寇针对士兵来自大山，不识水性，特意将战场设在有淤泥的地方。可是，土司彭荩臣自创的方阵战法，在此地刚好派上了用场。这次战斗，士兵共投入三个部队共8000人，永顺土司彭翼南领兵3000，已经做了流官但保留永顺宣慰使身份的彭明辅领兵2000，保靖土司彭荩臣领兵3000。战场8000士兵如蜂聚蚁集，截住一大群倭寇奋勇厮杀。永顺士兵拦击在前，保靖士兵猛攻于后。保靖士兵攻围得法，闪展进击，与众迥异。但见他们数十人一队，背靠背列成方阵，拒、扑、挪、移，四面打开。阵中士兵随时补齐各方缺额，方阵屡战不散，固若金汤。保靖州宣慰使彭荩臣指挥若定，率众掩杀。士兵们身后无虞，拼死向前，锐不可当。一万多倭寇被杀的丢盔弃甲，尸横遍野，幸存者仓皇逃往柘林，驾轻舟出海逃遁。此役斩敌1900余人，溺死者无数，重挫了倭寇气焰。这就是明朝自有倭患以来"东南战功第一"的"王江径之战"。录功，以保靖为首。明世宗敕赐率领保靖士兵的宣慰彭荩臣银币及三品服，进昭毅将军。（《明史·湖广土司》）这一仗，士兵也损失极大，永顺土官田丰，保靖土官彭翅，都力战而死。王江泾之战，打破了倭寇不可战胜的神话。大涨了中国人的志气，扭转了抗倭战争的局面，为后来戚继光扫荡倭患奠定了基础。

（四）历史遗憾

不过，这毕竟是士兵，来自武陵山腹地，他们没有经过严格的正规军训练。因此，一有成绩，就会闹出点事情。明朝前期原本实行的是兵户制度。正规军官兵都是世袭，由政府按时发放军饷。但是临时征调的士兵，只在进入战斗状态才由政府发放军粮，有时候连军粮都没有，要由土司们垫付。如果土司不垫付，其实就要由士兵们自己垫付一部分。所以，士兵的生活较朝廷正规军来说，其实是相当辛苦的。王江泾之战，得到全国人民的高度赞扬，这些士兵不免也因此变得骄傲起来。打了胜仗之后，朝廷虽然论功行赏，但是真正得到实惠的还是几个军事指挥员，如保靖宣慰使彭荩臣、永顺宣慰使彭明辅等，广大士兵依然吃不饱肚子。所以，在战斗结束，士兵们在回家的路上，在粮食吃光之后，也不得不靠抢老百姓的粮食度日。就这样，他们在回雾灵山的途中，一路走一路抢，搞的沿途百姓不得安宁。事情报告到嘉靖皇帝那里，地方官都要求严惩这些士兵。可是嘉靖皇帝思虑再三，认为这些士兵刚刚立下赫赫战功，现在遽然治罪，以后谁还会出死命效忠于朝廷呢？于是，给大臣们指示说，此事到此为止，不要追究责任了。以后遇到什么麻烦，不要轻易调士兵就是了。

不能调士兵，朝廷正规军又毫无战斗力，那怎么扫平倭患呢？王江泾之战，虽然打击了倭寇的气焰，毕竟倭寇大部队还没有被消灭。下一步怎么办呢？正是在此时，一代名将戚继光被任命为参将，负责扫荡倭寇。他左右权衡，不得不将朝廷正规军队晾在一边，重新训练乡勇（地方武装、相当于民兵），作为平寇的主力军。从此，在抗倭战场上，兴起了令倭寇闻风丧胆的戚家军。

不过戚家军也只是英勇一时，时代变迁，戚家军随着创建者权力旁移或者退出历史舞台，也会逐渐衰落。可是，朝廷永远都会有敌人，国家永远都需要一支劲旅，政权才会安稳，百姓才会安宁。这不，到了明朝末年，朝廷又出现了大量敌人，朝廷的正规军在社稷危亡关头，几乎无所作为，于是朝廷又想起了那些能征善战的士兵。其中明朝末年，在对关外清兵作战时，生死存亡之际，再一次大规模征调士兵。这一次征调不得了，竟然征调出中华第一巾帼英雄。这就是我们下面要讲的秦良玉的故事。

二、中华巾帼第一人秦良玉

（一）秦良玉活动的时代背景

秦良玉，出生于万历二年（1574年），死于清顺治五年（1648年）[1]。她生活的年代，正是大明王朝走向灭亡之际。东边清兵虎视眈眈，与明朝展开了多年的战争。明朝以山海关之险，暂时挡住了清兵南下的攻势。国内民不聊生，农民起义此起彼伏。真个是福不双至、祸不单行，大明王朝走进了死胡同，内忧与外患，里外夹击，朝廷处于风雨飘摇之中。秦良玉生不逢时，有心杀贼、无力回天。所以，无论她多么富于智慧与谋略，多么英勇善战，多么精忠爱国，也无法挽救一个行将崩溃的政权。

（二）秦良玉立下的赫赫战功

秦良玉本四川忠州（今属重庆忠县）人，嫁给石柱土宣抚使马千乘为妻。秦良玉自幼受过良好的教育，在父亲的指导下，读过很多书，为人极其贤惠有礼节。如果不是生逢乱世，她应该是一位在家相夫教子、受人尊敬的贤惠妻子。可是，历史不容人们假设。秦良玉25岁那年，生活突然有了戏剧性的转变。这一年是万历二十七年（1599年），播州（今天贵州遵义市）发生了农民起义。朝廷征调马千乘率三千士兵，从征播州。秦良玉与丈夫平时特别恩爱，此时虽已生了几个儿子，但是夫妻正是青春年少，哪忍分离。加上秦良玉熟读兵书，经常协助丈夫操练兵马，早已练就一身武艺，此时更想协助丈夫扫平贼寇。于是，秦良玉自己另外率领五百精卒，自带粮饷，跟随丈夫上了战场。第二年正月初二日，起义军乘官军还在过新春举行宴会之际，突然夜里来偷袭。谁知，秦良玉早就料到起义军

---

[1]《明史》卷二百七十《秦良玉列传》。本书涉及相关事迹，大多来自《秦良玉列传》，少部分采自《明史》的其他位置，以及当代学者的一些研究成果。

会有此举，因此早就布下伏兵等着。这一仗，起义军大败。秦良玉夫妇乘胜追击，追入起义军根据地，连破金筑等七寨。接着又与酉阳土司合兵一处，直取桑木关，彻底消灭了播州造反的农民起义军。朝廷论功行赏，石柱土司为南川路战功第一。但是，这一次秦良玉没有申报战功。因为她原本就只是前来协助自己丈夫的。播州一战，充分展示了秦良玉的军事才能，成为她人生的转折点。

平息播州叛乱不久，她的丈夫马千乘被人诬陷，死于云阳监狱。按照土司制度，秦良玉承袭了石柱宣抚使司。秦良玉当上大土司之后，把石柱治理得井井有条，百姓富裕，土司辖区境内路不拾遗、夜不闭户。鉴于当时农民起义此起彼伏，天下扰攘不宁，秦良玉利用土司的特权，在自己管辖的石柱宣抚使司地区，积极训练军队，带出了一支劲旅。她把自己的队伍取了一个特殊的名称，叫白杆兵。《明史》如此形容秦良玉："为人饶胆智，善骑射，兼通词翰，仪度娴雅。而驭下严峻，每行军发令，戎伍肃然。"如此过了20余年安宁日子。

秦良玉47岁那一年（1621年），朝廷官兵在辽东与清兵作战不利，征秦良玉带兵前去支援。从此，历史进入秦良玉时代。接到朝廷诏令，秦良玉立即命令她的大哥秦邦屏、弟弟秦民屏带着数千人为先锋。自己带领3000精兵随后出发。秦邦屏在辽东渡浑河时战死，民屏突围而出。为报兄仇，秦良玉带领3000精兵，直抵榆关（今河北省秦皇岛市抚宁区榆关镇），与清兵展开血战，挫败了清兵锐气。从石柱出发时，秦良玉还是三品官员。榆关一战之后，秦良玉被封为二品官员。朝廷见秦良玉能战，诏命她回石柱再征募2000士兵，驻守辽东。秦良玉于是与她的弟弟秦民屏夜以继日急行军返回石柱。

回到石柱的第二天，又出现了一件意外之事。四川农民起义军奢崇明的部将樊龙占据重庆。此时听说秦良玉从辽东回来了，就急忙遣使带着金银财宝，到宣抚使府来拉拢她，希望秦良玉能同义军一起，反抗朝廷。原本要带兵援辽的秦良玉，不问还好，一问明了樊龙的意图，立马下令斩杀来使。决定先剿清四川，再带兵北上。从此，她又和奢崇明、张献忠等农民军结成了对头。奢崇明等人哪里是秦良玉的对手，几个回合，就被彻底剿清了。从此秦良玉命封夫人，授都督佥事，充总兵官。总兵官就是将军，也就是一品官员了。不过这个总兵只是"充"，也就是没有担任实职。自后,20余年,秦良玉东征西讨,立下无数战功。崇祯三年(1630年),秦良玉56岁。清兵攻入永平四城,京师告急,皇帝命令各地部队进京勤王。勤王诏书雪片式飞往全国各地,可是,天下哪里有能战斗的队伍?哪里又还有忠于王室的军队?在数十个军区中,无一军响应。唯有秦良玉带着士兵自带粮饷勤王。秦良玉的军队收复了永平四城。这一举动令崇祯皇帝十分感动,亲自召见秦良玉,请她喝酒,还专门为她写了四首诗。

崇祯十三年(1640年),秦良玉已经是66岁的老年人了。可是,她此时还是朝廷仅存的几位大将之一。当时的四川巡抚邵捷春提弱卒二万守重庆,所倚赖的队伍唯秦良玉及张令两人所领导的军队。此时,绵州知州陆逊之被朝廷罢官归故里,邵捷春请他为副手视察各营。陆逊之看见秦良玉的军营整齐肃然,心中特别惊奇。秦良玉请陆逊之喝酒,酒席之间对他说:"邵公不知兵。吾一妇人,受国恩,谊应死,独恨与邵公同死耳。"逊之问故,良玉曰:"邵公移我自近,去所驻重庆仅三四十里,而遣张令守黄泥洼,殊失地利。贼据归、巫万山巅,俯瞰吾营。铁骑建瓴下,张令必破。令破及我,我败尚能救重庆急乎?且督师以蜀为壑,无愚智知之。邵公不以此时争山夺险,令贼无敢即我,而坐以设防,此败道也。"战局的发展果如秦良玉所言,朝廷军队被张献忠打败,秦良玉的三万人队伍也被打散。秦良玉单骑去见邵捷春,说我家乡还有20000峒民,可以聚集起来。只是希望朝廷给我支持一半粮饷,我自己筹集一半粮饷,我认为凭借我的这20000峒民完全可以收复失地。可惜,这个邵巡抚根本不同意,秦良玉只好悻悻然回到石柱老家去。

崇祯十六年(1643年),朝廷再一次任命秦良玉为四川总兵官(军区司令),可是由于当时天下大乱,道路不通,这个任命书竟然没有送到秦良玉手上。此时,她已经是近70岁的老太太了。就算她接到任命书上任,能否再像以前那样能征善战?还真成了问题。从大明王朝这个任命书也可以看出,这个政权已经没有资格存在了。顺治五年(1648年),74岁的秦良玉在自己的家里无疾而终。

(三)秦良玉战功评价

秦良玉是中国历史上第一位荣升总兵级别的女将军,也是首位当上都督级别的行政官员。从 25 岁从军开始,她一生身经大小数百战,不但武艺高强,而且精通兵法;既能领兵冲锋陷阵,又能运筹帷幄胜任统帅,能文能武。是中国历史上少见的文武双全的巾帼英雄。秦良玉也是武陵山历史上建立战功最多的土司官员,充分展示了中国古代女性的伟岸形象。

不过秦良玉的故事,也给我们展示了一个走向灭亡之际的腐朽政权,无论出多少英雄,也拯救不了它的灭亡。这些英雄无论多么英勇伟大,都无济于事。秦良玉能征善战,但生不逢时,她不但没有遇到一个有作为的政府,也没有遇到一个英明的上级。历史给她展示才华的平台毕竟有限,她只能与这个政权同生死。她自己也意识到自己的命运,无奈自己无力回天,只好抱恨终身了。

由于秦良玉一生的主要功绩是镇压农民起义,代表的是大地主阶级的利益,这种功绩在主导现代新文化的学者看来,是一种落后的表现。因此,秦良玉不被现代学者重视。她的事迹在历次新文化运动中都很少得到宣传,导致今天的人们对于这样一代女杰知之甚少。好在今天的石柱土家族自治县终于认识到秦良玉的价值,对她的历史活动进行了多方面的发掘,并为其建立了一个纪念广场,使她的形象重新回到人们的生活中。

三、武陵山土司们的经济贡献

武陵山土司制度,前后实行 600 余年。他们给国家带来大量麻烦的同时,也为国家做出过巨大贡献。除了响应国家号召,带兵开赴前线,或者抗击外敌入侵,或者平定叛乱以外,在经济建设方面,成就也可圈可点。

武陵山土司平常都要向朝廷朝贡土特产。鄂西地区的土司,常常向朝廷贡马。据记载,成化五年(1469 年),施州卫所辖的八个宣抚司,都向朝廷进贡了大量马匹。土司们进京面见皇帝时奏报说,马匹都已交给守边的军队操练。但是朝廷一直没有收到边防军送来的收马报告(收马凭据),最后,朝廷只给这些土司们半价的赏赐。类似的记载,在以后还多次出现。发生这样的事情,在明朝应该是见怪不怪的事情。因为这些朝廷驻军,同今天的人一样,也经常认为这些蛮人(少数民族)的土司,脑子比较笨,好欺负,因此经常贪污他们的马匹及其他的贡品。

土司进京途中，还常常受到地方官员的刁难，一些地方官员经常以过路费、接待费等名目向进京的土司们索取钱财。缴纳最多的土司甚至向沿途官员交纳了上万两黄金[1]。这些钱，也算是土司们为国家做贡献了吧。

武陵山土司向朝廷做出的最大贡献就是贡献木材。武陵山区盛产楠木，是明朝重要的木材供应地。特别是出自原始森林及次森林的楠木，材质好，是古代建筑的最好材料，对于皇宫等高大建筑，楠木是不可替代的基本材料。据《明史》记载："正德十年（1515年），致仕宣慰彭世麒献大楠木三十，次者两百，亲督运至京，子明辅所进如之。……十三年，世麒献大楠木四百七十，子明辅亦进大楠木备营建。"[2] 看来，仅永顺土司贡献给朝廷的大楠木就有数千根。这些上等木材，极大地支援了当时帝都的建设。今天，我们去故宫参观，皇宫中许多大柱子，都是武陵山区朝贡来的。

由于进献的大楠木不够帝都的建设需求，所以，其他土司在进贡木材时，如果不是楠木，政府就不愿意接收了。成化九年（1473年），金峒安抚司覃彦龙上奏朝廷，说自己有一片上好的杉木林，自己只有一个儿子，担心自己死后，蛮人争夺这片木材，希望朝廷给自己三千两银子，把这块杉木林贡给朝廷，作为朝廷的木材基地。可是，朝廷说在原来的贡典中，并没有贡杉木一说，拒绝了覃彦龙的请求[3]。杉木虽然是优质的建筑材料，但是与楠木相比，还是相差巨大。朝廷爱的是武陵山区的楠木，而不是杉木。只有武昌、洛阳等当时的二三线城市建设，才大量使用杉木。

四、土司的残暴统治与改土归流

一般来说，与朝廷相比，土司的统治要相对宽松一些。同皇帝的视角一样，土司也把辖区的土民视为自己的私产。对待自己的私产，总比别人要爱护一些，这是常理。但是，情况也未必一律。因为这毕竟是人治，好坏总以统治者不同而

---

1 《明史》卷三百十《土司》
2 同前书。
3 同前书。

有区别。当土司统治表现出残暴一面时，那就相当的残暴。从民间传说来看，土司统治中最残暴的政策莫过于两项，一项是传说中的土司拥有初夜权，一项是需索无度的租税与徭役。

（一）关于土司拥有初夜权问题

据民间传说，在土司统治区，土司拥有对辖区内新婚媳妇的初夜权。也就是说，那些新婚的人家，必须将新媳妇送到土司家里去，与土司同房三天，三天后才能回夫家与丈夫完婚。这个传说，引起了外界的广泛关注，这不是乱了天伦吗？现实中的父子关系不是乱套了吗？再说了，难道土司地区的老百姓都能接受这样的事？现代的人类学家也在探索这个历史现象。初夜权是不是就像传说中的，基本上是一种硬性制度规定呢？

其实，土司享有初夜权是约定，这个制度也必须遵循一定的规则，在一定规则中进行。

第一个规则，与土司同姓的人不需进贡初夜权。无论是男方还是女方，只要是与土司同姓，就不需要进贡初夜权。由于这个原因，在永顺、保靖土司地区，因为土司姓彭，许多老百姓纷纷改姓彭。至今，在湘西北地区，彭姓成为当地最大的姓氏。

第二，土司对新媳妇初夜权的拥有，主要采取抢的形式。新媳妇在路过土司家附近某个地方时，土司设置一节路段，如果新媳妇在这个路段上脚踩着了土，就必须送进土司家去；如果脚没有踩着土，就不要送过去。新媳妇踩着了土，说明这新媳妇得到本方土地青睐，需要留在土司家奉献三夜初夜。如果没有踩着土，说明这新媳妇没有被本方土地看中，就必须无条件放行。这是一个古老的信仰，在元代时比较盛行，进入明朝后，便被废止了。但武陵山区许多土司凭着相对的独立性，依然保留了这一落后习俗。所以，土家人在送亲时，如果要经过土司家附近，就请很多亲朋好友前去送亲。在经过土司家设置的地段时，由新媳妇的大哥背着，大家一齐保护新媳妇通过这个路段。当然，这时候土司家的人也会出来故意捣乱，让新媳妇脚着地。双方就可能在这里展开一场过境游戏，只要新媳妇安全过境了，土司就不能再强抢新媳妇。

规则总是人制定的。所以，有些土司人品低下，自以为我的地盘我做主，也可能破坏规则，实行强抢的方式，得到新媳妇的初夜权，这个时候，就可能激发老百姓的武力反抗。凤凰县都吾峒田姓土司，住在一个叫作老虎洞的石洞里面。他凭着家里人口多、势力大，也在辖区宣布土民迎娶的新媳妇必须进贡初夜。开始时，这个规定只对外姓人，后来因本地形成一种风俗习惯，外姓人在嫁女时，举办茅筵席，邀请所有同姓兄弟帮忙送亲，导致田姓土司的初夜规定几乎失效。无奈之下，他将制度扩大到本姓人，而且对本姓人也采取强抢初夜。田姓人对此深恶痛绝，经集体密谋，在一个大年三十，趁土司一家团聚在石洞中过除夕夜的时候，将该土司一家老小全部被斩杀。为防止田姓族人因争夺土司财产引发内讧，田姓人还将土司住的石洞用土石填埋，不准任何人从石洞中带出一根线一根针。为了教育后代勿做土司欺压百姓，经全族人公同商议，从土司尸体上取下一件血衣，传给后代，以达到警示后人的目的。这一件血衣一直保存到20世纪20年代，在一次土匪抢劫时，被大火烧毁。

（二）关于沉重的租赋与徭役

朝廷对土司地区一般没有约定较大的税赋，也没有额定的徭役。只是在国家出现较大困难时，才要求土司们做一些贡献。比如，前面提到的，国家遭遇到外敌入侵，或需要平乱等，都可能要求土司们带领士兵上前线。除此之外，土司们对自己辖区有较大的自由管理权。土民虽然不需要向朝廷缴纳多少税赋，但是必须向土司缴纳大量赋税，也要承担土司的大量徭役。一些开明有理想的土司，自然会将税赋与徭役降低到合理范围，与民休养生息，辖区治理得井井有条，如秦良玉的石柱宣慰司。但那些品行很差的土司，常常会置土民的生死于不顾，对土民实施沉重的压榨剥削。这种剥削，如果遭到土民的反抗，土司也会受到朝廷的惩罚，严重的会被朝廷革职查办，直至裁撤土司。土司被裁撤之后，国家就会在原有的行政辖区建立相应的州、县、厅，由国家派出流官治理。这就是改土归流。

武陵山大规模的改土归流发生在清代雍正年间。这一年，武陵山大多数土司被裁撤，朝廷在原土司辖区建立了新的县厅等机构，派出流官管理地方。武陵山最后被改土归流的土司，据传说，是石门县一个小土司。人们既不知道他家的土司是何朝皇帝所封,也不知道他家有多大级别。因为他的辖区偏僻,处于大山之中,早已被朝廷忘记了,因此一直没有接到被裁撤的通知,他们家子子孙孙就在自己的地盘上一直做土司,直到新中国建立前夕,他们家的土司身份才被裁撤。

第三节 土司制度评价

土司制度及其文化在历史上产生过重要影响。土司制度实现了施治地区社会关系的有效整合,使封建王朝的统治延伸到蛮夷地区,并初步解决了封建王朝经营边疆高成本、低收益的问题。土司制度培养了土司及所辖蛮民对王朝的忠诚,促进了边疆同内地间文化的交流与融合,同时造成南方少数民族性格的改变。一些人循规蹈矩,惧怕朝廷、官府与汉官,另一些人则擅长搪塞或欺骗官府,甚至凭借土职及土军割据自雄。到今天,我们依然可以看到土司制度与文化在我们生活中的烙印。

第五讲　苗侗伙款与古老的民主文化

春秋战国时代，武陵山区是较为富庶的地方，是各方诸侯争夺的战略要地。但从战国末年开始，武陵山地区逐渐失去了往日的繁华，进入相对封闭的历史时期。住居在这里的苗族、侗族、土家族等民族的先民逐渐成为中央王朝与中原人眼中的落后民族，这里的居民与中原文明渐行渐远。我们由此产生一些历史兴趣，长期处于避居状态的这些少数民族，有没有能力建立一种制度，实现自我组织，自我管理，维护社会稳定与和谐呢？他们在发明这些制度的时候，经历过什么样的周折？这些制度对我们今天还有没有借鉴意义？我相信，古老的苗族的伙款与侗族的侗款会给我们满意的答案。

第一节　古老的苗族伙款

苗族历史悠久，是中国最古老的民族之一。而在今天的武陵山苗族聚居地形成之前，在历史上苗族也经历了几次大型的迁徙，最后在武陵山地区生根发芽。在慢慢历史长河中，苗族人与政府合作的时间却相当短暂。可是，无论是什么民族，无论是什么时代，人间总是会发生各种各样的矛盾，必须有一套完整的组织制度来维护族群内部的秩序。在社会发展的历史上，苗族逐渐形成了一些古老的社会组织制度。这些看似古老的社会制度，很好地维护了苗族在社会发展中遇到的许多矛盾。尽管这些制度基本已被现代文明所吞噬，但我们仍可通过田野调查，在现实社会中找到它们留下的蛛丝马迹，并借此复原它们的历史原貌。苗族的古老组织制度包括鼓社、伙款和理老,有学者称其为苗族古代社会的三根支柱。

一、鼓社

鼓社,在苗族是指同源于一个男性祖先而结合起来的人们组成的团体,是一个氏族的外婚制团体。

苗族的鼓社是由四种不同的人所组成,一是指出身于本氏族的人,包括男性和女性;二是指出生于其他氏族,但是与本氏族的男子结婚的女性;三是与本氏族不同宗教的人经过举行一种仪式则视为同族;四是本氏族收养和接纳的人群。

鼓社是由同宗的一个或几个自然村所组成的,小的有百来户,大的可上至几千户。一个鼓社内共立一个鼓敬祖,他们有着共同的宗教节日,相同的地域观念,共同的习惯法规,说共同的语言。一个宗族就是一个大鼓社,而随着人口的增多,一个鼓社又会分为许多支,出现许多的分社,于是大鼓社被称为"黑社",分出来的鼓社则被称为"白社"。白社多以村为单位,设鼓头一人,在开展祭祀活动时再选几个帮手,祭祖时可只杀猪,不杀牛,不设鼓石窟;祭鼓时间不严格规定,三年、五年、七年不等。黑社由数村组成,是一个大宗族,根据其具体大小设鼓头五人、七人、九人不等,每十三年要过一次鼓社节,进行祭祖活动和鼓头的换届选举工作,祭祖时必须杀牛,专设鼓石窟,窟内供有木雕或石刻材质的男女像一对,称之为央公、央婆,因为传说中鼓社是苗族的始祖姜央流传下来的。

鼓社共设有九个重要职位,依次是鼓头、歌头、桌头、礼头、武头、活路头、护头、护尉、粮头,共称为"鼓社九鼓头"。

鼓头是一社之长,任期一般是十三年,原则上是不能连选连任的。选鼓头的条件是,已婚男性,其家庭要

图13 苗族椎牛(武吉海 摄影)

人丁兴旺，其为人诚恳忠厚，处理事情公平公正，在族中德高望重。身为鼓头，要负责维护全社族民的利益，在危机时组织全社对抗外侵；平时要主持调解社内的矛盾纠纷和械斗事件；处理社内发生的偷盗和凶杀案件；组织族民共同制定族规；代表族民参加上一级的议榔大会；保护族民共同财产的安全，管理族内公田，修建庙宇鼓社等。

歌头，须是本族中的长者或智者，是族内"掌鼓根"礼仪的头领，需要精通"鼓根"以及各种仪式礼节、相关的史歌颂词。在举行祭鼓节时歌头要主持"醒鼓""转鼓""送鼓"等仪式。歌头可连选连任，如果本社内没有合适的人选，也可请其他鼓社的来代替。

桌头，负责召集鼓社的大小会议并安排座次，一般不连选连任。

礼头，负责对外事务的联络，接待客人并安排其食宿，一般不连选连任。

武头，负责祭祀中杀牛的仪式。

活路头，负责全社的粮食生产和一切农事活动。

护头，负责保卫全社的安全，战时担当军事指挥的责任。

护尉，负责全社各项行政命令的下达，向族民发出各项社内活动的通知。

粮头，总管全社的财务钱粮，负责筹集每届鼓社节的花费。

鼓社的主要职能是发展生产、促进人口的增长、举行祭祀活动、调整内部关系，另外鼓社还可组织血族复仇，组织族民保卫家园，对抗外侵。

这是一个古老的自组织系统，管理领域涉及苗族社会生活的方方面面。

二、伙款制

伙款，又称为捆伙、合款等。捆是管理、约束、凝聚、团结、整合的意思，伙代表众人、族人，款则是指约束性的条款法规，所以伙款就是指众人团结在一起制定约束性的条款。伙款制是湖南、贵州、广西等地苗族在古代实行的一种社会组织制度，是由不同的宗族组成的地域性的村寨组织。[1]另外在黔东南地区的苗

---

[1] 吴忠军《苗族"捆伙"制浅议》，载《中南民族学院学报（哲学社会科学版）》，1991年第4期。

族,又称其为议榔制,议榔就是制定和执行规约的意思。伙款制的产生是为了维护苗族地区的正常生产和生活,以及组织苗族群众抵御外来势力的压迫。伙款制具有一套比较完整的组织制度,有管理组织所属成员行为规范的条款,并选有负责召集族人制定条款和执行条款的大家公认的领袖,一般称之为"款头",还有负责防御外来侵略的武装力量,称为款兵。

苗族的捆伙制,最早形成于一千五六百年前的魏晋南北朝时期,根据城步巡头《二十八款》所记载的资料,"潘一偷羊,潘二偷鹅,潘三偷禾,……师公埋(不供祭)鬼,三年没肉吃;头人埋(不理)事,三年无钱用",于是"男人商量出钱,女人商量出银,买得黄牛两头,白牛一只,倒牛伙款",制定出了苗族最早的款约"六令陡""六令平""六条高""六条低""六面阳""六面阴"。[1]苗族在原始社会时期的基层组织为"溪""水","水"包括一个村寨的苗族,相当于一个小部落;"溪"包括一溪之内所有"水"组成的苗族,是一个大部落。到了唐末宋初,苗族进入封建社会时期,"溪""水"等组织渐渐被"峒"和"寨"所代替。"峒"是由"溪"发展而来,在所辖苗民的基础上,各溪间随着生产力的发展,纷纷定疆划界,明确了山林土地的所有权,各溪都有了自己的山林土地以及水域范围,规定了各溪之间不得互相侵犯。"峒"内的制度也比"溪"更为完整,峒设有峒长,各寨设有寨长,且必须由年龄较高、生活经验丰富、懂得多、办事公道、熟悉款约和本民族历史的人来担当主持事务。峒管寨,寨管村,以峒款为约束。款头分为小款头和大款头,小款头从寨长中公选,大款头则从小款头中民主选举产生。款头平时召集族人伙款,制定款约,处理款内的各项事务,战时则要率领款兵进行自卫,保卫款内族人。款兵由款内族人一家出一人组成,他们平时照常进行耕种,有紧急情况的时候,通过鸣锣示警,各处的款兵马上自动集合,使用自制的梭镖、鸟铳等为武器,维护峒寨的社会安定。

苗族的捆伙,一般情况下为一年举行两次,分别在春秋两季,每次三天。春季一般在三月份举行,主要是为了发动大家积极搞好生产,保护已经种下的庄稼

---

[1] 吴忠军《苗族"捆伙"制浅议》,载《中南民族学院学报(哲学社会科学版)》,1991年第4期。

和苗木，称之为"三月约青"；秋季的捆伙则在八月举行，这时是农作物收割的季节，进行捆伙是为了告诉族人要节约，爱惜劳动的果实，注意防火防盗，不要做一些应禁革之事。除此之外，如果有紧急情况发生，比如械斗、战争等，则会临时组织捆伙，解决问题。

捆伙制的组织进行议事时是以峒寨为单位的，峒寨中的各户均有人参加议事，一起制定和执行款约。议事时，各款头聚集在坪头，议定款约，然后轮流宣讲，每讲完一条款约，站在坪尾的款众都要进行讨论表决，若是同意此款，就一起回答："是啊！"表示通过，不同意则要再议。款约经款众讨论表决后，为表示款约的执行效力，款头们要在坪头杀牛，将其血滴入酒中，众人共饮血酒起誓，以示遵守款约，使款约具有约束力。

这些款约虽然以口头背诵、书面转抄和石刻碑文这三种形式在苗族的民间流传，但它的内容可不少。简要说来主要包括刑法、民法、婚姻法和宗教法等方面的内容，基本涉及款众日常生活的各个方面，全方位地对款众的生活加以调节。

第一是事关民生的粮食生产方面，每年一到春季三月，款头要组织安排生产，让家家都播下谷种，在天旱的季节，严禁私自挖渠淹坝，统一组织，确保家家户户的稻田都有水灌溉。严禁族人恃强凌弱，侵占他人的田地。在插秧期间，各家要注意把自己的牲口关起来，避免其乱啃别人家的秧苗。到了秋收的季节，各家各户还要注意管好鸡鸭等家畜，防止其糟蹋收获的谷粒。凡是违反的就按照公议的款约罚款，或是将其牲口家畜没收变卖，抵做罚金。

第二是关于族民生活的治安问题。款约规定，严禁族民盗窃、赌博、杀人放火。在苗族款约中，关于盗窃行为的内容十分丰富，重罪级别的比如偷牛盗马、拦路抢劫、拐卖人口、放水偷鱼等；对于入户抢劫、拆锁挖墙者处以满门抄斩；对于屡教不改的惯偷处以沉塘、活埋等刑罚；窝藏包庇强盗的也要处罚；一家有难，家家支援，对牛马遭抢的人家，其他家都要帮忙去追回，不能推辞，推辞不帮忙者与贼同罪，因为牛马等牲畜在古代是一个家庭里十分值钱的财产；对于杀人放火者，苗族的复仇也是十分激烈的，凡杀人者，由被害者的血亲亲自动手处死凶手，将其所掠全部财产赔偿死者损失；对放火烧山烧房者，一旦抓住凶手，可将其当场抛入火中烧死。

第三是关于族民之间的交易往来，注重公平不准趁机抬价压价，严禁投机倒把之人，一旦发现即严惩之。

第四要求族民之间要团结互助，严禁与外人勾结坑害族民。古代的苗族村寨一般都十分闭塞，生产力很低，根本无法与外界的势力相抗衡。所以在款约中要求族民之间一定要团结，严禁恶欺善，富欺穷，严禁族民结党营私，合伙作恶，不准外人入境留宿，否则一旦发生不好的事情，罪及留宿外人的主家。对于勾结外人，危害村寨，对族人图谋不轨者，一旦发现即处以严惩。

第五主张婚嫁之事从简，不许铺张浪费。早期苗民的捆伙规定了婚嫁之事的收亲礼和出嫁礼按家中穷富分为三个等级，大富人家三十六两，中富人家二十四两，小户人家十六两，要送三十二笼鸡，四十四笼鸭。因礼太重，多数人家负担不起，后来又改了规定礼钱只要八两四，请客只请外公外婆和舅舅，尽管这样还是有许多人家娶不起亲，于是再次捆伙定了上户三两六，中户二两四，下户一两二，凡嫁女之户不能接高钱，定亲礼只要一壶酒，一块肉即可。

第六规定了族民的日常家庭道德规范。要尊老爱幼，孝敬家中的老人，不许忤逆不孝，置伦理道德于不顾；不许下欺上，少欺老；不许顺妻逆母，打骂父母，犯亲背戚。

第七维护族民的宗教活动。在苗族，原始宗教是和他们的生活相辅相成的，苗巫的由来已久，族民们都对其十分信仰，而宗教教义与款约法规的制定也是相辅相成的，用以约束族民的各项行为。

从这些规定中可看出，苗族款约那真正是时时刻刻替他的款众想事。大有一种"一切为了群众、为了群众一切"的理想。我们今天虽然标榜这种理想，事实上好像还做不到，这正是苗族款约的公信力所在。所以，我们从这里也就可以理解，苗族人长期不愿意与政府合作，长期处于自组织状态，他们的民族为什么还如此生活的有秩序。从这里也可以给我们提供一个信息。现代社会不但要组织高效的政府，还要信任群众，让他们自己组织各种民间组织，实现自我管理。这样的社会才是既有活力又最为稳定。

三、理老

理老,用汉语来说相当于"长老"的意思,指那些在族里极受尊重的智者。理老要熟习族内的伙款款约,能言善辩,在调解纠纷时办事公正。

简单地说,理老有三级:一是村寨级的,称寨长或寨老,主要调解本村寨内部的一些矛盾纠纷,一般是自然形成,由本村有威望的人担当,不经过选举产生;二是鼓社级的,称鼓公,主要负责评判一些比较重大的案件,类似于现代的律师,产生矛盾纠纷的双方都可以各自请这级别的理老负责申辩,双方理老对辩,互相陈述礼词,直至解决问题;三是一片地方即"理甲"级的,称"大理头",要经过该区域范围内的群众和寨老们选举产生,当选人只要不犯重大错误,可终生连任。大理头的职能范围更广也更重大,包括所管地区的田土山林等财产的纠纷,婚姻纠纷,违反纲纪、伦常、犯宗教禁忌等事件,盗窃、强奸、械斗、凶杀案件,以及关于民族内部的重大纠纷等。大理头在处理案件时,一定要慎重,听取当事人及其所请申辩鼓公的说法,再对案件进行调解,调解不成的,就按照有关规约进行裁判。

理老要知识渊博,上知天文,下知地理,了解各种历史文化,熟悉各地的风土人情,这样才能在为族民处理纠纷时让别人信服,同时也给自己树立威信。

第二节 古老的侗款

武陵山是侗族的重要聚居区之一,主要分布在怀化市的南部、黔东南等地。对于侗族的族源,学术界还没有统一的看法。一种认为侗族是土著民族,自古以来就劳动生息在这块土地上,是在这块土地上形成的人们共同体;第二种认为,侗族是从都柳江下游的梧州一带溯河而上迁徙到今日侗乡的,因为南部方言的侗族中都流传有"祖公上河"的迁徙歌谣;第三种认为,侗族是从长江下游的温州一带经过洞庭湖沿沅江迁徙来的,因为北部方言的侗族中流传的"祖公进寨"歌有这样的传说;第四种认为,侗族的主体成分是土著,在长期的历史发展过程中融合了从外地迁来的其他民族成分。从这些不同的看法中，我们可以得出一个结论，这是一个比较古老的民族，而且长期避居在武陵山区的南部，很少与外界往来，从而形成了很多独具特色的民族传统。这些民族传统，直到最近几十年来才被外界注意到。其中就包括侗款这样的组织。

一、侗款是一种怎样的组织

侗款与苗族的伙款有近似的地方。一些学者认为，"款"是用汉字记侗音，一般读"kuant"。也有人认为，"侗款"就是借用汉字"款"，侗款就是在汉字"款"的意思上进一步引申。侗语"kuant"既有"讲""叙述"的含义，如"款故事"；也有"一个区域"的意思；还有"情人"与"朋友"的意思。"款"的侗音"kuant"正符合侗族基本的社会组织"侗款"所蕴含的意义，既是一个区域组织，又有规约，还有朋友等含义。与苗族合款不一致之处在于，历史上苗族因常常采取不与政府合作的态度，因此是被政府盯得最紧的民族之一。大约从宋代开始，苗族人的活动处处受到政府的严格限制。所以苗族的合款，在历史上多次经历政府的打击，无论组织规模还是组织形式都处于半地下状态。侗族的侗款，则长期处于政府的看管之外，一直保留到民国时期。侗族保留的侗款，成为我们今天研究原始民主制的重要文化样本。

古代侗族社会的"款"是村寨间或地域性的一种政治和军事上的联盟，也称为"合款"，主要的目的是应付外族人的入侵和盗匪的掳掠。"合款"组织宋代就有。款有小款、大款和联合大款。小款是相邻的村寨或数十寨的联盟，常以联款时的户数命名，如"千三款"，由从江县的银潭、占里、谷洞、帮土和黎平县的双江、四寨等村寨组成的一个小款，号称有1300户。"千七款"是由从江县的高千、央里、则里、德秋、会里、弄吾、平友、流架等村寨组成，即有1700户组成的"款"。大款由若干个小款组成，上述的"六洞"又称为"六洞款"，其范围包括今天黎平县的肇兴乡和从江县洛香乡和贯洞镇，224个村寨，方圆近500平方千米。侗族历史上曾有过"九十九公"联款议事，其范围大致包括今贵州的黎平、榕江、从江、广西三江和湖南通道五个县的侗族村寨，是一次盛大的联款会议。

二、侗款的特点

"款"的组织较严密。"款首"由寨老中推举担任,无任职期限,有事则主持款会,无事则在家务农,无报酬,是一种义务性的职务。与苗族的款头稍有区别,即苗族款头是规定了任期制的,而且不能连任。"款脚"即专职的通信联络员或者说是款的秘书,负责与各寨的通信联系,承担鼓楼火堂用柴和遇警击鼓报信,其生活费用由村民集资负担。"款坪"是款境内较适中的空旷地,是全款民众集会的地点,一般立有"款碑"。"款约"是一款之内的村规民约,由寨老和款首们议定,是款辖区内村民的行动准则。"款军"由款内的壮丁们组成,是抗敌御匪的主要力量。联款之内,凡有重大的社会政治、军事问题,都要召集款众到款坪集会,名为"起款",平时逢农闲时节则组织各寨举行赛芦笙、斗牛、讲款等娱乐活动。

款组织的严密,除了设置了款的组织架构系统外,还通过协商的方式约定了自成体系的款约,学术界称之为"习惯法"。款约内容丰富多彩,包括成员行为规范、道德规范、家庭组织、民族起源、区域划分、宗教崇拜等各方面的内容,是侗族文化的百科全书。在中国各个民族的传统文化中,侗族的款约估计是比较典型的习惯法。款约已经引起了当代国内外学者的广泛兴趣。从侗款与款约的研究中,我们得出一些基本的认识。在中国基层社会,有着发达的民主传统,中国很多少数民族早就已经养成了民主文化所需要的很多素质,有着深厚的民主文化基础。

从侗款款头的选举上,也给我们很多启示。这个款头必须是义务性的,没有报酬。谁当款头,获得的报酬不是物资,而是精神上对一个人能力的信任。当然,担任款头的前提条件是必须有一定的物质基础,家底要过得去,不能因为要经常处理款务而影响自家的生活。然后,才是款头的能力、道德品质等。只有按照这些条件去选举行政长官,贪污腐败的事情才会降低到最少。

三、侗款的起源

是谁创立了侗款?这个问题成为困扰学者们的一大难题。因为侗族没有自己的文字，对于侗款的起源没有任何准确的记载，只有断断续续的传说。侗族地区广泛流传的那句"jul hus jiv gal，liogc langc jiv xeih"的俗语成为今天研究侗款起源的关键传说。但是，这句侗语应该怎么翻译，却难住了今天的学者。学者们为此展开了争论，有人认为应该翻译成汉语"周夫（也有音译为'珠夫''周富''州夫'）创侗歌，六郎创规约"，也有人认为应该翻译为"州府置刑枷，六郎（又有音译为'狱郎'）置诉事法"。从这句侗语中，人们猜想，侗族款约为侗酋杨再思所立，有"飞山宫主立大款"的传说。侗语 liogc langc 就是指的六郎，六郎就是飞山公主，也就是传说中的杨再思。大凡讲款时，寨老、款首所讲的款约中，有"当初六郎立款，宫主制约，订下六阴六阳，六六三十六条大款"的传说。

为什么要创立侗款？用现在的话说，侗族人为什么想到要组织起来？在侗族古籍《侗款》一书中所收录的"立约款"中开宗明义地说："古时人间无规矩，父不知怎样教育子女，兄不知如何引导弟妹，晚辈不知敬长者，村寨之间少礼义。兄弟不和睦，脚趾踩手指；邻里不团结，肩臂撞肩臂。自家乱自家，社会无秩序。内部不知肇事多，外患侵来祸难息；祖先为此才立下款约，订出侗乡村寨的俗规。"

在侗族的开款立法中记载："当初村无款规，寨无约法的时候，好事得不到赞扬，坏事没受惩处；内忧无法排除，外患无法抵御。有人手脚不干净，园内偷菜偷瓜，笼里偷鸡偷鸭。有的心中起歹意，白天执刀行凶，黑夜偷牛盗马。还有肇事争闹、逞蛮相打。杀死好人，造成祸事，闹得村寨不安宁，打得地方不太平。村村期望制止乱事，寨寨要求惩办坏人。"于是"大家相聚一坪，共同议定村规，杀牛盟誓合款，聚众制定规章"。

而《九十九公款词》里更有贵州及广西一些侗寨自相内乱的描述："因为从前无王管，大村打小村，大鹉吃小鹉，这村吃那村。说起那时来，朗洞打洛洞，增冲打朵寨，梅林打石碑，坪力打明寨，贯洞打八申，永洞打独洲寨，龙图打牙寨，铜锣打格多，房岭打枫树团，六百肇兴打进六子子若。弄得人家父亲坐地不成，母亲住村不得。父逃丢宅，子逃丢屋。……于是才侗置乡村，汉置衙门。侗置石头法，汉置刑枷。"

从这些记载中，我们可以推测，古代侗族社会曾经历过的无秩序的混乱局面激发了侗族先民们对秩序和安宁的渴望，最后达成共识共同制定了规约、石头法来解决纠纷、调整内外社会关系，即村寨内部关系及村寨与村寨之间的关系，以达到上下有礼、内外有序、村寨平等团结的局面。原来，侗款是侗族人民为了处理社会无序现象，集体创造的一种社会制度。这种制度同苗族的伙款一样，在社会治理方面，充满了智慧，集理性与人性于一体，得到侗族人民的高度认同。

第三节　传说与故事

一、苗族理老审判

苗族中流传着各种各样的神秘审判制度。针对不同的纠纷，采取不同的理老断案方式。这些审判，将神与现实紧密地结合在一起，神明与道德结合在一起，很好地维护了族群内部的社会秩序。

（一）对歌审判

理老在互相申辩时，喜欢引经据典，朗诵现成的理歌和理词，形成了"对歌审判"的局面[1]，理歌和理词如下：

> 喜欢"佳"才来唱，
> 喜欢"理"才来说；
> 继承"佳"像接梨树，
> 继承"理"像接柿花；
> 继承"佳"像扯青藤，
> 说唱"理"像拉木排。
> 汉人丢不了字，

1　贵州省民间文学工作组编《民卿文学资料》第33集。

苗家丢不了"佳";
……
埋了妈妈不埋织布机,
埋了爸爸不埋古"理佳"。

"佳"来到水蛇的纠纷,
"理"来到青蛙的案件。
水蛇为了相争宝,
青蛙为了相争鼓。

就是那个水蛇,
借了青蛙的鼓。
他拿鼓去走客,
他借鼓去窜寨,
去吃一天的肉,
去喝一夜的酒。
醉酒了用帽子来盖,
醉酒了用稀饭来医。

就是那个水蛇,
就拔脚来家,
就甩手回屋,
骗鼓硬如石头,
赖鼓坚像岩壁,
从牛日骗到牛日,
从虎天赖到虎天。

就是那个青蛙，
去催还他的鼓。
就是那个水蛇，
像埋没一块石板，
像遮盖一层岩层：
我没有借过你的圆圆鼓，
我没有看见你的镗镗锣。
他二人心焦火燎，
他之入心如油滚；
去找依靠来相互残杀，
去找帮手来相互搏斗。

水蛇依靠毒蛇，
青蛙依靠岩蛙，
相约来到韦哈，
相邀来拢达弄。
水蛇来得最早，
早来就睡着了；
岩蛙后头才来，
见了水蛇就捏；
捏就捏个紧，
掐就掐个死。

就是那个水蛇，
输理又输力；
才退还锣归锣台，
才退还鼓归鼓架；
才了结水蛇的案件，
才结束青蛙的纠纷。

经过这样的说理疏导，理亏的一方若主动承认错误并赔偿对方的损失，上一顿酒肉款待理老等人，这次纠纷就算了结了。如若不然，那么就进行"神明裁判"，亦即"烧汤捞斧"的裁判。

（二）烧汤捞斧

"烧汤捞斧"是苗族古代社会长期流行的一种假借神权的司法秩序，是一种依靠天意的迷信裁判。烧汤捞斧与国内其他地方流行的摸油锅有类似之处，但不完全一样。摸油锅当场就能分胜负，烧汤捞斧则要等到第二天才能分出有理无理。如某甲说某乙偷了他的东西，要求赔偿损失，乙说那是对他的诬陷，要求赔礼道歉。经调解无效即决定"烧汤捞斧"。甲方便在约定的日子（多在夜里）架锅烧汤，锅里装满水，同时放些牛油、小米、黄蜡等沾手的东西，锅里放一把无柄的斧头，烧大火煎熬。此时，双方请的理老高诵理歌理词，甲方理老讲乙方如何无理，贪婪无度，请雷公、龙王、太阳、月亮等天神海鬼都来火上加油，烧伤烧烂乙方，借以杀一儆百，告诫歹人；乙方理老则讲甲方如何霸道欺人，陷害忠良，请雷公、龙王、太阳、月亮等神灵来保护，不让烧伤，以表示其清白无辜。等到双方理老说完唱尽，锅内水油等具已早沸。约在深夜子时左右，乙方捞斧者挽起高高的衣袖，快速地从滚沸的油锅里将斧头捞出摔在地上，由甲方理老用白纸将捞斧者的手包扎好，双方派人看护起来，天快亮时，在双方理老和主人都在场的情况下，将捞斧者手上的白纸解开验试，若有水泡和溃烂，则甲方胜，乙方输；若无水泡和溃烂，则甲方输，乙方胜。[1]

（三）跳竹签辨清白

沈从文在他的小说中描写过一个。苗族小伙跳竹签辨清白的故事。同许多民族一样，苗族人也特别豪爽，讲究义气，喜欢结拜兄弟。苗族结拜兄弟之间，还有一条特别的规则。因为古代苗族人都相当贫困，住房条件相当简陋。有时候来了客人，就没有给客人睡觉的床。只能临时打一下地铺。有时候连地铺都没有。

---

[1] 廷贵，酒素《略论苗族古代社会结构的"三根支柱"——鼓社、议榔、理老》，载《贵州民族研究》1981年第4期。

亲人们可以睡一张床。可是如果是结拜兄弟到大哥家里借宿，大哥不在家的话，老弟也是可以与大嫂共用一张床住一晚上。前提就是老弟要守规矩，不得与大嫂发生关系。如果发生关系了，按规矩得处死。可是我们要知道，老弟与大嫂是单独睡在一张床上的。除了他们两个人之间，谁也不知道他们是否发生关系。就是两个当事人之间，只要有一方不承认，这事情就无法得出准确结论。中国人有句古话，捉奸捉双，要当场抓住，才能定性。现在这位小伙与大嫂虽然睡在一张床上，事情早已过去，并没有被人当场捉奸。可是别人却事后诬陷他，说他那天晚上跟大嫂做了不该做的事情。这种过去的两个人的事，如何辨的清白？出了这种事情，只好通过古老的理老来主持公道。

　　理老将当地百姓聚在一起，在坪地里挖一土坑，里面布满尺余长的锋利竹签，竹签上覆盖一层茅草，草上再覆盖薄土层。这样从外面就看不清竹签的位置。在土坑边用木材竖立一个两三丈高的木台。请小伙从高台顶上往竹坑里跳。如果他是清白的，神会保佑他毫发无损。如果他做了有损良心的事情，跳下去，一定会被竹签扎出无数窟窿，当场死去。如果心中有愧，不敢往下跳，那就被理老当众剁下一只手脚之类作为惩罚。可是，那小伙因心地坦然、毫无惧色，爽爽快快，在万众注目下，不慌不忙，爬上高台，然后向竹签土坑飞身跃下。在小伙飞身跃下时，所有在场的人，连大气都不敢出一声。有人瞪大了眼睛，有人闭上了眼睛。小伙落入竹签土坑的瞬间，身体撞穿竹签表面的薄土层，落入竹签层时，发出一声"嘭"的闷响，然后人就陷入土坑里面去了。人群里发出一声尖叫。正在大家不知所措之际，你当发生了什么事情？那小伙奇迹般地从竹签阵中走出来，拍拍身上的泥土，身上竟然毫发未损！他是清白的！

　　为什么这么神奇？真的是因为他一身清白因而有神明在暗地里保护他不成？还是偶然原因，他逃过了竹签扎穿身躯的厄运？这是一个谜，有待给以准确答复。

二、大河苗民石观保组织合款武装抗屯租

　　苗族合款对苗族百姓具有很强的号召力。历史上，由于合款的号召，苗族人也发生过多次暴动。其中比较著名的有乾州厅（今吉首市）大河苗民石观保领导

的武装抗租事件。

乾隆六十年（1795年）发生的苗民起义是历史上最大的一次苗民起义，这次起义影响深远。此后苗疆发生的很多故事，其根源都可以追溯到乾嘉苗民起义。这次起义平息下去之后，政府为了在湘西苗疆实现长治久安，推行均屯田运动，把当地苗民、汉民、土家族等民族的大约15万亩田土先实行没收，然后再进行分配与出租，建立地方财政体系，支持起中国历史上第一个由地方政府主导的全方位改革运动。然而，这个运动毕竟是一种探索，存在着各种各样的问题。一个重大的问题，就是屯租过重。耕种屯田的农民，必须按照每亩田交一石稻谷的屯租。这里的田亩产稻谷大约二至三石，也就是说，农民交的屯租达到30%～50%。这是相当高的租额。在屯政的中后期，农民必须承担负担越来越重，农村经济越来越脆弱，承受天灾人祸的能力越来越小，百姓越来越需要得到外界的支持。在这种情况下，苗族伙款组织应运而生。

清道光二十四年（1844年），湘西苗疆连遭水、旱、虫灾，田地损毁，禾谷歉收。但是清朝廷派来管理屯政的官吏，却依然催交屯租如故。这些屯官，平日只重视收屯租，对于屯民其他的需求一概置若罔闻。在此情况之下，乾州大河苗民石观保发起成立合款。合款成立之初，主要是相互帮助，互通有无，共同渡过天灾人难。谁知石观保的合款一经成立，立即得到苗族、汉族、土家族等各族同胞的广泛响应。短短一年多时间，发展到一万多人。苗民对大河合款的欢迎，就像久旱的禾苗盼望甘露一样。合款组织也由乾州厅迅速蔓延到周围的凤凰厅、永绥厅（今花垣县）等地。参加合款的民众，也由最初的单纯的苗民，发展到后来竟然有许多土家族、汉族群众都参加进去。石观保领导的合款也不再停留于经济上互助，而且发展到可以解决纠纷（理讼），甚至对抗官府。由于在清政府的高压下，合款一直在秘密状态下运行。因灾年出现严重减产，湘西苗疆收成无望，百姓没法度日。石观保、杨正富等款头在无可奈何之中，不得不代款众出面，数次向政府求情，希望政府减租，乾州厅官员却不闻不问。

到了清道光二十七年（1847年），湘西苗疆又发生了严重虫灾。虫灾之后，又遭水灾，毁田无数，收成锐减。九月，秋收之后，官府再度追缴屯租。为了款民能够生存，石观保、杨正富、杨贵儿等决定武装抗租。他们以乾州厅阳孟寨为中心，聚起数千款众，筑城建堡，积蓄弹药，制造刀矛，建立武装抗租指挥部。十月初，数千饥饿的苗民打开了阳孟、补毫、岩锣等处屯仓，分了屯粮。接着与驻扎有苗守备的止耳、攘阻等寨发生武装冲突。

到了十二月初一日，石观保、杨正富、孙文明等人，集中了永绥、乾州抗租群众数千人，联合凤凰厅龙朋、科甲等苗寨的款头麻老将、石尚保领导的抗租苗民，一举攻克凤凰厅鸭保寨，击毙弁兵七人。初三日，进攻僚木营，与辰、沅、永、靖道道员吕恩湛统率的屯兵激战，不幸受挫。初七日，凤凰守备瞿腾龙、北关守备田宗藩带兵 1500 人，苗守备吴永清、龙子明、麻学道率领苗兵 300 人，全力进攻鸭保寨。义军战败，转集于大科甲。十三日，各路官兵向大科甲进攻。石观保等则计议回攻鸭保寨，以解大科甲之围。十五日，当义军行经杉木寨时，即遭清兵伏击，损失惨重。孙文明失败后，官兵四处会集，全力进剿乾州厅附近各寨，向抗租中心上洞、阳孟等寨紧缩包围，步步进逼。最后杨正富等九名首领不幸中了苗官的奸计，被捕。解往长沙杀害，其余款首亦被擒获处死。

遭遇这次武装抗租事件后，清政府也清醒了。知道湘西苗疆的天灾确实严重，否则这么多苗民不会铤而走险。为了安抚苗民，政府出面给予湘西苗疆重大奖赏。为结纳苗疆民众之心，政府搞了一次大赏："旨赏给被扰良苗籽种谷六千石，五厅县丁佃籽种谷一万五千石……"说是赏，实是赈济。自嘉庆之后，这是第二次较大的赈济。清政府的行政效率从这件事情也可以看出，完全可以避免的武装抗租的事件，也因为基层政府缺少决策权，不能因势利导，将隐患消除在萌芽状态。当然，从这件事情也可以看出，集权政府缺乏对底层民众的关心与保护，民众只好求救于自组织。但是，这些自组织与主权是不相容的，很容易受到来自政府的镇压。政府不很好的利用苗族合款的积极方面，吃了亏不说，到头来还是必须满足苗民的要求，只是政府不叫减租，而是打着赏赐的名目，将原来收上去的屯租谷，又以赏赐的名义，重新发回到地方，赏给广大苗民。这叫偷鸡不成蚀把米。

从苗民合款制度及其发生的武装抗租事件中，我们应该总结经验。政府如果无法满足底层群众的多方面合理需求，那就通过发展民间组织在法律规定的范围里来做好这些事情。千万不能将民众的合理需求看成是可有可无的东西而置之不理，这是要付出严重代价的。

第六讲 19世纪的土改运动——傅鼐与苗疆新政

中国历史源远流长，中国历史中发生的故事常常超出我们的思考能力。我们在近几十年的教育中，受到所谓的正规教育，严重僵化了我们的思想，所以，我们常常不知道怎样去理解历史中的真相。19世纪发生在湘西苗疆的均屯田运动，彻底颠覆了我们关于封建主义的传统想象，也颠覆了我们关于晚清政府及其官员的想象。更颠覆了我们近百年来接受的下面这个新思想，即关于先进制度总是由最先进民族践行并逐步传播给落后民族的想象。

第一节 苗民起义与乾嘉之问

1795年正月，湘西与黔东的苗族举行了民族起义。这是一次发生得非常突然，来势非常凶猛的起义，起义以前毫无征兆。在短短几天时间内，战火就烧遍整个苗疆好几个县份。大约十天后，一份六百里加急奏报送到正在北京过春节的乾隆皇帝手上。六百里加急，是清廷规定的最高级别的紧急文报，也是那个时代通信速度的极限。在最初的几天中，他对递送这封战报的湖广提督刘君辅十分恼火，不就是几个苗民闹事吗？有什么好紧张的？亏你还是一个堂堂的提督大人？采用这么紧急的方式递送战报！可是过了几天，苗疆各地大员递来的战报不断，他才意识到，苗疆真正发生苗民造反了！为此引发了乾嘉第一问：身受皇帝厚恩的苗族为什么要造反？我们面对乾嘉此问，先来回答一个问题：乾隆为什么会提出这样的疑问呢？

可以说，乾隆皇帝对苗疆是十分自信的。因为，苗疆自改土归流以来，至今九十一年了，朝野上下都说是"百有余年"。朝廷在苗疆改土归流时，给新加入版图的苗民很多优惠政策。这些优惠是汉人望眼欲穿，做梦也得不到的。哪些政策呢？

第一项政策，也是最大的恩惠，苗民不要纳粮当差。不纳粮当差，那岂不是过着贵族似的生活？在封建社会，纳粮是政府的基本收入，纳粮是官民之间的共识，仅仅是纳粮多少时常成为官民争论的焦点。只有皇室贵族才能享有不纳粮当差的特权。

第二项政策，全中国汉人都要剃发，但朝廷对苗民格外施恩，每个苗寨只要派寨长一人剃发，就算是整个苗寨归顺朝廷了，这就给苗民保持自己民族文化传统提供了保障。哪像汉人那样，在明清易代之际，要经历剃发之剧痛。

第三项政策，是派出流官统治苗疆。既取代土司的落后统治，也结束了军人的统治。这些流官大多是经过十年寒窗，饱读诗书，从科场胜出的优秀读书人，他们熟知礼仪、温文尔雅、爱民如子。由这些人治理苗疆，苗民不但帖服，而且对皇上感恩戴德。

第四个政策，是推进王化教育。通过设置义学，培养人才，或者集会宣讲圣谕，宣传儒家文化与王朝文化。使苗民俱知礼仪，渐习王化，逐渐从愚钝中摆脱出来，过上了与外界百姓同样文明的生活。

第五项政策，前四项政策是康熙皇帝制定下的。乾隆为此又增加一项新政策，苗民可以与外界客民自由通婚。这也是给苗民提供了更大的交往空间，增大了活动范围。因为此前的政府，无论是前朝，还是当朝，都不许苗民与外界姻亲往来，苗民被禁锢在苗疆深山密林之中，致使数千年以来不闻声教，十分可怜。自从弛禁婚姻以来，苗民也像外来客民一样，可以经常离开自己的家乡，到客民的地方去走亲戚，去务工，生活空间较以前有了很大增加。

以上五条政策，归结起来为两方面内容。一是给予经济政治方面的优惠，经济上免税赋杂役，政治上实行底层自治。一是进行王化教育，传达文明。前者是物质层面的，后者是精神层面的。细数朝廷赏给苗民的这些恩惠，乾隆皇帝就有了疑问：这些苗民感恩戴德还来不及呢，哪会聚众不法，造他乾隆皇帝的反呢？

然而，形势不容乾隆怎么想，苗民事实上确实是针对朝廷举行了来势凶猛的大规模起义。面对苗民起义，朝廷自然派出大兵前往镇压。同以前的经验一样，当时的朝野上下都十分相信：这些苗民人数有限，加上经济条件较差，事起仓促，成不了大气候。只要朝廷大兵压境，经过几个回合杀戮，三两个月之后，这些闹事苗民自然就乖乖投降了。然而事与愿违，这场战争不仅没有很快结束，反而让朝廷付出了惨重代价，战争打了足足两年，战死无数官兵，包括皇上的爱将福康安与和琳；耗费了朝廷2200万两白银。所以，这场战争引发了乾嘉两朝皇帝第二问：为什么区区数万苗民能够与朝廷大军鏖战两年之久？也就是说，这些武器与组织都极差的普通苗民为什么具有超乎寻常的战斗能力？

正是苗疆起义的乾嘉两问，引发了学者们的思考：如何治理苗疆，才能使这个历来不服王化的地方实现长治久安？正如当时的大思想家严如熤说的，"善后之议，较进剿方略为倍难。盖进剿者，一时济变之权谋，而善后者百世安边之至计也"。打赢一场战争还是比较容易的，但是要做好战争善后，则是非常难的。为什么呢？因为"自来谈边防者，随时制宜，迄无长策，我国家文谟武烈，卓越往古，向时处置苗疆，俾之怀德而畏威，防维可云至矣，而一时蠢动，遂至戕大帅而陷名城，则变故之生固有意计所难及者，鉴前毖后之规，讵易言哉！"[1] 有时候从表面看来，善后政策非常完善，但是一遇到变故，就会再一次引发战争。从战国末期到乾嘉之际，两千多年来，这湘西苗疆就一直没有安宁过，现在这场战争过后，这个地方是否可以获得一个长治久安的局面呢？傅鼐的均屯田运动，正是奔着这个目标来的。

第二节　傅鼐领导的均屯田及难题

一、均屯田是什么意思？

均屯田，就是均田与屯田。均田就是将老百姓的田实行均分，这曾经是中华人民共和国成立初期的核心政治思想，共产党视其为新民主主义运动，对老百姓

---

[1] 严如熤《平苗善后事宜议》，见《乐园文钞》。

宣传为社会主义或者共产主义，是当时最先进的一项运动，是解放广大受压迫受剥削劳苦大众的一项运动。屯田是中国一项古老的军事政治经济制度，产生于西汉初年，汉宣帝（前73年~前49年）时代的赵充国在湟中（今青海省湟水两岸）屯田。实行亦兵亦农，就地筹粮的办法，实现了"因田致谷""居民得并作田，不失农业""将士坐得必胜之道"的目的，成为中国历史上军屯田的经典案例。此后，这项制度被历代军事家采用，都实现了富国强兵的目的。特别是到了明代，外面强敌环伺（蒙古国与清朝），内部隐忧不断，财政入不敷出，政府广泛采用屯田制，不但军队屯田，还鼓励百姓随军屯田。但是，历史上的屯田都是采用开荒的形式获得土地。到了19世纪初期，一个只有六品级别的官员，却在武陵山腹地的湘西苗疆，发起了一场轰轰烈烈的均田运动，然后把这些均田再拿来屯田，从而在中国历史上发动了第一次具有乌托邦性质的均田实验。我们不禁要问，傅鼐为什么要在湘西苗疆，这个历史上一直被认为是最为落后的地方，进行这样一场具有实验性质的社会运动？为什么这个运动竟然能够在科学技术十分落后的时代顺利开展下去？这都是历史中的一些奇迹。

二、均屯田经过

傅鼐，字重庵，浙江山阴人。生于1758年，卒于1811年，享年54岁。傅鼐小时候人虽然非常聪敏，但学习成绩也不是太好，所以一直没有考上举人。他自小就喜好创新，勇于负责，有领导能力。他对同时代埋头考举人的做法，不屑一顾。他一直有一种理想，希望对国家对百姓都有点贡献。考不上学，他一点也不在意。好在他家境还可以，所以家里出钱，给他捐了个功名。这样他在青年时有机会以一个小官员的身份随福康安在云南贵州征苗，受到福康安的赏识。1795年湘西苗民起义爆发之后，他又随福康安前往湘西苗疆镇压苗民起义。在湘西战场上，因功授凤凰厅同知。期间，他深受严如熤的影响，积极实践严如熤的筑堡、屯田思想。1801年，升任兵备道并总理苗疆事务。之后他将均屯田政策在整个苗疆推广，创造性地建立了全面的地方财政体系，以及由地方财政支持下的公共事业体系。1808年历任湖南按察使、湖南布政使，1811年病卒。

1796年，38岁的傅鼐被任命为凤凰厅同知。他出任这个职位，很有点临危受命的意思。因为他上任之际，正是战事十分吃紧的时候，朝廷军队与苗民义军处于拉锯战状态。凤凰厅城数度被苗军围攻，凤凰厅乡下基本上被苗军占领。对于如何打赢这场战争，以及如何实现苗疆长治久安？朝廷上下，没有人能够拿出一个可行的方案。作为凤凰厅同知，既要面临残酷的战争，还要安排好一县数万难民复业，还要安抚好已经投降的数万苗民不再生变。生死难测还要日理万机，没有几个人敢于承担这个职位。就算有人承担这个职位，也不会做出多少成绩。当时临危受命的人除了他以外，应该还有乾州厅、永绥厅两个厅的同知。但在后两个职位上就任的人，结果确实没有多少作为。可是，傅鼐超出了历史对他的期待。有谁能够预测，这个依靠捐钱得到功名的人，日后会成为皇帝的座上客，五十余岁就成为湖南省布政使！

在傅鼐出任凤凰厅同知的时候，严如熤向福康安等人贡献了一道通过屯田实现治理苗疆的策略。可是，一生指挥大小数百战，立下赫赫战功的将军福康安，对于出生底层的岳麓书院优贡生严如熤，很是看不起，将他的建议放在一边根本不予理睬。但是，作为福康安爱将的傅鼐，却对严如熤的对策情有独钟。遗憾的是，一直没有条件去推行严如熤设计的政策。

只要有好的理想，有远大的雄心壮志，总会找到机会的。1796年五月，福康安积劳成疾，病死在前线。到了九月份，继任统帅和琳也积劳成疾病死了。姜晟担任临时的前线总指挥，担任姜晟幕僚的严如熤成为前线事实上的总参谋长。此时，两位英雄得以聚首，共同商议实施均屯田政策。在苗民起义被镇压之后，严如熤又继续担任傅鼐的幕僚，协助傅鼐推进均屯田。但是，无论两人怎样努力，他们得到的支持总是不占多数。路在何方？两人当时也不免有些迷茫。无巧不成书，就在两人迷茫之际，机会来了。

在镇压白莲教起义三年而没有取得实质性进展之后，嘉庆皇帝不得不特开举孝廉方正的考试，向天下英雄征集平定白莲教之策。经湖南巡抚姜晟的举荐，严如熤拿到了参加这次考试的机会。他在与湘西苗民义军的两年多作战中，已经形成了一系列先进的军事思想与善后策略，对于打垮白莲教的战略战术早已成竹在胸。所以，他在参加廷试的时候，提交的答卷《察吏安民兴廉举孝策》，一下子就震住了皇帝，被嘉庆皇帝评为第一名。他考试时，还打了个擦边球，为了与考官套交情，他在试卷末尾还有一个简短声明，说限于篇幅，还有很多好的想法没有写出来。按理说，在试卷上留下这种题外话是犯忌的。谁知，嘉庆皇帝看完之后，特旨让严如熤另外再撰写详细的实施报告。当嘉庆皇帝看完严如熤新写的详细报告《平定三省乱民善后事宜疏》之后，叹服不已，亲自召见了严如熤，与他谈了整整一天的话。严如熤的报告，在当时产生很大影响。可当嘉庆皇帝将他方案交给相关大臣实施时，再一次受到那些自以为是、妒才成性的大臣们的嘲讽，说他的策略古朴而不切实际。严如熤到底出了一道什么样的策略而让嘉庆皇帝如此上心，而又让朝廷大臣们大加讥讽呢？严如熤出的就是均屯田策略。严如熤说，在白莲教出没的川陕鄂交界的汉南一带，先实行均田，再实行屯田，使得耕者有其田，人人愿意死守自己的村庄。这样就可以将这一带老百姓稳定下来，然后让稳定下来的老百姓，将各自的村庄修成一个个城堡，城堡相互联络，敌人来了，大家躲进城堡自卫，敌人走了之后就截击那些掉队的士兵。这一招，对于采用流动作战的白莲教简直是致命打击。

　　严如熤的策略虽受到大臣们讥讽，却得到嘉庆皇帝的高度赞扬。皇帝褒奖过的政策，自然也等于是皇帝赞成推行的政策。有了皇帝嘉奖严如熤的谕旨，他就可以无视所有反对声音，大张旗鼓在自己的辖区内推行均屯田政策。

　　凤凰是战争最前沿，他上任伊始就组织各个村庄群众联合起来，共同防止苗民起义军的进攻。结果，苗民义军的攻势逐渐被傅鼐组织的民兵挡住，当地汉族土家族老百姓因此安定下来。共同的敌人虽然被暂时挡住了，但是内部却出了问题，每个村庄都存在贫富不均的事实，守敌时流血牺牲是平等的，但流血过后受益的主要是富裕人家。这当然是不平等的，怎么办？凤凰厅都吾约的一些富裕大户人家竟然主动给傅鼐上书，要求将自家的田土全部捐出来充公，分给那些贫困的人家。只要大家共同守卫家乡就成。这真是天大的好事！老百姓的这道上书，对于正在筹划改革大业的傅鼐来说，无异于孔明借给周郎的东风，傅鼐立即将这个请求报告向全县百姓公开，借此机会向全县老百姓宣布，实行均屯田政策。

1799 至 1800 年期间，傅鼐主要在凤凰开展均田。到 1801 年，朝廷任命傅鼐总理苗疆事务，他就开始在整个湘西苗疆的凤凰、泸溪、乾州、花垣、古丈、保靖等 7 厅县展开均田。到嘉庆十年（1805 年），经过四年的努力，这项具有开创性的工程基本完工，至此共均田 9.52 万余亩田地。这些田土按照平均的方式分给当年成年男丁，保证了 7000 屯丁，1000 练勇，5000 苗兵的口粮及屯防管理等经费。

均田屯田法正是苗疆屯田与历史上及同时代新疆、贵州屯田的主要区别。无论历史上的屯田还是同时代新疆、贵州的屯田，都是在荒地上重新开垦。田地都是国家的，国家直接将田土分配给劳动者，如新疆的民屯；或者劳动者替国家劳动，成为国有农场的一名工人，如新疆的军屯。这两类屯田中，组织程序相对简单，组织的难度关键在建立新的秩序。

然而，苗疆的屯田，无异于进行了一场土地改革运动，它首先是从均田开始的。这次均田非比寻常，是一次彻底的土地调整，几乎将凤凰厅汉土民社区来了一次彻底改造。

第一，土地基本上被调整。傅鼐均田办法，按照今天的计算方法，大约是一对夫妻加两个小孩的四口之家（汉土民社区的家庭平均人口为 4.9 人），仅留下 6.75 亩田，其余全行充公。6.75 亩田仅仅能维持四口人一年的基本口粮，如果一家人连这个田亩数都没有，那就轮不到他家均田，只有田产超出这个基本标准，才成为均田对象。因此，家中田产越多被均掉的就越多。

第二，凤凰厅汉土民社区基本上实现了耕者有其田的社会理想。以四口之家为例，对于田地不足 6.75 亩的，田地原封不动，对于田地太少或无田之家，家中男丁多充民兵，因而按规定可分到一份 4.5 亩田地屯种。按照嘉庆十年（1805 年）奏定的屯田章程，凤凰厅原设有屯丁 6000 名，嘉庆十年后奏定为 4000 名。凤凰厅当时共有民户约 1.4 万户，通过均田重新得到田地的户数（假设每丁为一户）占总户数的 40%。加上大量因田亩少于额定养口田的中小农户，凤凰全厅基本解决了耕者有其田的社会理想[1]。

---

[1] 谭必友《清代湘西苗疆多民族社区的近代重构》，第 161—162 页，北京：民族出版社，2007 年。

自孟子提出均田设想以后，均田曾为许多儒学精英的一种追求，王莽改制使这个理想达到了高潮，王莽改制失败之后，此议暂寝，此后数百年无人提均田主张。明朝末年，闯王李自成曾提出过均田免粮的主张，算是又开了一个头。可惜闯王很快失败，均田主张未得实行。现代学者们说，李自成之后，新的土地改革运动要在马克思主义传进中国之后，才由中国共产党领导广大人民群众，进行新的土地改革。但有谁能够想象得到，均田之举，早在嘉庆初年，就由傅鼐在武陵山腹地的湘西苗疆全面施行。这次均田是由政府统一组织、自上而下的一次社会改造工程，与一百五十年后共产党领导的土改，存在许多类似的地方。

苗疆屯田其起因首先是均田，因其"均田"性质，其难度也就比历史上及同时代其他地方屯田工程大了不知多少倍。要在封建土地制里举行均田，除了要吸收历史上及同时代屯田制的启示与经验外，还需要举办者有超人的胆识与气魄。所以魏源评价说："雍正间，张尚书广泗，改黔、粤苗归流，设九卫军屯法，盖以经略督抚之权行之，故贴贴无异议。鼐区区守土臣，未领县官斗粮尺兵，所事大吏不掣其肘即已幸，徒自奋于龃龉拮据中，盖独为其难。"实际上，傅鼐不但遇到老百姓中的大户人家的阻力，而且也遇到来自朝中大小官员的重重阻力。

傅鼐在凤凰厅均屯田的初步成功，使他对均田屯守有了新的认识。从此，随着傅鼐职位的变动，这均田屯守之法也就不断获得新的社会效应，从而承担起更多更重要的社会改革功能。

嘉庆十年（1805年），在苗疆第二阶段的均屯田顺利结束后，一个经中央政府备案具有法律效力的《湖南苗疆均屯经久章程》正式颁布。这个章程共八条，分别为：

（一）各路碉卡应酌定派驻勇丁及分授均出田亩以资耕守。

（二）凤凰厅原挑精锐练勇应留备攻战。

（三）分拨存剩余田酌议召佃收租以资经费。

（四）各路屯田专设屯弁以资经理。

（五）筹捐存贮银谷以备荒歉并资接济。

（六）屯丁技艺应严加训练并随时稽查。

（七）严禁民人擅入苗寨索诈欺凌以期民苗相安，永臻宁帖。

(八)清查逆苗叛产及苗缴占田分佃收租、赡给裁留苗兵以安苗众而资外捍。

从这个章程可以看出,第二阶段的均屯田工程还主要在解决人地关系,其打出的号召是"防苗",让人觉得均屯田工程主要是为了实现苗防的目的。但其中第二、三、五、八等四款则有了地方财政建设的倾向。因此,自嘉庆十一年以后,均屯田有了新的发展。具体内容见本讲第二节。

三、傅鼐遇到哪些困难

傅鼐推进如此激进的土地改革运动,又破天荒大张旗鼓地实施了一系列公共事业,这都是前无古人的事业,并且在推行的过程中遇到了巨大的阻力。

第一个阻力,来自富裕人家的阻挠。均屯田,首先得富裕人家将自家的土地捐出来充公。这对于那些处在战争前沿地带的大富人家自然没有任何问题。因为,他们知道,如果不捐出土地,自己也没有能力保护这些土地。与其被苗族起义者抢去,弄得一家老小无家可归,成了难民四处流浪,不如捐出来充公,团结大家一起守护家园,一方面自己也得了名声,另一方面也保护了自己余下的土地,一举两得,何乐而不为。可是,对于那些远离苗族的汉人聚居区的那些富人来说,他们可是想不开了,如麻阳、泸溪等县的富裕人家普遍持这种想法。

第二个阻力,来自官员们的阻挠。在这些官员们看来,守土是政府的责任,为何要均百姓田地,让老百姓承担守土之责?这与自古相袭的朝廷制度完全不符。用今天的话来讲,守卫国家安全是政府的职责所在,我们不能将政府的职责转嫁给老百姓。老百姓已经纳粮当差,就不应该再承担其他的义务。除此之外,一些朝廷高官也反对均屯田,他们认为这是一个牵涉面极为广的工程,一旦搞不好,就会引发更大的矛盾。他们质疑傅鼐是那种好大喜功的基层官员,以傅鼐的实力设法领导这么复杂的改革。

从最初的质疑,发展到后来,就是很多老百姓与官员都向上面写告状信,状告傅鼐罔顾王法、好大喜功等,状子一直送到嘉庆皇帝手里去了。有一段时间,从苗疆到长沙,再到武昌,再到北京的路上,前往上访的官员、知识分子与百姓络绎不绝!我们简单看看这些上访记载。

表 6-1　苗疆均屯田引发的控诉与上访案例一览表[1]

控诉人	籍贯	身份	控诉情由	控诉措施	结果
田恒太 张世德	麻阳县	民	请求免均田	向村民敛钱，上北京控诉	政府出示晓谕，严禁徒棍煽惑阻挠均田
田步敖	麻阳县	生员	拒绝均田，声称新坪约各户俱不均田	发动苗族阻挠，并聚集家人雇工将公务人员打伤	被逮捕
郑学至 田继碧 左公谷	麻阳县	已革俗生 已革俗生 廪生	拒绝均田	在城乡散布谣言，发动民户抗均田	经官方教育后认识错误放回
田年俊 聂廷翰	麻阳县	生员 教职	请求免均田	控诉于凤凰同知	经教育后放回
张世谦	麻阳县	生员	控阻均田	控诉于宪台	教育后放回
杨盛壁等	凤凰厅	民 已革武生等	请求将都吾、务头两约按其他地方均田，并退补多均田亩	向各业户索取路费，控诉于宪台	被杖责四十放回
姚樟	永绥厅	民	抗交官租	向业户敛钱，控诉于巡抚衙门	被逮捕
杨秀珠	凤凰厅	革生	要求退回归公田	向业户敛钱赴北京，控诉于都察院	被逮捕

嘉庆六年（1801年）冬天，乾州厅同知阎广居第一个以地方大员身份公开抵制屯田，他在给总督巡抚所上的一道报告中声称乾州业户不愿均田：

> 现在镇箪右营寨苗均各以粮食货物远赴乾州市集发卖，民苗彼此并无疑忌，此苗疆自留防以来惟乾州厅经费减省而地方宁谧之情形也。就阜厅大概而论，苗人一经惩创，即便安静，其伎俩不过如此。乾州既不均田屯勇，现在兵民亦足以相安为守。是阜厅与凤凰厅情形各有不同。……不便抑勒均派。[2]

---

1 以上资料据《苗疆屯防实录》卷二十四整理。
2 但湘良《湖南苗防屯政考·均屯二》卷六。

面对这些上访、控诉，傅鼐毫无惧色。你们上访，我也上访。一些官员跑到省里去找巡抚总督，傅鼐也去见总督巡抚，而且不断给这两位大员写报告，阐述自己的主张，一一驳斥那些反对意见。傅鼐用自己的真诚，赢得了总督巡抚的支持，也赢得了嘉庆皇帝的支持。所以所有上访者、控诉者都没有达到目的，唯一达到目的的是傅鼐。

　　在所有反对者中，阎广居是最典型的一位。阎广居是乾州厅同知，论官职，他与傅鼐都是厅同知，但是傅鼐除了担任凤凰厅同知外，还兼任苗疆总理，品级上总算比阎广居高一级。阎广居不但向上级打报告公开抵制均田，而且不把傅鼐放在眼里，当面也不给傅鼐面子。当傅鼐与总督巡抚统一意见后，亲自登门拜访时，阎广居假装生病卧床不起，拒绝与傅鼐见面，给傅鼐吃了一个大大的闭门羹。可是，他傅鼐是何许人啊？你阎广居这点小伎俩，哪里能难得倒他！阎广居不愿意配合不要紧，他自己下村里去做动员工作。他这是去执行朝廷政策，想你阎广居身为朝廷命官，也不至于公开阻挡吧。傅鼐以苗疆总理身份下到乾州厅乡下做群众工作，由于均田对广大平民来说是利大于弊，因此无不乐从。而反对均田者，主要是富户及少数知识分子。傅鼐出面劝谕均田养勇，得到广大平民的拥护，均田工作没有开展不下去的。

第三节　苗疆新政与中国历史曙光

　　从嘉庆十一年（1806年）之后，傅鼐的均屯田运动进入第三阶段，即全面的行政改革阶段。在这个阶段中，傅鼐将运行了1000余年的中国基层行政模式进行了彻底的改革，创造了中国历史新经验，包括四个大的内容。

一、首创地方财政体系

　　在苗疆屯政建立之前，国家批准的苗疆财政支出是一个长期不变的定额。这个定数为地方公共事业只留下数十两银子经费（仅7.77%）[1]。自古以来，除去关

---

[1] 谭必友《清代湘西苗疆多民族社区的近代重构》，第157页，北京：民族出版社，2007年。

系国家安全的重大工程外,所有地方公益都必须由地方捐建,这种捐建体制导致绝大多数地方公益长期维持在非常原始的水平。这种体制也使大批有志经世的地方官常常陷入债务危机,从而陷入费力不讨好的悲惨结局。

可是有着远大抱负的傅鼐、严如熤两人,绝对不愿意墨守成规,不愿意像所有前辈那样,因为手中没有钱,而做一个平平淡淡的地方小官。在他们看来,要维护地方安宁,维护民族团结,如果没有采取特殊的措施,苗疆就会重蹈历史覆辙。因为没有公益事业的发展,老百姓就会陷入全面的贫困,因贫困又陷入愚昧,从而陷入恶性循环。

当傅鼐在苗疆全面铺开屯田之后,他并没有停步。他的理想绝不是单纯训练民兵守住苗汉分界线,他还要进一步改变当地人的精神世界,全面提高当地人的生活质量。怎样才能实现这些理想呢?这些理想都建立在充分的地方财政基础之上。这个问题放在以前,或者放在任何其他地方官面前,都将是不可能的理想。按照历朝历代的规定,地方官是不能私自筹集大量钱粮的。但是,现在的傅鼐不同了。皇帝批准了他的均屯田方案,等于是给了他一把尚方宝剑。他可以充分运用这个政策,筹集足够多的经费来实施他的社会建设方案。

怎么运用这个政策呢?那就是在均屯田的旗帜下,进一步扩大耕地,并把这些土地租出去,增加政府租金收入。自嘉庆十一年(1806年)至其去世的近六年时间,傅鼐的主要精力一直用于增加土地开垦及出租,扩大地方财政收入的工作之中。傅鼐增加屯田的方法有三个:

一是官给价赎回汉土民于1795～1796年间当给苗民的田地。这部分田地在民地之内,按理说应该退回汉土民,但因苗民刚花了银子典得,如今令其退回,苗民往往心有不甘,因而屡屡越过边墙,阻耕夺牛或抢收稻谷。为了结清这些官司,傅鼐捐银将这些田亩赎回归公,共赎回田1900亩。

二是鼓励永绥厅各族人民自行开垦荒土,谁开垦归谁租种。很快,永绥厅民开垦出了10000余亩。

三是官给工资,令凤凰、乾州、永绥三厅民人在一些坡头涧侧隙地处开田,每开一亩田官给口粮一石,如此又增加了5000亩田。除此之外,还有嘉庆十年永绥苗叛平息后，没收叛产若干亩。又有一些苗守备等也主动捐出一些田地供士兵操演之用。

总之，嘉庆十一年（1806年）以后，苗疆可用的田地在上年的基础上又增加了近57000亩，使屯田总数达到152157亩，除去屯丁自种屯田外，所有屯田岁收租谷杂粮101701石（每石谷折合银1两，因此苗疆地方财政实际收入为银101701两）。在傅鼐的领导之下，湘西苗疆终于建立起中国历史上第一个自成体系的地方财政。手中有了钱，就可以系统的开展地方公共事业。相对于传统财政制度来说，这是一次伟大的革命。地方财政体系的建立，使类似于傅鼐这样想有所作为的地方官，就可以按照自己的理想去建设一个新的社会秩序。现在，手中握有一大把银子的傅鼐，要干一些什么样惊天地泣鬼神的事业呢？

二、创立了中国第一个治安特警部队

这个特警部队，与军队类似，但不是军队。按照明清两朝的规定，除土司地区外，军队只能由中央政府组建，地方政府是不能自己蓄军队的。傅鼐将其称为"练勇"。军队主要是驻防与打仗，这个练勇专管治安事件。而且这些练勇配备特殊武器，人人都有一身武艺，能够逢山开路遇水搭桥。哪里出现治安事件，这些特警就会神不知鬼不觉地出现在现场，解决完案件之后，又常常是神不知鬼不觉地返回县城去了。来无影去无踪，以不扰民为行动原则。严如熤将这个特点称之为"雕剿法"。部队出动像盘旋在天空的大雕，毫无声息直奔猎物。所以，准确点讲，这个治安大队与今天的特警一样。也就是说，这是中国历史上第一支特警。这个特警部队拥有1000人，全部经费来自屯田。有了这支特警部队，原来治安十分复杂的苗疆，逐渐安宁下来，各民族群众重新找回了安全感。

三、创立了中国第一个义务教育体系

手中有了钱，他没有想到改变自己的生活，而是时时刻刻想到那些成长中的各民族孩子，需要得到良好的教育。湘西苗疆是十分贫困的，绝大多数人没钱送孩子上学。自古以来，很少读书人。乾隆以前，学校十分稀见，几乎没有人中过

举人。傅鼐觉得，这正是社会动乱的根源，要改变冲突不断的湘西苗疆，必须广泛开办教育。傅鼐毫不犹豫地将屯政收入中的一部分钱，投入到办教育中。他在湘西苗疆举办了120所义学，10多所书院。义学相当于我们今天的小学教育，书院相当于我们今天的中学教育。政府要求家家适龄儿童都必须进入义学接受教育，当然全部孩子都实行免费入学。聘请的教师工资由屯政支出，群众不要负担任何费用。书院招收那些具有功名的秀才入学，也适当招收一些优秀义学毕业生入学。书院不但免费，还为学生提供适当的助学金，使他们能够顺利完成学业。书院教师由屯政发放基本工资，由书院基金发放绩效工资，保证能够招聘到优秀教师。

四、创立了一个完善的社会保障体系

古代政府比较重视社会保障措施，历朝历代，都要求各地必须建立社仓、常平仓、义仓，养济院与育婴堂等。除常平仓以外，社仓由民间捐建举办。养济院与育婴堂只是起到象征性质，没有真正起到目的。傅鼐也深深知道，这些传统的社会保障措施不成系统，没有实力，无法名副其实。他在屯政的基础上，创新了一系列新的社会保障制度。如民兵优抚制度、蠲免制度、赈济制度。这些新的社会保障制度的建立，为苗疆稳定与发展都做出了重要贡献。

五、历史曙光

我们将苗疆的这一场行政改革概括为苗疆新政。这是中国历史上一次成功的行政改革，具有革命性的意义，创造了中国历史新经验。苗疆新政主要涉及地方财政、公共安全、义务教育、社会保障等四大领域，除此之外，还有有关宗教信仰、民族文化等内容。这些内容都是历史发展到近代工业社会之后才提出的政府命题。可是，这些内容都在傅鼐的领导下，在湘西苗疆提前实验了。从这个改革可以看到，在与西方发生接触之前，中国古代社会一直在缓慢的发展，中国人民一直在摸索社会改造的道路与途径。如果没有西方文明的进入，中国人民会走一条与今天不一样的发展道路。

苗疆新政是中国近代化前夜的一道曙光，这道曙光将与西方传来的新文明发生碰撞，从而产生一系列新的历史火花，照耀我们前行。比如，受益于苗疆新政培育起来的一代代苗疆精英人物，因具有卓越的品质，在西方侵略面前，他们成为最坚定的抵抗者，与西方力量进行了殊死决战。鸦片战争中牺牲的定海三总兵之一的郑国鸿；贵阳教案的幕后领导田兴恕；中法战争中带领士兵奔赴台湾打败法国侵略者的杨岳斌；八国联军入侵时，坚守天津牺牲在战场上的总兵罗荣光等民族英雄，都是得益于苗疆新政，才从底层社会走出来，并走向与西方文明正面较量的最前沿。在中国与西方的较量中，中国人虽然一直吃亏，但是，一代代总有人敢于与西方较量，而此中由苗疆新政贡献的人物是最为集中的人才群体之一。

第四节　傅鼐留给我们的启示

傅鼐领导的苗疆新政，是古代基层政府轻易不敢想的事。历史上的王莽改制与王安石变法都是不成功的实验。但是无论王莽也好，王安石也好，他们都是以国家的名义、自上而下的来推动这些改革。就算占据如此有利的制高点，他们的实验还是以失败告终。可是，傅鼐将这个改革布置得井井有条，有条不紊地逐步推进，赢得官方与民间的一片好评，实属不易。要知道，在推行基层行政实现这些重要的革命性变革时，傅鼐还只是一个小小的县官，虽然后来号称苗疆总理，也不过是一个五品官员。以如此微末身份，领导一场史无前例的行政改革，要多大的勇气，又要多大的胆略？这其中有值得我们借鉴的经验吗？我认为，我们从中至少应该明白三点。

第一个经验，要敢闯敢干，敢于创新。在均屯田初期，傅鼐也明明知道这将是一项十分烦琐浩大的工程，会遇到许多麻烦与困难。但是，他认定了就不放弃，认定了就勇敢前行。遇到困难克服困难，遇到阻力搬掉阻力。英雄不问出处，干大事业不问身份。要敢于想象，敢于创新，历史是由人创造的。

第二个经验，要以老百姓的利益为行政目标。傅鼐在领导这场改革的时候，毫无私心。心底无私天地宽，因此他不仅仅赢得了湘西苗疆汉族土家族的信赖，而且赢得了苗族人民的信赖。各族人民不但相当支持他领导的均屯田号召，而且对他的个人人品也相当赞许以至崇拜。1811年，当他骤然去世的消息传到苗疆时，当地各族群众组成了一个庞大的吊唁团，分批前往长沙祭奠。他身为湖南布政使这样的高官，可是身无半文积蓄。他因领导苗疆新政而得到嘉庆皇帝召见，嘉庆皇帝准备启用当时年仅53岁的傅鼐担任湖南巡抚。可是，傅鼐在从北京回长沙的路上，就病了。十余年来，为了他的均屯田事业，他积劳成疾，身体较差，哪里承受得了长途跋涉、鞍马劳顿？因此在从北京回长沙的路上，走到河南时，就病死在路上。遗憾的是，他身上没有多余的银两，他的家属不得不依靠其他官员捐出的一点路费，才勉强把他的尸体运回长沙。

第三个经验，要清白行政、透明行政、勤快行政。湘西是一个多民族聚居的地方，民族文化相当复杂。民族之间交往常因文化差异导致矛盾冲突。在解决涉及民族之间的矛盾时，官员们常常不知所措，难以下手。胡乱判案乃是家常便饭，这又进一步引发新的仇恨。可是，傅鼐不仅将屯政领导的有条不紊，而且在判案时也是能洞察秋毫，清清白白，让各方都心服口服。为了不让案件积累，造成更大隐患，他无论多忙，每天都要将当天送来的案子亲自审问，当天的案子当天结清，并让这些进城的老百姓能够安安全全当天就返回家乡去。正是这种殷勤行政，使他的工作强度成倍增大，造成他长期处于亚健康状态。所以，他才在从北京回长沙的路上病倒。

傅鼐身上展示的这三点经验，对于我们今天来说尤其珍贵。我们的时代是一个被腐败冲击而严重受伤的社会。我们如果有志于重振社会正气，重造国民精神，重谋国民福利，我们不妨向傅鼐学习。

第七讲 书院与文化

教育是人类特有的社会现象,伴随着人类的产生而出现。不同的历史时期,教育有不同的形式。我国的教育制度可以追溯到夏商周时期,在殷周时代,我国的官学已初具规模,到了春秋战国时期,"私学"作为一种新兴的教育形式产生。从此,中国的教育便一直沿着"官学—私学"的双轨模式发展着。然而,自宋以来兴起并逐渐得到发展的书院制度以其特有的风姿,为中国的教育制度增添了新的活力,使我国的教育制度进一步完善和多样化。

武陵地区的教育既有长盛不衰的官学,又有面广量大的民办教育机构。生活在武陵地区的人们在传承和发展本民族传统文化的同时,又重视吸纳儒家文化,把儒学教育作为其文化兼容的重要内容及教育发展的重要方向。

第一节 武陵山地区历史上的教育

一、官办教育机构的变迁

官办教育机构即官学,指中国封建朝廷直接举办和管理,以及历代官府按照行政区划在地方所办的学校系统。官学包括中央官学和地方官学,中央官学分为最高学府、专科学校和贵族学校三大类。太学和国子监属中央官学,是中国封建国家的最高学府;地方官学是中国古代社会历代官府按照地方行政区划,在地方所办的学校。地方官学自汉代开始设立,《周礼》曰:"乡有庠,州有序,党有校,闾有塾。"东汉时期,由于地方官吏多系儒者,对于修缮学宫,提倡兴学比较重视，因而郡国学校得以普遍建立，官学和私学交织发展，形成了"学校如林，庠序盈门"的景象。魏晋南北朝时期自汉末建安以来，由于长期战乱，造成官学或兴或废的状态。隋代国家重归统一，设庠序郡县之学。唐代是中国封建社会"盛世"时期，教育事业也空前发展。地方官学除在府州和县设有由长史管辖的"儒学"外，还设有府州"医学"，以及直辖于中央礼部下的府州"崇玄学"。宋代地方官学于仁宗庆历年间开始设立，诏诸州府军监立学，设立州、县学、府学。各县皆设博士、助教学官。元代地方官学制度比较完备，在路、府、州、县四级，均有相应学校，还设具有民族特点的蒙古字学、医学、阴阳学。明代前期是中国封建社会地方官学兴盛的时代，在全国设立府、州、县学，又在防区卫所设有卫学，乡村设社学，还在各地方行政机构所在地设置都司儒学。清代，地方官学基本沿袭明制，依其地方区划设有府学、州学、县学，并于乡间置社学，各地均设专职学官。

历代封建王朝都非常重视利用教育手段来强化对少数民族地区的文化控制。武陵地区官学教育的最早记载始于东汉。光武帝建武年间（公元25~56年），宋均治理"五溪蛮夷""兴立学校"，以改变"其俗少学者而信鬼巫"的社会状况。[1] 唐宋至明清时期，封建王朝在武陵地区先后设置了社学、土司学校、官府学堂等多层次、多类型的官办教育机构，武陵地区形成了比较完善的初、高等教育体系。

（一）社学

社学，是元、明、清时期封建政府在乡村设立的最基层的地方官学，是当时农村启蒙教育的一种形式。元时期，以五十家为一社，每社设学校一所即社学，政府选派通晓经书者作为社学教师，社学主要招收十五岁以下幼童，教授《孝经》《大学》《论语》《孟子》，明朝时还兼读御制大诰及本朝律令，讲习冠、服、婚、丧等礼节。武陵地区较早的社学是明朝嘉靖十年（1531年）在印江县城太阳山麓建立的印江社学，后来还有朗溪社学等。虽然历代封建统治者都鼓励在乡间办社学，但社学在武陵地区历史较短，最后被县学所取代。

---

[1] （南宋）王象之《舆地纪胜》卷七十五。

(二) 土司学校

土司统治时期，为加强对土司的文化控制，封建王朝政府在少数民族地区的土司所在地相继设立了官方学校，培养土司贵族子弟。土司学校是封建王朝政府官学教育体系的重要组成部分，主要教授儒家文化之经、史、六艺（礼、乐、射、御、书、数）等，也教土司子弟练武，还设有演武场。元明清时期，封建王朝在武陵地区推行土司制度，对土司子弟进行儒家文化教育，要求土司土官子弟凡要承袭土职者必须学习儒家文化，否则不能承袭，武陵地区土司学校先后建立起来。1408年，酉阳设立宣慰司学，这是土家族地区建立的第一所土司学校。万历年间，凤凰设立了土司司学，专门课教土司子弟。没有办司学的土司就送其子弟到附近州、县求学。

土司学校的建立使封建王朝的官学教育在少数民族地区得到了进一步的发展，促进了民族间的文化交流。但是，土司学校设立的目的只是为土司贵族子弟接受汉文化教育，对于广大底层百姓而言，接受土司学校教育是一种奢望。

(三) 官府学堂

武陵山区官府学堂发展的较早，从早期的黔中郡，至宋元时代的辰州，再至明清时代的辰州府，官办学堂具有前后继承关系，府县学比较完备。官府学堂设立的目的主要有两点，其一是大力推行儒家文化，其二是为科举考试输送人才。因此，政府对官府学堂的教学内容，管理方法都做出了明确的规定，教学以程朱理学及儒学作为主讲内容，强调学生的人品修养。府、州、县各设官学一所，个别地方可以根据行政建制设立厅学、卫学。府学、州学、县学之间具有行政隶属关系，府学为地方官学的最高管理者，设有训导一名，主管各州、县教育工作。以府、州、县学为主体的学校教育体系的确立，完善了清政府的人才培养及人才选拔机制。

明代以降，辰州府的官办学堂比较发达。万历本《辰州府志》记载，明代初期，每科都有人中举，还产生了一批进士，每年贡入国子监的生员更是遍布武陵山各地。但是我们也可以发现，在苗侗等少数民族聚居区，官学体系还是十分稀缺，长期未得到实质性改进。

（四）苗疆义学与书院

傅鼐在苗疆实施均屯田的新政，政府利用均屯田的收入，在苗疆开设了120所义学。后来，由于财力不足，又压缩了20所。直到清朝末年，这些义学一直正常运转。在义学的基础上，政府还在泸溪、凤凰、乾州、麻阳、古丈、永绥、保靖等七厅县开设七所官办书院。这些义学与书院全部由地方政府出资修建，教师工资列入地方政府财政预算。这是中国历史上规模最大的官办教育体系，开创了中国历史上基层政府主办全面基层教育的先河，标志着苗疆新政已经具有近代性特征（详见第六讲）。

封建王朝在民族地区设置官学根本目的是试图通过文治来有效控制少数民族地区。兴教措施有效强化了少数民族学子读书做官的思想意识，造就了大批为封建王朝统治服务的科举人才。同时，官学教育机构的建立促进了武陵地区社会的发展和进步，促进了儒学在武陵地区的传播。各级官学的设立为武陵地区上层人物及子弟甚至不少百姓提供了学习汉文化的机会，他们学习儒学经典，成为通晓汉文化的知识分子，也成为灌输和传播儒学经典的主力军，使汉文化在武陵地区得以广泛传播。因此武陵地区少数民族文化有很深的儒学文化痕迹，这些少数民族知识分子在吸收汉文化精髓的同时，又保持和发展了本民族文化特色。

二、民办教育机构的发展

中国古代民办教育机构是与官学相对而言，在中国教育史上占有重要的地位。武陵地区官办教育机构日渐兴盛的同时，民办教育机构也得到了蓬勃发展，成为与官学并存的一种教育形式，在更大程度上满足了广大底层人们的求学需求。武陵地区民办教育机构主要有私塾、义学，其中，义学的设立最为普遍。

（一）义学

义学，又称义塾，一般指私人捐资设立，以贫寒子弟为教育对象的免费蒙学。义学始于北宋，在元明时期发展缓慢，满族入主中原，为达到政治和思想上的统一，清政府迫切需要文化上的控制，基于这种需要，清政府大力提倡和积极兴办义学。在政府的支持与鼓励下，社会上掀起兴办义学的热潮，义学得到充分发展。

"改土归流"后，武陵地区普遍设立义学。按朝廷的规定，义学必须聘请"名师"，"以补义学之缺，广学校之泽"，所以教师多从外地请进，外来教师不仅带来先进的教育思想，而且带来先进的教育方法，推动了武陵地区少数民族教育的发展。

族学是义学的一种重要形式，是某一家族开办专收本族子弟入学的学校，多以氏族命名，本族子弟可免费入学，外族子弟则没有同等待遇。清朝时期，族学是武陵地区的一种重要教育机构和教育形式，屈家坊自立义学是武陵地区的第一所族学，由大庸县留日学者屈髯于光绪二十八年（1902年）在屈家坊创办的。武陵地区分布着数量不等的族学，大庸还有"刘氏自立义学""侯氏养云山自立义学""胡氏三岔村私立天南小学"等，据统计1948年仅大庸县就有族学24所，长阳土家族自治县在中华人民共和国成立前的二百多所祠堂，绝大多数都办过学堂。

义学是带有慈善性质的民间教育机构，招收对象多是贫困子弟，这对于开启民智，提高大众的整体文化素质发挥了一定的积极作用。但义学毕竟是统治阶级用以缓和民族矛盾、教化少数民族成员的重要方式，必然带有一定的局限性。

（二）私塾

私塾，又称家塾，是民间私学的一种形式，塾师或在自己家中，或借祠堂、庙宇，或租借他人房屋设馆，招收附近学童就读，收取一定学费。私塾起源于西周时期的私人家庭教育，明清时期遍布城乡，并深入到少数民族地区。私塾的学生年龄在5～13岁之间，称为学童，人数少则三五人，多则十余人。私塾有"蒙馆""经馆"之分，"蒙馆"收启蒙儿童，以读书识字为主，所用教材主要有《千字文》《百家姓》《三字经》等，"经馆"收青少年，以读书、写字、作文为主，所用教材主要有《大学》《中庸》《论语》《孟子》等。

武陵地区私塾兴起得比较早，但全面兴盛还是在改土归流之后。土司制度被废除，大量精通儒学的有识之士涌入，为迎合少数民族学习汉文化的需求，他们开学馆，当塾师。据不完全统计，雍正年间，今湖北恩施自治州、宜昌市五峰县就有私塾2439馆，学生29029人。今湘西自治州古丈、龙山、保靖、张家界、大庸、桑植及贵州的印江县，共有私塾1381馆。永顺县塔卧、王村、勺哈、首车、大井、石堤、颗砂、列夕等人口较集中的地区，常年有三五所私塾，灵溪镇私塾多时达十余所。其中，保靖县就有私塾百余馆，学生千余人。[1]私塾在启蒙培养儿童方面起过重要作用，私塾与公立小学、教会小学长期共存，构成了武陵地区初等教育网络，对促进武陵地区的经济社会发展做出了重要贡献。

在武陵地区古代教育的发展史上，官学与私学一直呈现互为补充、此消彼长的发展态势，官办教育机构与民办教育机构共同构成了武陵地区传统教育的完整组织体系。官立学校的创办目的在于直接培养出合格的政府官员，而民办教育机构旨在教化民风，其学员必须通过科举，才能步入仕途。尽管官学因受到政府更多的支持而始终居于教育体系中的主导地位，但作为武陵地区教育体系中的最活跃的私学，一直扮演着传递民族文化与传播儒家文化的重要角色。

第二节 书院教育与人才培养

书院是中国古代特有的高等教育机构，集藏书、教学、研究于一体。书院萌芽于唐，完备于宋，废止于清，有千年的历史。书院是官学和私学相结合的产物，在发展中形成了一套独具特色的办学形式、教授方法、管理制度，对中国封建社会教育与文化的发展产生了重要的影响。中国古代书院遍及全国，数量达7000余所，目前仍有400余所书院以学校、图书馆、博物馆等形式留存下来，成为各地的文化教育场所和重要的文化景观。

一、书院的沿革

书院始于唐代，此时的书院是用于修书治学，并非聚徒讲学的教育组织，唐代的集贤殿书院就是书院之名的最初例证，它是专门用于藏书和校书的场所，类

---

[1] 马羽炜、陆群《土家族——湖南永顺县双凤村调查》第357页，昆明：云南大学出版社，2004年。

似于皇家图书馆，不是教学机构。"安史之乱"以后，唐朝由强而衰，文教事业也受到严重冲击。一些宿学鸿儒纷纷归隐山林、论道修身，模仿佛教禅林讲经制度创立书院，聚徒讲学，形成了中国封建社会特有的教育组织形式。直到北宋初年，以讲学为主的书院日渐增多，较完备的书院制度才形成。书院大多是自筹经费，并建于风景优美的山林幽静处，规模不大，组织机构也极为简单，活动内容也较单一。它的特点就是为了教育、培养人的学问和德行，而不是为了应试获取功名，但它们却标志着真正意义上书院制度的确立，并对后世书院的发展产生了有益的影响。

宋代最著名的有四大书院：江西庐山的白鹿洞书院、湖南长沙的岳麓书院、河南商丘的应天府书院、河南登封的嵩阳书院。到了元代，统治者为缓和蒙汉民族矛盾，笼络汉族士心，对书院采取保护提倡的政策，同时也逐渐加强控制，元代书院日益呈官学化趋势。明初因政府重视发展官学，提倡科举取士，官学兴极一时，书院备受冷落，百年不兴。明中叶以后，因官学空疏，科举腐化，书院教育由此复苏，嘉靖之后，达到极盛，书院发展到1200多所，但其中有些是官办书院。清朝入主中原后，对书院加以监管，雍正十一年（1733年），正式明令各省建书院，改采鼓励态度，书院渐兴，且不再分官立私立，都受政府监督。清代书院学习的主要内容是八股文制艺，目的是参加科举考试，获取功名，完全丧失了书院原有的教学风格与学术研究的性质，其独立性和自主性所剩无几，所以清代大部分书院与官学无异。到了1901年，光绪帝诏令各省的书院改为大学堂，各府、厅、直隶州的书院改为中学堂，各州县的书院改为小学堂。至此书院退出了历史舞台，汇入现代教育的洪流。

二、书院的特点

书院是介于私学与官学之间的一种特殊的教学组织形式，它具有"非官非私""既官既私"的特征。书院大多选址于名山大川、风景优美之地，有固定的校舍、专门的图书藏所，丰富的藏书为学生读书钻研提供了方便。书院是由德才兼备的儒家士大夫创办并主持的教育机构，学生入学也无须考试，没有等级尊卑之别，来去自由，具有浓厚的平民色彩。书院的教学继承了稷下学宫的优良传统，采取"百家争鸣""门户开放"的政策，不拘泥于一家之言，允许不同学派之间进行广泛的辩鸣，讲明义理，躬行实践，注重启发诱导，因材施教，注意激发学生的学习兴趣，培养学生的学习能力。经过不断的发展，书院有一套完整的管理体系，是一种组织结构比较完备的教育体制，建立了类似于官学人员编制和岗位，每个人有自己的岗位职责，分别负责授课、生活、祭祀、保卫安全等。书院有固定的教育经费作保障，建立了类似于官学的以学田为中心的教育经费体系。

图14　凤凰三潭书院（郑艳萍 摄影）

三、影响和意义

书院实质上是一种综合型的文化教育组织，它具有多种功能。既是图书馆、高等学校，又是研究院和学者以文会友的重要场所。作为我国古代文化教育的重要场所，书院探索了人才培养的特殊方式，倡导了学术自由的精神，实现了培养人才与研讨学术的完美结合，对保存和发展中华民族文化发挥了积极作用。

武陵地区第一个书院"鸾塘书院"创建于宋代绍兴年间（1131~1162年），位于今贵州省沿河土家族自治县城东五十里的大漆乡内。南宋绍兴十九年（1149年），武陵地区的辰州府泸溪郡（今泸溪县）设有"东州书院"。元朝大德八年（1304年），在大庸天门山麓之东设有"天门山麓书院"，遗址在今三岔乡水洋池村。

万历年间，永顺宣慰司有若云书院；保靖有崇文书院；龙山县有云从书院；泸溪县有文峰书院；凤凰厅有敬修书院；韩州厅有镇溪书院。巴东县有文昌书院，秀山县有凤鸣书院，思南府有凤仪书院，利川有钟灵书院，来凤有桂林书院，酉阳有龙翔书院。历史上，武陵地区兴办了为数众多的书院。明清时期，武陵县有沅阳书院、朗江书院；桃源县有桃溪书院、漳江书院、龙川书院、沅南书院；龙阳县有龙津书院、龙池书院；澧州有车渚书院、澧阳书院、文山书院；安乡县有深柳书院，石门县有秀峰书院、有丝书院；慈利县有环溪书院、月川书院、聚奎书院、九溪书院、渔浦书院、阳山书院、清溪书院；永定县有嵩梁书院、城东书院、瀛洲书院；桑植县有澧源书院、萝洞书院；辰州府有崇正书院，沅陵县有阳明书院。学校、书院的兴建推动了各民族文化交流，因而出现了一批少数民族文化名人。

参考书目

[1] 黄仕清《土家族地区教育问题研究》，北京：民族出版社，2003年。
[2] 宋仕平《土家族传统制度与文化研究》，北京：民族出版社，2005年。
[3] 谭志松《武陵地区民族教育的历史与现状》，载《湖北民族学院学报（哲学社会科学版）》2005年第3期。

第三篇 神秘的武陵之战

引 言

武陵山是一个充满神秘的地方，其神秘除了那些外人难以理解的文化以外，还来自历史上在武陵山发生的多次战争，这些战争让饱读兵书的人很难以理解。据一些学者统计，从东汉开始，至乾嘉苗民起义为止的1800余年间，武陵山每10年就会爆发一次少数民族或农民起义。也就是说，在这1800余年间，发生过大小180余次战争，大小战斗数百次。几乎代代人都在打仗，这是什么样的地方？在这些战争中，改写了历史进程的民族起义战争就有三次，分别是东汉武陵山少数民族起义战争、马楚时代的溪州之战、乾嘉之际的苗民起义战争。这些战争不仅仅是改写了武陵山自身的历史，也改写了中国历史。这些战争在改写历史之余，也强化了武陵山展示给外界的神秘面貌。

历史发展到民国之后，这里战事依然不断，仅民国时期，各方力量在此角力发生的战争就有无数起。其中最著名的有红军在此进行的革命战争，从而建立了红色根据地和苏维埃政权。

抗战期间，武陵山人民也做出了重大贡献。以武陵山子弟为主干力量的队伍战斗在抗日战场的故事，已经是家喻户晓了。而普通民众日夜奋战、抢修芷江抗战机场的故事，则很少为人所知。1945年，中国与日本在雪峰山展开最后一场决战，中国军队取得了绝对性胜利。打赢这场战争的关键因素很多，芷江机场的绝对制空权是其中最为重要的因素之一。然而，这个机场正是武陵山各族群众在条件十分艰苦、物资十分紧缺的条件下，克服重重困难，牺牲了很多民工的情况下抢修出来的。

第八讲　武陵山少数民族先民的起义战争

第一节　武陵山少数民族起义与刘尚征武陵

东汉时期"武陵蛮"起义的原因，主要与东汉政府对武陵山少数民族地区的剥削和奴役有关。"东汉王朝对湖南蛮族的赋役剥削尽管较中原、关中等地区要低，但对于当时生产力水平低下，'火耕水耨，耕作方法十分原始，处于粗放的农耕阶段'的湖南蛮族地区来说，这是一种沉重的负担。特别是东汉地方郡县在实际执行中往往加重赋役，因而逼迫着广大蛮族人民不得不走向反抗之路。"[1] 东汉时期武陵地区社会生产力发展水平较低，而政府在这里强行征收赋税和委派各种兵役劳役迫使武陵山少数民族发动了大起义。

武陵山少数民族起义的过程，《后汉书》中记载："光武中兴，武陵蛮夷特盛。建武二十三年，精夫相单程等据其险隘，大寇郡县。"精夫是古代南方少数民族对酋长的称谓。《后汉书·南蛮传》记载："名渠帅曰精夫。"[2] 相单程率领当地壮勇数万起兵，夺取关隘，攻占县城，镡城（今黔阳一带）、迁陵（今保靖一带）、沅陵（今麻阳、泸溪、吉首、古丈等地）、辰阳（今辰溪、溆浦）诸县黎民闻风响应。光武帝大惊，"遣武威将军刘尚发南郡、长沙、武陵兵万余人，乘船溯沅水，入武溪击之。尚轻敌入险，山深水疾，舟船不得上。蛮氐知尚粮少人远，又不晓道径，遂屯聚守险。尚食尽引还，蛮缘路徼战，尚军大败，悉为所没。"[3]

1　王晓天《东汉时期的湖南蛮族起义》，载《民族论坛》1989 年第 1 期。
2　《后汉书·南蛮传》。
3　《后汉书·南蛮西南夷列传》。

急令武威将军刘尚发兵镇压，刘尚的大军先是艰难的沿着沅水溯江而上，进攻到今天的沅陵等地。刘尚轻敌冒进，而蛮军将领知道刘尚的军粮有限，对当地的地理环境不熟悉，且刘尚的大军不适合游击战，他们坚守关隘，等到刘尚军队被迫撤退的时候，他们出击，一举击溃刘尚的大军，刘尚也被射死。

当刘尚在沅水被困，遭遇围歼的时候，光武帝急派一支3000人组成的特种部队前往救援，将领是曾在五溪地区当过"辰阳长"的宋均，但当这支部队到达的时候，刘尚已经全军覆没了。

第二节 马援征武陵

一、"良工不示人以朴"——伏波将军马援

马援字文渊，扶风茂陵（今陕西兴平东北）人。马援出生于汉成帝永始三年（前14年），到汉光武帝建武二十五年（公元49年）在征武陵的军营中病逝，终年63岁。马援是东汉时期的名将，年少时期即立有壮志，曾经对宾客说："大丈夫一生要有穷且益坚，老当益壮的大志向。"马援一生对东汉王朝做出了突出的贡献，征匈奴、平内乱、安边疆，功劳卓著于当世，曾被光武帝封为"新息侯"，授予"伏波将军"的尊号。但死后被诬陷为"有罪之人"，被撤封革爵，后世人常为之鸣不平。

二、马援征武陵的经过

建武二十四年（公元48年），相单程挥师攻下临沅（今常德境内），光武帝遣谒者李嵩、中山太守马成迎战，又被相军设伏击溃。

光武帝与众卿商谈如何征服武陵山少数民族，面带忧容。伏波将军马援自请出征平蛮，光武帝看马援年龄太大，不想再让马援出征，沉吟半晌，方才说："你的年龄太大了。"马援不等光武帝说完，便抢着说："我虽然年龄大了，今年已经62岁，但我还能轻松的披甲上马出征，不可以说老了。"光武帝依然在犹豫，马援迫切地要表明出征的雄心，走到殿外，换取甲胄，披挂利落，让卫士牵

过战马，一跃而上，左右顾盼，轻松自然，表示自己完全有能力带兵出征。光武帝在殿下仔细观察，拍手称赞："真是个厉害的老头啊，英气不减当年。"于是，让马援带兵出征。

马援带兵出征，光武帝让中郎将马武、耿舒、刘匡、孙永为马援的副将，带兵四万余人出征，马援的好朋友送他出城，马援对他的好朋友杜愔说："我受皇恩日重，现在老了，恐怕时日无多，时常以不能为国战死而焦虑，现在皇帝让我带兵出征，正是给了我为国捐躯的好机会，我就是死了也甘心，我怕的是一些小人，或对皇帝谗言，或在我身边不听从调遣，我只为此事担心。"杜愔觉得马援说的太多了，自己也不好再说什么，只是劝慰马援几句，珍重道别。

马援带兵风餐露宿，冒险直前，饱经风霜。第二年春天（公元49年），马援的部队到了临乡，正遇到蛮众攻打县城，马援带兵迎战，短兵相接马援的王牌军相对于农民的游击队有着非常大的优势，马援带兵前后驱杀，斩杀二千余人，蛮众四散，逃往山林，马援带兵追击，军抵下隽，有两条路可以走，一条是近路，从壶头山进入，但是山高水险，另一条路从充县进入，大路宽敞安全但是路途遥远。在如何选择行军路线时，马援与部将发生了分歧，副将耿舒要从充县进入，走充县安全顺利的多，马援坚持从壶头山进军，因为从充县进军路途遥远，拖延时间浪费军粮，不如直走壶头山，扼其咽喉，充县的蛮众就会不攻自破。双方争执不下，马援只好上书光武帝，请求定夺，光武帝同意马援的进军路线。

壶头山高300余米，周围激流险滩，千回百折，几乎很难找到一块平地，马援和他的大军费了许多时日，方找到一块相对平坦的地方安营扎寨。马援抬头向上望去，蛮众已经在高山上驻扎，堵住了关隘，易守难攻，虽有千军万马也杀不过去。马援只好安心驻守，等待破敌时机。一等数月，并无破敌良策，天气忽然热起来，瘴气[1]侵袭，士兵中十之四五病死，马援也病倒了，军心涣散。蛮众经常

---

[1] 瘴气，指南部、西南部地区山林间湿热蒸发能致病之气。《后汉书·南蛮传》："南州水土温暑，加有瘴气，致死者十必四五。"瘴气是热带原始森林里动植物腐烂后生成的毒气，主要原因就是无人有效地处理动物死后的尸体，加上热带气温过高，为瘴气的产生创造了有利条件。后来，郦道元考察后认为马援军遭遇的就是瘴气，在《水经注·沅水》中说："山下水际，有新息侯马援征武溪蛮停军处。壶头色曲多险，其中纡折千滩。援就壶头，希效早就，道遇瘴毒，终没于此。"马援在征交趾后曾说："当吾在浪泊西里间，虏未灭之时，下潦上雾，毒气重蒸，仰视飞鸢跕跕堕水中，卧念少游平生时语，何可得也。"

在高山上击鼓呐喊，马援不顾体迈多病，常常带病查看地形和军情，左右都被他这种精神所感动，为之流泪。

马援征武陵半年左右的时间里，战临乡，首战告捷，被困壶头山，一筹莫展，面对着壶头山和山下的滔滔流水，马援慨叹自己一生南征西战，每每得心应手，而今被相单程和瘴毒所困，军队基本失去了战斗力，马援长叹一声，写下《五溪深》：

滔滔五溪兮一何深！
鸟飞不度，兽不敢临。
嗟哉！五溪何毒淫！

马援外部受困，内部也不安宁，副将耿舒乘机给他哥哥耿弇写信，"前次我上书建议当先进攻充县，粮虽难运而兵马得以展开使用，军人数万争先奋进。今困在壶头不得进，大众忧郁将死，实可痛惜。前次到临乡，贼无故自己到来，当时如果乘夜攻击，就可消灭掉。伏波用兵像西域的贾胡，到一处后就止步不前，因此失利。今果然困于疾疫，都如我所预言的一样。"耿舒借用西域贾胡的故事，就是说马援带兵打仗就像是西域来中原的商人一样，到处停留观看，半天原地不动、错失战机的意思。

耿弇得信后，怕弟弟困死蛮中，急忙将来书报奏光武帝，光武帝就派虎贲中郎将梁松去责问马援，并命他代监马援的部队。等到梁松赶到壶头山的时候，马援已经病死了。梁松乘机上书诬陷马援贻误军机。

梁松为什么会诬陷马援？

梁松，梁统之子，是汉光武帝的女婿。梁统官九江任太守，清廉刚正。梁统死后，梁松袭侯。后娶舞阴公主刘义王为妻，升为虎贲中郎将。梁松熟读经书，"明习故事，与诸儒修明堂，辟雍、郊祀，封禅礼仪"。虎贲中郎将就是皇帝身边贴身侍卫，常伴皇帝左右。

一次，马援生病，梁松前往探望，为表恭敬，梁松往床前一拜。马援并不回礼，仅是"嗯"了一声，梁松很是不满。《后汉书·马援传》载：

援尝有疾，梁松来候之，独拜床下，援不答。松去后，诸子问曰："梁伯孙帝婿，贵重朝廷，公卿已下莫不惮之，大人奈何独不为礼？"援曰："我乃松父友也。虽贵，何得失其序乎？"松由是恨之。

梁松自认为是光武帝的女婿，自己的身份非常高贵，能够屈尊来探望马援的病情，已经是给足了面子，马援却认为，我和你爸爸是一个辈分的好友，你就是侄子辈的，你就是再高贵，也不能乱了辈分。这是两个人第一次冲突，马援感觉没什么，梁松却怀恨在心。

马援不愿意结交梁松，其主要的原因还是马援看不惯梁松的所作所为。梁松是光武帝的女婿，窦固是有权势的外戚，两个人经常结交一些纨绔子弟大肆挥霍奢侈，欺强凌弱，把社会搞得乌烟瘴气，马援早就对他们的放荡行为极为不满。

据《后汉书·马援传》载，还有一件更为严重的事情，就是马援给他侄子写的一封信，告诫侄子的，为《诫侄子书》，翻译成现代文，大体的意思是：

我的兄长的儿子马严和马敦，都喜欢谈论别人的事，而且爱与侠士结交。我在前往交趾的途中，写信告诫他们："我希望你们听说了别人的过失，像听见了父母的名字，耳朵可以听见，但嘴中不可以议论。喜欢议论别人的长处和短处，胡乱评论朝廷的法度，这些都是我最深恶痛绝的。我宁可死，也不希望自己的子孙有这种行为。你们知道我非常厌恶这种行径，所以我是一再强调的。就像女儿在出嫁前，父母一再告诫的一样，我希望你们牢牢记住。""龙伯高这个人敦厚诚实，说出的话没有什么可以指责的。谦约节俭，待人又不失威严。我爱护他，敬重他，希望你们向他学习。杜季良这个人豪侠好义，有正义感，把别人的忧愁作为自己的忧愁，把别人的快乐作为自己的快乐，无论什么人都结交。他的父亲去世时，来了很多人。我爱护他，敬重他，但不希望你们向他学习。（因为）学习龙伯高不成功，还可以成为谨慎谦虚的人。就所谓'刻鹄不成，尚类鹜'。而一旦学习杜季良不成功，那你们就成了纨绔子弟。就所谓'画虎不成，反类犬'。到现今杜季良还不知晓，百姓的意见很大。我常常为他寒心，这就是我不希望子孙向他学习的原因了。"

这封教育侄子的书信，其用意非常好，观点也没错，现在我们读了，都会有很多启发。关键是这封书信被杜季良的仇人所获,杜季良的仇家上书光武帝,说杜季良"为行浮薄,乱群惑众,伏波将军万里还书以诫兄子,而梁松、窦固以之交结,扇其轻伪,败乱诸夏"。光武帝听信了告状人所言,将杜季良免职,并且招来梁松、窦固问责,把马援的家书给他们两个看,并把告状人的上书展示给他们,两个人吓得面如死灰,"帝召责松、固,以讼书及援诫书示之,松、固叩头流血,而得不罪,诏免保官"。马援的家书被别人利用,几乎置梁松、窦固于死地,梁松两个人给光武帝叩头,把头几乎磕烂,方才保住性命。有了以上几层过节,梁松自然对马援恨之入骨。

第三节 起义的平息与善后措施

马援病死在壶头山征武陵的大军中,实现了自己"马革裹尸还"的夙愿。然而,马援死后,马援所率的东汉军队处境险恶,监军宋均权衡形势,采用了"矫诏"招降的策略,最终化险为夷,和平地解决了这场战争。

《后汉书·宋均传》对宋均矫诏招降义军的过程有记载,大体意思是:马援去世后,官兵因瘟疫而死的已超过半数,蛮军也饥困交迫。于是宋均同将领们商议道:"我们如今道路遥远,官兵染疾,不可以再作战了,我打算权且代表皇上发布命令招降敌人,怎么样?"将领们全都伏在地上不敢应声。宋均说:"忠臣远在境外,若有保护国家安全之策,可以专断专行。"于是假传诏旨,调伏波司马吕种代理沅陵县长,命他带着诏书进入敌营,宣告朝廷的恩德和信义,而自己率军尾随其后。蛮人十分震恐,冬季十月,他们一道杀死首领投降。于是宋均进入蛮贼大营,遣散兵众,命他们各回本郡,又委任了地方官吏,然后班师。蛮人之乱于是平定。

从上文可知,监军宋均冒着生命危险假传圣旨招抚义军,他做了充分的准备,他让司马吕种以沅陵代理县长的身份带着假诏书去招降,自己则带着大军进发,宣示天威。在宋均的精心策划下,起义军归顺了东汉王朝。

宋均之所以顺利的平息了这场战争，一方面是由于宋均有在民族地区长期工作的经验，且取得了不错的政绩，获得了当地百姓的认可，自己也得到了一些治理民族地区的方法。《后汉书·宋均传》中记载："宋均字叔庠，南阳安众人也。父伯，建武初为五官中郎将。均以父任为郎，时年十五，好经书，每休沐日，辄受业博士，通《诗》《礼》，善论难。至二十余，调补辰阳长。其俗少学者而信巫鬼，均为立学校，禁绝淫祀，人皆安之。"

宋均在任辰阳长期间，与五溪地区的少数民族关系不错，他也比较了解"蛮族"的性情和心理。大概正是这个原因，光武帝才命他做征蛮军的监军，第一次是带兵3000人驰救刘尚，他率领的军队还没到，刘尚已经全军覆没，他就留下来，继续做马援大军的监军。当时，马援在壶头山受困，士兵因水土不服，伤亡过半，主帅马援又"卒于师"，当时形势危急的情况下，宋均做出了大胆的矫诏招降策略，并且制定了周密的计划，方取得成功。

另一方面，武陵五溪蛮连续三年来抗击东汉数万大军的进攻，人力物力已经难以支撑，尤其是这次马援征武陵，从春天开始，已经持续了半年时间。不仅仅是丧失了大量的人力，当时第一战临乡之战就损失了2000多人。在经济上来说更是难以为继，武陵地区当时的粮食总产量较低，旷日持久的战争，需要大量的补给，他们也希望早日结束这场战争。

宋均给出的条件也非常有利，宋均矫诏招降，对五溪起义军不杀一人，只是驱散让他们回家，这对于义军来说是可以接受的。在宋均的引诱下，起义军一道杀死他们的首领投降。对于宋均来说，这可是非常必要的，他可以向朝廷交差了。

第四节　武陵遍地伏波宫——马援征武陵的历史影响

马援征武陵，无论对中原王朝，还是对武陵山当地居民，都产生了深远的历史影响。对于中原王朝来说，进一步加深了中原王朝对武陵山的神秘看法。此后，中原王朝对此地抱着一种既爱又怕的心情。爱这里有着重要的资源，以及这里是深入西南的一条重要通道；怕这里的民族过于彪悍而不会忠于朝廷。所以，大多的时候，中原王朝对此地采取羁縻政策，自此以下数百年，此地都得不到很好的经营，人为地加剧了此地的封闭程度。原本与中原文化齐头并进的武陵山，此后与外界的交往交流越来越少，文化上日益封闭，逐渐成为名副其实的神秘文化。

对于本地居民来说，马援征武陵是一件空前的大事件。给当地人带来的历史记忆并不因为时间流逝而稍有淡化。特别是外来的流官，以及新来的开发者，为着自身的优先权利，不断地利用马援征武陵的故事，展示中原王朝的天威，从而标志自身对当地土著居民的优越地位。今天，在沅水流域的大小码头上，我们还可以发现古人修建的形形色色的伏波宫，伏波宫正是祭祀马援的祠庙。伏波宫以其精妙的故事不仅仅成为外来开发者的护身符，而且也被当地土著民族奉为很高大的神明。以前是自己的敌人，现在是自己的神。马援征武陵，改变的不仅仅是武陵山少数民族的起义斗争，而且改变了武陵人的生活轨迹，改变了他们的命运，伏波将军成为他们生活中不可或缺的一部分。从此，武陵山区的地方宗教信仰，在辛女信仰、白帝信仰、飞山信仰之外，又增加了一个伏波信仰体系。

第九讲　溪州之战与溪州铜柱

第一节　马殷建楚及其对"五溪"地区的统治

马殷（852—930年），字霸图，上蔡人，907—930年在位，后唐天成五年（930年）病卒，终年79岁，葬于衡州（今衡阳市区附近），史称武穆王。

一、马殷建楚

马殷早年家贫，以木匠为业，后投入秦宗权军中，属孙儒部下，随孙儒渡淮攻下广陵（今江苏扬州东北）。唐僖宗光启三年（887年）十月，秦宗权派其弟秦宗衡为主将，孙儒为副将，将兵三万，南下渡过淮河，同杨行密争夺扬州。不久，孙儒杀秦宗衡，自立为帅，号"土团白条军"。唐昭宗大顺二年（891年），马殷受命率军击败杨行密部将田頵，随刘建峰镇守常州，后被调往宣州（今属安徽）参与围攻杨行密。景福元年（892年）六月，孙儒战败被杨行密所杀，马殷与刘建锋收拾残兵败将7000余人逃往江西洪州。马殷有勇有谋，善于带兵打仗，很快就在江西聚集起十万余人，节度湖南。乾宁元年（894年），刘建锋、马殷率部攻入湖南。五月，马殷攻打龙回关，邵州指挥使蒋勋率领步兵3000人守关。乾宁二年（895年）四月，任刘建锋为湖南节度使，马殷为马步军都指挥使。乾宁三年（896年）四月，节度使刘建锋被部将所杀。战功显赫、待人宽厚、深得将士拥护的马殷被推举为主，唐朝任其为湖南留后、判湖南军府事，继任为节度使。马殷足智多谋、知人善任，重用秦彦晖、李琼等能征善战的将领继续征战，开拓疆土。从昭宗光化元年（898年）五月至光化二年（899年），先后攻占衡州、永州、道州、郴州、连州等，占有湖南全境。光化元年（898年）又授为武安军节度使。光化三年（900年）十月，静江节度使刘士政闻马殷悉平岭北，大惧，遣副使陈可璠屯全义岭以备之。马殷派人向刘士政结好，陈可璠拒绝之。马殷派秦彦晖、李琼等将兵七千袭击刘士政。陈可璠抢民耕牛犒军，百姓怨之，对李琼说："这南边有小路，距城才五十里，仅通单骑。"李琼带60骑、步兵三百人袭城。中宵，愈垣而入，擒王建武，示之陈可璠，陈军震恐。李琼带兵却陈，擒陈可璠，降其将士二千人，复引军赴桂州，自秦城以南二十余壁皆望风奔溃，遂周桂州。数日，刘士政投降。马殷夺取桂、宜、柳、岩、象五州。天复三年（903年），杨行密派刘存攻打鄂州（今武昌）的杜洪，马殷派秦彦晖、许德勋以舟兵救之，杜洪败死五月，弘农王命刘存率四州水军三万攻打楚国。马殷命秦彦晖率水军三万沿江而下，水军副指挥使黄王番率战舰三百艘屯于浏阳口。黄王番自浏阳引兵阻击，与秦合军，大破刘军，活捉刘存及将领百余人，士卒亡者数万，获战舰800艘。马殷部夺下岳州（今湖南岳阳）。后又攻占澧、朗二州，势力范围拥有湘、桂等省20余州，拥兵十余万人。近邻淮南镇强大，马殷采纳谋士高郁的建议，向梁进贡称臣求封爵，上奉天子，尊礼中原，下抚士民，训卒厉兵，以修霸业。马殷建立楚国，成为第一代开国皇帝。后梁开平元年（907年）三月，马殷被朱全忠封为楚王，都于潭州（今长沙）。四年（910年）六月，加封"天策上将军"。此时，马殷拥有颇为广大的土地。后唐灭后梁后，明宗天成二年（927年）五月，马殷派中军使史光壁入贡，帝赐之骏马十匹，美女二人。六月，册封马殷为楚国王。八月，册封使至，马殷正式建国，仿照天子礼制，立宫殿，置百官，只是在名称上略加改变，表示不敢上比朝廷，以潭州为都城，改名长沙府，使用后唐年号。天成三年（928年）三月，楚王马殷去岳州，派六军副使王环等率军去荆南，岳州以水军迎战。到刘郎洑，楚军在夜间把数十艘战船藏在港中，天明，两军交战，楚出动战船横江出击，荆军大败，死数千人，诸求讲和。马殷在位期间，采取"上奉天子，下奉士民"的策略，自其于897年占据湖南后，很少主动对外交战，之后与杨吴的几次战争也是对方先发动进攻的，对于北边的荆南，也只进行了相对有效的战争。马殷对内采取措施发展农业生产，减轻百姓的赋税，"不征商旅，由是四方商旅辐辏"。

他下令百姓可以用帛代替钱交纳赋税，减少了官吏加重赋税的机会，并且促进了湖南的桑蚕业的发展。

二、马楚政权对"五溪"地区的统治

马殷之所以对"五溪"地区采用羁縻政策，主要的原因是五溪地区交通不便，相对闭塞，自成一体，外面的人很难进入。对五溪实行直接统治的成本过高，只好采用间接统治，利用少数民族的酋长来统治这些地方。

三、马希范的苛政严重影响五溪地区人民的生活

后唐明宗长兴三年（932年）马希声去世，因之前马殷去世时遗命兄终弟及，因此群臣迎接时任镇南节度使的马希范继位。先后用后唐、后晋、后汉年号。后唐则任命马希范为武安、武平节度使，兼中书令。后唐明宗清泰元年（934年），马希范被封为楚王，之后又被封为天策上将军。

马希范好学，很会作诗，然而非常奢侈，尤其其妻彭夫人去世后，马希范更是纵情声色，饮宴无度。马希范兴建的天策府，门户栏杆都用金玉装饰，连涂抹墙壁的丹砂也用了数十万斤，常与子弟及部属在内游玩宴会。原本楚地多产金银，而贩卖茶叶的利润更多，因此十分富庶，但是在无节制的挥霍下，只好向人民加税，又卖官鬻爵，规定捐钱可赎罪刑，人民因之困苦不堪。

马希范在位期间，奢侈无度，赋税繁重，迫使农民大批逃亡，阶级矛盾激化。学士拓跋恒上书劝谏减轻赋税，马希范因此而大怒，逐走了拓跋恒。牙将丁思瑾奏请趁当时辽军攻灭后晋，中原大乱的时机，出兵荆襄，进攻汴京，成就大业。马希范也认为这是奇论，不予置理，只顾荒淫享乐，导致重病。

第二节　彭士愁经营"五溪"

彭士愁的父亲彭瑊、伯父彭玕在唐末黄巢起义时举乡兵自保，此后逐渐成为

割据吉州（今江西吉安）的地方军阀，后因五代十国中吴国的压迫而向西投奔楚国，年幼的彭士愁也随父亲和伯父留居异乡。彭氏兄弟入楚后得到楚王马殷的器重，分别委以重任，而且马殷还为自己的儿子马希范配彭瑊之女为嫡妻（马希范继任楚王后封彭瑊之女为顺贤夫人）。彭瑊先后被授以辰州刺史、溪州刺史之职，经略酉水流域。自910年任溪州刺史时起，他逐步统一了酉水流域各部，后来联合漫水（今湖北来凤）土官之弟向伯林等，打败并赶走了溪州蛮酋吴著冲，随后又相继征服了惹巴冲等土酋。923年，楚王马殷任命彭瑊为靖边都指挥使兼溪州刺史，领上、中、下溪州及保靖、永顺等州，开湘西彭氏土司的八百年基业。

后梁开平四年（910年），楚王马殷封从江西前来投靠他的彭瑊为溪州刺史。彭瑊到溪州后，吴著冲因目不识丁，邀请彭氏为其"助理"。彭氏"以私恩结人心，日渐强盛"，于是阴谋驱逐吴著冲。

吴著冲在彭氏背叛自己后逃亡猛峒（今永顺县地），彭瑊再次发动攻击，吴著冲又逃到洛塔山（今龙山县洛塔乡）。洛塔山高势险，周围皆石壁，仅中间有一小径，非攀藤附葛不能上。吴著冲凭险与彭瑊相抗，彭数攻不克。彭便与当时同兄长不和而投奔自己的漫水（今湖北来凤）土司之弟向柏林结为兄弟，联合攻打吴，并答应事成后以洛塔相酬。

向柏林在摸清吴著冲虚实后，与彭里应外合，夹攻吴著冲，包围吴王堡。吴著冲以擂石、弓箭等武器与彭、向鏖战数年，终因兵竭粮绝而失败。一说吴著冲"困毙其处"，另说他独身一人杀出重围，奔向其结义兄弟惹巴冲（今龙山县洗车河下游），后因吴伤势过重，死于中途的西吴坪（以前称死吴坪）。吴著冲败死，其辖地除洛塔为向柏林所据外，其余尽为彭瑊所有。

据《龙山县志》卷六记载："土人家乘称，其先有老蛮头吴著冲，今邑之本城、洗罗、辰旗、懂补、洛塔、他沙皆其世土。因延江西吉水县彭氏助理，彭氏以私恩结人心，日渐强盛，至彭瑊，谋逐著冲。著冲败走猛峒，瑊复率众击之，遂匿洛塔山。时有漫水司土官之弟向伯林，骨肉不和，归瑊。瑊令伯林合攻吴著冲，著冲困毙洛塔山石洞，瑊以洛塔之地酬向氏，余土归瑊。后著冲为祟，土人时相惊呼，瑊惧，建祠祀之。今永顺县旧司城有吴著冲祠，土人犹争赛焉。

又有惹巴冲者,与吴著冲结为兄弟,今邑之明溪、五寨、坡脚、捞车、二梭、三甲、四甲诸里皆其世土,后亦为瑊所并。瑊于梁开平年间归顺,命为溪州刺史,子彦晞(即彭士愁)为靖边都指挥使,守溪州刺史。"

楚王马希范即位后常对溪州等地征收苛捐杂税,引起彭士愁的不满,这种矛盾在彭士愁的堂姊——楚国的顺贤夫人彭氏在世时还得以调和,然而天福三年(938年)十二月,这位"貌陋而治家有道"的彭夫人去世,彭士愁与马希范的矛盾便开始激化,战争不可避免,一触即发。

第三节 溪州之战

马殷为了武力统一湖南,对酉水流域乃至沅水流域的"蛮酋"施以怀柔政策,劝其归顺。开平四年(910年),辰州蛮酋宋邺发兵反对马殷的开疆拓土,马殷多次派兵攻打,相持近两年,宋邺始归服于楚。"澧州向环、辰州宋邺、溆州昌师益等率溪峒诸蛮皆附于殷。"马楚政权以宋邺为辰州刺史,以昌师益为溆州刺史,建立了羁縻州,由此可见,马楚政权仍袭唐制,对少数民族地区推行羁縻政策。

彭玕、彭瑊兄弟从江西来湖南投奔马殷,很快成为马楚政权的核心势力。彭瑊到湖南后,积极发展自己的势力。938年,彭瑊去世,彭士愁即位。彭士愁继位后,勤于政事,注意发展农业生产,又团结各部,得到了溪州诸蛮的拥护,势力雄厚,不断扩大辖区。后来兼有上、中、下溪州、保靖、永顺、龙赐、天赐、锦、奖、懿、远、安、新、洽、南、富、宁、来、顺、高、忠顺、感化等20余州,领域在今湖南永顺、龙山、保靖、古丈、溆浦、辰溪、芷江,湖北来凤、宣恩,重庆酉阳、秀山一带,建立起了一个强大的割据政权。他效法唐制,在溪州之下设立大乡、兰亭两县,县下设团保,命官置吏,虽仍受羁縻,实际已俨然一封建小王国。彭氏势力强大,不断与楚争雄,给楚国马氏的统治造成很大威胁。他多次派军进入楚境,掠夺丁口,夺取商旅财货。而楚王马希范即位后常对溪州等地加强管理,征收苛捐杂税和差役,引起彭士愁的不满。双方的矛盾已经不可调和,战争不可避免。

后晋高祖天福四年（939年）秋，彭士愁亲自率领锦、奖、溪三州诸蛮上万人，进攻楚国的辰、澧州。九月，楚王派刘勍、廖匡齐领五千人反击，土家族历史上著名的溪州之战爆发，十一月，彭士愁败退溪州，楚军追至溪州，彭士愁撤出溪州州城，退据山寨，依靠四面悬崖绝壁天险，抵抗楚兵，廖匡齐沿梯上攻，山寨内箭如雨下，楚兵被击退，廖匡齐战死。不久，刘勍再次进攻，并截断彭士愁的水源、粮道，一天趁着大风，楚军用火箭射入山寨，寨内的草屋和防栅全被烧毁，士兵死伤过重。彭士愁率兵乘夜冲下山，向锦、奖州的深山撤退。关于溪州之战的经过，《十国春秋》载："刘勍者，史失其何郡人，累官静江指挥使。当文昭王时，溪州刺史彭仕然引蛮兵寇辰、澧州，勍同廖匡齐帅兵捣溪州，仕然（彭士愁）走保山砦，危岩斗绝，不可猝登。勍造作梯栈，围之三匝。匡齐力战死，而勍度无可如何，因风投火，继以火矢，燔其营寨。仕然（彭士愁）穷迫，窜入溪锦万山中。勍复艺火赭山，仕然始遣子师暠送款，勍班师长沙。王乃从溪州于便地，官仕然刺史，而立铜柱，以表后世。改勍锦州刺史。是役也，平蛮之功，以勍为第一。"[1]

第四节 溪州铜柱及其影响

一、溪州会盟与溪州铜柱

天福五年（940年）正月，彭士愁派其次子彭师杲率诸蛮酋长田洪赟、覃行方、向存祐、罗君富携锦、奖、溪州印信、地图，向楚国请降。

双方谈判后，缔结盟约，在永顺会溪坪铸立溪州铜柱，彭士愁与楚划江而治，酉水之南归楚，酉水之北归彭士愁。并且和约还规定，楚国军民不能随意进入溪州；彭士愁属下的部落酋长如有冒犯楚国的，只能由彭士愁惩罚，楚国不能发军讨伐；楚国不能在彭士愁的辖区内征兵；彭士愁的辖区的官吏由彭士愁任免等。

关于溪州铜柱，史料中多有记载，其中《武溪蛮图志》中载："铜柱，系马

---

[1] （清）吴任臣《十国春秋》卷七十三《楚七·刘勍列传》，第1010—1011页，北京：中华书局，1983年。

希范于石晋天福五年春，平定溪州后，以东汉马援曾立铜柱于交趾，乃谓已为伏波后，因之以铜五千斤，于当年七月亦铸一柱，于十二月立于溪州之会溪坪对岸。今其柱顶已失去，唯其柱身尚存。柱身中空，内实以钱。每钱之大，其径约寸许，上圆，其中孔，刻有十二属动物之像。"[1]

《永顺府志》中对溪州铜柱也有记载："溪州铜柱，盖千余年物也。今现在永顺县东，会溪对岸山麓，离水次数十丈。其地并无居民，亦少树木，周围系平行斜坡，为人开种杂粮之所。其柱出土，高可六七尺，周围约三四尺，六棱中空，厚可寸余，镌字方整，如颜柳体。深入数分，铜质清淳光润，历久不磨。字亦完整，毫无剥蚀。相传埋土八尺，外露七尺，中空者其下溶锡灌之，上皆以钱筑实，钱为人盗尽。又闻，柱上另有铜顶为盖，亦为人盗去，重不可致。口入水中，每舟行远望真如口光岿然也。"[2]

溪州铜柱高四米，重2000多公斤，柱身是中空的八面体，柱上刻有"复溪州铜柱记"。经过1000多年的风吹雨打和人为破坏，原来在铜柱顶上的八棱挠角铜帽已经损毁，酉水瑰宝已成为无顶、空腹、带缺口的文物。如今铜柱下为圆形，上为八面菱形，每面宽为15厘米，直径为39厘米。宋刻"铜柱高一丈二尺，入地六尺，重五千斤，并石莲花台及下有石赪"。铜柱八面刻字，从"天策上将军"起至"辛亥立"止，铭文总字数为2614字。原溪州铜柱腹内装满锡坨和大方孔铜钱，后被盗走，现为中空。另有一说为五代时楚自铸铅铁钱装于腹内[3]，待考。

当时，马希范令其天策府学士李会皋作记，将"天福之盟"的内容与颂赋、誓词等刻诸其上。总体看"天福之盟"的主要内容包括：第一，楚承认彭士愁对溪州的统治权，彭士愁仍为溪州刺史，其政权机构原班人马不动。此外，彭士愁对参加盟约的田、覃、龚、向、朱五姓诸州有统治权。第二，彭氏的溪州及五姓诸州归顺楚王，将辖区领土纳入楚国版图。诸州首领受朝命，为王臣，不得反叛，不得肆意扰乱边境汉民的生产生活。第三，五溪诸州享有更大的自治权力：（1）五

---

1 （明）沈瓒编撰，（清）李涌重编，陈心传补编《五溪蛮图志》，第138页，长沙：岳麓书社，2012年。
2 （清）陈天如等编，顾奎光纂《永顺府志》卷十二《杂记》乾隆二十八年抄刻本。
3 彭武文，《中国古铜柱铭文通论》，第17—18页，长沙：岳麓书社，2009年。

溪诸州有一定的司法权。若五姓主首、州县职掌有罪,由本都(指彭士愁)"申上科罚",楚王不得动辄兴兵讨伐。(2)财政自主权,赋税征收、使用归各州管理,楚王也不另向各州征收租税、征派徭役。(3)允许诸州保留军队,保卫本土安全,楚王不得抽调远戍他乡。

从上述盟约的主要内容看,虽然彭士愁军事上失利,扩大疆域的企图受挫而臣服于楚政权,但在政治上、军事上、经济上均获得了较大利益,盟约的条款明显有利于彭士愁,不仅为其统一酉水流域,建立传世八百余年的统治奠定了基础,而且使酉水流域的社会秩序在较长时间里保持了相对稳定,客观上有利于生产的发展和社会秩序的稳定,符合当时各族人民的利益。总之,彭士愁统一五溪地区,对这一地区的社会秩序在较长的时间内保持相对的稳定是有贡献的。后周太祖显德三年(956年),彭士愁死后,其长子彭师裕袭静边都誓主,下溪州刺史职。

二、溪州铜柱的影响

溪州铜柱是土家族人民的宝贵财富,由于湘西彭氏与马楚政权立溪州铜柱作为边界的凭证,双方互不侵犯,彭氏由此开始了对湘西地区长达近八百年的统治,独立的政治体积,使得经济、文化获得了一定程度的发展。

从溪州会盟确立溪州铜柱开始,一直到清朝雍正五年(1727年),彭肇槐主动献土要求改土归流为止,彭氏在湘西世袭统治了近八百年。在这八百年时间里,湘西地区的政治相对稳定。溪州铜柱对湘西地区的社会制度产生了一定的影响。宋朝时期,羁縻制度在湘西得到全面的发展,羁縻州的数量普遍增多,在湘西,彭氏除管辖上、中、下溪州外,还管辖龙赐、天赐、忠顺、保静、感化、永顺、安、远、新等20个州地。这样,由土官治理地方,"以土制土"的统治策略得以实现。从元代开始,在西南民族地区推行土司制度,到明朝,土司制度更加完善并进一步得到发展,彭氏在湘西的统治一直比较稳定,这与溪州铜柱的确立是分不开的。

在立铜柱以前,湘西的各族人民受到大大小小的酋长和马楚政权的双重压迫和剥削,生活上比较困难,经济文化发展相对滞后。溪州铜柱确立后,马楚政权对湘西地区不收赋税，免除劳役、兵役，据《溪州铜柱铭文》载："尔能恭顺，我无征徭，本州赋租，自为供瞻。"湘西老百姓终于从双重赋役中解脱出来。湘西地区的赋税可以用来发展湘西的经济建设，劳动力可以投入到当地的农业生产中，从而促进了湘西地区社会经济的发展。

溪州铜柱的确立，还促进了湘西地区商业的发展，根据《溪州铜柱铭文》记载："凡是王庭差纲，收买溪货，并都幕采伐土产，不许辄有庇占。"不管是王廷差纲还是外地商人到湘西收买湘西的土特产，都要按质论价，不许私占。湘西地区历史上交通闭塞，使大量的土特产无法外运而霉烂。现在外商上门采购，大大刺激了湘西地区的农业、手工业和商业的发展，王村古镇（现在的芙蓉镇）成为木材、桐油、药材和各类湘西特产的集散中心，货物通过酉水进入沅江，再入洞庭湖，经长江转运全国各地。

第十讲 乾嘉苗民起义战争

第一节 历史上的武陵山苗民起义回顾

苗族是一个古老的民族，也是一个生命力十分强悍的民族。苗族人从逐鹿中原失败后，一直向西、西南方向迁徙，从云梦大泽到洞庭湖、再到武陵山、再向西到云贵高原，向南到广西，至迟在清朝，他们中的一部分来到现在东南亚各国。20世纪60年代，他们中的一部分子孙还再次向欧洲、美国等地迁徙，成为在世界上分布很广的民族。在苗族迁徙的线路上，武陵山区是苗族分布比较集中的一个聚居区。由于苗族人追求自由、浪漫的天性，使他们很难与古代官僚集权政府合作，苗族是明清两朝发动反抗起义最多的民族。

一、明代的苗民起义

在战国以前，武陵山地区是当时天下比较富裕、生产力比较先进的地区，享有较高的文明。战国末期，武陵山地区逐渐封闭，成为中原王朝的羁縻地区。这个格局一直持续到宋朝，此地的重要性逐渐引起中央王朝的重视。北宋立国之后，相对于前朝来说，国土面积大为缩小，国力严重不足。对于想有所作为的官员来说，这是一个严重制约。所以，王安石出任宰相（同中书门下平章事）之后，就立即着手开发西南地区，第一站自然就是开发武陵山区。从唐朝末期至此，在经历了大约200多年的封闭之后，武陵山区再次成为一个被外界关注的地方。但是，宋代北边国防压力很大，政府实力不够，在武陵山少数民族的多次起义中，所能控制的区域也只限于梅山地区与南江流域的河边码头等交通发达地方。但是，到了明朝，国家实力有了很大发展，对武陵山区的开发力度远远超越了宋代。因而，此时的武陵山区的少数民族感受到了空前的文化压力，特别是苗族，他们与政府的冲突几乎成为家常便饭。在政府文件中，出现了一个非常重要的新名词"苗疆"，处理苗疆事务成为政府工作中非常重要的日常内容。

明朝几乎是在建立之初，就与武陵山各个少数民族结下了梁子。在元末明初朱元璋与陈友谅争夺江山的战争中，武陵山区各个少数民族集团，大都是陈友谅的拥护者。朱元璋做了皇帝，对这一带少数民族自然要采取分化政策。归顺的比较早的土司，朝廷采取"原官授之"的政策，也就是让他们继续做同等级别的土司。但是对苗族采取高压统治，苗族人自然要反抗了。明代武陵山区南半部的苗族发动了多次起义斗争，仅严如熤《苗防备览》一书中，记载的明代苗民反抗政府的大小暴动就达到34起，平均每八年就发生一次暴动，令政府防不胜防。永乐十二年（1414年），竿子坪苗吴者泥起义，自称苗王，掀起了明初苗民起义的高潮。明朝政府差不多也将苗族作为中国西南最主要的军事反叛者。明朝全国共设20镇总兵，其中东北西北共11镇，东南沿海四镇，西南少数民族地区设五镇。环武陵山区就布置有湖广、铜仁两个镇，占全国十分之一的兵力[1]，专门监视这里的少数民族。军事紧急的时候，明朝更是在武陵山区特设总督，驻扎沅州（今芷江），统帅四川、湖广、贵州、云南等处军务。为了镇压苗民起义，明朝还在苗民最集中的聚居区腊尔山周围建12哨堡防守，后来更是发展到修建了一道300里的南方长城。但是，这些措施并没有使这个地区安宁下来，民族冲突有增无减。

二、清代的苗民起义

清朝新中国成立之初，继承了明朝的苗疆政策，但清朝对苗族的军事监视并未稍有松弛。与明朝相比，只有过之而无不及。不仅仅在武陵山区周边布置了重庆、彝陵、沅州、永州等四镇兵力，从兵力比来看，占全国兵力的约十二分之一，似乎比明朝要少一些。但将布置在苗疆的军队由参将升级为总兵，外加驻扎在常

---

[1] 罗尔纲《绿营兵志》，第29页，北京：商务印书馆，2011年。

德的湖南提督，两处兵力达至三万多人。并且，从苗疆的军事布置来看，则远远超过明朝。清朝按照纵横结构将营、塘、汛等大大小小军事据点直接布置在苗寨里，据点之间五至十里不等，形成一个巨大的军事网，将弹丸苗疆围得密密麻麻、鸟飞不过、水泄不通，这给苗民生活带来严重不便。只是碍于大兵压境，整个清朝，苗民起义的次数没有明朝那么频繁而已，但是，苗民一旦被组织起来，其起义声势一定要远远超过明代。清代武陵山苗民大起义共有两次，一次发生在康熙改土归流之前，另有两次发生在乾嘉之际，这两次起义都在某种程度上改写了历史。

康熙年间苗民起义的主力是腊尔山苗，主战场在现今的凤凰县至吉首市一带。从康熙二十四年（1685年）开始，至康熙四十二年（1777年）结束，中间打打停停，苗民时降时叛，前后持续18年之久。政府军方面投入相当大，前期以辰州左都督郭忠孝为统帅，后期以礼部尚书席尔达为统帅，以湖广总督、湖南巡抚等要员为副帅，带领大军前往镇压。战争总是要流血的，朝廷虽然打赢了这场战争，但损失也是很惨重，牺牲官兵数千人。损失更大的是武陵山的苗民，这次起义战争苗民被政府军屠杀了大约一万人左右。仅康熙二十四年冬月的爆木营（天星寨附近）战役，苗民就一次性被屠杀2700余人。而康熙四十二年冬天，在天星寨战役中，苗民再一次被屠杀5000余人[1]。当然，这次起义之后，政府在苗族地区实行改土归流，裁撤当地土司，建立新的流官政府，直接管理苗民同时给予苗民最大优惠。这就是我们在上一讲中提到了，在乾隆皇帝之前，政府给了苗民四大项优惠政策。

图15 天星山图（龙中森 摄影）

---

1 严如熤《苗防备览》卷十四《述往录上》，北京：学苑出版社，2013年。

第一项政策，也是最大的恩惠，苗民不要纳粮当差；第二项政策，全中国汉人都要剃发，对苗民格外施恩，每个苗寨只要派寨长一人剃发，就算是整个苗寨归顺朝廷了；第三项政策，是派出流官统治苗疆；第四项政策，是推进王化教育。

流官统治相对于土司制度是一大进步，特别是康熙皇帝颁布的这些新政策，使武陵山苗族进入一个较稳定发展时期，从此迎来近百年的社会宁静与休养生息。

三、民国以来的苗民起义

当历史进入民国之后，武陵山的苗族是否就与政府达成一致而安心做国家的顺民了呢？没有。因为苗族是一个追求自由、平等的民族，不能容忍民族压迫，更不愿受到强权束缚。民国政府是一个并不完全的现代政府，中央与地方政府之间，行政上并不能统一。军阀混战、匪患严重，苗民发起了好几次起义斗争，比较著名的有抗日革屯起义与布将帅运动。

嘉庆年间傅鼐确立的屯政被号称为苗疆新政，这个新政在当时是最先进的行政改革运动，具有重要的历史意义。但是这个改革因缺乏基本的思想引导，最后还是沦落为清政府普通的筹钱手段，至晚清，已成为压迫人民的残忍的制度。残忍落后的制度原本应该随着腐朽王朝的灭亡而灭亡。奇怪的是，这个制度竟然没有随着清王朝的崩溃而被消灭，反而被新的民国政府继承下来。当民国宣布实行民主制度之后，武陵山苗民还生活在落后的屯田制时代，承受着空前绝后的经济压迫。所以，到了1936年，当日本对中国步步紧逼，意图吞并中国的危急关头，武陵山苗民发起了著名的抗日革屯起义。起义首先在永绥县（花垣县）发起，很快扩展至永绥、凤凰、乾城、保靖、古丈、吉首、麻阳、泸溪、永顺等地。这次起义不仅仅最终导致了屯田制的废除，而且也增强了抗日力量。这支起义队伍很快被国民政府收编，改为暂编五师，起义首领龙云飞担任师长。1938年，暂编五师官兵开赴抗日前线，后来在长沙保卫战、常德会战中做出了重大贡献。

1941年到1942年之间，不知怎么的，武陵山苗民又爆发了一场布将帅运动，也就是通过练神兵的形式，号召苗民起义。这一次起义表面上是针对客民的，事实上是因为全面抗战，武陵山苗民承受不了政府施给他们的过大负担。所以，整个起义过程充满了神秘传奇色彩。

大约是1942年，武陵山突然传出一个振奋人心的秘密消息，说是苗寨龙爪溪（今吉首市与凤凰县交界）出王了，带头的是龙牙半冲的吴天求。说起这吴天求，那真是让人难以相信。他本是一个极老实本分的人，胆子还特别小，走路时都担心踩死蚂蚁子。天有不测风云，这一年春天吧，他突然害起了大病，一连好多天卧床不起。大家都认为是鬼神作祟，按照苗民的习惯，他妻子请人将他抬往苗老司廖昌禄家解煞。廖昌禄走进灶房，取来一个里面盛满了水的土钵钵，他对着钵子几划几划，口里念念有词，完了衔口水朝吴天求呼地一喷。奇迹出现了，天求马上打了一个冷战，清醒过来。他来时还要人抬，但返回时健步如飞，一回到家里便跳起来了。开始的时候，人们都说他癫了！也就是从那一天起，他从早跳到夜，又从夜跳到早，一来二去，越跳越急，越跳越高，从家里跳到寨上，又从寨上跳到山上，并大喊大叫："我不种田了，要当仙人去了。我的水是仙水，我的巴秋（老表）、阿舅、妹妹，大家都跳仙去呀！"他一边喊，一边用一个大土钵钵装满水，不断用口含水朝围观的人群喷。不几天，人们都说他成仙了。全寨的男男女女、老老少少，接二连三都跟着他跳起来了。再不久，爪溪上下大小山寨都风行跳仙。吴天求带头，大家都不种田了，一传十，十传百，都说苗家出王了，苗家的将帅练出神兵了。传说神兵手中使用爆木刀做武器，人手一根布帕做盾牌，爆木刀杀人不见血，布帕可以挡住子弹。他们将在布将帅的率领下，先打下乾州，再攻省城，然后直接打到首都，攻下金銮宝殿，坐上皇帝宝座。

与龙爪溪的故事不一样，永绥县的布将帅出世有另一番传奇。也不知怎么的，大家都在说，卫城乡（今花垣县吉卫镇）出麻王了。卫城乡盐井寨的苗民麻巴隆，生了一个头上有三撮毛的婴儿，取名麻老保。本寨苗民都说麻老保是"麻王出世"。麻王的两个姑姑麻红娘和麻红香，是远近闻名的仙娘，她们利用自己的身份，在为人杠仙的时候，四处宣传苗家出王了，还说麻王有仙水，吃了可以治病消灾。还说，同寨麻老伴得了一本无字天书，最会带兵打仗，被麻王封为掌簿先生。同寨麻老魅力大无穷，能敌万人，被麻王封为统兵将帅。苗民对仙娘非常崇拜，对仙娘的话更是深信不疑。经此一传，麻王声名大振，贵州和湖南交界处的苗民络绎不绝，星夜兼程赶来芭茅岭朝拜麻王。起初，一天四五百人，后来增至八九百人，再后来，一天要来三四千人。贵州松桃县苗族龙光中，自称二将帅，率松桃苗民来朝见麻王；湘西凤凰石老双自称三将帅，率凤凰苗民来朝拜麻王；乾城麻琴保自称四将帅，带领乾城苗民来朝敬麻王。先后有本省永绥、保靖、凤凰、乾城以及贵州松桃、铜仁两省六县十多万苗民前来朝拜麻王，一时，盐井寨成了湘黔边苗民心目中的圣地。路边的草踏平了，石板坐得光溜溜的，纸灰、爆竹屑堆起三尺多高，麻红玉、麻红香率领苗族姑娘跳起了《朝王仙舞》，麻老伴、麻老魅率领苗家后生跳起了《布将帅舞》。来朝王的人取得仙水，开始是用来治病消灾的，后来又说喝了仙水的人只要操练一阵，便会得到神助，打起仗来刀枪不入。来朝王的人中有些学会了仙法，于是自命为王，布将封帅，这样各地闹起了神兵。他们分兵攻打乾州城（今吉首市）、凤凰县城、凤凰县善邻乡（今竿子坪乡）、蔚文乡（今吉信镇）等地方。

第二节　乾嘉苗民起义战争经过

乾嘉苗疆战争，历史上又称为乾嘉苗民起义、乾嘉苗民起义战争等。这是一场产生很多历史后果的战争，比如引发了历史上民族政策大反思，具有大历史价值的苗疆新政，以及引发国家内部权力格局的变革，更在苗族人的心理上产生长远的历史印像等。但我们今天不可能去探讨这么多问题，我们只讲讲在这场战争中发生的许多离奇但又具有合理性的故事。

一、事件起因

离上一次苗族起义被镇压的康熙四十二年（1703 年），到 1794 年冬月已是 91 年了，在这 91 年中，武陵山苗民"沾濡王化，百有余年"基本是过着宁静的生活苗民。可是到了 1794 年冬天，一帮苗区的基层干部（包括汉族、苗族、土家族）邀约到一起，密谋要干大事。到了腊月间，普通人家都在做着过年的准备的时候，几个乡镇长级别的人物吴珑登、杨国安、石柳登、吴八月、吴乜妹等人正紧锣密鼓地四处与结拜兄弟们喝血酒。吴珑登家是大富人家,还请了工匠师傅坐在家里秘密造枪、造炮、造火药等。当事情准备得差不多了的时候,贵州松桃县的苗民石柳登在家发癫了。发癫的时候,口中念念有词,声言要杀客家,夺回田土,还说苗子也可以做官。更有传言,说吴王已经降生,马上就要现身,接着他的侄儿石三保也在凤凰厅的黄瓜寨发癫了,发癫时的情形与石柳登一模一样。这癫病会传染,不几天发癫的人越来越多,在苗区大约有好几千上万人。

到了1795年正月十一日,石柳登在自家召集湖南、贵州、四川等省一百多个人在其大寨营的家里开大会,商量起义大事,正月十五日在家举行祭神誓师。祭神时被来此地访友的年轻军人杨芳探知,这位年轻军人极富政治敏锐性,立马向他的上级汇报,政府立马派军队前来抓人。原本定于苗年正月初一(即农历二月初六)各地苗民同时起事,但事情紧急已经等不到那一天了。正月十六石柳登就宣布起义。正月十七,吴珑登在鸭保寨放火烧客民的房子,做出响应。正月二十,石三保放火烧鸦酉寨客民的房子,响应起义。正月二十二,起义军在东西两侧同时向朝廷军队发起进攻。石三保在西边鸦酉包抄清军镇竿镇总兵明安图及其带领的800将士,明安图全军覆没。吴八月在东侧带领苗兵围攻乾州城,只几个回会,就拿下了这座小城。至此,无论是苗民,还是朝廷,都只能拼死一战,双方之间已经再没有任何妥协回旋的余地。

苗民正月十六起义,二月初四,住在北京皇宫中的乾隆皇帝就接到了正式报告,前后仅仅十八天。当皇帝接到紧急奏报的时候,苗疆已经全部陷入战火,苗民起义军已经占据苗疆大部分战略要害。按照中国历代政府定下的属地管辖原则,地方官守土有责,只要自己的辖地出事,自己就要承担责任。因此,当皇帝接到奏报的时候,调任湖广总督福宁、湖南巡抚姜晟、云贵总督福康安、贵州巡抚冯光熊、调任四川总督孙士毅、四川总督和琳、湖北巡抚惠龄、湖广总督毕沅等,都已正在赶往苗疆的路上。这些大员都带领着自己的部队,充足的粮饷,以雷霆万钧之势云集弹丸之地的苗疆。按照历史经验,这场战争要不了几个月,苗民就会在朝廷大军的铁蹄之下乖乖投降。这不仅是当时的乾隆皇帝如此想,也是所有朝廷大官的想法。尽管人们都对此抱着积极看法，但是，苗民起义毕竟还是让整个朝廷上下倍感震惊。这就是我们在本书第六讲中提到的著名的乾嘉第一问：为什么深受朝廷厚恩的苗民要起义？在战争打了一年半载之后，接着引发了第二个疑问：为什么区区数万苗民能够与朝廷大军鏖战两年之久？也就是说，这些武器与组织都极差的普通苗民为什么具有超乎寻常的战斗能力？在第六讲中，我们分析了著名的乾嘉之问的第一问，在此，我们对乾嘉之问的第二问进行简单解答。

二、两军条件对比与战争预期

（一）实力对比

清军与苗族起义军之间，军事实力相差悬殊。清军是一支训练有素，装备极其精良的队伍，而苗族义军则是由农民临时聚集起来的乌合之众。

第一，双方部队规模对比。清军大致如下：（1）战争发生之前，镇筸总兵、乾州协、永绥协、永顺协、保靖协、龙山协、沅州总兵、铜仁总兵、松桃协、秀山协等原驻防部队总人数应在1.2万人以上；（2）此后各省总督、巡抚、提督等调动的绿营与旗兵以及屯番兵共计6.58万名；两项部队之和就应该有7.8万名左右；（3）各地官员组织的粮站驿站夫役共计5.1万名左右；（4）各地乡勇总计1.5万余名；（5）战斗过程中陆续投降的苗兵4万名。以上总兵力接近20万名，而当时苗疆苗民总人口也不过30余万人。所以苗族义军总人数男女老少加在一起只有几万人。不到清军的一半。更须指出的是，清军是由清一色的男兵组成，战斗力自然很强。苗军中还有大量妇女儿童，我们权且把她们称呼为女兵，数量估计占到五分之一到三分之一。在冷兵器时代，女兵的战斗力比男兵要小得多。

第二，兵种。清军建制很复杂，包含多种不同形式的部队，从部队建制来看，大体上可以分为正规部队与民兵两大类。正规部队分为旗兵、绿营兵以及从松番调来的屯番兵。民兵部队包括各地乡绅组建的乡勇、土著人仡佬部队、政府组建的粮站驿道等部队。从部队的功能来看，则包括健锐营、火器营、马兵、弓兵、刀兵、枪兵、炮兵、战兵、守兵、夫役、乡勇、苗兵等，这是一个能够进行立体作战的部队。而苗族义军基本上是由农民临时聚集起来，没有经过战斗训练，也没有详细分工的部队。

第三，武器装备。清军的武器装备可谓相当精良，士兵身上的铠甲用的是铁皮，大多使用火枪，炮兵则专门使用红衣大炮。乡勇则大多使用刀矛，便于近战。苗族义军也有火枪、火炮，但是数量有限，基本上是士兵们自家带来。而且因为事起仓促，所制造的火炮数量极少，很多部队没有火炮。士兵所带刀矛，基本上是临时赶造，材料较差，战斗中杀伤力不够。所幸苗兵所带火枪枪筒比清军士兵的火枪枪筒要长，杀伤力远远超出清军。

第四，军饷与补给。清军有5.1万人的军饷输送部队，各省粮饷源源不断运往前线，只要粮道不断，士兵就不缺粮食，军队补给就能够按时到位。而且经过清朝前期的经营，从苗疆到达武昌、长沙、重庆、贵阳等省会城市，都建立了高速通道，粮饷军火输送极为迅速。战士在前线基本上没有后顾之忧。为了打赢这场战争，清政府在武昌成立火药局、枪炮局等机构，加班加点赶制军火。可是苗军就不一样了，事起仓促，所储存的粮食极为有限，所以主要依靠从苗疆沿边客民家里抢粮，或者从攻下的城市中抢得粮食。一旦部队没有粮饷，部队立马就得解散。再加上苗军根据地不断被清政府破坏，没有办法组织起有效的军火生产基地，军火补充也很难保证。

第五，兵源。从战争初起，到战争结束，清军各路指挥官共进行了七次大调兵，源源不断地从外界增调部队。部队战斗减员很快得到补充，保证了部队的战斗力。而苗兵主要依靠赶帮兵，也就是向邻近村寨临时借人。那么邻近村寨借与不借，就看相互间的关系了。随着战斗不断减员，苗族义军兵源越来越少，到最后就剩下数千人了。

第六，指挥员的文化层次。当时的清军可谓集中了最优秀的军事指挥员，文化层次都相当高。前线最高统帅福康安，已经身经百战，多次平定了国内的叛乱。和琳也是身经百战，特别在筹集军饷方面一流人物，加上还有他的哥哥和珅在兵部为他做后盾。湖广总督毕沅是状元出身。总军师严如熤是优贡生，毕业于千年学府岳麓书院，后来参加全国举孝廉考试，被嘉庆皇帝亲点第一名。其他进士翰林出生的军官数十人，武举出生的数百人。这个群体的平均年龄大约在45岁至50岁之间，正值人生壮年。苗军指挥员，最高学历是吴八月，私塾学生（小学）出身，其他指挥员有私塾生，也有文盲。其中苗王吴天半、吴王石三保两人，大字都不识一个。苗军高级指挥员除吴天半22岁以外，其余人员的平均年龄大约55岁至60岁之间，比清军要高出10岁，处于人生的衰退时期；清军是由正当身强力壮的中年群体组成，苗军是由身体逐渐老去的老年群体组成；两军指挥员年龄上存在巨大差距。

第七，清军还有一项优势是苗军无法企及。清军在苗疆与北京指挥中枢之间建立了一条快速通信系统。按照旧时里程计算，从辰州府（沅陵）到北京大约4300余里，道路不可谓不漫长。按照每人每天走100里的速度，从辰州出发，到北京也要40余天。可是清军经过100多年的经营，在苗疆与北京建立了一条高速通信系统，按照六百里加急奏报，只要大约七八天就达北京了。重要信息的往返，只要半个月。在那个时代来说，简直是普通人不敢想象的。正因为有这样一条快速通信系统，不仅仅是苗疆前线指挥与北京中枢之间可以及时交换信息，就是不同战场之间，也可以实现快速通信，实现整体作战。但是临时组建起来的苗军，只能依靠原始的通信技术，保证各个战场之间的联系。

从以上七个方面来看，清军与苗军之间的实力差距就十分明显了。按照以往的战斗经验，清军对于苗军来说，几乎是雷霆万钧之势；苗军对于清军来说，那等于是以鸡蛋碰石头。两军交战，要不了多少时间，苗军就将彻底溃败。对于前线朝廷将军们来说，立马又会立下赫赫战功，得到皇帝的无限赏赐。在战争初期所有的官员都对这场战争抱着这样的预期，乾隆皇帝更不例外，他几乎在所有谕旨中都这样鼓励将士。因为这种预期，乾隆皇帝专门下令，让他所钟爱的福康安担任前线统帅，以便为福康安争取到更多功勋。从这点私心来看，也可进一步证明民间传言福康安是乾隆私生子的说法，具有一定的可信度。

（二）天时地利对比

军队所处天时地利条件，对战争影响很大。对于苗疆战争来说，两军所处天时地利存在较大差距。

苗军是主场作战，部队平日安扎在苗疆腹地，只在需要的时候，部队才向苗疆边沿地带做短期调动。因此，战场基本上是在苗疆山地里面，这对于苗军来说是相当有利的。因为苗军对地形相当熟悉，可以充分利用地形来弥补自己军队的不足。在战斗、转移等方面可谓得心应手。明朝的苗族起义军就总结出一句经典："官有万兵，我有万山。"再一个，苗军主场作战，适应战场的气候。苗疆是山地湿润气候，雨天多于晴天。无论天晴下雨，对于苗军的移动，基本上不受影响。

政府军是客场作战，不熟悉山地作战技术，更不适应山地雨季气候。所以，实战中装备上的优势，可能会被不利的地理条件与气候条件抵消掉。比如，清军士兵身穿铁铠甲，手拿长毛刀枪等，重量达到80余斤。这根本适应不了山地作战。而苗疆雨季十分长，对于那些从北方来的指挥员，非常不适应。容易生病，或者出现情绪波动等。在这一点上，苗军显然更加占据优势。

（三）人和对比

苗军是这场战争的发起者，但是这场战争是民族起义战争。从起义之初，战争就是针对整个客民的，包括外来汉族与当地汉文化水平较高的土家族。因此，苗军除了得到本民族的高度支持外，在苗族聚居区以外，他们与客民存在明显的界线，支持他们的客民很少。客民不但不支持苗军，反而配合朝廷军队抵抗苗军。简单一句话，苗军势单力薄。

政府军是打着平叛旗号来到苗疆的，深得苗疆外围百姓的广泛支持。客民们纷纷组织起来，建立乡勇，配合朝廷军队，保卫自己的家乡，防止苗军窜入他们的家园。有了民众的广泛支持，军队在转运伤员、紧急情况下筹集粮饷等方面都较有保障。湖广总督福宁在狗拜岩全军覆没之后，全靠当地老百姓将其藏在棺材里抬出封锁线，逃回凤凰城，就是明证。

（四）超越预期的战争结果

从军事实力、天时、地利、人和等方面分析结果来看，清军的优势远远超出苗族义军。特别是基于军事实力的巨大悬殊，才使得乾嘉之问更有历史沉重感，可以穿越历史长河，让数百年后的人都在为这个"为什么"而惊奇。战争初期，朝廷军队仅仅依据军事实力与人和条件，忽略了天时地利条件，得出很快就可以结束战争的结论。苗族义军更多的依据天时地利条件下判断，而对军事实力与人和估计不足，因此判断苗族义军可以将朝廷官军长期据于苗疆之外，苗族人自己可以建立自己的政权。战争不以双方预期为转移，战争结果是：（1）福康安、和琳两位统帅由于积劳成疾，加上恐惧、自责等精神压力，都先后病死在战场上。（2）乾隆从预期两三个月可以结束战争，到最后几乎完全是失望了。因为打了两年多，而且还害死了自己最钟爱的福康安。（3）朝廷从最初抽调两万名官兵，发展到最后不得不六次申请增兵，使投入战场的朝廷官兵总数达到 7.8 万人的庞大规模。最凄惨的莫过于大小金川的屯番兵，他们从大小金川出发时是 1600 人，回去时只剩下一百五十几号人了，大部分人都战死苗疆。（4）国库也为之严重耗损，直接军费高达 2200 万两白银。战争结束之后的善后（包括复建城池、安顿难民、恢复生产、增设军事设施）费用还不计算在内。为什么弹丸之地上的区区苗兵，尽然能够抵抗朝廷 20 万大兵达到两年之久？乾隆、嘉庆两个皇帝不断地问这个问题，朝廷上下官员们都在问这个问题，后代学者依然在问这个问题。

顺便指出，在苗族义军方面，领袖们大多战死或被俘，少数投降。不但没有将清军拒于苗疆之外，没有建立稳固的政权，连所有的根据地都被清军攻占，直接战死在战场的义军超过 1 万人，因战争而病死、饿死、杀死的苗民还有上万人，比历史上的历次大起义损失都惨重。

三、战争过程

乾嘉苗疆战争事起仓促，战争双方都没有做好长期战争的准备，都是在一边打仗，一边重新调整规划，战争结果都超出了双方的预期。我们对整个战争进行总结，可以看出，这场战争大致可分成五个阶段。

(一) 雄心万丈

从乾隆六十年（1795 年）正月十五至二月二十八，是战争的第一阶段。由于双方是初次交手，双方都不把对方放在心上。这个阶段苗军处于绝对优势，不仅主动四面出击，东征西讨，而且在苗疆四周构筑防御工事，谋划一个苗疆王国。东面占据洗溪、巴斗山为据点，并计划攻取泸溪、浦市、辰溪等市镇，扩大苗疆地盘。北面攻占花园镇作为据点，进可以取保靖、永顺，退可以花园河为屏障，实现长期据守自保。南面攻占麻阳县高村，包围凤凰城。西面包围贵州铜仁府正大营，打下松桃为据点，计划攻取铜仁、秀山等地。根据地面积大致一万平方千米。初期的成功，使苗军全军上下充满信心，自信一定能够建立苗王政权。

这个阶段，清军从各地征调的部队还没有集结，没有能力组织大规模正面进攻，主要精力用在构筑包围圈上。东面是湖广总督毕沅、湖南巡抚姜晟领导的部队，坚守沅陵、泸溪、浦市、辰溪一线，死死保护沅水交通线，这是清军的生命线。进军线路是从泸溪至洗溪、潭溪、河溪、乾州，或者浦市至大小章、至河溪、至乾州。南面是调任湖广总督福宁与湖南提督刘君辅领导的部队，坚守凤凰城。西面是云贵总督福康安与四川总督和琳领导的主力。福康安从铜仁出击，和琳从秀山出击，两军对苗军西部大营——大塘营（这里是由石柳登领导的部队）形成合围之势。北面是从宜昌调来的部队，坚守保靖，巡防古丈坪。这个阶段主要是由福康安率领的大本营展开了几场战斗，几乎都取得了胜利。其他战场都处于守势。不过五路铁骑云集苗疆弹丸之地，大有雷霆万钧之势，在指挥员们眼里，要不了几个回会，这里就将尸横遍野、血流成河，苗族就将跪地求饶、乖乖投降。初期战争形势见图16，苗疆战争形势示意图。

（二）力不从心

这是战争的第二阶段。从1795年闰二月到三月初。经过几轮较量，双方都发现，自己存在严重的判断失误。在苗军眼里，朝廷大军打仗确实厉害，特别是福康安将军，几乎是杀人不眨眼的魔王，苗军真不是他的对手。

事实上也是，福康安与和琳在西线一路横扫，杀的苗军节节败退，西线大本营大塘营几乎不堪一击，很快失守。清军往来冲杀，在松桃东西南北展开地毯式搜剿，没有遇到对手，就这样一路进攻，很快解救了被围八十余日的永绥城。正在福康安取得节节胜利、自觉不可一世的时候，麻烦来了。当他进剿石三保的大本营黄瓜寨的时候，由于战线过长，他的运粮部队遭到苗军袭击，五百多石军粮在永绥城外被苗军抢走。这一下，立马引起全军将士的高度紧张，为什么失去这点粮食会引发全军恐慌呢？这有两个原因，一来，福康安与从北边攻进来的刘君

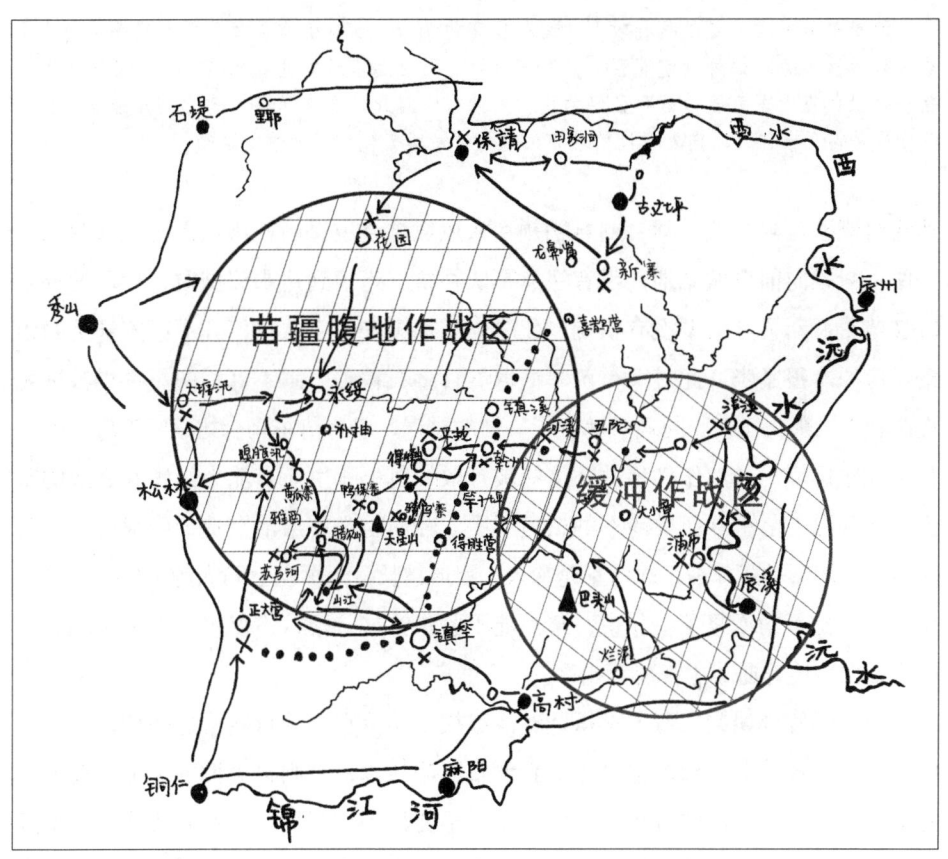

图 16 清代苗疆战争形势示意图（谭必友 绘制）

清军其实有三道防线：

最外一道防线为天然防线，即北面西水河，东面的沅水主干。南面的锦江河。苗军事起仓促，没有筹备足够的渡河工具，也没有在河沿地带据点，就算渡河，也难以立足。

第二道防线为清军临时构筑的防线，从辰州至辰溪、高村、麻阳、铜仁、松桃、秀山、里耶、保靖、古丈坪（今古丈）这个大包围圈。步步营卡，卡卡有兵，步步有乡勇。防卫严密，几乎天衣无缝。

第三道防线：自明代以来历代构筑的苗疆腹地营讯调卡。特别是东南面自正大营至镇竿（今凤凰）、得胜营、乾州、喜鹊营一线边墙，西面自正大至嗅脑汛、鸭西、永绥、花园，北面花园至田家洞、古丈坪，中间一线自鸭西至补抽、鸭保塞、竿子坪。可谓里三层外三层，密不透风。苗民几乎没有任何腾挪空间。

浦市是苗军唯一可以顺利攻下又可以据守的城市。前有沅水屏障，后有巴头山与大小章两处天然屏障，都可以建筑营卡，易守难攻，而且浦市地方商业物资丰富，良田万顷，粮食足以供应大军需要，苗兵已经两次攻入浦市，对此地非常熟悉。建立据点能够适应。此处也是苗军唯一可以向外发展的城市，是打破清军大包围圈的唯一通道。

辅此时刚刚在永绥城会师，刘君辅领兵从凤凰城绕道保靖，再从保靖轻兵深入，一路上只顾向前攻城略地，没有注意军队补给。当他到达永绥城时，后面的补给线被苗军截断了。全军没有粮饷，此时全靠福康安的部队接济。福康安部队的粮食供应原本很紧张，此时又被苗军截取五百多石粮食，闹不好，两军都得被饿死在苗疆。二来，福康安同刘君辅犯了一样的错误，以为苗军乌合之众，不堪一击，见到大军压境，必然作鸟兽散。这些被打散的苗军哪里还有能力组织起有效的反击？谁知道，苗军专门挑清军的粮道下手，轻而易举就给清军造成致命打击。既然苗军采用流动式作战，那清军越深入，粮道越长、清军也会陷入越危险的处境，搞不好就是万劫不复了。你说，清军能不紧张？这一招，不仅仅是指挥员们看得明明白白，连普通战士都能看出来。

双方都发现误判，双方都得调整战略战术。苗军必须重新构建防御体系，否则很快就会被消灭。清军也必须重新调整战略战术，否则也会彻底失败。双方从此都不敢大意。先前的万丈雄心此时不得不变得小心翼翼。一到需要重新调整战略部署，就发现原来的军事安排不够，军事实力需要补充。双方不得不放慢进攻步伐，小心翼翼寻找战斗突破口。

（三）心胆俱裂

从三月初到1796年二月底的近一年时间中，是战争的第三个阶段，对此阶段可用心胆俱裂加以概括，为什么这么说呢？

从苗军方面，在丢失大塘营之后，马上又丢失黄瓜寨大营。接着在乌草河战役中，苗军虽然对清军实施了极为有效的抵抗，打击了清军主力，但是还是以失败告终。清军在战场上极尽杀戮之能事，连妇女老人孩子都不放过。对于那些在战场上跪下投降的苗民，都被清军毫不留情的当场斩杀。西线、北线都丢失了，南线战斗也没有取得进展，尽管对凤凰城进行了多次袭击，凤凰城依旧岿然不动，坚固地挡住苗军南下的通道。东线虽然占据了泸溪四都坪一带，但是浦市、辰溪依旧控制在清军手里。打不下东线的市镇，苗军的粮食补给也越来越艰难。此时，苗军最年轻的最有战斗力的首领吴天半被俘，最有号召力的首领吴八月也因间谍出卖于十二月初八被俘。苗军的根据地越来越小，压力越来越大。许多苗军首领在清军的血腥屠杀面前，心胆俱裂，不得不投降。特别是鸭保寨大头人吴珑登向清军投降，严重削弱了苗军的战斗力。

　　从清军方面来说，承受的压力也不亚于苗军。按照不可一世的福康安的性格，他只要打下一个苗军据点，就会毫不犹豫地向前推进。可是，在第三阶段的战争中，他遇到了三次让他心胆俱裂的大战役，彻底改变了他的看法，也改变了他的人生。

　　1. 第一次是乌草河战役

　　这一战役是福康安自进军苗疆以来，打得最久最艰苦的一场战役。战役从四月十一准备进攻开始，直到五月二十四为止，就为了渡过这条水面宽不过20米的小河，福康安与和琳两人用了40多天。中间接到乾隆皇帝多次询问、催促，可两人就是没法前进一步。为了强渡这条小河，清军牺牲了无数官兵。皇帝问他们为何还不渡河？两人无言以对，只好推脱下大雨，无法打仗。事实上是来无影去无踪的苗军，在乌草河的上下游之间随时截击渡河的清军，使清军在河上损失惨重。好不容易渡过乌草河之后，清军再不敢轻易前进。原本乌草河离苗军下一个大本营鸭堡寨（现在的凤凰县禾库镇）只有四十多里，普通行军也只要一个上午时间。但福康安与和琳两人不敢轻易进军，不得不先打通与凤凰城的通道，与城里的福宁会师后再做打算。

　　2. 第二次是狗拜岩战役

　　1795年五月初二、三、四，福宁带兵6000名，前往泸溪四都坪（现今泸溪县兴隆场）、狗扒岩（现今的泸溪县解放岩乡）一带剿清后路。连福宁都敢带少量官兵主动出击了，这肯定有蹊跷。对此，乾隆毫不留情地奚笑他"想闻大兵得胜，方敢为此，然究不满意"。原来，闻得福康安拿下黄瓜寨石三保大营，福宁自己也想趁机立一些战功，故此敢于主动出击。虽不知，这正是苗军的一个更大的战略部署。苗军企图把镇竿清军调出城外，以便将城里城外官兵一分为二，然后各个击破。乾隆也看出这个道理："贼匪……分遣党羽赴高村、岩门一带焚烧抢劫，以为牵制官兵之计。"当时的福宁立功心切，哪知这是苗军的一个计策。苗军故意在四都坪吃败仗，诱引福宁轻敌冒进，一路直追到狗扒岩，然后在沱江河边布下重兵以待。这福宁不知是计，一路乘胜而来，正自得意忘形。看看到了狗扒岩沱江河边，浮桥已被苗军撤去，福宁命令官兵立马架设浮桥、动用民船，大军过河。为了防止苗军在河对岸埋下伏兵，福宁还专门派出哨探，沿河上下二十里搜索苗军动向。哨探回报，河对岸已经不见大队苗军，只有少量苗军在山头埋锅造饭。福宁料想苗军已经逃远，因此放令大军即刻渡河。大军过河未半，苗军突然从后路出击，打了福宁一个措手不及。侥幸的是，清军每每前进，总以乡勇为前导，此次亦然。一批批乡勇先后渡河，官兵皆留在后路，预备最后一批渡河。谁知，此次苗军不是从前面迎击，而是突然从后路漫山遍野而来。福宁不得不立即将人马撤回东岸，在狗扒岩河边将大营扎守稳定。苗军各依山势扎营，反复向扎在河边的清军发动攻击。福宁坚守两日两夜，抵敌不住，只好将辎重全部埋藏，命令全军突围。福宁得到当地老百姓帮助，是老百姓将他装在棺材中，抬出包围圈，只身逃回镇竿。已经过河的乡勇原想重新渡河回救，但是，少量苗军在后面滋扰，这些已经渡河乡勇无能为力，坚守两天两夜，看看官军突围而去，滕家泰、滕唐佐也只好率领乡勇绕道逃出，继续在巴头山东南山脚，设立营卡坚守。福宁在狗拜岩一战，全军6000余人，被苗军彻底击溃。好在乡勇大多撤回，倒是**牺牲官军无数**。福宁反而奏报说自己打了个大胜仗（魏源《圣武记·卷七·乾隆湖贵征苗记》），面对福宁的假报功，朝廷已经看出点门道，所以在谕旨中亦加以责问："贼既纷纷逃窜，正应乘胜追剿，乃称兵力单薄，未能轻进，仍是无能，究不满意。"

3. 第三次是连云山战役

连云山是苗军重兵防守隘口。嘉庆元年正月初四，福康安攻下吉吉寨之后，将大营驻扎于此。苗军组织大军对吉吉寨大营发起反攻，自正月初十一二至十五六，苗军利用雨雾天气，向吉吉寨清军多次发起反攻。双方苦战，难分胜负。清军被围困在吉吉寨一带山中，无法动弹。清军如前攻平垅，必经面前这座连云山。而福康安进军到此，再一次感觉到力不从心，官军连日作战，倍感疲惫。正月二十七八，苗军5000人再一次向清军大营进攻，双方激战两昼夜，苗军退去。二月初一日，苗军5000人，抄到清军后路的桃花寨，准备袭击清军粮道。福康安听报大惊，立马分兵回救，双方在骑马山寨相遇。苗军趁清军立足未稳，向清军大营主动发动攻击，整整一天，苗军发动六次攻击。双方短兵相接，血肉横飞，横尸遍野，血流成河，喊杀之声震彻山谷。清军依仗人多，趁苗军进攻的当口，分兵绕出苗军背后，将骑马山、桃花山两个苗寨放火焚烧。战场上的喊杀声，炮火声，房屋焚烧时的火苗撕裂声，一时间混合在一起，整个山谷被这种混合在一起的响声震彻填满。双方大战一日，无分胜负。福康安不得不收兵回营，将大营严密防守。枪炮声、喊杀声响彻数十里之外。数十里内外各苗寨，听到战火之声，各寨紧急纠合人马，前来应援。原来已经声明投降的许多苗寨，此时又复反叛了，"此刻降苗之内，良莠不齐，往往一经逆苗迫胁，又复相随入伙"。自带粮食、兵器、人不分男女老幼，络绎前来，汇聚在骑马寨至桃花寨之间的山头小路上，随时准备向清军发动进攻。福康安、和琳自从征以来，经历过无数次阵仗，特别是大小金川之战，也是惊险万分，但是，那是金川土司组织的番兵，是经过训练的士兵，所有战斗都是可以从兵书上看到并可以理解的。但是眼前这一幕，苗民闻听枪炮之声，自发临时组兵前来支援自己的同胞，手里拿的是普通劳动工具，没有工具的手拿石头，人人不畏死，奋勇向有着密集炮火，而且人数是自己数倍的清军大营进攻。这种战斗场面确实是他们两人在梦中都从未见过的。福康安、和琳二人不无感慨："相距平垅巢穴，节节险阻，回顾后路绵长，两旁山路分错，防虑又不可不周，竭力殚心，赶紧设法，倍觉万分焦急。"正是骑马山后路截击战，几乎摧毁了福康安的信心。从此之后，他心神不宁，处处小心。骑马山之战，清军大小将领数十员殒命疆场，普通官兵战死无数。福康安与和琳，不得不放弃一鼓拿下平垅的想法，还是决定稳打稳扎。第二天，也就是二月初二，两人向朝廷再一次请求大幅度增兵，此次共调兵2.05万名，调兵力度居各次之首。对此，一向不可一世的福康安也不得不表示："并念臣等统率师旅，已及一年，未能及早奏凯，尚于此时奏请添兵，实觉悚惭交迫。（朱批，不应如此说，但觉已迟耳。）"连嘉庆皇帝都感觉战争不是这么个打法。但仗打到这个程度，除了不计得失一直打赢以外，又还有什么办法呢？只能硬挺下去了。福康安在这次战斗中，几乎是吓破了胆。从此他的精神大不如前，常常做噩梦，到五月份，他生了一点小病，就为他的朝廷捐躯了。

（四）苦心经营

从1796年三月初到九月初九，是战争的第四阶段。

对清军来说，这个阶段有了前面几次战役带给福康安及全军将士的经验，所有人都不知道下一步命运会怎样？仗怎样继续打？战线越来越长，战斗减员越来越严重，战斗力越来越差，心高气傲不可一世的福康安也不得不多次请求增兵。明知仗打下去非常危险，但事已至此，谁也无法停止下来，所有人只能硬着头皮撑着。这个阶段，作为统帅的福康安与和琳，只能是苦心经营、步步为营、稳打稳扎，不急于求成，但求不败。但是，战争不允许他们消极应对，原因有两点，一来嘉庆皇帝已经对二人很不满意了，多次下旨责问。二来苗军神出鬼没，日夜偷袭，清军不得片刻安宁。面对日益艰难的战争，两人焦急万分，积劳成疾，已非一日。所以，到了五月份，福康安就支持不住，因为拉肚子这点小毛病，就溘然长逝了。和琳继任统帅比福康安更加谨慎，当他攻下廖家冲之后，他的主力部队与苗军老巢平垅寨只相距20余里。但是和琳不敢轻易向平垅进军，他不得不采用严如熤一年多以前的战略建议，先攻下乾州作为大军的立足地，对部队进行休整，然后再择机向平垅进军。遗憾的是和琳也不幸之至，就在他苦心经营战局，筹划进军平垅的时候，他已经病了。勉勉强强坚持到九月份，也坚持不住，一命呜呼了。

对苗军来说，这个阶段更是艰难。由于很多苗军首领投降，苗军战斗力已大不如前。再则根据地被清军压缩，使得苗军补给更加困难，苗军已很难邀请到帮兵。苗军基本上处于守势。苗军著名将领石代噶等，积极组织反击，一次是六月二十日，三岔坪苗军向清军发动攻击。二十一日晚，攻打和琳大营，但是出师不利。第二次是1796年八月十二三日至十五日，石代噶在花园一带组织苗军，向花园城发动攻击，意图调动清军主力北防，减轻平垅的军事压力，十五日被清军俘获。石代噶是战争后期苗军中最能战斗的大将，牺牲时年仅44岁。无论石代噶怎样能战，也已经无法对清军形成威慑，更不要说对清军构筑的包围圈起到丝毫破坏作用。在万般无奈下，苗军主动调整战略战术：一是对平垅周围的防守工事做全面的修整。在平垅周围深挖壕沟，在壕沟后面设立石城木卡，密集布置火枪大炮，使清军寸步难进。二是放出各种真假军事信息，使清军不敢轻易进攻，这样为苗军全面构筑新工事提供时间。三是布置疑阵，引诱清军深入重地，以便对清军形成有效打击。四是出动小股部队，对龟宿在大营中的清军发动没日没夜的攻击，扰乱清军的部署。希望通过这些防御性的战术，延缓战争进程，等待战争发生较大变局。

（五）碧血丹心

从 1796 年九月中旬，到十二月底，是战争的最后一个时期，即碧血丹心的时期。

在清军一面来说，和琳病逝之后，军中失去统帅，正在和琳大本营慰劳军队的湖南巡抚姜晟暂代统帅。姜晟手下有严如熤做总参谋长，指挥这场战争绰绰有余。可是姜晟是汉人，嘉庆皇帝对姜晟不放心。因为苗疆战场集中了政府绿营、旗兵、乡勇、夫役等 20 余万人，是一支非常庞大的部队。这样庞大的部队交给一个汉人指挥，那是清皇室所不允许的。嘉庆皇帝得知姜晟暂代统帅时很紧张，立即派将军明亮前往任统帅，命令姜晟回辰州总理后勤。好在明亮非常有自知之明，并不因为皇上信任他，他就不知天有多高地有多厚了。他谦虚谨慎地向前线将领询问进攻方略，并让严如熤留在大营，协助处理军务。所以，在攻取平垅的战役中，清军没有出现多大失误。整个战争比较顺利，苗军基本上无法阻挡清军的进攻。

在苗军一方面来说，问题就严重了。他们主动向明亮的大营发动了一次偷袭战，但是没有取得成功。苗军也试图在永绥至花园之间挑起战斗，以便减轻平垅的压力。但是此时的苗军已如强弩之末，只能在清军据点外做出骚扰，不可能形成威胁。从平垅包围圈逃出来的苗军，还在距平垅四十里外的镇溪所重新集结，对附近客民村寨进行烧抢，以便打乱清军的包围圈。但是，现在的清军布置得井井有条，苗军的这些小动作对清军毫无震动。一些苗军首领开始动摇了，也商量着是否向清军投降。可是从先前的经验来看，此时投降也是死。跟随在首领边的苗军官兵主动劝石柳登、吴庭义（吴八月的儿子）坚持到最后，大家愿意陪他们做出最后的牺牲。

十二月初二日二更,明亮点齐四路大军,对苗军最后一个据点贵鱼坡发动总攻。这是一次准备十分充分的攻击战。清军投入了全部最先进的武器,苗军战死多不胜数。莽车、孟水冲一带苗军,看到这个战斗已经没有意义,不得不投诚。初三日,清军向贵鱼坡山顶进攻,双方在山坡前从早上鏖战到午刻,苗军已经牺牲800余名,傍晚战斗基本结束,只有在一些零星山角落还有一些战斗。清军对贵鱼坡进行了大扫荡,烧毁了坡上下所有临时窝棚,抢得粮食、弹药、枪支、牛马无数。初五日,清军对贵鱼坡周围进行彻底搜捕,特别是对贵鱼坡后面的石隆坡进行搜剿。这一带是苗军安置妇女老幼的地方,躲藏在石隆坡的妇女老幼,他们以必死的决心拿起武器反抗清军,几乎所有的老幼妇女都战死在贵鱼坡后的石隆坡。同时,清军对抓到的139名俘虏,全部于军前斩首示众。清军做梦也想不到,在这最后的搜捕战斗中,与他们做殊死作战的都是一些老弱病残妇幼等。就算如此,清军照样牺牲了很多官兵,当日石柳邓战死,十五日苗王吴廷义被俘,震惊中外的乾嘉苗疆战争至此落下了帷幕。

第三节 苗军为何有超常战斗力

要回答这个问题不容易。影响苗军战斗力的因素较多,系统探讨,需要一本专书。我们于此挑几个重要因素言之。

一、苗族文化弥补了苗军装备的不足

军队装备的改进,需要很长时间经营,不可能在短期内完成。特别是苗族起义,事起仓促,哪里谈得上改进装备?但是,装备不是决定战争的唯一要素,还有很多文化上的、天时地利人和方面的因素决定战争。比如,苗族传统文化中的邀帮兵习俗,就能快速组织起具有战斗力的队伍。邀帮兵就是在出现与其他村寨发生火拼的时候,可以向与自己友好的村寨请求组织人马前来帮忙。友好村寨接到邀

请，一般都不会拒绝，一定万死不辞，前去帮忙。对于苗族义军来说，平时不用蓄养大量士兵，节省了大量军费。同时这些临时邀来的帮兵，刚刚投入战场，战斗比较勇猛，战斗力很强。

又如战术问题。苗族义军很多战术就是直接来自山地生产与狩猎经验。苗族人大多要依靠狩猎获取食物，人人懂得狩猎技术。这些技术被运用到战斗中，很容易得到广大士兵的理解，然后形成较为默契的军事行动。苗军尽管没有经常性组织军事训练，但是他们在战场上的默契并不亚于训练有素的清军。

再如苗民对本民族的文化认同，使他们很容易结成统一体，万众齐心，一致对付外来敌人。这种凝聚力，比起武器来说，有更大的战斗力。

二、满族官方文化削弱了军队的战斗力

满族官方文化是满族在统治中国之后所形成的文化。这种官方文化较前代政府来说，有许多特殊的地方，许多新的规则或潜规则，表面看起来是对前代政府弊端的修正，但正是这些新规则，使军队的战斗力大打折扣。如人数占少数的满清官员，具有强烈的身份认同，非我族类其心必异，这使得他们对汉人以及其他民族的将领总是抱着强烈的戒备之心，汉人优秀分子很难做到军队的第一线领导。同时，崇尚军功的旗兵文化，使他们常常居功自傲，不思进取，缺乏大智慧。有时候，还会因骄傲而导致严重的军事失误。

三、民族文化交往模糊了战争界面

在苗疆，民族文化交往由来已久，民族之间的界线变得模糊不清，特别是从外面进入苗疆的人，短期内很难分清族群边界。这种情况，最不利于区分敌我阵营，严重影响战斗效率。清军的前线指战员都是第一次进入苗疆，常常分不清苗族、仡佬族、土家族、客民、汉族、瑶族等族群界线，更分不清苗族内部不同支系之间的界线。在鉴别哪些族群对自己有利，哪些族群对自己存在威胁，常常会产生较大误差。所以在对待土著民族的时候，就会闹出许多事与愿违的后果。如对于投降的苗军，哪些是真投降，哪些是假投降，一般无法辨别。到最后，只能将

投降苗军一律放在一边进行半隔离处理，因此有时候冤枉了那些真投降的苗军，另一些时候，则是在毫无防备下，被那些假降者抄了后路。对严如熤招募仡佬族的问题，清军始终不信任这支仡佬兵队伍，犯下致命错误，差一点酿成大祸。正是这些仡佬族的归顺，才保证了东路清军的顺利进攻，保证了平垅战役的胜利等。

四、儒墨文化中的好生主张与博爱精神，阻挡了无情杀戮

清军将领中，有许多人是儒家文化的践行者，或者是墨家文化的倡导者。儒家文化主张"好生之德"。好生之德就是主张尊重生命，无论是对于异民族，还是对付反叛者，都不可赶尽杀绝。墨家更是主张博爱，讲究泛爱众。与儒家相比，那是更进一层，不但不可赶尽杀绝，还要爱。苗民也是一个与汉人、旗人一样的有着自身文明的族类，有着平等存在价值，万不可因为他们造反，就消灭其族类。儒墨两家文化，在清军将领中，影响至深。特别是毕沅、姜晟两人，更是儒墨文化的大师。所以，他们一边积极应对苗民起义，一边又在寻找机会，为参与起义的苗民开脱。墨学家毕沅，更是以"存其种类"为口号，给嘉庆皇帝上书，要求"撤兵""罢汛"，给朝廷上下主张严惩苗民的官员集团一个严重反击。他们反对残忍杀戮，主张招抚。招抚就需要时间，需要进行长时间的磨合，使双方产生相互信赖。两人倡导的招抚政策，很大程度上延缓了战争，挡住了清军的无情屠杀。

［注：本章在写作过程中，大量引用了谭必友《文化与战争：乾嘉苗民起义战争的人类学研究》（打印稿）一书的内容。凡未注明出处的，皆引用自此书。特别感谢谭必友教授的无私帮助。］

第十一讲　晚清民国时期的武陵山战事

从晚清到民国，从辛亥革命到新民主主义革命，武陵山不但有许多革命先行者，也有大量革命志士。他们为推动中国进步做出了巨大贡献。为了更好地展示这些革命者所做出的成绩，也限于本书篇幅，本讲打破我们讲故事的常规，仅将他们的事迹逐项列举，以示全貌。

第一节　武陵山区辛亥革命先行者

【温朝钟起义】　中国同盟会会员、黔江县温朝钟等土家人于清代宣统三年（1911年）元月，在黔江县、彭水县和咸丰县发动武装起义，反对清朝腐朽统治。温朝钟率领200多人直捣黔江县大垭口，斩杀把总曾吉芝。3月7日，义军高举"除暴安良、保国存种、扫清灭洋"旗帜，攻陷黔江县城，没收官府财物，捣毁天主教堂。义军分赴各乡，扩大队伍。起义军8000人聚集在两会坝后，温朝钟整编队伍，组织"国民军"两师。众推温朝钟为国民军司令，王克明为总长，黄玉山为次长。清政府调拨邻近清兵围剿，酉阳州牧杨兆溶带领清军至黔江城西的沙坝，与义军激战。义军沿武陵山退至仗剑，清军跟踪追击，在仗剑与义军鏖战。温朝钟率领义军退至咸丰县破水坪。这时，湘鄂大量清军对义军四面包围，分路夹击。温朝钟置生死于度外，坚持血战到底。当清军猛攻时，温朝钟为了保护部众免遭残杀，只身奔至清军营前，大声疾呼，被俘以后，从容就义。

【兴中会员李执中】 1860年,出生在湖南省石门县。清代光绪二十八年(1902年),参加湖南乡试,考中举人。清代光绪三十二年(1906年),东渡日本求学,参加孙中山在东京成立的兴中会。不久,奉命回到湖南,进行秘密革命活动。武昌起义以后,李执中推举谭延闿为湖南省都督,组织湖南省都督府。此时,李执中说服慈利县王正雅率兵起义。王正雅被湖南省都督谭延闿任命为湖南省西北路安抚使后,率领湖南省城驻防两营兵力,取道公安县,攻打荆州。李执中向城中清兵写信劝降,守军大多投诚。荆州既破,武昌革命军士气大振。宣统皇帝退位,南北议和,李执中遂去北京清华学堂执教。1913年,李执中当选为第一届国会众议院议员。

【同盟会员彭施涤】 1871年,出生在湖南省永顺县。清代光绪年间,考中举人。光绪二十九年(1903年)东渡日本,考取宏文学院,后加入中国同盟会。次年,受孙中山委托,彭施涤与秋瑾在上海市创办中国公学,解决回国学生革命问题。清代宣统年间,彭施涤任常德西路师范学堂监督,培养林伯渠等人才。谭延闿为湖南省都督后,彭施涤力劝支持武昌义军。民国初年,彭施涤任第一届国会众议院议员,支持宋教仁推行宪政运动。

【"湘西王"陈渠珍】 1882年,生于凤凰县。1903年,考入湖南武备学堂。1906年,分配在长沙新军第四十九标任队官,加入中国同盟会。1907年,由于同盟会反清活动被人怀疑,经湖北巡抚张学簪介绍,偕同乡林修梅投奔川边大臣赵尔丰,任成都新军六十五标队官,驻军四川省百丈驿。1909年7月,协统钟颖率部进军西藏抗英,陈渠珍被任命为援藏军第一标第三营督队官,参加工布、波密等战役,升任营管带职。在藏两年军营生活,陈把所见所闻写成专著《艽野尘梦》,纪录这段亲历援藏艰辛史。1911年10月,武昌起义爆发消息传到西藏后,进藏川军哥老会积极响应,其部属杀死驻藏参赞罗长琦。陈渠珍深知形势危殆,策动湘黔籍官兵115名,取道羌塘草原,翻越唐古拉山入青海省返回内地。因为误入歧途,迷困荒漠,断粮挨饿,茹毛饮血,辗转七个多月,直至1912年6月,到达西宁,仅剩六人。1912年，陈渠珍回到湘西，督办开河工程。田应诏保奏他开河有功，却因政府查办在西藏时驻藏参赞罗长琦被杀案，有人诬告陈渠珍是主谋，被押解到北京。陈渠珍得到熊希龄、傅良佐担保，方得脱案。重回湘西以后，仍得田应诏赏识，担任湘西镇守使署中校参谋，主办军官训练团，写下专著《军人良心论》。

【爱国诗人田星六】 1872年，出生在湖南省凤凰县沱江镇。清朝末年，留学日本。与黄兴、秋瑾等常相往来，深受民主革命思想影响，曾经先后加入中华同志会、中国同盟会。清光绪三十一年（1905年），田星六在凤凰厅开办凤乾永晃四厅中学和蒙养学堂，并任凤乾永晃四厅中学校长。不久，经熊希龄介绍，出任四川省军医学堂提调，主办《蜀江》《醒世》两报，鼓吹民主革命。同时，又兼江安营防，在嘉定通过中华同志会员，策动营防将士参加辛亥革命，获得成功。

【辛亥革命先烈邹杰】 1875年，出生在酉阳县后溪乡。清光绪三十二年（1906年），邹杰考入四川高等学堂，加入中国同盟会，秘密组织"青年会"，从事民主革命活动。光绪三十三年（1907年），邹杰在成都市密谋举行武装起义，事泄，潜往开县教书。后来，回到成都体校第二模范高等小学任国文教员。宣统元年（1909年），邹杰进入陕西省凤翔县办畜牧场，准备武器反清。同时，在陕西省陆军中发展同盟会员。宣统三年（1911年）秋，川人保路运动风起云涌，邹杰星夜步行回川，在重庆参与密谋起义事宜。农历十月，重庆宣布独立，成立军政府，邹杰任蜀军总司令部第四标标统。

【重庆军政府秘书王勃山】 1875年，出生在酉阳县龙潭镇。1898年，考中酉阳州庠生。光绪三十二年（1906年），王勃山到重庆求学，加入中国同盟会和"乙辛学社"，投身民主革命。宣统三年（1911年）十月，重庆军政府成立，王勃山任秘书院秘书。之后，王勃山参与领导酉阳州"反正"，刘扬、彭藻和彭灿率领义军兵临酉阳州城，城内居民欢欣鼓舞，开明绅士陈骏序做内应，迫令州牧谢鹄显辞职，迎接义军入城。王勃山宣读报纸所载革命消息，讲述孙中山创建革命党的宗旨。最后成立同志会，推举陈骏序为会长，于1911年11月在酉阳州考棚召开县民全体大会，宣告酉阳州独立。在其影响下，秀山县、黔江县也宣告独立。1912年3月，重庆军政府令王勃山带着秘书院照令、酉阳州司令官木质印返回酉阳州，受到酉阳军政府五路司令官欢迎。7月6日，四川省临时议会成立，王勃山作为酉阳州代表而被选为四川省临时议会成员。

【同盟会机关报《民报》校对吴良愧】 1881年出生于慈利县象市镇。1903年，考入长沙高等学堂。1905年，到达日本东京以后，加入中国同盟会，负责同盟会机关报《民报》校对工作。吴良愧与林伯渠、杜心五是密友，在他们支持下，回到北京攻读法律专业，暗中从事反清活动。武昌起义爆发以后，吴良愧赶赴湖北省，参加攻打荆州之役。民国成立以后，担任湖南省高等法院推事。

【湖北省都督府军事委员刘孟顾】 1882年出生在慈利县。1904年，就读湖南高等工业学堂时，参加黄兴组织的革命团体华兴会。因散发反清宣传品被逮捕入狱，监禁3年。1908年出狱后，东渡日本留学。1909年，刘孟顾在日本东京参加中国同盟会，1911年回国。武昌起义爆发以后，充任湖北省都督府军事委员，参加光复荆沙之役。民国元年，加入中国国民党。1912年—1913年，担任湖南省宜章县知县。

【开国将士谷壮猷】 1875年出生在湖南省桑植县。1904年，谷壮猷与黄兴等人东渡日本，加入孙中山领导的"中国同盟会"。1910年，奉令回国，准备发动武装起义。1911年10月9日，在武昌起义战斗中，谷壮猷带领一营战士冲锋陷阵，攻打湖广总督衙门，夺得炮台，将第一面旗帜插上武昌城头，升任统领。继而又在汉阳、汉口对清军作战，建立奇功。中华民国临时政府成立以后，授予谷壮猷"开国将士"金匾一块，以示奖励。

【中华民国临时政府民政长徐龙骧】 1877年出生于贵州省印江县天堂镇。

1898年，考中秀才。1906年，考入贵州省警察学校。毕业以后，适逢清政府筹建"资政院"推行"新政"，徐龙骧投考被录取至北京清廷民政部任卫生司隶事。结识孙中山革命党人，并且加入中国同盟会，积极从事推翻清政府和反对袁世凯独裁的革命活动，十分尽力，颇著功绩。1911年10月，随同革命军总司令黄克强光复南京。1912年1月1日，中华民国临时政府成立，徐龙骧被任命为民政长。

【腾越县军政府总指挥陈天星】 贵州省印江县峨岭镇人。1900年，东渡日本参加孙中山组织的中国同盟会。不久，回国从事民主革命活动。1911年年初，陈天星在云南省陆军七十六旅第三营当排长，与当地中国同盟会员张文光、李学诗率部起义，杀死了清军管带张桐，打垮了当地清军，占领了云南省腾越县，成立了腾越县军政府，陈天星任总指挥。

第二节 武陵山区辛亥革命志士功绩

【邓玉麟参加武昌起义】 清光绪二十三年（1897年），巴东县土家人邓玉麟投奔湖北新军第三十一标当兵，成为共进会骨干成员。为了加强领导，经邓玉麟斡旋，共进会和文学社于1911年9月决定联合行动，邓玉麟任秘密军政府调查部长、军事筹备员。10月10日晚上，武昌打响起义第一枪后，各营奋起进攻。湖北省都督府成立后，邓玉麟出任第七协协统（相当于旅长），指挥军队还击南下清军，保卫首义之地武昌，在武昌起义时立下不朽功绩。南北议和以后，出任"中华民国"总统府军事咨议和总统高级顾问，后被授予陆军中将衔、二级嘉禾勋章、文虎勋章。

【李达武参与武昌起义】 武昌起义爆发以后，慈利县土家人李达武率兵进攻清军督署和藩署，奋不顾身，冲锋陷阵，每战必克。武昌光复以后，咨议局商定拥黎元洪为湖北省都督。1911年10月11日，李达武等人前往黎宅，持刀威逼黎元洪就任"中华民国军政府鄂省都督"。湖北省都督府成立后,委任李达武等人为参议,前往各处巡视。李达武因战功被任命为鄂军第四协第七标统带后,与中国同盟会黄兴等将士坚守武昌、汉阳。清帝退位以后,李达武任永绥协副将等职。

【席正铭参与武昌起义】 1910年,沿河县土家人席正铭就读武昌陆军第三中学,加入中国同盟会。席正铭在宋教仁帮助下,将联络的100多名同学介绍加入中国同盟会,后又加入以孙武为首的共进会,并且成为骨干。1911年10月10日晚上,武昌起义第一枪响了以后,武昌陆军第三中学500多名同学由总领队席正铭带领,持枪整队入城,接受保卫大本营任务。席正铭被安排到咨询局,与蒋翊武等人拥推黎元洪为湖北省都督府都督,席正铭被任命为都督府参军、贵州宣抚使。后来,黄兴任命席正铭为司令部参谋。孙中山回国后,各省推举代表议组临时政府,席正铭作为贵州省代表出席会议,选举孙中山为中华民国临时政府大总统,席正铭被任命为陆军部襄助军务。当援鄂黔军回黔受阻以后,席正铭被推举为黔军总司令,誓师回黔,发兵攻克松桃县、江口县一带,直逼铜仁府,战败退驻秀山县。

【唐牺之领导宜昌起义】 慈利县土家人唐牺之考入湖南省立师范以后,参加湖北新军。1910年,唐牺之所在新军被湖广总督调至宜昌驻防。为了响应武昌起义,1911年10月,唐牺之联络各界人士部署宜昌起义事宜。10月18日,新军首领宣布宜昌光复。这天,宜昌各界举行会议,推举唐牺之为鄂军驻宜昌司令部司令。唐牺之将宜昌起义军扩编为两个协,吸收川汉铁路工人1000多人参加民军。11月,唐牺之得知荆州八岭山有清军驻守,决定夜袭。11月20日,以管带邓金标率兵向八岭山袭击,击溃了荆州外围的清兵约2000人。以欧阳超率领革命军进攻梅花桥敌阵,八岭山邓金标部击溃戴家湾西南阵地,共歼清军600多人。12月初,湖南西北路安抚使王正雅率领"武字军"1700余人至沙市。唐牺之与王正雅商定后,于12月9日督率各营向荆州南门开炮轰击,并命令岳乔参谋督率邓金标、欧阳超二营合攻西门,张鹏飞参谋会同王正雅统领的湘军径至北门,各部向荆州城发起总攻。12月12日，清军左都统恒龄举枪自杀，将军连魁、右都统松鹤请比利时传教士马修德等向革命军洽降，唐牺之核定降款六项，唐牺之与王正雅率军进入荆州城将军府。至此，荆州光复。唐牺之派员分赴所属各州、县，劝令反正，各个州、县闻风响应。湖北省军政府委任唐牺之为荆宜施鹤总司令部总司令，节制荆州、宜昌、施南、鹤峰四属军队，并且领导民政、财政、司法等政务，办理荆沙善后事宜。1912年2月，宜昌、荆州军编为鄂军第七镇，唐牺之任统制。3月，鄂军第七镇改为师，唐牺之改为师长。1912年9月，唐牺之被北京政府授予中将、文虎章。同年底，唐牺之赴北京就任将军府咨议职。

【王正雅攻打荆州】 湖南光复以后，湖南省都督谭延闿任命慈利县土家人王正雅为湖南西北路安抚使，率领"武字军"1700多人援鄂。1911年11月26日，与清兵战于湖北沙市附近草市，毙伤清兵200多人。12月7日，王正雅与宜昌司令唐牺之商定合攻荆州战略。12月9日，湘军进攻北门、东门，鄂军进攻南门、西门。王正雅下达攻城命令以后，手持大刀，亲自督阵。矗立壕岸，飞弹中腿，还裹着伤督兵前进。清军死伤累累，宣布投降，荆州光复，孙中山致电嘉奖"王正雅奋勇能战"。荆州战役扭转了武昌失败局势，为"中华民国"成立奠定了基础。"王正雅打荆州"的故事至今仍在澧水流域流传。

【孙道仁领导福建起义】 武昌起义告捷后，福建革命党人彭寿松介绍担任陆军第十镇统制、福建提督的慈利县土家人孙道仁加入中国同盟会。孙道仁及时与革命党人林斯深等人部署反清起义事宜。1911年11月9日，福建新军在福州正式宣布起义。孙道仁亲自督战，激战之中，杀死福州清军将领朴寿，其余清兵投降。这天中午，清兵在城楼竖起写有"停战议和"的白旗。11月11日，福建省军政府成立，推举孙道仁为福建省军政府都督。军政府成立后，革除旧政，布施新政。1912年，中华民国临时政府成立以后，任命孙道仁为福建都督，授予陆军中将加上将衔。1913年7月"二次革命"爆发以后，江西都督李烈钧在湖口组织讨袁军，通电讨伐袁世凯。孙道仁和许崇智于7月19日联名通电全国各省，宣布福建省独立。

【施南独立】 1911年10月18日，鄂军驻宜昌司令部司令唐牺之派员前往施南，劝陆军营管带李汝魁起义。经过稽查员张渭滨多方工作，陆军营管带李汝魁联络学商各界于1911年12月28日宣布施南独立。令府、州、县交出印信，由李汝魁任鄂军驻施南司令部长。

【酉阳独立】 1911年10月，在酉阳县商家瑞太利资助下，刘扬及彭安国等人召集当地民团和绿林数百人，在后溪举行武装起义公推白锦祯为统领，彭藻、彭灿为副统领。起义以后，分兵两路，向驻防清军进攻。白锦祯率领部分义军进攻秀山县，在石堤与清军统带高玉林的巡防军激战，白锦祯父子英勇战死。彭灿率领大部分起义军向酉阳、龙潭出击。高玉林复率清军驰往抗拒。在起义军和土家、苗族人民的强大攻势下，高玉林孤军无援，率部逃走。当起义军攻占龙潭、兵临酉阳州城时，士绅陈燕士乘机迫令酉阳知州谢鹄显交出印信，出城投降。11月中旬，刘扬和彭灿率军入酉阳州城，赶走清朝官吏，宣布酉阳独立，推举陈燕士为司令，掌握酉阳政权。不久，收复了秀山县。

【黔江独立】 1911年，谭国材率领百余人进入黔江县城，召集土民开会，群情十分激昂。黔江知县王梁鼎便将曾经参加"铁血英雄会"的士绅王斐然逮捕，误认为其为"祸首"。后见大势已去，释放了王斐然。11月13日，宣布黔江独立，成立黔江军政府，推举彭铸臣为司令，结束清王朝在黔江县的统治。4个月后，黔江军政府被重庆镇抚府所置县知事公署取代。

【光复凤凰】 辛亥革命前夜，凤凰县官宦乡绅子弟田应全、田应弼、吴绍坤、向明瓒、周瓒等同盟会员留日归来，回到家乡。他们把武昌起义的消息带进凤凰厅城，点燃反清薪火。这些人联络反清帮会头领唐世钧（又名唐力臣）、龙义臣、吴正明、龙凤山、唐世国、杨春元等八大首领，帮助他们组织反清"光复军"。唐世钧将队伍集结在距凤凰十里之遥的长宜哨待令，决定于辛亥年十一月二十八日举义。后因人多势众，唐世钧怕走漏风声，就在农历十月二十七日（12月17日）

提前宣布起义。光复军兵分三路围攻凤凰县城：一路军由张尚轩统领，领兵两千，从老官庙入池塘坪，攻城西门；二路军由龙凤山、龙廷贵、龙义臣、吴正明四人统领，领兵1000多人，从青坪湾入金家园，攻城北门；三路军由唐世国、杨春元、龙光福统领，领兵1800人。从擂草坡入老营哨，然后越过虹桥攻城东门。唐世钧任总指挥，坐镇长宜哨大本营调兵遣将。

十月二十八日（12月18日）清早，三路人马分头进入攻城前沿地带，在攻取凤凰县战斗中受挫。一路军到达池塘坪时，被白羊岭守军发现。光复军见消息走漏，立即传令不等友军到达就提前攻城。由于提前起义消息没有通知城内内应，城内没有动静。辰沅永靖兵备道道台朱益浚与中营游击杨让梨闻讯领兵上城固守，一时间城内城外枪声大作，张尚轩的队伍腹背受敌，伤亡惨重，只好下令撤退。二路军抵达金家园时，不见城内接应暗号，又闻枪声密集，恐有埋伏不敢妄动。正犹豫时却见张尚轩部溃退下来，只好主动撤退。城内守军猛追砍杀，张尚轩负伤被擒。三路军在老营哨遇到小股清兵，被义军全歼缴械。义军乘胜进到虹桥，遇上杨让梨派往辰州催饷的清勇返城，双方一场恶战。东门城内清勇闻讯急忙开城助战，三路军被左右夹击死伤无数，只好撤退。

起义军退去后，朱益浚和同知张绍燉大打出手，外抓内查，大肆搜捕和屠杀参加起义的革命党人。将俘虏的义军押到码头边斩首，取下首级悬挂在北门城墙上示众。从十月二十九日到十一月初，官府每天捕杀数十人。170余人遇害，血染镇竿城。

谭延闿接任湖南都督以后，对湘西光复之事十分关注，派同盟会员龙璋以西路巡按使名义负责湘西光复事宜。龙璋采取了一系列措施，带领新军进驻沅陵县，为湘西各厅县推翻清朝统治创造有利形势。

首义失利以后，唐世钧等人奔走呼号，传书四方，再次大集凤凰、乾州、永绥、松桃四厅义军，誓攻凤凰厅城。田应全、张胜林、沈宗嗣和刚返凤凰的同盟会会员罗绍武、贺成达等密议，由田应全刻制"湖南都督府"大印，缮写告示，到处张贴，朱益浚及所属官兵见状惶惶不可终日。凤凰镇台周瑞龙在他女婿田应全、儿子周瓒影响下，支持革命态度明朗起来，表示不再接受朱益浚调遣，城内的土家、苗族群众积极行动，将干柴、火药堆集在道台衙门外，声言朱益浚如不投降，即焚烧衙门，斩其全家。

1911年12月30日，同盟会员田应全等与青年学生向明瓒等人在天王庙举行地方绅民大会，动员大家为凤凰光复出力。会后由乡绅戴星门执笔写信通牒朱益浚，促其退位反正。朱益浚终于明白，只好与谭延闿任命的西路巡按使龙璋谈判。辰沅永靖兵备道道台朱益浚与龙璋谈妥条件，"愿洁身引退"，弃官返回江西省原籍。12月31日，朱益浚被迫在道台衙门和城墙上悬挂白旗，宣布投降。凤凰城内外张灯结彩，鼓角齐鸣，各族群众庆祝凤凰光复。

【湘西军政府成立】 1912年1月1日，成立"湘西军政府"，以镇竿镇原总兵周瑞龙为湘西军政府都督，张胜林为财政厅厅长，聂仁德任行政厅长，田应全为巡防营管带，唐世钧为城防警备司令。湘西军政府成立以后，立即传檄辰沅永靖兵备道所属府、州、厅、县，"务令投顺"。乾州厅、永绥厅、古丈厅、泸溪县、永顺县、保靖县、龙山县、永定县等厅县的清朝官吏交出政权，宣布"光复"，结束了清王朝在湘西北的腐朽统治。

【酉阳讨袁树旗】 袁世凯篡夺共和政权以后，对全国人民进行血腥统治。孙中山主张兴师讨袁，发动"二次革命"。1913年，熊克武在重庆成立"川东讨袁军"，任总司令。四川各地军民闻风而起，酉阳县土家、苗民在邹杰领导下起而响应，参加讨袁。不久，被投靠袁世凯的胡景伊镇压下去。

【组织鄂西靖国军】 袁世凯篡位以后，土家人牟鸿勋回到利川县，又与蔡济民组织"鄂西靖国军"，推蔡济民为总司令，牟鸿勋任副司令，董必武任司令部秘书，陈耀智任参谋长。鄂西靖国军得到各族人民支持。

【川东讨袁护国】 1915年，袁世凯复辟帝制以后，蔡锷起兵云南，发动护国之役。熊克武随同蔡锷进入四川，任重庆镇守使，川东土家人民积极参加讨袁护国运动。酉阳县王子骝、李善波和王子履等人于1916年农历正月在龚滩组建"复兴中华革命军"。推举李善波为司令,积极开展反袁斗争。革命军百余人首先夺取龚滩,接着攻占酉阳县城。同年农历五月,攻克彭水县。这时,奉孙中山之命的石青阳回到四川,组织讨袁军,号称"中华革命军"。石青阳任川东区总司令,率军至酉阳县,李善波和王子骝等义军归属石青阳统率。石青阳领兵到彭水县后,忽闻支队长汤子模在酉阳发生巷战。石青阳随同秘书长张佐臣等30多人,奔赴酉阳,集合汤子模部,并收唐鹏程部数千人,攻克黔江,经石柱、涪陵,进逼重庆。与熊克武部会合以后,投入讨袁护国洪流之中。

【湘西讨袁护国】 1916年2月,袁世凯派遣的北洋军第六、第二十等师抵达湘西时,戴戡率领的护国黔军攻入湘西,双方在麻阳一带发生激战。袁世凯急忙任命熊希龄为湘西宣慰使,经过调停,双方一度休战,部分黔军退回贵州。这时,湘西各族人民顽强抵抗北洋军阀,反对袁世凯复辟帝制。1916年3月,龙山县讨袁军4000多人云集马蹄寨,推举黄家振为龙山县讨袁护国军司令。立即召开誓师大会,起兵讨袁。4月3日,讨袁护国军占领龙山县城,马蹄寨支队长曾槐荫因战功被推举为龙山县讨袁护国军副司令。4月25日,会党首领张玉堂等人在龙山县鸭绿滩聚众千余人,再次攻占龙山县城,宣布龙山独立。同时,派人和在乾州城宣布独立的张学济联络,以利彼此声援。1916年5月5日,保靖县隆头的土家、苗民暴动,拥入警署,抢夺枪支。推举罗振东为湘西护国军独立团团长,宣布保靖县独立,得到各乡支持。在熊希龄策动下,湘西镇守使田应诏于1916年5月宣布湘西独立,自称"湘西护国军总司令"。贵州护国军在田应诏等数千人配合下,扭转湘西战局,收复麻阳等县城,占领了辰溪县。袁世凯在全国人民讨伐运动中,被迫取消帝制。

【组建桑植县讨袁护国军】 孙中山发表《讨袁宣言》以后,中华革命党人贺龙奉命搞湘西暴动。1916年3月16日,贺龙约了21名青壮年,带了一支火枪和三把菜刀,连夜奔往桑植县芭茅溪盐局税卡,砍死税警队长,烧掉账据,缴获12

支枪。又打开仓库，把财物和盐巴分给群众，队伍发展到千余人。大庸民军首领罗占侯派人来到洪家关，协助贺龙召开"桑植县讨袁护国军"成立大会，与会民军一致推举贺龙担任桑植县讨袁护国军总指挥。事后，贺龙率部偷袭慈利县三官寺，击毙都团总；接着，攻占桑植县城，赶走县长，处死恶霸朱海珊；之后贺龙宣布桑植独立，开始护国讨袁。孙中山派遣程潜来到湖南省，召开全省讨袁大会，就任湖南护国军总司令，贺龙被任命为湘西护国军第一团第二营营长。贺龙组织的民军编入护国军序列，投入讨袁斗争，攻占大庸县城。

【大庸县讨袁护国】 辛亥革命胜利果实被袁世凯攫取不久，全国各地掀起了反袁护国高潮。大庸县土家人罗剑仇于1916年2月组织2000余人的武装队伍，成立"湘西护国独立军"，举起反袁大旗。1916年3月19日，罗剑仇率领300多人攻下永顺县城，击毙警备队长谢伯刚。继而在岩板溪设伏，击溃增援大庸的一支北军后，回师围攻大庸县城的北军，激战三昼夜。同年4月，罗剑仇奉程潜之命，率部到贵州铜仁与护国军王文华部会师。同月，罗剑仇派代表到靖县，参加湖南48县护国军代表大会。宣布湖南独立，声讨袁世凯复辟帝制的罪行。会后，罗剑仇奉命率部回师大庸，攻占大庸县城，赶走知事石梁。罗剑仇兼任大庸县知事，整顿军纪，清算贪官。同年7月，常澧镇守使王正雅派出"武字营"进攻大庸县城，罗剑仇率部迎战。激战两昼夜后，王军败回澧州。8月23日，双方再战于澧县三江口，"武字营"再败。此时，罗部军纪严明，士气旺盛，队伍已达3500多人。因湖南省督军刘人熙派人调停，两军才各罢战。8月底"湘西护国独立军"被调赴桃源县，由省军改编，罗剑仇被任命为湖南省督军府顾问官。后来，罗剑仇回湘西组织反对北洋军阀的力量，专程前往桑植县与贺龙筹划反对北洋军阀事宜。

第三节 中国共产党领导的革命斗争

【桑植起义】 1928年2月28日，贺龙、周逸群等人绕道到达湖南省桑植县洪家关，着手建立农民武装。中共湘西北特委决定组建中共桑植县第一届委员会，李良耀任书记。经过一月宣传发动，组成了一支3000多人、700余支枪的武装队伍，包括贺龙大姐贺英、胞妹贺满姑以及族兄贺炳南等人的队伍1500余人。清明节前夕，中共湘西北特委决定宣布组建"中国工农革命军"，贺龙任军长，贺锦斋任师长，贺桂如和李云卿分任两个团团长。4月2日，中共湘西北特委领导工农革命军举行武装起义，兵分三路向桑植县城挺进。贺龙、贺锦斋指挥部队歼灭县城守敌，夺取桑植县城。次日，建立桑植县革命委员会。4月上旬，国民党第四十三军第五旅旅长龙毓仁乘桑植起义军立足未稳，贺龙前往鹤峰县筹款之机，率军攻占桑植县城和洪家关一带。周逸群被迫转至鄂西地区，开辟根据地。贺龙等人仍然留在桑植县、鹤峰县边境，收集失散人员，扩充革命队伍，领导湘鄂边游击战争。6月25日，国民党第四十三军某部辎重连从桑植县城西撤，贺龙等人埋伏在小埠头葫芦壳，歼敌百余人，缴枪百余支，重新占领洪家关。这时，失散部队陆续返回，并且收编贺龙旧部文南甫等部，中国工农革命军扩大到1500余人。桑植起义是继南昌起义、秋收起义、湘南起义之后，在中国共产党领导下的大规模武装起义，是中国共产党"农村包围城市战略"又一次成功实践。

【罗峪整编】1928年7月，贺龙等人为了保存革命有生力量，辗转退至桑植县谷罗山罗峪一带深山密林，进行为期半月的休整。部队驻扎在庙湾一座寺庙，其余官兵分散扎在庙湾周围，贺龙、陈协平、贺锦斋等人召开整编会议，会议根据中共湖南省委决定，将中共湘西北特委撤销，并入中共湘西特委，成立"中共湘西前敌委员会"，统一领导湘西地区党和军队。贺龙任前委书记，贺锦斋、陈协平、张一鸣、李良耀任委员。8月1日，将部队改编为"工农革命军第四军"，贺龙任军长，黄鳌任参谋长，陈协平任秘书长。下辖第一师，贺锦斋任师长，张一鸣任党代表；王炳南任第一大队大队长，滕树云任第二大队大队长，文南甫、贺桂如、贺佩卿、刘玉阶任支队长。全军共计1500余人，罗峪整编由此而来。

【堰垭整编】1928年11月中旬，中共湘西前敌委员会总结工农革命军第四军成立后连遭挫折的教训，在湖北省鹤峰县堰垭对部队进行整顿。将中共湘西前敌委员会改称为"中共湘鄂西前敌委员会"，统一领导湘鄂西地区党和军队，仍以贺龙为前委书记。遣散老弱和政治上不坚定的投机分子，加强部队党、团的建设，一批共产党员成为骨干。对部队进行严格管理，工农革命军第四军改称为"中国工农红军第四军"，贺龙任军长；王炳南任第一路指挥，贺桂如任第一大队大队长。经过整顿，红四军虽只剩下91人、72支枪，但是人员军政素质有了明显提高。堰垭整编是红四军建军史上的一个转折点。

【南乡起义】 1928年3月，湖南省慈利县土家人袁任远担任石门县委委员以后，以教员身份秘密在石门县南乡组织一百多名共产党党员成立"暴动队"。根据中共湘西特委部署，同年5月5日，袁任远、曾庆轩等人带着短刀，突袭寺垭铺，包围佘家饭店，砍死八名警备队员，竖起南乡武装起义旗帜。接着，暴动队在曾庆轩指挥下，袭击南乡夏家巷团防局，砍死团总梅春圃等八人，缴获步枪四支。南乡起义爆发以后，中共石门县委以花薮区和夏家巷的农民暴动队50多人为基础，成立"中国工农红军湘西第四支队"，佘策源为司令，袁任远为党代表，指挥部设在樟木岗。随即在南乡开展游击战争，队伍不断壮大，枪支不断增多。消灭南乡团防队后，乘胜转战于石门、慈利等县边境，形成以太浮山为中心纵横200余里的武装割据局面。在国民党军队和地方团防万余人联合围剿下，南乡起义于1928年7月失败，其余部参加了红四军，为发展湘鄂边根据地做出了历史贡献。

【创建湘鄂边根据地】 桑植县和鹤峰县是少数民族聚居区，在贺龙和周逸群创建的红四军中，有许多英勇善战的土家、白族战士。湘鄂边根据地是中国共产党在土家地区建立的第一块根据地。中共湖南省委为了加强湘西各县党的工作统一领导，决定将中共湘西北特委并入中共湘西特委，并于1928年7月，在工农革命军中成立以贺龙为书记的中共湘西前敌委员会。1928年12月，根据中央指示，正式将中共湘西前委改为中共湘鄂西前委。1929年1月，贺龙率领部队攻占鹤峰县城以后，成立中共鹤峰县委、鹤峰县苏维埃政府和鹤峰县农民协会，开展土地革命斗争。根据党的六大决议和井冈山的经验，工农革命军第四军于1929年2月改为"中国工农红军第四军"，在连队建立党支部，加强党对军队的领导。1929年3月，红四军收编土著武装谷志龙部100多人、69支枪，编为红四军第二旅。6月16日，红四军再次攻占桑植县城，成立桑植县苏维埃政府，汪毅夫为主席。同年7月，独立十九师师长陈渠珍令其所属向子云旅从永顺县向桑植县进攻。红四军取得南岔、赤溪大捷，歼敌3000余人，缴获枪支两千余支，是红四军建军史上首次大捷。南岔、赤溪取胜以后，红四军在桑植再次进行整编，大队、中队改为团、营建制，全军增加到4000余人、3000余支枪。在中共湘鄂西前委领导下，中共桑植、鹤峰县委和苏维埃政府发动群众，打土豪、分田地，建立农民协会、基层党组织以及红色政权。至1929年底，桑植和鹤峰两县红色区域连成一片，形成以桑植、鹤峰为中心的湘鄂边根据地，初步实现中共中央割据湘鄂边区的战略意图。1930年2月，根据中央指示，贺龙挥师东进。另组红四军独立团，以2000人的兵力留守湘鄂边根据地。红四军主力东下洪湖以后，湘鄂边独立团及按贺龙指示组建的桑植第一游击大队，联合开展反围剿斗争，取得节节胜利，苏区面积得以扩大。湘鄂边革命根据地的形成，为红四军的发展和红色区域的扩大奠定了基础。

【红四军收编两支土家武装】　土家首领覃辅臣在大庸县西教乡发展到300多人以后，从永顺县大庄经大庸县罗水，准备入桑植县与贺龙会合。行至粑粑塔，遭熊相熙伏击，退回罗水，派熊润去桑植县送信求援。贺龙当即派红军300余名，翻越青安坪乡神堂坪和猪石头高山，至罗水迎接覃辅臣及其部队入桑植县。1929年6月，覃辅臣在桑植县收编为红四军第二路指挥，辖十一、十二两个团，万涛为党代表，团长分别为覃金阶和覃勋伯，全军势力日增。贺龙在收编覃辅臣前后，对他做了思想教育工作，还对康中乡拥有50多支枪的团防头目刘岸翘做了教育争取工作。由于刘岸翘率领其部属协同红军一道参与游击战争，在战斗中表现出对红军的忠诚，得到贺龙信赖，被改编为红四军第一路指挥部所属独立营，刘岸翘任独立营营长。收编覃辅臣、刘岸翘两支土著武装，不仅壮大了红军力量，还在何健清剿的战斗中发挥了重要的作用。

【赤溪大捷】 蒋介石得知贺龙指挥红军在湘鄂边区活动情报，急召湖南省主席何键去武汉密商清剿方案。1929年6月，何键陪蒋介石抵长沙，密电驻辰州（今沅陵县）独立十九师师长陈渠珍带领桑植、大庸、永顺、慈利、鹤峰、宣恩、来凤、咸丰等县地主武装，同国民党正规军吴尚、戴天明等师配合，采取严密封锁战术，从东、西、南、北向桑植县进逼，作铁桶式包围。陈渠珍以向子云旅两个团兵力为前锋，深入桑植县。湘鄂西前委马上召开军委会议，会上覃辅臣建议采用空城计，狠狠打击向子云部。1929年7月，向子云部周寒之团2000余人自永顺县碑里坪、水田坪、水井垭向南岔前进。贺龙决定让敌人在南岔渡过澧水，迫其背水作战，聚而歼之。敌人深入南岔以后，在水滩口、南岔渡、龚家嘴三处横渡澧水，朝桑植县城前进。红四军分兵迎敌，覃辅臣安排短枪队埋伏在桑植城东门和北门附近，一部在北门正面阻敌。战斗开始以后，正面阻敌部队佯作向桑植城北败退。待敌人进至城北吴家坡一线时，红军突然发起反击，敌人仓皇后撤。神兵团长陈宗瑜、政委覃苏、特务连长范松之率领"神兵"，以迅雷不及掩耳之势杀向敌阵，一边用梭镖、大刀同敌人开展白刃战；一边开展政治攻势。面对"神兵"锐不可当的打击，敌人心惊胆战，纷纷向南岔河方向败退。红军趁势追击，敌人抢渡不及，大部就歼，周寒之被击毙。敌旅长向子云不甘失败，力图报复。7月中旬，向子云亲任指挥，率部2000余人以及一些地主武装倾巢出动。以一部自万民岗出凉水口，由陈策勋部和地方团防配合；向子云亲率主力，从大庸县、桃子溪、胡塌大道向赤溪河进攻桑植县城西门。湘鄂西前委决定大开四门，诱敌深入。7月14日晚，红军撤出县城，将主力埋伏在城北梅家山、八斗溪、柏家冲一线；另一部于西界、茅岩设伏，断敌退路。7月15日凌晨，敌特务营从赤溪渡口过澧水，上午9时占领桑植县城，其后续梯队逐次渡河跟进。下午，敌人全部渡过赤溪，集于河洲。贺龙、覃辅臣抓住敌人兵力分散而且立足未稳时机，下令围歼城内之敌。霎时，伏兵齐出，红四团经高家坪、乌龟嘴杀进东门；红一团从柏家冲跃出，抢攻西门；红二团、独立团等部从八斗溪插到汪家坪，截敌退路，并且准备阻敌增援部队。覃金阶配合陈宗瑜神兵团从东门攻入，向子云旅经此突然打击，城内敌人大部被歼，向子云率少数人马逃窜。覃辅臣率红军敢死队冲在前面。敌军后续梯队眼见增援无望，拼命抢占蛾子坡一线高地，妄图突围。红军集中火力强攻，并派红一团经蛾子坡南侧山谷向赤溪渡口迂回，从背后包抄。在红军前后夹击之下，敌向赤溪渡口河滩溃退。赤溪渡口河床狭窄，水流湍急，恰逢上游刚下暴雨，河水陡涨，过河渡船又被红军控制。敌人退至河滩，无法渡河，大部缴械，少数企图泅水逃跑，多溺死河中。覃金阶率部猛追直至赤溪，向子云连人带马跳入河中，拉着马尾巴泅至河心，被洪水吞没。至此，敌军进攻遂告失败。此二战役，共计歼敌3000余，获长短枪千余支，是红四军建军以来的第一次大捷，不仅减轻敌人对桑植苏区压力，对巩固和扩大苏区起了积极作用，而且使红四军迅速发展到4000人。

【创建湘鄂西根据地】 1930年7月，根据中共中央和中央军委指示，红四军与红六军在湖北省公安县会师以后，改称红二军，正式组成红二军团，贺龙任总指挥，周逸群任政治委员，孙德清任参谋长，部队扩大到一万多人、5000余支枪。红二军团拔除洪湖根据地内的白色据点，攻占天门县重镇岳口，把鄂西地区江陵、监利、潜江等县根据地连成一片。同年9月，红二军团进攻沙市未果。红二军团经过湘鄂西初期挫折以后，巩固洪湖苏区。到1930年11月，将湘鄂边根据地囊括其中的湘鄂西根据地，以洪湖苏区为中心，上抵沙市，下抵仙桃，北至天门，南至安乡，纵横千余里，部队发展到两万多人。1930年9月，新任中共湘鄂西特委书记兼红二军团政委邓中夏主持的红二军团前委扩大会议决定：红二军团南渡长江，进攻岳阳，直捣长沙。1930年冬，在"左倾"冒险主义错误影响下，红二军团南征失利。转战湘鄂边期间，以鹤峰为中心的湘鄂边根据地斗争有了发展，成立了鹤峰、五峰、长阳、桑植、石门五县联合政府。1931年3月，成立中共湘鄂西中央分局，夏曦任书记。1931年3月，红二军团改编为红三军，随即离开湘鄂边根据地，进入巴东、兴山、秭归苏区，继而开辟以均县、房县为中心的鄂西北苏区。1931年上半年，蒋介石先后调集国民党第十军，分三期对湘鄂西革命根据地发动三次"围剿"。苏区军民历尽艰难，赢得"反围剿"胜利。1931年10月，红三军回师洪湖根据地。1932年第一季度，在襄河两岸连续三次取得大捷，洪湖苏区得以扩大。1932年6月，蒋介石调集国民党军10万余人对湘鄂西革命根据地发动第四次"围剿"。由于中共湘鄂西中央分局书记夏曦执行"左"倾冒险主义路线，导致"反围剿"失败，红三军被迫于1932年10月退出洪湖苏区，撤至湘鄂边境。

【开辟黔东根据地】 1933年12月19日，湘鄂西中央分局在湖北省咸丰县大村召开会议，决定"创建湘鄂川黔边新苏区"。1934年6月，红三军进入贵州东部以后，湘鄂西中央分局在德江县召开了"枫香溪会议"，成立了中共黔东特区委员会，开辟了包括沿河县、印江县、德江县、松桃县在内的"黔东根据地"，建立了区、乡苏维埃政权。经过红三军指战员广泛宣传和积极筹备，于1934年7月在沿河县张家祠堂召开黔东特区第一次工农兵苏维埃代表大会。到会的135名代表选出以孙秀亮为主席，秦育清、陈正国为副主席的黔东特区革命委员会，这是中国共产党领导黔东各族人民创建的贵州省第一个红色政权。为了补充兵源，红三军于1934年6月把具有作战经验的1500多名"神兵"武装组成黔东纵队，冉少波任黔东纵队司令，张金殿任黔东纵队副司令，直属红三军领导。不久，与黔东各县的五个独立团合编为"黔东独立师"，由贺炳炎任师长，冉少波任副师长。贵州省第一支最大的革命武装"黔东独立师"在黔东特区反"围剿"斗争中多次配合红三军歼灭敌人，保卫黔东根据地。此外，在黔东特区里，各区苏维埃成立游击队，共计一万余人；各乡苏维埃建立自卫队，共有三万多人。自卫队员支持红军和游击队在上百次战斗中打击敌人，立下不可磨灭的战功，成为黔东根据地数量众多的武装力量。1934年8月，红三军一方面巩固黔东特区根据地；另一方面，东出湘西，在湘鄂边境恢复老根据地，发展新根据地。

【木黄会师】 1933年10月，国民党出动50万军队对中央红军进行第五次围剿。为了实行战略转移，中央命令红六军团西征，策应中央红军作战。红六军团西征时由任弼时任军政委员会主席，萧克任军团长，王震任政委。1934年8月，中央军委命令红六军进入贵州，与红三军联系。红六军团采取避实就虚战术，冲破敌人防线，进入黔东北。红六军团在石阡县甘溪突围战中损失惨重，十八师师部及五十二团大部战士壮烈牺牲。六军团参谋长李达率领前卫部队四十九团、五十一团各一部冲出包围，辗转来到沿河县，与红三军七师十六团会合于沿河县水田坝。贺龙听取李达汇报以后，亲自率领红三军主力南下接应。10月16日，红三军主力从酉阳县进入松桃县，在梵净山区松桃县、江口县、印江县寻找红六军团。22日，在坝溪河坪，两支部队胜利会合。稍事欢聚，启程翻越梵净山向木黄前进。23日，六军团从印江县缠溪出发，经大坳、枫香坪、官寨、慕龙，宿于印江县落坳一带。红三军从苗王坡出发，经龙门坳、团龙、坪所到达芙蓉坝、锅厂、金厂一带。10月24日，红三军在印江木黄水府宫墙上书写大幅标语欢迎六军团到来。当天11时，任弼时、萧克、王震率领的六军团主力经落坳、三甲抵达木黄。贺龙、关向应以及先期到达的六军团参谋长李达在木黄五甲迎接，实现两军胜利会师。稍事休息以后，两军领导人在木黄水府宫召开紧急会议，定下向湘西地区进军方向。26日，在酉阳县南腰界召开隆重的庆祝会师大会，中央代表任弼时宣读了党中央为两军会师发来的贺电，宣布部队整编。红二、红六军团整编以后，红二军团下辖四、六两师四个团共4100余人，红六军团下辖三个团共3300余人，形成以贺龙、任弼时、关向应、萧克、王震为首的领导集体。28日，红二、红六军团主力从南腰界出发，向湘西地区挺进，开辟创立湘鄂川黔新苏区，策应中央红军长征。红二、红六军团木黄会师，是中国红军史上一件大事，它把来自不同战略区域两支红军组成一股强大力量，为红二方面军诞生奠定基础。红二、红六军团木黄会师，是两个军团的里程碑。后在1936年7月的长征途中，红二、红六军团受命组成红二方面军，成为中国工农红军三大主力之一，在人民军队征战史上谱写新的篇章。红二、红六军团木黄会师无论从军事、政治上，都具有重要历史意义意义，主要表现在四个方面：第一，为解决两军团建设中各自存在的迫切问题创造了条件。红六军团迫切需要休整，木黄会师为红六军团提供一个很好的场所。红二军团缺乏政工干部，会师以后，红二军团与中央中断两年的联系得到恢复。红二、红六军团彻底摆脱各自困境，开拓一个崭新的局面。第二，木黄会师以后，两军团形成了一支强大的突击力量，为发展湘鄂川黔革命斗争奠定了坚实的基础。第三，木黄会师使两军团形成一个以任弼时、贺龙、关向应为核心的领导集体,孕育红二方面军诞生。1936年7月,在长征途中,红二、红六军团受命组成红二方面军,成为中国工农红军三大主力之一,在人民军队征战史上谱写了新的篇章。第四,木黄会师有力地策应中央红军长征。红二、红六军团木黄会师以后,有力地牵制敌人。木黄会师以后,两军团形成一股强大的突击力量,主动发起"湘西攻势",打乱敌军部署,将"追剿"中央红军的敌军重兵吸引到自己身上,并使湘鄂川黔革命根据地初具规模,成为牵制敌人的战略支撑,使中央红军得以及时地转移到敌军力量比较薄弱的贵州,从而使中国革命揭开新的一页。

【发动湘西攻势】 1934年10月,红三军与红六军团会师以后,恢复红二军团番号。贺龙任红二军团军团长,任弼时任政治委员;萧克任红六军团军团长,王震任政治委员。红二军团团部兼总指挥部,统一指挥两个军团行动。1934年10月28日,红二、红六军团将士在任弼时、贺龙等人领导下,从酉阳县南腰界出发,向湘西地区永顺、保靖、龙山、桑植、大庸等县挺进,发动"湘西攻势"。11月7日,红二、红六军团将士占领永顺县城。这一军事行动惊动土著军阀陈渠珍。陈渠珍急调龚仁杰、周燮卿和杨其昌三个旅万余人,进至永顺和保靖等县,企图阻止红军进入。11月16日,红二、红六军团将士在永顺县龙家寨十万坪设伏,歼俘敌龚仁杰部3000多人,缴枪2200多支。这一胜利是红二、红六军团会师以来扭转困难局面的重要转折点,为形成湘鄂川黔革命根据地创造了有利条件。随后,乘胜攻占桑植县城。

【红二六军团攻占大庸县城】 1934年11月中旬,红二军团红六师十六团侦察班张国祥等10多人化装进入大庸县城。11月24日(农历十月十八),红二、红六军团主力在预先秘密潜入大庸县城永定镇的侦察人员带领下,歼灭慈利县保安团一个营。保安团长朱际凯(又名朱疤子)跳墙逃命,营长被活捉。红军占领大庸县城的战况如下:红军战士在大庸县城西部五子坡侦察地形时打响了第一枪,驻在白龙庵的大刀连队逃之夭夭。驻在大庸县城小西门城楼上的一个营长说:"不要紧，是周旅长第八团向我们招安的，出去查看查看。"看到红军进城，便将全营人马带走。红军侦察地形以后，决定由先头部队从白龙庵踩滩过河。踩滩时，红军在戴家塌打响了第二枪。过河战士与守卫在猪巷码头的朱际凯部队接上了火，敌兵撤退到南门码头转拐处，被红军战士打死两个士兵。红军战士冲到观音桥，乘船过河。与此同时，从南庄坪过河战士也到了。红军另一队战士埋伏在北门坡、子午台。部分战士化装成老百姓，每人挑担茅草混进县城。此时，朱际凯下令城内士兵从土门退出。大庸县长彭干强换上农民服装，混在人群潜逃。红军由南门、西门、北门攻进县城，形成三面包围之势。红军战士冲进县衙以后，在文昌阁会师。红军攻打大庸县城时，红军营长覃金阶率领便衣队20人进城侦察，摸到敌三十四师第三旅部驻地田观梧家，活捉第三旅旅长周燮卿的顾问汤思廉、大庸县保安团团长熊相熙等敌人要员，为攻克大庸县做出了贡献。红军战士攻克大庸县城以后，从北门、土门追剿朱际凯。在子午台一带把朱际凯团逃兵打得落花流水，缴械投诚的有200余人，缴获了大部分军用物资。

【创建湘鄂川黔根据地】 为了加强湘鄂川黔根据地领导，根据中央书记处1934年11月16日来电指示，11月26日，在大庸县永定镇天主堂成立中共湘鄂川黔边区省委和湘鄂川黔省军区，统一领导湘鄂川黔根据地红军。中共湘鄂川黔省委（1934年11月—1936年2月）书记：任弼时；委员：任弼时、贺龙、关向应、夏曦、萧克、王震、张子意、刘士杰、周玉珠。湘鄂川黔省军区（1934年11月—1936年2月）司令员：贺龙；副司令员：王震；政治委员：任弼时。第一军分区司令员：乐尚连；第二军分区司令员：马赤。1934年11月26日，成立中华苏维埃共和国湘鄂川黔省革命委员会（1934年11月—1936年2月），主席：贺龙；副主席：夏曦、朱长清。至1935年1月，湘鄂川黔根据地初具规模。为了开创根据地新局面，积极建党建政，农会、工会、妇女会等各种群众组织相继建立，发动农民进行土地革命，壮大红军力量，组织地方武装，开展游击战争，肃清地主武装。永顺、保靖、龙山、桑植、大庸、慈利等县群众踊跃参加革命，普遍建立工农政权，武陵山区近50万土家群众获得解放，成为中华苏维埃发展史上浓墨重彩的一章。1935年1月27日,湘鄂川黔省委在大庸县(今永定区)丁家溶召开会议。批判湘鄂西中央分局原书记夏曦在根据地期间所犯的关于肃反、建军和建党等方面的严重错误。湘鄂川黔根据地和红军在任弼时、贺龙领导下,党的建设、政权建设、军队建设、经济建设、文化建设开展得有声有色,卓有成效。

【湘鄂川黔根据地反"围剿"】 1935年年初,蒋介石调集10万兵力,组成六路纵队,进剿湘鄂川黔革命根据地。随着敌人从四面八方逼近,根据地缩小到仅有塔卧、龙家寨一带狭小地区。省委决定跳出包围圈,转往长江以北。红二、红六军团主力转移途中,以劣势兵力取得陈家河、桃子溪大捷。两次战役胜利改变红军被动局面,由退却转入反攻,迅速恢复根据地。同时,在澧水以北地区发动群众筹粮、扩红,开辟东部新区。至1935年9月,湘鄂川黔根据地范围,扩大到东至洞庭湖西岸,西至四川省酉阳县,西北至湖北咸丰、恩施,北至湖北鹤峰,南至湖南沅陵边境,加上黔东和鄂川边两个游击区,约有千余里,人口200万以上,成为长江南岸由中国共产党领导的重要战略区域。湘鄂川黔根据地从1933年12月创建,到1935年11月退出,前后经历将近两年时间的斗争历程。它的区域以桑植、永顺、龙山、大庸及慈利等县为中心,包括湖南、湖北、四川(今重庆市)、贵州4省毗邻地区30个县的部分地区。湘鄂川黔根据地是土地革命战争时期全国几个较大的根据地之一。

【棉花山阻击战】 1935年2月,红二、红六军团面对国民党集中11个师四个旅约10万人的兵力,采取分进合击、攻堵结合战术,由萧克率主力出师慈利县溪口镇棉花山迎击郭汝栋纵队,打响湘鄂川黔革命根据地反围剿第一仗——棉花山阻击战。反围剿斗争伊始,2月22日,红二、红六军团主力在溪口长潭、燕儿垭一带集结。2月23日,进行分路阻击,包围棉花山。在红二军团四师十二团和六师十八团向棉花山蒿子垭前的肖家湾进攻时,大庸县游击支队司令员李吉宇率部从杜坪攻上棉花山,迫近蒿子垭;红六军团五十三团猛攻国民党军郭汝栋部,毙敌200人,俘敌30人后,冲向蒿子垭。三路红军和游击队相互配合,猛攻蒿子垭,歼敌1000余人，乘胜直袭湖凹。湖凹国民党军火力猛烈，红军伤亡很大，十八团政委张仲清中弹牺牲，团长高利国负伤。在激烈战斗中，大庸籍红军战士李宗纪等敢死队员奋不顾身，英勇杀敌。由于寡不敌众，战斗失利，李宗纪腿部负伤，随部队撤向喻家咀。红军立即组织反击，将敌人赶入一座庄院，躲在碉堡里疯狂射击。李宗纪不顾伤痛，在战友们掩护下，挥舞尖锄把墙挖倒一个缺口。惊慌失措的敌人放出一条恶狗，朝他扑来，李宗纪打开恶狗，又冲上前挖开第二道围墙。红军战士乘机猛攻，占领这座庄院。而敌人从后门逃跑时朝李宗纪开枪，击中他的腹部，肠子流了出来，而他仍然捂着肠子追击敌人。此时，与他一同参加红军的堂兄李长生找来棉絮，将李宗纪放在上面，抬回营地。贺龙得知他牺牲情况很受感动，派李长生等四名战士将李宗纪遗体护送回大庸县黄家铺乡安葬，并亲笔给他父亲写慰问信，送给他的家属银圆30块，作为抚恤。

为了支援红军作战，减少部队伤亡，大庸县委、县革委组织100多副担架赶赴战场抢救伤员。三岔坪乡苏维埃政府组织童亚卿等10多名青壮农民成立担架队，跟随带队红军赶到溪口镇棉花山，抬起伤员往回走了60多里山路，天将黑时他们才到达大庸县城。为了保证安全，他们按照省军区政治部指示，立即抬着伤员又连夜行走100多里山路，于第二天上午将伤员送达永顺县塔卧红军医院。伤员们平安地到达医院得到医生诊治，而他们却筋疲力尽。由于高粱坪战斗打响了，他们取消打算休息两天计划，不顾腰酸腿痛，不分白天黑夜，从高粱坪到塔卧来回抬运伤员，一直坚持五天五夜，把伤员全部送到红军医院。此时，他们的脚虽然走肿了，但他们不怕苦、不怕死，还在请求投入新的战斗。贺龙看到大庸县担架队太辛苦了，命令后勤部安排他们在塔卧休息，并召集担架队开会，在大会上表扬他们说："大庸来支援的担架队跟着我们红军打了几个恶仗，帮助消灭了大量的敌人，功劳不小，红军感谢你们。"在棉花山阻击战中，还有王家坪乡革命委员会主席王家训、长潭乡土地委员陈国安等数十人，冒着枪林弹雨，把茶水、饭菜送到红军和游击队阵地，王家坪乡少先队长王家武，跟群众一起为红军搭浮桥，支援红军打击敌人，保卫苏维埃政权。发挥了大庸县委及溪口区委等地方党组织的坚强堡垒作用。

红二、红六军团指战员在战斗中异常英勇，给敌人以迎头痛击。但因红军未能发挥善打运动战优势，未能先敌占领有利地形，而是仓促应战，所以未收到克敌制胜效果，对下一步反围剿战争主动权的掌握有所影响。

【鸡公垭战斗】 1935年3月10日，红军主力撤离大庸县城，向永顺和桑植方向出发。3月13日，陶广纵队第十六师一部和省保安团由永顺王村向永顺县城方向进犯。14日，红军主力迎战于高梁坪，各歼其一部。李觉部于3月15日占领大庸县城；郭汝栋纵队经大庸县城西，欲从温塘等地渡过澧水；张振汉部到达龙山县茨岩塘。各路敌军对根据地中心区域形成包围局面。3月20日，李觉纵队从县城进至枫香岗、龙盘岗一带，指挥部设在龙盘岗。红军总指挥部制定首先突破中央、然后转击两翼作战方案。决定集中八个团兵力，在大庸县后坪镇鸡公垭设伏，打一场伏击战。

3月20日，红二、红六军团首长在鸡公垭团子院、张家塔一带用望远镜察看地形。命令十七师五十团扼守鸡公垭高地，而将主力隐蔽在鸡公垭以西的后坪镇至永顺县龙瓜关一带。红五十团埋伏一天，可是敌人按兵不动。红军主力以为敌人发觉鸡公垭设伏，加上下雨，衣被尽湿，遂向西撤至10余里外的永顺县龙爪关休息，留下五十团警戒。而五十团留下一个连守阵地，其余撤至鸡公垭山下的后坪一带村庄宿营。红五十团撤离阵地后，李觉派出搜索团，于3月21日凌晨摸上了鸡公垭。红五十团负责守备的一个连因为力量悬殊，抵挡不住，撤往崇山半坡高地高梁红、团子院一带。敌人在早晨7时占领鸡公垭高地，构筑工事，等待后续部队渡河。红五十团闻枪响，火速赴向鸡公垭。但鸡公垭两侧大岗小岭已被敌人占领，战斗性质便由伏击战变为攻坚战。红军五十团一面派人飞马向龙爪关主力报告，一面向敌人发起冲锋，攻下垭口南边山头，再向北山头进攻时，被敌人密集火力阻住。21日上午9时，红军主力赶到崇山北麓，设指挥部于坡腰高梁红，首先以十七师五十一团沿山脊向垭口北面山头敌人攻击。夺下一个山头之后，就被敌人猛烈火力压住。接着，红四师沿着五十一团战斗队形强攻，在攻下第二个山头向主峰团包堖前进时，又遭到敌人新投入的一个旅兵力拼命反抗。双方在二斗冲展开白刃格斗，死伤累累。是时，贺龙调整部署，一面以红六师接替红四师强攻主峰，一面以六军团第五十一团和二军团的一部沿崇山脚下绕道向大庸所澧水渡口迂回包抄敌人。红军冲至渡口，砍断敌人的浮桥索，消灭部分敌人。可是，正面进攻的红军虽打得英勇，但因山脊上展不开兵力，并受到主峰东西两侧敌人火力严密封锁侧射，一直战斗到黄昏，冲杀 30 多次仍未攻克主峰。这时，敌增援兵力郭汝栋纵队一五三团到了澧水东岸，李觉的预备部队第一〇九团从龙盘岗泅渡澧水，向红军侧翼运动，这不利的形势，迫使红军在黄昏后撤出战斗。这次战斗由于红军主力撤至龙爪关和五十团疏于防守贻误战机，使得一场伏击战变成了攻坚战，红军伤亡 700 余人，毙伤、淹死、俘虏敌人 1000 余人，缴获各种武器 2000 多件。红军领导干部牺牲很大，四师师长卢冬生腿部负伤。后坪伏击战没有打好，红军处于被动，向西北转移。后坪战斗给了李觉、郭汝栋残部约八团之旅，以迎头痛击，打击了敌人侵占永庸苏区企图。这次战斗没有取得全部胜利的原因，就是我们部队存在游击主义倾向。

【罗塔坪巧设疑兵计】 1934 年 3 月 21 日，红军一部从鸡公垭撤到温塘、仙街河、水田坪、交子界等地，郭汝栋的队伍尾随其后。红军留一部分兵力牵制敌人，大部队一个通夜转移到大庸县罗塔坪的锅罗坑、月亮界、四方界、黄土界、槟榔坪一带。红军利用罗塔坪山高路险，森林茂密，岔路较多的有利地形，为使百姓免遭战祸，决定撤走之前在黄土界一带布置疑兵计，将稻草扎成军队，穿上军服，戴着军帽，有的仰着，有的卧着。还用谷壳盖成一条条长带，一头点火，日夜冒烟，几天不熄。敌人用望远镜一看，似乎红军堵在那里，郭汝栋起了疑心，怕中埋伏，就令队伍在罗塔坪驻扎 20 多天，不敢冒进。有一天，国民党军队派飞机侦察，在黄土界横路上和一碗水后岗上各丢炸弹一颗，发现没有动静，方知已经上当。郭汝栋纵队一万多人进犯永顺县塔卧镇，可是红军已经休整半个多月，接着取得陈家河、桃子溪战斗胜利，为反围剿战争胜利争取到了主动权。

【陈家河大捷】 1935 年 2 月，国民党军对湘鄂川黔苏区进行"围剿"。红军第二军团军团长贺龙、政治委员任弼时指挥红军第二、第六军团进行反"围剿"作战。4月12日，红二、红六军团离开塔卧、龙家寨向北机动。同日下午，在桑植县陈家河西南蒋家垭，与由桑植县沿澧水西进，企图阻止红军北进的国民党军第五十八师第一七二旅遭遇。红军前卫第十团立即发起攻击，歼灭其警戒分队，占领有利地形。贺龙、任弼时当即决定集中11个团的兵力，分割围歼态势孤立的第一七二旅。13日8时，红军打退庙凸山守军一个营反扑，乘势发起攻击，一举夺占庙凸山、张家湾、吴家湾三个制高点。接着向陈家河南北高地发动进攻，红五十一团第三营直插陈家河，歼其旅部，使该旅失去指挥。战至黄昏，将其全部歼灭。这次战斗歼灭国民党军一个师部和两个旅，俘2000余人、缴获枪2000余支、山炮两门。陈家河战斗改变了红二、红六军团反"围剿"态势，使红军由被动转为主动，进入战略反攻阶段。陈家河战斗之所以取得胜利，就在于敢于丢掉包袱，转向敌人侧翼，运动中歼灭敌人。这次战斗经验是抓住运动中分散的敌人，打运动战。

【桃子溪战役】 1935年4月14日，红二、红六军团取得桑植县陈家河战斗胜利以后，根据敌人有向塔卧靠拢动向，决定向南行进，追歼国民党第五十八师陈耀汉残部。15日，红二、红六军团冒着滂沱大雨，沿澧水北岸，经两河口、南岔，直逼桃子溪。是日黄昏，萧克、王震率领的先头部队进到桃子溪北面的岩屋口，得知陈耀汉率领国民党军第五十八师师部直属队、张镜明一七四旅的旅部和第三四七团于午后到达桃子溪，在这里等候留守桑植县城的第三四八团，准备一起退往塔卧。红二、红六军团首长认为，敌军奔命疲惫，现又忙于宿营造饭，不会想到红军来得如此神速。为了乘敌不备给予突袭，萧克立即命令红十八师悄悄插向桃子溪背后的万灵山，堵住逃路；红十七师第五十团、第五十一团沿大路正面袭击。部队到达预定位置以后，兵分两路，围歼桃子溪的敌军。敌军听到枪声大作，杀声四起，仓促应战，乱作一团，很多士兵没来得及冲出大门，就当俘虏。战斗进行顺利，仅用两个多小时就结束了。除陈耀汉和特务连一部分跑掉外，共消灭一个师部、一个旅部、一个山炮营和三四七团全部，活捉师参谋长，缴获两门山炮。4月16日，红军乘胜收复桑植县城，恢复塔卧以北大块根据地。

【忠堡战斗】 1935年6月12日15时，红军经过65千米的急行军赶至湖北省咸丰县忠堡东北的黄牛棚附近。此时，张振汉所率领的中支队和左支队正向忠堡前进，而右支队主力已经进至忠堡，但对红军毫无察觉。红军突然向行进中的右支队发起突袭，歼灭其后卫一部。13日，将其左支队包围于忠堡以东的构皮岭山谷。14日晨，红军集中四个团又一个营的兵力，对被围之敌发起总攻，激战至下午，将该敌全部歼灭，并活捉敌纵队司令兼第四十一师师长张振汉。此战，红军共歼灭第四十一师师部和第一二三旅又一个团，击溃敌六个团，俘敌2000余人，缴枪2000余支、机枪数十挺、电台两部。战后，红二、红六军团回师湘西地区，开展地方工作、扩大红军和整训部队。

【板栗园战斗】 1935年6月，中国工农红军第二、第六军团在湖南省龙山县一带开展群众工作，进行整训和待机。8月1日，国民党军湘鄂川黔边区"剿匪"总司令徐源泉，为加强来凤县至宣恩县的封锁线，防止红军进入鄂西，先后命令第三十四师主力和第四十八师一个旅分别由鹤峰县以西的太平镇和宣恩以南的高罗向沙道沟推进。并以第八十五师经宣恩西南的小关开往李家河；以在高罗的暂编第四旅一部占领水田坝；以在来凤的第一二三旅占领李家河，掩护第三十四师主力等部开进。红二军团军团长贺龙、政治委员任弼时决定利用第八十五师由江西新到鄂西情况不熟的有利条件，以伏击或截击的战法，求歼其于运动中。遂率部由龙山以东的兴隆街向沙道沟佯动。国民党军判断红军将打击由太平镇、高罗南下的第三十四师或第四十八师的一个旅，急令其停止前进，严加戒备。8月3日清晨，第八十五师仍按原计划向李家河前进。此时，红军突然改变行动方向，由沙道沟附近山间捷径向西南急进，于11时许赶至第八十五师必经的宣恩县板栗园设伏。一小时后，第八十五师进入伏击地域，红二、红六军团突然发起多路猛攻，将其截成数段。战至23时，全歼第八十五师师部和两个团又一个营，击毙其师长谢彬，俘1000余人，缴获枪近1000支、迫击炮六门。板栗园伏击战的胜利，迫使鄂军纷纷后撤，湘敌收缩兵力转入防御，敌人对湘鄂川黔根据地的"围剿"即告失败。

【芭蕉坨战斗】 1935年8月7日,红二、红六军团将士集结在龙山县芭蕉坨。后来,领头的国民党二十八军军长、纵队司令陶广改变行动方向,从累人坡下湾塘乡,准备从这里渡过酉水,与湖北省来凤县城的国民党部队会合。虽然,这次战斗主战场在湾塘一带10多千米区域内,但红军作战预案中,把芭蕉坨作为基地,因此,史称"芭蕉坨战斗"。召头寨战斗后,红军设伏于龙潭岩,待机歼灭尾追之敌。红军侦知国民党军队行动,速将埋伏在芭蕉坨的部队向湾塘乡岩坝、红岩坎一带移动。陶广指挥所所在地设在湾塘乡小河村。8月8日上午,正当国民党先头部队开始渡河之时,红军赶至拦截。战斗从高寨打响,红军从东北居高临下,向西南压缩推进,敌人且战且退,龟缩于小河村一带。战斗打得激烈,国民党派来的三架飞机飞得很低,前来轰炸。但因树木遮掩,烟雾弥漫,敌我难分,炸弹投在国民党军队的人头上。被打得晕头转向的国民党军士兵恼羞成怒,见人就抓,见财就抢,见牛就杀,群众深受其害。红军十分同情群众,煮饭同群众一起吃。号召群众参战,宣布所获战利品除武器、弹药外,谁缴获归谁。群众痛恨国民党军队,不少土家人踊跃参战。红军愈战愈勇,敌人越打越孤立,陷入人民战争汪洋大海之中。激战至晚,彻底击溃国民党陶广纵队10个团,缴获枪支3000多支。战后数日,河中还浮出敌人尸体。次年,土家群众还从水底摸出不少枪支。芭蕉坨战斗是红二、红六军团历史上一次投入部队最多、战略效果最好的一次战斗,红二、红六军团投入近两万人,打败国民党湘军两万多人。从此,红二、红六军团胜利地粉碎了国民党六路纵队敌人的"围剿",由被动防御开始主动出击。

【建立大庸县委】 1934年11月,红军攻占大庸县城。11月25日,红军召开军政委员会,任弼时、贺龙等人出席会议,任弼时宣布成立中共大庸县委员会。11月25日,夏曦主持召开大庸县委第一次会议,宣布县委书记为刘城达(1934年11月—1935年1月),担任大庸中心县委书记的是刘亚球(1935年1月—1935年2月),继任大庸中心县委书记的有穰明德(1935年2月—1935年3月)。至1935年3月期间,中共大庸县委发展党员100多名。11月25日,成立大庸县革命委员会。接着,县委派出干部组建河市、郑家坪、天崇等区委会和13个区革命委员会。成立大庸军分区和大庸县游击支队，22个乡镇建立43支游击队，发展游击队员1644人。大庸地方党政组织和武装组织在建立和发展根据地、保卫苏区、扩招红军和对敌斗争中形成一支有生力量。大庸县共有3000多名青年参加红军，为中国革命做出贡献。后在历次战斗中牺牲1000多人、1000多人下落不明。中华人民共和国成立后，活着将士只有几百人。

【红二六军团转移】 中央红军到达陕北以后，蒋介石调集130个团、30万大军向湘鄂川黔根据地发动大规模"围剿"，形势非常严重。湘鄂川黔省委于1935年11月4日在桑植县刘家坪召开联席会议，做出战略转移的正确决策，进行突围准备工作。1935年11月19日，红二、红六军团1.7万多人分别在桑植县刘家坪干田坝、水獭铺（今桑植县瑞塔铺镇枫树塔）举行誓师大会。会上，贺龙、肖克分别向部队下达"突围"命令。当晚，部队分两路向大庸县进发。次日，突破敌军澧水封锁线。11月25日，又突破敌军沅水封锁线。从此，踏上北上抗日的征程。红二、红六军团主力从桑植县刘家坪出发以后，红六军团十八师留守桑植、龙山一带，向北出击，牵制敌人，掩护红军主力部队转移，然后设法与主力部队会合。该师孤军奋战近二个月后，凯旋归队。

第十二讲　抢修芷江机场与中日雪峰山决战

第一节　武陵山区各民族参加抗战概况

【成立湘鄂川边区抗日指挥部】　红二、红六军团将士北上抗日以后，永顺县和桑植县爆发了反对贪官污吏、反对苛捐杂税的斗争。领导这次反抗斗争的是永顺县土家人彭春荣，参加人员多为土家、苗族贫苦农民。1935年冬天，永顺县石堤西农会主席、赤卫队长彭传绪被当地保长刘四兄长砍头示众。彭春荣为族侄报仇，打死刘四兄弟，率众起事。1939年初，彭春荣拥有人枪四百，与保靖县田子文部合并，组成抗日挺进队，彭春荣任副队长。1942年3月，联合何贵卿、瞿伯阶等部地方武装，共计万余人枪，成立"湘鄂川边区民众抗日游击指挥部"，彭春荣任指挥，潘月樵为副指挥。指挥部以抗日为宗旨，提出"抗丁、抗粮、抗税"的主张，号召各族人民"反蒋抗日""打倒贪官污吏"。仿效红军军纪，制定纪律约束部下，受到土家群众拥护。为了掩护红军突围而留下来打游击的红军游击大队长贺龙慈竟与彭春荣共事，成为领导骨干。1943年冬，彭春荣部攻克鹤峰县城和永顺县城。年底，开赴慈利县岩泊渡一带，阻击日寇侵略湘西地区。蒋介石派其嫡系傅仲芳任湘鄂川黔四省边区剿匪总指挥，调集14个团兵力进行围剿。彭春荣在贺虎溪、七溪、南北墩打败国民党军队。彭春荣在乌龙山战败后，于1945年秋率领余部500多人转至桑植八大公山休整。

【鄂西抗日运动】　抗日战争爆发以后，鄂西各族青年北上抗日。留在后方的各族群众捐款献粮，支持抗战。中共鄂西特委派出党员到来凤、咸丰、恩施、利川等县建立县委，发展党员1300多人。许多土家群众加入党组织后，积极开展抗日救亡运动。在各县党组织领导下，"中华民族解放先锋队""抗日救国会""救亡宣传队"等团体在土家地区纷纷建立起来。1941年元月至1945年秋，恩施成了湖北省战时省会，《新湖北日报》等报刊迁到恩施。中共地下党员通过努力，刊登许多抗日救亡活动、前方抗战胜利的消息，为鼓动各族人民支持抗日救亡做出贡献。在中共地下党员李昌伦、王维章领导下，于1943年组建了进步团体"中国姊妹团"，发展团员百余人，宣传共产党的抗日救亡主张，揭露不利于抗日的人和事，在湖北省影响较大。1943年冬天，鄂西各族人民协力抗战，陷日军于五峰县仁和平，挫败日寇攻势。

【长阳抗日战绩】 在中华民族最危险的时候，长阳县土家人投入了抗日救亡行列。1943年，随着武汉沦陷，长阳县等地成为湖北临时省会恩施前哨、陪都重庆门户。这年5月，日军三万多人侵入长阳等地，枪杀土家群众300多人。为了中华民族利益，全县25万多名土家、汉族人民猛烈反击日军侵略者。鄂西会战打响以后，长阳成为鄂川交通孔道和日寇西犯要冲，川湘抗战物资多经长阳转运。仅抢运军需一项，全县出动民伕多达548万人次，每天动员三万民众，助军备战，前后运送粮食100万包、食盐九万公斤等各类军用物资，有力地支援了抗日前线，为取得鄂西会战胜利做出了历史贡献。全县参加抗日军队的土家、汉族青年达2.35万多人，约占全县总人口的10%。由于军民共同抗日，于1943年6月1日，把日军击溃，光复了长阳县。

【贺龙挥师抗日】 1937年9月，国民革命军第八路军一二〇师师长贺龙率师东渡黄河，奔赴抗日战场，发挥独立自主的作战优势，在晋西北山区开展抗日游击战争，创建抗日根据地。同年10月，贺龙指挥八路军一二〇师配合正面战场的忻口战役，在日军侧后打击敌人，袭击永兴村和雁门关等地，歼敌400多人，切断了日军交通补给线。1938年3月，贺龙指挥一二〇师收复被敌军占领的晋西北五寨和宁武等7座县城，歼灭日军1500多人。到1938年，晋西北抗日根据地初步形成，部队发展到 2.5 万多人。为了开展冀中平原游击战争，巩固抗日民主政权，1938 年 12 月，奉中央军委命令，贺龙率一二〇师从岚县出发东进冀中。在第一季度，贺龙指挥曹家庄、大曹村和黑马张庄战斗，共歼日军近 600 人。同年 4 月，指挥一二〇师主力进行河涧县齐会村战斗，歼灭日军 700 多人，创造了平原歼灭战的范例。1939 年 9 月，一二〇师主力埋伏在灵寿县陈庄，歼灭日、伪军 1100 余人。在贺龙指挥下，一二〇师在冀中战斗了 8 个月，共歼敌 5000 多人，威震平原。1940 年 2 月，根据中共中央指示，成立晋西北军政委员会，贺龙任书记。贺龙指挥的夏季反"扫荡"战役打响以后，在米峪镇、二十里铺等战斗中，歼灭敌军 4500 多人。在冬季反"扫荡"战役中，歼敌 2500 多人。

【廖汉生数败日寇】 1937 年 10 月，八路军一二〇师三五八旅七一六团政委、土家将领廖汉生指挥部队与日寇首战雁门关。配合以国民党军为主的忻口战役，切断日军运输线。后随一二〇师主力在晋西北打响了收复 7 座县城战役，参与了创建晋西北抗日根据地的战争。曾夜战滑石片，歼灭日军一个大队，打退了敌军多路围攻。1939 年初，作为八路军一二〇师主力挺进冀中，连战连捷，巩固了冀中抗日根据地。同年 4 月，廖汉生调任独立第二旅副政委，率部参加重创日军的"齐会歼灭战""陈庄歼灭战"和"百团大战"，成为八路军的一支抗日劲旅。

【湘西"竿军"嘉善抗日】 1937 年 8 月，国民革命军第十集团军所辖第一二八师奉令北上，开赴抗日疆场。全师土家、苗族将士集中以后徒步行至常德，转运至武昌。转船运至江阴，驻守宁波江防。11 月 5 日，日军调集三个师团兵力，集结军舰 80 余艘，在杭州湾北岸金山卫一线蜂拥登陆。沿沪杭铁路西进，企图从嘉兴市进攻南京市。11 月 8 日，第十集团军总司令刘建绪命令第一二八师开赴浙江省嘉善县阻止西进之敌，并且要求坚守嘉善四天。11 月 10 日，第一二八师师长顾家齐率部抵达嘉善县，向枫泾镇派出先头部队，拉开嘉善阻击战序幕。三八二旅旅长谭文烈率领湘西"竿军"夜袭枫泾镇敌人。敢死队每人拿把家乡马刀，以赤膊为记。夜袭敌营之时，凡遇着衣者一律挥刀砍杀，歼灭日军 600 多人。次日，日军主力源源抵达枫泾镇。先以重炮掩护，随后两个联队步兵向枫泾镇阵地猛攻。三八二旅七六四团左翼张靖华营凭借工事坚守，伤亡惨重；右翼陈绍武营跃出掩体，紧逼日军左侧。将士穿着草鞋向日军士兵发起攻击，在泥泞中与敌肉搏，击伤日军少将于冢正三。日军士兵靴笨陷滑，多人挨刀，逐渐不支。战士们与兵力占优势的日军苦战至下午6时，前沿阵地失守。一二八师主力在嘉善县里泽乡南桥一带铁路和公路两侧阻击作战。激战至傍晚，以血肉之躯杀退日军多次冲锋。但是，全师官兵伤亡600余人。师长顾家齐命令将士连夜构筑掩护工事。

11月12日拂晓，日军再度进攻，先以十余架飞机对一二八师主阵地猛烈轰炸，步兵以多行横队扫射。步兵冲至新设置的梯次阵地前，突被我军火力猛烈侧射，死伤较多。我军士兵随即紧咬敌兵近战厮杀，再次击退日军进攻。次日子夜，一二八师连夜再度改变阵地，并在原阵地以稻草人迷惑敌人。次日清晨，敌兵进攻之前仍对我原阵地实行密集重炮轰击，不足两平方千米的南桥村变成一片焦土。当敌兵抵近之时，一二八师士兵从两侧新阵地突然跃出与敌厮杀。战场尸体遍野，血肉横飞，敌我伤亡均重。日军再度不支，仓皇撤退。

11月14日，原定该师坚守四日任务到期，但未接到集团军的后撤命令，全师官兵仍然坚守阵地。敌将嘉善铁路沿线桥梁全部炸毁，截断我军后路。还以另一联队兵力从西塘镇偷渡，沿善西公路向南迂回一二八师阵地后侧，致使一二八师腹背受敌。次日凌晨，敌军再度猛攻，我军官兵死守嘉善火车站阵地，并且不时发动反击。血战终日，敌我往返相持。该师七六三团团长糜大昌阵亡，七六四团团长沈荃（沈从文胞弟）、营长张建均负重伤，各团所属连、排官佐伤亡数十人。下午3时，敌将攻击重点压在右翼三八二旅方面，旅长谭文烈亲自参战。但因敌军火力占优势，三八二旅阵地逐被敌人分割。顾家齐急令七六七团派一营兵力援助，亲率师部特务连、工兵连及其他非战斗官佐参加战斗。鏖战至夜，终将顽敌击退，恢复阵地。

11月16日清晨，敌军再度猛烈进攻。一二八师将士抱着"弹尽卒尽"的决心，与敌浴血拼搏。血战数小时之后，七六三团团长舒安卿负伤；七六三团土家族副团长杨正银、营长罗安业和七六四团副团长杨飞腾等人阵亡，全师连排级官佐大部伤亡。顾家齐电话报告集团军司令刘建绪后，再次率领直属连队以及七六七团第一、二两营共约 500 余人支持一线，于汽车站附近向敌发起佯攻，掩护一线官兵撤至有利阵地。激战之后，敌人发现我军撤退意图，重新集中兵力强攻车站以西的 67 号铁路桥。顾家齐命令七六七团以猛烈火力压制敌人，掩护其他部队抢修铁桥。在桥头血战中，七六七团顽强死守，毙敌甚多。至天黑，日军疲惫不堪，顾忌夜战，停止强攻。一二八师利用黑夜，所剩 4000 余名官兵通过 67 号桥，随后将桥炸毁，连夜撤往临平待命。第一二八师爱国官兵以英勇无敌的气概，与拥有飞机大炮的日军 18 师团激战七个昼夜，牺牲 3000 人，打退敌人数次猖狂进攻。一二八师由于出色完成任务而受到国民政府最高统帅部特别嘉奖。

　　沈从文多次提及这支以湘西籍官兵为主组成的部队，提及"嘉善之战"。在《莫错过这千载难逢的报国机会》一文中，沈从文写道："只要想想，一个师开到前线去，血战七昼夜。白天敌人三四十架飞机轮流来轰炸，晚上部队又得趁方便夜袭。有些同乡工事和后方隔绝了，七昼夜不吃、不睡。血战的结果，四个团长受伤，四个团副死去三个伤一个，12 个营长死去七个伤五个，连排长死去三分之二，负伤三分之一。兵士更难计。看看这些数目，就可以知道同乡在前线的牺牲如何大如何壮烈！"

　　嘉善阻击战具有重要的地位及作用：嘉善阻击战在中国抗战史上写下辉煌而悲壮的一页。我军胜利完成阻击任务并在最后撤出战场。一二八师官兵血战七个昼夜，重创日军精锐部队，成为淞沪会战后期坚守时间最长也最成功的一役。

　　第一，嘉善阻击战是淞沪撤退的阻击战之最。在嘉善阻击战中，几个地方师与日军飞机、大炮协同作战的十八师团抗衡七个昼夜。嘉善阻击战作为淞沪大战的外围战，牵制了日军追击淞沪战场后撤部队的兵力；嘉善阻击战作为撤退时的阻击战，粉碎了日军迅速切断苏嘉铁路企图，掩护了中方淞沪部队后撤行动。

　　第二，嘉善阻击战打响浙江抗日第一仗。嘉善阻击战是浙江省第一场大规模的抗击日本侵略者的战斗，又是抗战期间浙江省最激烈的战斗。日军动用一个师团兵力，中方投入五个师的全部或者一部；日军每天动用 30 架到 40 架飞机，每天投掷千枚炸弹；中方每天伤亡千人以上，日军伤亡少将旅长以下数千人。

　　第三，嘉善阻击战积累了作战经验。嘉善阻击战的战绩，稳定了军心，增强了信心，为浙江军民持久抗战并且赢得抗日战争胜利积累了宝贵的实战经验。

【抗日名将王育瑛】 1897 年，出生于湖南省慈利县。1937 年，王育瑛任湖南省第二区行政督察专员兼常澧保安司令，督修慈利县至石门县公路，委任中共地下党员张沈川为专署视察员和筑路委员会主任。王育瑛接受张沈川建议，在全区乡保长以上人员中进行团结抗日、共赴国难宣传。1937 年底，王育瑛任湖南保安第二师师长。1938 年，该师改编为第八十七军第一九八师，王育瑛任师长。王育瑛率部开赴黄安，参加武汉保卫战。在鄂东掩护国军主力撤退，当防守田家镇、麻城一线时，抵抗日军七昼夜。因为全师伤亡惨重，损失过半，撤至沙市整补。1939 年 2 月，第一九八师改归第五十四军建制，移驻常德。这时，日军在侵占广州后继续北进，威胁韶关，王育瑛奉令率部驰援。3 月中旬，全师向敌反攻，战斗十分激烈，日军伤亡甚大，被迫南撤。王育瑛率部奋勇冲杀，收复英德、清远两县，日军只得退守三水、江门一线。4 月中旬，第一九八师进驻高要（即今肇庆），与日军对峙半年之久。日军攻占南宁后继续北犯，与国军昆仑关守将杜聿明展开激战。第五十四军奉命驰援，第一九八师由西江转战北江，向宾阳地区推进，并作为全军总预备队参加昆仑关之役。1940 年 5 月，王育瑛率部从广西移师云南富宁县，第五九四团覃子斌团于花峒之线占领阵地，与日军形成对峙之局。1941 年春，王育瑛任第五十四军副军长兼代军长，率领全军抗击由越南北犯我国日军，苦战三月，迫敌后撤。同年夏，王育瑛奉调去重庆，任中央训练团高等教育班第六期大队长，旋调回湖南省任洞庭湖警备副总司令。1942 年，王育瑛改任第八十七军副军长。1945 年 5 月，王育瑛改任中国陆军总司令部第四方面军第四补训处副处长、处长，负责训练新兵，补充抗日前线。抗日战争胜利以后，改任第十七军官总队副总队长，主持国民党军官复员转业等事宜。

【陆军少将余光奎】 1907 年，出生于湖南省桑植县廖家村。余光奎自黄埔军校第四期毕业后参加北伐，打到武汉市。后来，因功升至团长。1937 年，担任国民党十九路军六十一师副师长、沪淞地下游击队指挥等职。上海沦陷以后，率领沪淞地下游击队员转战沪淞一带，浴血奋战，打击日寇，重创日军。

【抗日英雄戴晓南】 1907 年，出生在湖南省永定区三坪。1939 年 3 月，国民党陆军一○七师六三○团二营少校副营长戴晓南在江西省修水县张公渡抗击日军。日军以一个师团兵力向驻守在修水县的一○七师进攻，戴晓南指挥官兵打退敌人冲锋。第四天，敌人又发起进攻。戴晓南率领全营战士向敌人冲去，右臂被敌打断。戴晓南左手握枪大呼："宁为沙场鬼，不做亡国奴；不打退日寇，誓死不下火线。"在他大无畏英雄气概激励下，战士打退敌人进攻。后来，十多架日机飞来，狂轰滥炸，戴晓南被炸得血肉横飞，牺牲时年仅 32 岁。

第二节 武陵山人民修建芷江抗战机场

武陵山人民用多种形式支持抗战。盟国远东第二大抗战机场——芷江机场，即是由数万武陵山群众不分日夜修建出来的。为抗战胜利做出了伟大贡献。

芷江机场位于县城东郊一千米处，原是一片开阔而低矮的丘陵地带。又因古时小岳之上多生楠木，故又名楠木坪。1934 年，蒋介石在围剿中央红军的同时，于 12 月 1 日电谕湖南省政府主席何键"为将来绥靖川湘黔三省边境计"，令在芷江修建飞机场。

开始组织人员对机场地形、范围进行勘察。由于勘察技术力量薄弱，进展迟缓，到 10 月底，勘察的总体方案均未落实，后因故机场的勘察工作曾一度搁置起来。1936 年 7 月机场的勘察工作又重新开始，10 月机场的兴建方案已定。以原校场为基础，扩修成一个 800 米见方的飞机场。县府抽调民工 2000 余人，开始施工。1937 年，抗日战争爆发后，战事趋紧。重庆政府深感加强湘西设防的重要，必须加速和扩大机场的修建。即以国民党中央航空委员会的名义电令湖南省政府，要求将芷江机场由原来的 800 米见方扩大为 1200 米见方。第四行政专员公署从芷江、麻阳等 11 县征集 19000 名民工，于1938年1月12日正式动工。当时国民党航空委员会指派工程师林泽群负责机场的规划、设计、勘察、组织施工等全面技术工作，后来又派实习工程师黄彰任协助林工作。这次扩修任务包括跑道、停机坪、排水道、机窝及隐蔽药库等，工程十分浩大。按施工规划：占用良田、道路、村舍面积为10万余亩；开挖搬运土石方77.8万余立方米，滚压面积54.5万余平方米；铺沙石面积为18.2万余平方米；搬迁民房20余处，计建筑面积77.5万余平方米；搬迁坟墓2.4万余座。参加扩修机场的民工，劳动强度极大。当时挖土、运土、滚压等繁重劳动，没有机械作业，全靠手工。民工在挖山头的同时，还要把剩土运去填塞沟洼，每填高四五十厘米需锤牢夯实一层，最深处需得填三四米的土层。几千亩的大机坪，都是靠上百人拉着一个个三四十吨重的水泥大石滚碾压。

民工的生活极其艰苦，卫生条件极差。各县民工分住在县城的庵堂寺庙、宗祠会馆及居民的院落里。由于人员过分集中，暑天施工，体力消耗大，饮食差，身体虚弱，加之挖掘的上万座坟墓，白骨乱抛，日晒雨淋，造成工地环境的严重污染。1938年7月，发生霍乱流行，修机场的民工，每天死亡数十。据官方统计，在几次扩修机场中，因患霍乱或劳累而死亡的民工不下5000人。当时外地人流传着这样一句口头语："人到芷江，九死一伤。"民工施工的工钱，按施工付酬规定，原定每立方米的土方，价4角5分，后降为2角4分。实际上除每天两餐糙米饭外，民工分文未得。征工处的人员大肆贪污。1938年5月底，芷江征工处副处长杨毓桓、监工唐立成因贪污事败露后，激起民工的极大愤慨，纷纷投书告状。当时，正逢湖南省主席张治中来湘西视察，听后甚感气愤，遂于6月5日，将副处长杨毓桓解省鞠讯。并将监工唐立成就地枪决。这虽然平息了一时民愤，但各县负责管理民工的工头们的贪污之风并未刹住。如后来的扩修机场中，芷江县长秦佑农、黔阳县长刘伯谦从民工身上刮去上百万元的血汗钱而逍遥法外。1938年10月，除完成了2000亩机坪及1600米的跑道扩修任务外，还修建了导航台、指挥塔、疏散道等工程设施。经国民党航空委员会芷江工程处验收合格，随后机场开始使用。

1940年至1945年初，又多次加固扩修，使其成为第二次世界大战中盟军东方的第二大军用机场。也正是这个湘西人民用血肉筑成的机场,后来竟和抗日战争的胜利结下了不解之缘:因争夺芷江机场而发生的"湘西会战",是抗战期间中日双方的最后一次恶战;"芷江受降"更使其蜚声中外。重要的空军基地1938年10月机场竣工后,国民党武汉航空第九总站及南昌飞机修理第二厂相继迁来芷江。从1938年冬到1945年10月,先后有苏联志愿空军中队、中国空军第二大队、美空军第十四航空队第六十八飞行联队、运输机队、中美空军混合团的第一大队(轰炸机队)、第五大队(战斗机队)和中国空军第四大队等空军部队进驻芷江机场。尤其是1944年初—1945年8月,中美空军的大批鲨鱼式、野马式、黑寡妇式战斗机、侦察机、中程B-25型轰炸机、大型C-46式运输机聚集在芷江机场,最多时达300~400架。芷江机场,在抗日战争时期是国民党重庆政府的前进机场,盟军的重要空军基地。当时又是军事保密的重点,凡涉及这一机场空军作战及战果的报道,都是以"红岩机场""湘西基地""湘西某地"等代号顶替,给这里蒙上了一

图17 芷江受降纪念坊(何永军 摄影)

层厚厚的神秘色彩。这一山区机场在反法西斯战争中,具有不可忽略的军事地位,发挥过重大作用。[1]

第三节 中日雪峰山决战

"湘西会战"又称"雪峰山会战",是中国人民抗日战争的最后一次会战,是中国第三方面军、第四方面军以及第十集团军在湖南省西部对日军第六方面军所部进行的转守为攻战役。日军发动湘西会战目的是占领对日军具有很大杀伤力的芷江机场,巩固湘桂、粤汉两条铁路交通,让两广日军进入沿海地区对付美军登陆。湘西会战从1945年4月9日开始,至1945年6月7日结束。双方参战总兵力28万余人,战线长达200余千米。湘西会战最后一仗主战场为雪峰山东麓的洞口县高沙、江口、青岩、铁山一带,战役以日本军队战败而结束。

一、湘西会战背景

1943年,世界反法西斯阵线出现重大转折。中国战区军队敌后战场局部反攻,正面战场"常德会战"取得胜利,日本法西斯面临彻底灭亡命运。为了改变太平洋战场不利态势,挽救失败命运,日军欲及早结束对华战争,倾兵力于太平洋战场。1944年4月至12月,日军发动代号为"一号作战"大规模战役,历经豫中会战、湖南会战、桂柳会战等战役,先后攻占河南、湖南、广西和广东的部分地区,摧毁衡阳、零陵、宝庆、桂林、柳州、丹竹、南宁等地七个中美空军基地和36个机场。驻芷江中美空军在保卫衡阳机场战役中,出动战鹰1600架次,击落日机66架,毙敌3000余人。但是,日军不惜血本拼死搏杀,中国空军放弃衡阳,退守芷江。1945年3月,鄂北老河口美军机场被日军占领。规模宏大、战机众多的美战略空军在华的唯一前方机场——芷江机场成为日军战略目标的极大威胁。芷江是湘西地区战区军需物资和兵源的集散地,也是训练部队、准备反攻的重要基地。芷江

---

[1] 向国双《概述抗日战争中的芷江机场》。

失守，盟军对日轰炸将受到极大影响，重庆也必将受到威胁。芷江机场驻有中美空军战勤人员 2000 多人，从侧背芷江机场起飞的中美空军，将给日军造成重大伤亡。为了占领芷江机场，维护湘桂、粤汉两条铁路交通，建立大陆要塞，1945 年 4 月 9 日至 6 月 7 日，日军采取分进合击战略，发动湘西会战。

二、湘西会战经过

（一）日军进攻阶段

1945 年 4 月初，日军第二十军司令官坂西一郎中将驻扎邵阳，指挥日军分三路向芷江进发：南路第三十四师团等由新宁、武冈、武阳向洪江进攻；中路第一一六师团、四十七师团等由邵阳沿邵榆公路西进，围歼洞口、武冈以北、沅水以东的中国军队，突入安江，直取芷江；北路第三十四师团进攻新化、辰溪、溆浦；另以第六十四师团、六十八师团向宁乡、益阳佯攻，以牵制中国湘北军队南下，企图一举攻下芷江。

中国军队由陆军总司令何应钦任总指挥，采取节节阻击，诱敌深入，包围聚歼方针：

第一，王耀武的第四方面军为正面主力，司令部设雪峰山南麓安江镇，第七十四军在雪峰山麓构筑决战主阵地，一部于雪峰山东北面之武冈、石下江、洞口构筑工事，逐点抵抗；第一〇〇军配备于雪峰山东麓之山口、龙潭一线；七十三军驻新化、安化防守；十八军驻沅陵、辰溪一线。

第二，汤恩伯的第三方面军的李玉堂第二十七集团军以一部守卫城步、东安一线，阻击湘桂路及桂穗路北进之日军。

第三，第九十四军向武冈以东，第十集团军驻常德、汉寿防御。

第四，廖耀湘新六军运芷江，在武冈、新化歼敌。

1945 年 4 月 9 日，日军第一一六师团和特种部队一部偷渡资水县，占领桥头阵地，掩护主力西渡；驻永丰日军第四十七师团一部向七十三军进攻，揭开湘西会战序幕。日军分三路进攻：中路日军第一一六师团、独立第八十六旅团、重广支队为一线主力，第四十七师团为二线支援部队。企图把中国军队消灭在雪峰山以东洞口、武冈西北地区。但中国军队战斗意志旺盛，又有空军支援，在近一月内节节抵抗，给日军以重大杀伤。一路日军沿邵安公路西进，26日进至洞口向七十四军雪峰山主阵地猛攻，中国军队利用险要地形和坚固工事阻击，日军重挫；二路由邵安公路北侧西进，4月17日到达圭洞，与中国军队激战，伤亡甚大；三路从邵阳向西北进犯，4月15日到达巨石铺，被中国六十三师和暂编六师部阻击，无法前进；四路日军从邵阳西北突破七十三军防线，到达新化、洋溪附近，并与右路日军联合围攻新化，被中国第一〇〇军六十三师击退。中路日军第二四四联队于4月28日在溆浦、隆回交界的青山界与守军第一〇〇军十九师激战竟日，守军歼敌400余人，俘敌中队长以下22人，缴获炮两门、重机枪三挺，步枪300余支，取得湘西战役首次胜利。5月2日，溆浦龙潭守军得到空军16架飞机支援。4月26日，3000余日军向绥宁、洞口至洪江的要地武阳进犯，武阳驻军第九连与数倍于己之敌苦战四昼夜，全连壮烈牺牲，武阳陷敌。5月4日起第五师经三日激战，攻克武阳，歼敌五十八旅团长以下1500余人。武阳大捷开湘西会战胜利之先声，是湘西会战由被动变为主动、由防御转为反攻的标志，为反攻作战打下基础。5月9日，日本中国派遣军下达中止芷江作战命令。

（二）中方反攻阶段

1945年5月8日至6月7日，中方反攻。第四方面军的反攻打从青岩战役开始。青岩守军第五十七师一七〇团在上周毙敌1300多人之后，于5月8日在空军配合下，击退4000余日军对青岩高地的波状式强攻，毙敌300余人，合计青岩战役毙敌1600余名，迫敌逃窜。同时，绥宁、武阳守军全歼敌关桥支队主力。5月14日在马颈骨毙敌联队长以下官兵1300余名，取得马颈骨战役的全胜。5月21日至6月7日又夺得芙蓉山战争的胜利。第三方面军从5月初取得武阳大捷后，向武冈、洞口之敌追击，连连取胜，12日毙敌500余名，收复高沙，13日在风神岩歼敌数百人。至5月24日追敌至金秤市一带，与资江东岸日军对峙。

湘西会战，中国军队以伤亡1.9万余人的代价毙伤敌人2.8万余人，俘敌247人，缴获大小火炮24门，步枪1300余支，机枪100挺，战马347匹，其他战利品20余吨，粉碎日军攻占芷江机场的企图。湘西会战胜利标志着日军中国战场攻势的结束，从此日军转入战略防御阶段。中国正面战场从此转入战略反攻阶段，先后收复桂柳，反攻广州、梧州、滇西取得成功，被《纽约时报》称为"中日战争的转折点"。湘西会战牵制大量日军，减轻其他战场压力。从力量对比和战斗进展看，本可全歼日军，但因蒋介石不愿消耗太多美械装备，以备打内战，部分将领被胜利冲昏头脑，何应钦要去国民党六大报告湘西大捷情况，即在石下江放开一个缺口，让部分日军逃走。

三、湘西会战意义

第一，湘西会战挫败了日军企图占领中国芷江空军机场的阴谋，提高了国军"反攻之士气"，它是国民党战场从防御转入进攻的重大转折点。

第二，湘西会战，日军第二十军在整个战略态势处于被动的形势下，以冒险的进攻开始，以狼狈的溃逃告终。日军自湘西反扑被扼制后，从此再未敢在其他地区进行冒险，雪峰山麓日军尚未撤下战场，冈村宁次即于1945年5月开始撤退侵入广西的军队，接着又从广州和湘西撤兵。日军在雪峰山麓遭到惨败后，整个中国战场陷入混乱溃逃的狼狈境地。相反，国民党军事委员会因"湘西会战我军士气日盛，敌之战志消沉，要求迅速收复桂柳，以开拓总反攻之机运"。

第三，湘西会战显示了中国官兵高尚无畏的爱国主义精神。如第七十四军一个连为守卫武冈而全部战死殉国，连长周北辰身先士卒，手持冲锋枪，与突入之敌实行白刃肉搏战，夜晚带领两名战士突入敌阵，杀死数名正在酣睡的敌人，生俘两名敌少尉军官，最后身中两弹而光荣牺牲。湘西会战尽管取得胜利，但由于国民党执行片面抗战路线，特别是何应钦急功好胜，要求前方将士"草草收兵"，致使本该获得更大胜利的湘西会战，由于人为因素而未尽如我将士之意。

第四节 芷江洽降

1945年4月，日本侵华军为了夺取芷江飞机场，确保其在湘桂、粤汉两条铁路交通，在湘西地区发动一次新的攻势。中国守军以雪峰山为天然屏障顽强抵抗，于5月8日开始反攻，重创日军，敌伤亡达2.8万多人。"湘西会战"是中国抗日正面战场的最后一战，它的胜利使芷江县成为中日洽降谈判首选地点。

"湘西会战"结束时，中国和世界反法西斯战争的完全胜利已成定局。日本本土受到美国空军猛轰烂炸，日寇在广大战场上兵败如山倒，彻底丧失继续进行战争的资本。7月26日，敦促日本投降的《波茨坦公告》正式发表，要求日本政府"立即宣布所有武装部队无条件投降"。8月9日，毛泽东发表《对日寇的最后一战》，要求各解放区武装力量向日本侵略者发动全线总攻击，给日寇以毁灭性打击。8月14日，日本天皇举行紧急御前会议，决定接受《波茨坦公告》，无条件投降。8月15日，日本政府向世界广播了"投降诏书"。

日本投降消息传到中国，举国欢腾，陪都重庆、革命圣地延安分别举行盛大火炬游行，欢庆八年抗日战争胜利。当日，国民政府行政院将日本正式投降的电文送呈蒋介石时，蒋介石迫不及待地电告驻南京的日本侵华军总司令冈村宁次，督促其赶快派代表洽谈投降事宜。8月17日，冈村宁次复电蒋介石，决定派副总参谋长今井武夫等人为洽降代表。次日，蒋介石再电冈村宁次，派今井武夫于8月21日到湖南省芷江县接洽投降事宜。20日，中国国民政府洽降代表陆军总司令何应钦、总参谋长萧毅肃、副参谋长冷欣等人抵达芷江。美军方面人员、记者团50余人也飞抵芷江。当晚，何应钦召开军事会议，成立芷江前方司令部，负责全部洽降事宜。因日方代表系副总参谋长，何应钦乃安排中国陆军总参谋长萧毅肃中将直接出面洽谈。

8月21日中午，日军洽降代表今井武夫等八人乘坐专机抵达芷江机场，神情悲郁地走下飞机。等候在那里的近100名中外记者，把相机对准几位战败国降使，这让今井武夫一行十分尴尬和难堪。洽降会场设在芷江西北七里桥空军招待所俱乐部。21日下午3时，双方代表进入会场，萧毅肃主持洽降仪式。萧毅肃逐一介绍中国官员和美军参谋长柏德纳，然后命令今井武夫等说明身份并且出示投降代表身份证件。从21日至23日，双方代表多次进行洽降会谈。萧毅肃交给日军代表四份《备忘录》。今井武夫签署领受《备忘录》收据，负责转至日本侵华军总司令冈村宁次。同时，交出驻华日军集结地区军用地图。中方代表提出，日本投降正式签字地点在南京，要求冈村宁次做好准备，中国政府将以何应钦为受降全权代表前往南京受降。芷江洽降谈判还规定，按原战区划全国为15个受降区。其中，湖南地区以第四方面军司令官王耀武为受降主官，湖南日军集中于长沙、衡阳、岳阳，作为办理投降地点。今井武夫一一承诺，并且出具收据。

9月9日，日本侵华军总司令冈村宁次在南京签署投降书，正式向中国投降。10月4日，第四方面军司令官王耀武在长沙接受坂西一郎代表侵湘日军签订投降书。

"芷江洽降"是中国人民抗日战争的胜利记录。为了纪念这一具有历史意义的重大事件，1946年，国民政府在芷江县七里桥建造一座"受降纪念坊"，这座高大的纪念坊，铭刻着中华民族一段历史，也是中华民族自强不息的象征。

第四篇 文化与艺术

引 言

武陵山有许多世居民族，汉族、土家族、苗族、侗族、瑶族、白族、仡佬族等。也有一些后来进入的民族，如维吾尔族、回族等。还有许多介于各种民族之间的族群，如廪嘎人、瓦乡人等。每一个民族或族群都有自己独特的文化，这些文化异彩纷呈，既各成体系，又相互影响，相互吸收，共同造就了武陵山文化与艺术。面对这些文化与艺术，可以用神奇、神韵、神秘来概括。

武陵山是歌舞海洋，不仅仅是这里的人们爱唱歌跳舞，而且这些歌与舞都保留着远古时代的传统。有从武王伐纣时代留下来的军歌战舞，也有从巴人时代留下来的薤露歌以及阳春白雪，更有文明初开时代的巫傩之歌。

这里的人们极讲究艺术，无论是宗教信仰，还是一般巫术，都极讲究艺术性的表达。无论是建筑，还是饮食，也都将艺术视为一种境界。宗教师傅一定要表演戏剧、杂技。宗教场面必然通过剪纸、彩绘等进行系统装饰。建筑上更是强调与山水的整体配合，强调个性，强调绝活。比如侗族鼓楼，几十米高大建筑，竟然不用一根铁钉。

武陵山人浪漫、自由、热情奔放。从远古时代就追求爱情自由。谈情说爱，遵循自己的规矩。他们的规矩，就是艺术展示。年轻人谈恋爱，首先展示自己的艺术才华。你想追求你心中的他或她，那你先唱歌吧，或者你先弹奏你的琵琶吧，吹响你的芦笙吧。实在不行，你跳个舞吧。只有有艺术才华的人，才配得上英俊或者美丽！为了展示年轻人的艺术才华、升华爱情，侗族人造出侗寨中高大豪华的鼓楼，苗族人兴起各种各样以聚会为核心内容的大型节日！苗族人甚至连每五天一次的集日都不放过，赶集天也要去集市边的山脚下小溪边尽情唱歌跳舞，谓之跳月。这是一种怎样的艺术精神？本篇就主要介绍这些独特的文化与艺术。

第十三讲 歌与哭的故事

快乐的时候唱歌，哀伤的时候哭泣。这是人们的一般常识。放大到民族文化，放声歌唱肯定遇到喜事，大声哭诉肯定有忧伤。可是，武陵山民族不完全是这样的。他们的表达方式，与中原人习惯的常识存在很大差距：在遇到亲人去世而最应该哀伤的时候，他们高歌劲舞；在新婚之前，原本该皆大欢喜的时候，他们却哭哭啼啼，如泣如诉，日夜不止。丰富的民族歌曲，强劲的民族舞蹈，为武陵山的传奇增添了新的神韵。

第一节 古老的军歌战舞

晋代人常璩所撰写的《华阳国志》是一部古老的地方志。记载的是四川、贵州、云南以及湖北、湖南两省的西部地区的早期历史。书中记载的大量古史故事具有重要的历史价值，引起了很多历史猜测。该书卷一《巴志》中有一段文字：

> 巴师勇锐，歌舞以凌殷人。殷人倒戈。故世称之曰："武王伐纣，前歌后舞"也。

这段话被后代很多学者引用，而且写进了当代的中学历史教材。可知这段话所记载的信息具有相当重要的历史意义。因为，巴人在打仗的时候，采用的是唱歌跳舞的形式。当我们发现武陵山侗族采用唱歌的形式审判案子的时候，就极为惊奇。可是还有人打仗也采用唱歌跳舞，这就更少见了。我们读到《华阳国志》这一段文字时，还可以提出一个更加大胆的问题，巴人的这种"歌"与"舞"是一种什么样的歌与舞？它流传下来了吗？我们今天还可以在某时某地看到它的大体形式吗？

要回答上面的提问，我们先得回答，古代的巴人发展到今天，还能够从中华民族的大家庭中辨认出来吗？如果辨认不出来，那就无法进一步研究这种歌舞的现代形式。如果能够辨认，那我们就可以顺藤摸瓜，找到可能的辨认线索。巴人在战国末年就基本上淡出中国历史大舞台了，西汉初年也只是有一些零星记载。从西汉到现如今，两千多年过去了，这一支古族群去哪里了？全部与其他民族融合了？被同化了？

年代虽然相去久远，但是当代的专家学者，还真是有办法找到这些古族群在历史中的演变脉络。著名的人类学家潘光旦先生，通过田野考察，结合历史史料，发现了巴人淡出历史舞台之后，他们的子孙逐渐演变成今天的土家族。这一历史过程，我们在本书第三讲《廪君传说与战神起源》中，做了详细介绍。

土家族中有这样的歌舞吗？在介绍土家族的书籍中，我们看到土家族有摆手舞，有土家山歌，但是这些歌舞都与战斗、军事无关啊。还有其他的歌舞吗？好不容易，我们从土家族的南部支系，一支叫作廪嘎人的族群中，还真找到了与古代巴人"前歌后舞"差不多的歌舞。这种歌舞在廪嘎人那里，叫作"打廪跳排"与唱"廪歌"。[1]那这是一种什么样的歌舞呢？

廪歌是廪嘎人在丧葬仪式中由执行法事的流落演唱的歌。而"廪嘎人"是分布在湘西凤凰、吉首、泸溪三县市相邻地带（沱江中下游）的一支土家族人的自称（见第三讲《廪君传说与战神起源》）。据传说，廪嘎人共有七姓，田、杨、苏、罗、吴、林、谭，号称七姓证盟。现存廪歌共有七卷，第一卷《廪歌》；第二卷《喏歌》；第三卷《播歌》；第四卷《吹号歌》；第五卷《十二花歌》；第六卷《唱鸡歌》；第七卷《送歌出门》。从廪歌的名称"喏""播""吹号"等词语，

---

[1] 谭必友，田级会《田野中的文化呈现——穿越文化浸洗的廪嘎人歌舞研究》，北京：人民出版社，2010年。

就知道那描述的都是战争场面。如《吹号歌》的唱词：

> 喏喏　蹑了神旗身便动，金官来打蛇咬公。
> 喏喏　杀了敖公军马到，阵当习杀又习杀。
> 喏喏　杀了何车重重赏，留了何车也无名。
> 喏喏　金龙军马杨杀杨，金龙军马刀弩强。
> 喏喏　金龙军马杨杀鸡，金龙军马刀弩奇。
> ……
> 喏喏　天阴落雨用春雷，上江难盖随城堆。
> 喏喏　金龙军马杨杀杨，杀到黄昏该散场。
> 喏喏　金龙军马外齐心，三十六人对九千。
> ……
> 喏喏　息杀该了收军马，上江难该岁城坝。
> ……
> 喏喏　杀到高山丁岩山，黄莺来降老鸦啄。

　　廪歌是一部有着两千年历史的古歌。从每卷歌词的名称来看，都是古歌体。七卷歌中，每一卷的体裁都不一样，内容也不一样。事实上，在流传过程中，后面的流落师傅还是对较早时期的一些古歌进行了修改。为什么要修改？估计是那些古歌看不懂了，或者内容落后了，而新发生的历史大事件又更为重要。所以，才冒着得罪祖神的风险，修改了用于祭祀的、非常神圣的古歌。未经修改的古歌，看不太明白，修改过后的歌，都是以新发生的历史事件为主题。因此，现存七卷古歌，可以排列出一个时代顺序。从先秦到明清，几乎涵盖了大多数时代。这是廪嘎人在不同时代记录的历史变迁，具有重要的历史价值。

　　打廪跳排是一种古老的战舞。由执行法事的师傅表演。这些师傅的法名叫作流落。流落在表演"打廪"或"打廪跳排"时，由一名流落师傅击鼓，另外两名徒弟（或四名）身穿前后写有"兵""卒"（也有的写"小兵""小卒"）等字的古代军服，各人手里拿着一根长约1.5米的竹篙（以表演者的身高来确定，竹篙比表演者略短，以利于表演时摇动与挥舞），外加一节约30厘米长的破竹筒（削成刷把），两人（或四人）列队表演战斗、撑船、敲竹篙等动作，口中同时伴以"啊——喂！"的呼叫之声。每一场表演只需三四分钟左右。为了使表演更具有喜剧效果，有时候这些流落会在每一场表演结束时故意

图 18　打廪跳排（谭必友 摄影）

大叫"错了错了"。这样，掌鼓师傅又重新击起大鼓，众徒弟们又把刚表演的舞蹈再表演一次。（图18）

当白帝天王信仰成为一种成熟宗教时，打廪跳排舞蹈已作为白帝天王信仰的一个组成部分而存在，成为一种较为成熟的宗教舞蹈。其表演的时间不长，但是表演中凝结的文化记忆却相当丰富，几乎囊括了廪嘎人古代历史的各个阶段。打廪跳排舞蹈中凝结了哪些文化记忆？

第一，从原始狩猎记忆到古代战争记忆。

原始狩猎是一种集体活动，主要借助集体吆喝声、依靠木棍、石块等等武器，达到捕获野兽的目的。打廪跳排中，舞蹈者集体高举竹刷，口中同时发出"啊——喂"或者"啊——嗬"的呼叫之声，这正是最为原始的集体狩猎场景。既象征着围猎时驱赶野兽，又通过最后的一声吆喝"啊——嗬！"来表达狩猎成功时的欢呼情景。可知，这种舞蹈最初是通过集体吆喝来表达感情的。

当战争成为部族之间以致集团之间争夺利益的重要手段时，这种集体狩猎场景演变成战争技术。所以，打廪跳排时有了擂鼓进军的象征，原本狩猎的象征，此时也包含战斗象征。战士们一手持矛（或棍），一手持盾（即现在的竹刷），排成战斗队列，向前进军，向后冲杀。战斗中同样需要呐喊，同样有胜利的欢呼。这正是巴人协助周武王伐纣时的"前歌后舞"的战争舞蹈，这种舞蹈完整地保留

到了今天。

第二，从战争记忆到迁徙记忆。

巴子国灭国之后，廪君嫡系后裔不得不远徙他乡。在那个以人力为主要运输动力的时代，远距离迁徙不是一件很容易的事情。况且他们是从清江流域来到沅水流域，渡过大江大河、翻越莽莽森林成为迁徙道路上所遇到的主要困难。渡江就要乘船或者木排（在迁徙途中，估计很难制造船只，只能制造临时用的木排，所以叫"跳排"），撑排就要用长长的竹篙。沅水水流湍急、滩极险，因此不可能乘船直达目的地。在滩大水急之处，还得穿越森林，在森林露宿成为每天都必须面对的危险。穿过森林就要遇到无数野兽。特别是在夜宿森林之中时，遭遇野兽袭击可能是家常便饭。为了避免野兽袭击，就必须采取相应的措施。最好的方法有两个，一个是烧篝火，一个是敲响武器，发出巨大的声响。这样，响篙成为迁徙途中最常用的工具了。

第三，从上古战争记忆到部族混战记忆。

廪嘎人是从沅水溯流而上，来到五溪上游一带开发。他们在此与从西部迁来以竹王为图腾的僰人（或者夜郎人）的后裔产生了强烈的利益冲突，爆发了部族战争。这次战争同巴人历史上的其他战争有很大区别，因为并没有出现最后的胜利者。最初，廪嘎人打败了僰人，但是廪嘎人的首领仅仅是被中央王朝利用了。当他们带着胜利者的喜悦去向中央王朝请功时，他们被中央王朝谋害了（见第三讲《廪君传说与战神起源》）。这种结局超出了廪嘎人的历史经验，也几乎超出了他们的心理承受能力，这段历史被重新凝聚到打廪跳排舞蹈中间。原来的舞蹈中很有夸张性的撑船动作现在变得有些艰难，表演者带着一种凝重的表情，注视着前方，他们是在撑船渡白帝天王的尸体回家。从此，打廪跳排完全获得了全新的解读，它不再是廪君那个远古时代的战争记忆，而是巴人迁徙到五溪流域并定居下来之后，对发生于部族之间的战争，以及当地少数民族与中央王朝之间的关系的记忆。

打廪跳排舞蹈前后总共只有几分钟，然而凝聚在舞蹈中的文化记忆却相当丰富，是一个具有高度象征性的历史舞蹈。这个舞蹈充分的表现了廪嘎人的聪明才智，表现了他们对历史的理解，对艺术的把握。凝聚的历史跨度，前后达数千年；凝聚的文化则涵盖狩猎、战争、迁徙、开发等人类发展过程中所经历的多种文化事相。

第二节 苗族情歌

　　情歌是苗族民歌中的主体，是苗族文化的重要内容。苗族是一个自由浪漫的民族，人人爱唱歌。在古代社会，青年男女谈情说爱，必须以歌为媒。不会唱歌的小伙找不到女朋友，不会唱歌的女孩找不到心中的王子。这种风俗，古代文献中就已经有大量记载了。清康熙年间《红苗归流图》"唱歌觅偶"图所附文字云："苗俗，至初春时，男女未嫁者皆盛服，负背笼登山，以樵采为名，往来林麓间，相对唱山歌，雄鸣雌应，曼声悠扬。每发声则以一手自掩其耳，唱和相协者则相悦……然后挽媒行聘说者。"（《湘西苗疆珍稀苗族史料集成》第21册）又如清乾隆初年《永绥厅志》的"永苗风俗十条"记载了当时花垣苗族"椎牛"祭祀仪式活动之后众多青年男女对唱情歌的情景："然后择寨旁旷野处，男女各以类相聚，彼此唱苗歌，男唱女和，或女唱男和，往来互答……相悦者，男女各有赠遗。"乾嘉之际大学者毕沅于1795至1797年在湘西平乱期间，写了一组《红苗竹枝词》二十首，其中写道："山上青松挂碧萝，山前郎和女儿歌。韶光九十长无雨，天谴春晴分外多。"这些古籍中都记载了苗族爱唱情歌的习俗。这种习俗直至20世纪80年代以前，人们一提起湘西苗族聚居区，仍喜用"歌舞的海洋""苗歌几乎无人不爱，无人不会"来形容。

一、适合唱情歌的情境

　　唱情歌是每一个年轻人都必须学习的一种技能，不会唱情歌的年轻人，被认为是能力比较差的人，在找对象时，将会遇到很多困难。因此，唱情歌成为苗族青年必修的一门技能，唱情歌也成为苗寨里最为常见的活动之一。相对来说，下面几种场合是最适合唱情歌的。

　　赶边边场。这是苗族情歌最常见的演唱场合，集场是西南地区老百姓交换有无的重要场所，这本是进行物资买卖的贸易市场，但是苗族青年人却赋予市场谈情说爱的功能。成年人去市场做买卖,年轻人逢集市的时候去市场旁边的山头溪水唱情歌,苗族人谓之赶边边场。

鼓藏节唱。鼓藏节是苗族最盛大的节日,参加的人多,是更为理想的择偶的场所。鼓藏节时,不仅仅是白天年轻人们唱情歌,晚上也相邀在一起,或在家里唱,或在村外边的树林里去唱。

节日集会。苗族传统节日很多,苗年、三月三、四月八、五月五、六月六、七月半、八月中秋、九月九等。在节日期间,一般周围苗寨相约在某个村庄共同举行庆祝活动。这时,年轻人就会赶去唱情歌。

结亲嫁女的喜事场合唱。结亲嫁女是苗族人较为隆重的仪式,无论之前认识与否,只要有朋友的朋友相约,都可以赶去庆祝。年轻人就会在主人家唱情歌,常常是通宵达旦。

以上是主要的场合,其他还有一些场合也是年轻人唱情歌的地方,在此就不介绍了。

二、苗族情歌的演唱形式

苗族情歌有多种演唱形式,有一句对答式、四句对答式、段落对答式、群体对答式等。一句对答式,采用男女间一问一答,或者你一言我一语,表达爱慕或相思。四句对答式,这是借鉴汉语的格式,四句对答。比如:

郎害相思爱喝茶
妹害相思爱织麻,
两人害的一样病,
何不拢来做一家

我想情妹想得呆,
翻穿衣服倒穿鞋
嫂子当作娘来喊,
水缸当做磨刀岩。

段落对答式，男女双方各自演唱一个段落，混合式。不拘格式，自由表达。比如：

黔东苗族情歌之——她为谁而老？

Nenx lul nas nenx daib,	她为儿而老，
Wil lul nas nangx gheib,	我为草而老，
Nas det laot naix dlob,	扁担折我腰，
Nas mal yangt xongx neib,	跟着马儿跑，
Liek gheib ghob xongx hvob,	像似鸡儿叫，
Ax bub das nangx deb.	不知死何郊。
Nenx lul nas nenx ghet,	她为夫而老，
Wil lul nas zax let,	我为耙而老，
Was dail mongb naix bongt,	像青藤缠绕，
Liek zend lel bix det,	像栀子落梢，
Liek mif gheib bix git,	像母鸡下蛋，
Ax bub nangl niox bongt.	不知鼠归巢。

群体对答式，男青年为一边，女青年为一边，人数不限，双方齐唱对答。另外，凤凰一带苗族情歌多采用三句式结构。如下：

开始了工程就要专心和勤快，
把那爱的桥梁架向那东洋大海，
即使费尽心力也不犹豫徘徊。
架好了桥我们一起走，
千年万年不回头，
管它那浪高水急风雨骤。[1]

---

[1] 陈启贵主编《中国歌谣集成湖南卷·凤凰县资料本》，第135页，内部编印，1988年。

第三节 侗族大歌

侗族大歌，侗语称为 gallaox 或 galmags，是大型之歌的意思，又含有古老之意，是在中国侗族地区一种多声部、无指挥、无伴奏、自然和声的民间合唱形式。1986年，在法国巴黎金秋艺术节上，侗族大歌一经亮相，技惊四座，被认为是"清泉般闪光的音乐，掠过古梦边缘的旋律"。2009年，侗族大歌入选《人类非物质文化遗产代表作名录》。

侗族大歌的主要特点是多种音乐结构形式与表现手法。在集体性的歌唱中应用多声部来表现内容的手法，是中国目前所发现的最完善的一种民间合唱形式。大歌属支声复调音乐范畴，演唱形式是领唱与众唱相结合，分高、低声两部。主旋律在低声部，高声部是派生的，与一般以上声部为主旋律的合唱规律相反。行家们评论侗族大歌的音乐"和声完美，歌声洪亮，气势磅礴，豁达开朗"。

在侗族地区，传统大歌是由歌班在鼓楼中演唱。歌班按照年龄大小分大、中、小三个层次，且男女分班。年龄在十岁以上的孩子们，辈分相等、性别相同的即可组成歌班，此为小班，开始学歌。到十五六岁就可以随大班参加社交活动，这就是中班了。到了十七八岁后就是独立的大班了，大班歌班可以开始接待外寨来游访的歌班在鼓楼对歌，并按照习惯外出游访、传歌、赛歌等。当大班中的大部分成员都结婚后，这个歌班就自然而然解散了，下一班又升上来了。一个歌班，规模小的有四五人，规模大的有二十余人，多的达到五六十人。

传统的侗族大歌本质上是情歌。同村的男女歌班之间一般不对歌，因为本寨男女，一般来说都是同一宗族的人，都属于兄弟姐妹不宜对唱情歌。大歌一般是本寨女歌班接待外寨来访男歌班，或者本寨男歌班接待外寨来访的女歌班。大歌分正式演唱与非正式演唱。正式演唱是很隆重的，一般都在鼓楼演唱。当夜幕降临，男女两班大歌在鼓楼对排而坐，全寨男女老少则围坐在歌班周围，演唱常常通宵达旦，到第二天拂晓才依依不舍地结束对唱。非正式演唱则可能具有随意性。北部侗族叫作"玩山赶坳"，南部地区叫作"行歌坐月"。当然，现代的侗族大歌已经具有表演性质，不再具有传统的"歌为媒"的功能。既然是表演，那就不存在男女歌班分开的问题了，一个歌班里面，男女演员都有。

侗族大歌中，曲调最美的是声音大歌。传统的侗族大歌本质上是情歌，但大歌不限于情歌。按照一些学者的分类，大歌分为叙事大歌、伦理大歌、抒情大歌、声音大歌四种。前三种用大琵琶伴奏，歌手自弹自唱。最能代表侗族文化的是声音大歌，这类歌歌词少衬词多，歌词少的只有两句，多的也不过十来句，它主要是以优美动听的曲调见胜。不过，由于侗族人富有诗意，即便是声音大歌，歌词很短，也别有意境。比如：

> 三月里，天气好，一对蚱蜢跳得高。
> 布谷、布谷高声叫，
> 人们快播种，季节已来到。
> 布谷、布谷、布谷……[1]

叙事大歌、伦理大歌、抒情大歌曲调虽然逊色一些，但有很优美的歌词。我们不妨选一段行歌坐月歌词供大家欣赏。

小伙们晚上走村串寨，去找他们心目中的姑娘。姑娘一般在鼓楼或家里纺线，等着小伙们。小伙们如果要进屋，必须先唱歌，打动姑娘们。如果打不动姑娘们，那姑娘们就不会为前来的小伙们开门。

小伙们唱：

> 假如天上没有月亮，
> 就看不见大树的阴影。
> 假如田里没有鲤鱼，
> 就看不见田水变浑。
> 假如家里没有姑娘，怎么会传来这么动听的纺纱声。

---

[1] 杨权《侗族民间文学史》，第170页，北京：中央民族大学出版社，1992年。

> 姑娘呀，快开门吧，
> 我们是远方的客人。

姑娘们则用歌声请他们进屋：

> 天上出了月亮，
> 才有伴着的星星。
> 塘里有了蚌子，
> 才有红眼的鱼群。
> 要是你的琵琶不响呀，我的纺车又怎么会弹琴。
> 远方的客人呀，请进来吧，
> 我们坐到鸡叫、伴到天明。

第四节　哭嫁歌

哭嫁，顾名思义，就是在出嫁之前，用哭声来表达自己对亲人的感情。这是武陵山地区的一个重要民间习俗。以武陵山区为中心，北边到江汉平原，南边到达南岭的广袤土地上，无论是土家族、汉族、苗族、瑶族、仡佬族、畲族等民族，都保留着哭嫁习俗。近几年还有学者报道，西部青海的土族、南部广西壮族、西南哈尼族等民族也有哭嫁歌，也有学者考证，在世界上其他一些地方的民族中也有哭嫁习俗。看来，哭嫁习俗不是哪一个民族的特有习俗，而是人类社会中一种常见习俗。

武陵山姑娘的结婚喜庆之日也是用哭泣的歌声迎来的。一般在结婚前半个多月，新娘就很少出门，而是在家里哭唱；大富人家女儿出嫁，要哭一月有余，普通人家也要歌哭个三五天。为什么要哭唱呢？按照武陵山人的说法，能否唱哭嫁歌是衡量女子贤德的标志。出嫁时不唱哭嫁歌的女子，肯定是没有德的女子，谁都不敢要。哭嫁歌有"哭父母""哭哥嫂""哭伯叔""哭姐妹""哭媒人""哭梳头""哭戴花""哭辞爹离娘""哭辞祖宗""哭上轿"等。

结婚原本是人生第二大喜事，古人称之为小登科。人逢喜事精神爽，何以要用哭歌来迎接？现代许多学者对此做了深入的田野研究，认为这主要是因为土家族地区盛行买办婚姻，以及盛行早婚等。婚姻对女人来说，有太多的不确定性，因而妇女们通过唱哭嫁歌来表达对婚姻不自由的不满。可是，这种猜测是不准确的，如果仅仅是妇女们为宣泄对婚姻的不满，而兴起唱哭嫁歌的习俗，那是比较难的。因为这本身是一个男权社会，没有得到男人的同意，如何能够兴起一种习俗？

哭嫁是土家族地区婚嫁习俗中的一个仪式，要了解这一习俗，必须结合其他仪式才能获得更多的信息。与哭嫁联系在一起的，还有背女出门等习俗。离开娘家的时候，新娘子由本家兄弟背出门，有的要一直背出村寨为止。结合这两个仪式，可以看出，哭嫁不是因为宣泄对包办婚姻的不满，而是一个古老的仪式。这个仪式可以追溯到人类社会形态的变迁过程，人类的早期社会是女权社会，女人掌握一家的财产，男人在家里生产，但没有决策权。男人成年后必须离开家，离开自己的姐妹父母，到女方家去，成为女方家中的附属品。可是到了后来，男人们要求女人即自己的姐妹离开家庭，自己成为家里的主人。为了将自己的姐妹推出家门，采用的是强行背走的方式，这一过程逐渐得到定格，成为今天的背女出门习俗，也就有了姐妹不愿出门而哭泣的问题，定格之后就成为哭嫁的习俗。这是哭嫁习俗的起源。但是，这一习俗在历史长河中不断地被赋予新的意义，因而具有了强大的生命力。赋予了哪些意义呢？

第一，通过哭嫁加强亲情。

哭嫁不是由准新娘子一人哭唱，而是有很多人参加，几乎所有的亲人都可以参加哭嫁。邻里、姐妹、婶婶、奶奶，也参加哭嫁。前来陪哭嫁的人越多，表明准新娘的人缘越好，受到大家的重视。平时与人相处不受人尊重的准新娘，是很难得到大家陪哭嫁的。如果哭嫁的准新娘，歌词编得好，哭唱得感人，也会临时引来很多的亲朋参加唱哭嫁歌。通过哭嫁，亲人之间的感情得到了升华。平日里有不便说的话，有不便道出的误会，都可在此时唱出来，释放大家的感情。通过亲朋之间互唱哭嫁歌，无论亲情还是朋友之谊，都得到升华，亲人之间更加团结，朋友之谊更加纯洁。

第二，通过哭嫁培养女德。

新娘出嫁，须知很多礼仪。这些礼仪在平日里就通过自己的母亲、姐妹或其他亲朋言传身教过了，但是并不系统，或者存在遗漏的地方。必须在出嫁之前，进行系统的查漏补缺，进行系统的回顾总结，做好充分的思想准备。这样，哭嫁就显得相当必要了。哭嫁歌中，有许多就是指导如何做好新媳妇的。实践中也得到印证，凡是哭嫁时间比较长的，哭嫁哭得比较好的，在出嫁到丈夫家后，过的就要顺当和美一些。凡是未经哭嫁成婚的，大多会在新家里处处与婆婆、姑姑什么的闹矛盾，严重的还会影响家庭稳定。

第三，哭嫁歌有程式可循。

哭嫁歌不必进行专门的学习。哭嫁歌是一代代新娘积累下来的歌，形成了一定程式。掌握这些程式并不困难。凡是有心计的女孩子早已经通过各种途径，将这些程式牢记在心。因此，在哭嫁时，可以得心应手，随手拈来。总体来说，唱哭嫁歌不是一件十分困难的事，也不是一件很有创新的事。关键要在平日里，对那些程式化的歌词时加揣摩。这样，在遇到特殊情况下，就可以按照程式化的歌词，稍加变通，使歌唱内容与其时其境相符合。

第四，哭嫁歌也可以临时创作。

哭嫁歌歌词没有严格要求，关键要将想表达的内容，有条有理、明白易懂地表达出来。因此，歌词也并不需要过分讲究，可以是按照一定格式临时填词，也可以长短句结合。我们看看下面《哭哥嫂》：

> 我的哥呢，我的嫂嘤，
> 妹是一根无苑藤，
> 上无叶子下无根。
> 凡间世上不公平，
> 同母所生几样命，
> 哥是黄金贵又重，
> 妹是灯草贱又轻。

> 我若是你小兄弟嘛，
> 两间房屋我有一间，
> 两根柱头我有一根。
> 我的哥呢，我的嫂哇，
> 桔子好吃要剥皮，
> 兄妹好做要分离，
> 无能无志的妹妹要去了，
> 千斤担子你们挑，
> 要照看爹来要照看娘，
> 要照看老来要照看小，
> 缸里缺水替妹背，
> 灶里无火替妹烧，
> 六月太阳替妹晒，
> 腊月雪水替妹捞……[1]

从上面这个歌词中可看出，哭嫁歌以七字句与五字句为基本句型，可以随时调整，也没有严格的韵律要求，是一种很自由的歌。这对于古代没有读过书的武陵山女子，是再合适不过了。

第五节　撒尔嗬

撒尔嗬，汉族称"跳丧"，又叫"打丧鼓"，有人写成撒叶儿嗬。因为在跳舞过程中，众人要合唱一句"撒尔嗬"，所以有这个名称。它的奇特之处就是丧事当作喜事办。土家人有"一死众家丧，一打丧鼓二帮忙"的说法。三山五岭、左邻右舍的乡亲聚集在孝家堂屋里，在亡人的灵柩前，人们踏着鼓点载歌载舞，

---

[1] 佚名《土家族哭嫁歌的歌词集锦》。

场面气氛欢快热烈，通宵达旦。

撒尔嗬主要盛行在清江流域，包括长阳县、五峰县和巴东县大部分区域，建始与巴东接壤的小部分区域，以及湖南石门等地。其中长阳资丘、火烧坪，巴东野三关、清太坪、水布垭、金果坪、五龙溪等地区流行的撒尔嗬，音乐曲调之多，舞蹈表演套路之丰富，是周边地区难以比拟的。

据学者们考证，撒尔嗬源于古代巴人的战舞。也就是本讲第一节中所提到的巴人协助周武王攻打商纣王时，所跳的"前歌后舞"。但是，撒尔嗬不是巴人战舞的主流，而是支流。"前歌后舞"是巴人王室领导下的军队舞蹈，民间一般是不能跳的。民间只能跳平民化的战舞，这种战舞演化到后来，就是撒尔嗬。古代有关撒尔嗬的最早记载见于《隋书·地理志》："南郡、夷陵……清江诸郡多杂蛮左"，"其左人则又不同，无衰服，不复魄。始死，置尸馆舍，邻里少年，各持弓箭，绕尸而歌，以扣弓箭为节，其歌词说平生之乐事，以至终卒，大抵亦犹今之挽歌也。"唐朝樊绰所著《蛮书》引《夔城图经》也对此有载："初丧，鼙鼓以道哀，其歌必号，其众必跳，此乃盘瓠白虎之勇也。俗传，正月初夜，鸣鼓连腰以歌，为踏蹀之戏。"[1]可见，撒尔嗬起源确实很早。

撒尔嗬是一种歌舞结合体。具体的表演形式是：一人击鼓并领唱，众人一边和唱，一边跳舞。击鼓者是有声望的长者，也是能歌善舞的人，他以鼓点指挥舞蹈，以鼓点变换曲牌。众人在鼓师的指挥下，按照相关鼓点变换舞蹈动作，撒尔嗬的鼓点与舞蹈动作因地域不同而稍有差异。一般来说，大致可分"四大步""么连嗬""摇丧""打丧""哭丧"。按模仿形象动作分，有"凤凰展翅""犀牛望月""猛虎下山""虎抱头""猴子爬岩""狗撒尿""狗连裆""燕儿含泥""乡姑筛箩"等。

撒尔嗬的最明显特点是其雄强热烈。以中原汉族传统来说，逢亲丧必哀，可是土家族的撒尔嗬则是以一种热烈的歌舞表现出来。无论是音乐、舞蹈还是歌词内容，都少有悲凄之感，音乐高亢欢快，舞步健美勇武。歌词内容十分广泛，回

---

[1] 向达《蛮书校注》，第260页，北京：中华书局，1962年。

忆民族起源、讲述民间故事、叙述父母得到养育之恩等，歌舞者看到什么就唱什么，想到什么就唱什么。歌词多呈四句七言，四、三式，上下句，也有"五句子"保持着古代巴歌"竹枝""杨柳"等曲牌格律形式，内容古朴。每唱完一首，最后大家高声合唱一句"跳撒尔嗬喂"或"解忧愁噢"。粗犷的歌声和明快的曲调扫去了死者家里悲痛凄婉的气氛，人们用欢歌和鼓乐致哀，为死者家人驱散忧愁。

土家人与跳撒尔嗬之间，有着一种爱恨交织的感情。为什么这样说呢？因为撒尔嗬毕竟是一种跳丧舞，汉语名称就叫作丧鼓舞。在古代，这种舞蹈只能在逢丧事时在亡人的灵牌前跳，跳此舞就意味着有丧事。丧事毕竟是最不吉利的，所以很多人对跳这种舞蹈抱着战战兢兢的心情。但是这种舞蹈以其热烈、雄强对土家人具有非同一般的吸引力，平日没事的时候，一些人也会在没人居住的坪地上，演唱跳跃，过一番干瘾。以前倒罢了，关键是现在，这种爱恨就更加明显了。撒尔嗬因其独具特色的歌舞而入围国家级非物质文化遗产名录，现在已经是清江流域土家人的一张名片。既然是国家级的非遗保护项目，那它就是最重要的文化遗产，这给了那些平日爱跳撒尔嗬的人注入了一支兴奋剂，他们更有理由毫无顾忌地跳这种舞蹈。

所以，长阳县广场上出现了撒尔嗬广场舞。每到晚上，爱好者自发地来到广场，集体跳起了撒尔嗬。场面浩大，气势磅礴，"撒尔嗬"之声震彻清江河。跳舞者可谓过足了瘾，可是对那些附近居民来说就惨了，在他们眼里这是丧舞，丧舞不吉利，所以对此多有抵触。无奈这不仅仅是跳舞者的爱好，还是国家级的非遗保护项目，老百姓痛恨又如何。2009 年，笔者带领学生到长阳搞田野调查，遇到当地很多居民向我抱怨，说："这些吃饱饭没事干的人，天天在广场跳丧，总有一天要跳出大麻烦事的！"

与此相仿的，还有资丘镇某村的撒尔嗬故事。村里有一群男女老少撒尔嗬爱好者，他们平日农闲的时候，也要聚在一起操演一番。但这是丧舞啊，你怎么好放在哪个家门前去跳？经过集体商量，无论放在哪个人家里跳都不行，都会影响人家的风水。最好的地方应该是村里小学操场，操场是集体财产，不属于任何个人，这就没对任何人的风水、运气产生影响了。于是，到了暑假的时候，爱好者们便齐集学校操场，架起大鼓，每天都有人前往操练。谁知，原本以为不会有事的，还是出事了。这个暑假学校有一名老师出了意外，摔断了腿。你说这人好好的，平白无故怎么就把腿给摔断了？老师们经过反复研究探讨，终于得出结论，原因就出在那帮人在学校操场跳丧鼓舞，才将老师跳出了麻烦。经过学校老师集体研究，决定通知跳舞者，立马停止在学校跳丧鼓舞，立马将所有道具搬出学校校园。从此，这个村又恢复了往日的平静。

第十四讲　集场与爱情

集场是在商品经济不发达的地区和年代产生的一种商品交易的活动形式，是按照一定的周期逐渐形成的市场。这种经济交易形式在我国已经存在了很长时间，并且至今为止在许多经济不发达的地区仍然存在着，已然形成了一种传统文化形式。在现今的苗族地区，就依然保持着五天一集的传统，各乡镇地区按固定的周期轮流举办，集市上的商品种类十分丰富，样样俱全。每到固定赶集日，居住在乡镇周围的各村居民都背上背篓，赶到集市上为家中添些需要的各种用品、吃食等，有些人家还会把自己编的物品、产的蔬菜拿到集市上卖，以补贴家用。集场存在就是为了商品交换而来的，这也是它最基本的功能。然而在广大的苗族地区，由于地域环境的限制，各村往往都居住在高山之中，村与村之间隔很远，来往不便，所以定期定点的集场还产生另外一种功能，成为人们之间互相交往的休闲场所。苗族人在集市上进行社交、对歌、谈恋爱等，于是就形成了苗族独特的集场爱情文化。

第一节　赶边边场

以前的苗族人民长期生活在高山深谷之中，自然环境相当恶劣，与外界沟通接触很少，所以也形成了他们自己的婚姻文化。在这里没有汉族地区明显的阶级观念和等级差别，苗族的青年男女在谈婚论嫁时，没有门当户对的要求，反而比较盛行自由恋爱的风气。然而在苗族地区还有一个习俗，各村的村寨是本村人自己的领地，不允许其他村寨的男子进入自己村的领地来引诱本村的女子，为男女恋爱带来了困难，集场的存在就为不同村子的青年男女谈恋爱提供了很大的便利。每到了赶集的时候，各个村寨的年轻男女成群结队地到集市上赶集，其实是打着赶集之名来谈恋爱的。男青年们在集市里寻找着心仪的姑娘，看上之后就开始搭讪，然后去集市边的溪畔、竹林里对歌，也有一些青年人，原本就提前约好了的，乘赶集的日子，在集市边的山边溪边约会唱歌，所以被称为"赶边边场"。

对歌是赶边边场的青年男女们互相诉说爱情的一种形式。苗家的情歌，是苗族文化中很重要的一部分，也是苗族男女爱情中很重要的传递者，他们的求爱和订婚都少不了以歌传情。在以前的苗族，不会对歌的人很难找到恋人的，因此，苗族青年男女从小都要学唱苗歌，人人都能随口编唱一段，其歌词往往是信手拈来，透露着苗家人的质朴，凝结着苗家人的智慧，其曲调悦耳动听，婉转悠扬。苗歌的种类也是多种多样的，有倾吐爱慕的试探歌、有抒发真挚感情陷入热恋的、有表达情人之间的思念的，还有信誓旦旦表达盟誓的。比如，有年轻小伙子在集市上看上了哪个姑娘，等在她回家的路边用歌试探，看她是否有意：

     轻风细雨雾沉沉，
     阿妹打伞路上行；
     风吹花伞晃晃动，
     问妹想晴不想晴？

若是小伙子的歌声打动了姑娘的心，姑娘就会稍带羞怯的以歌回应：

     山上画眉叫一声，
     坡脚画眉就接音；
     两只画眉一起叫，
     口对口来心对心。

如此双方都有意，便能继续下去，双方你来我往地对起歌来，一首接一首地，男唱女答，女盘男对，比口才，比才情，双方的思想在歌声中激情碰撞，一直到太阳落山，才互相分手回家。

另外，对歌也有一定的规矩，男女双方初次见面，男方以山歌试探，女方答话后，首先要互相先问姓氏，若是双方是同姓的，同姓不婚，就不可再继续。若是双方姓氏不同，就可继续对歌下去，经过几番往来，如果彼此都有好感，分别时就会约定下次见面的时间地点，这样男女双方经过多次的幽会谈心，加深互相了解，也增进了彼此的感情，确定双方皆情深意笃，就能够双方交换信物，定下终身。至于所交换的信物，女的多半是手镯、项链之类，男的则是戒指、头巾或衣物。当然若是在正式结婚之前，双方感情有变化不愿在一起了，信物可以互相退还。

图 19　赶边边场（苗妹儿 摄影）

而在这次的边边场上没有达成目标的男女则要下次继续来努力，找到情投意合之人。在苗族，这种赶边边场对歌来的婚姻是不兴彩礼、不重门第的，一般只要男女双方互赠信物，以作婚约。

随着社会的发展，赶边边场这种古老的相亲风俗已慢慢退出了苗族人民的生活，和其他许多苗族的风俗习惯一样慢慢消失在了时间长河中。进入城市化以后，科技发达了，苗族的青年男女不像过去那样相隔较远、不好见面，有许多其他方便的沟通方式代替了边边场的存在，随之而来是苗族的对歌文化渐渐在新一代的青年男女中消失了，淡出了苗族人的生活。

第二节　四月八

四月八是苗族人民一年一度的重要节日之一，在每年的农历四月初八前后几天，苗族地区的人们都要举行各种传统的庆祝活动，一起度过这个节日。

一、四月八的起源

在民族文化中，节日文化是一个很重要的部分，它是一个民族在长期的发展过程中，经过该民族成员共同创造，并以约定俗成的方式固定下来的适应于该民族利益的一个稳定而独特的日子。节日的产生与一个民族的文化息息相关，并且对该民族文化的传承极有意义。

关于苗族四月八的起源，苗族各地的相关传说也不尽相同，大体来说有以下几方面的说法：

首先是为了纪念苗族的历史英雄人物，这种说法在苗族地区流传最广，比如在贵州贵阳市及其附近的苗族地区的人们，是为了纪念为苗族人民而战死的先辈英雄亚努。传说苗族的祖先原来住在贵阳附近，当地土地肥沃，人民生活好，衣食充足，

图20　苗族鼓舞（武吉海 摄影）

于是引起了外族人的嫉妒，外族的统治者带兵来抢占这块土地。当地的苗族首领亚努带领人民进行了顽强抵抗，但是他们因为人少而寡不敌众，在一次战斗中连中三箭而牺牲，这一天正是农历的四月初八。自此以后，贵阳市及其周边的苗族人民为了纪念亚努，每年农历的四月初八都会身着苗族盛装，背着芦笙，带着自己做的乌糯米饭，汇集到当年贵阳亚努战死之地附近举行纪念活动，追悼这位为大家而牺牲的英雄。这样长久下来，代代相传，四月八就逐渐成了当地苗族的传统节日，形成了独特的节日文化。

湘西苗族地区关于四月八的起源有这样的说法，在凤凰地区，官府官员荒淫无度，每年都要在当地举办的跳花节上挑走一批苗族的美丽少女供己取乐，造成

了当地人民骨肉分离，良家女儿惨遭蹂躏。于是有一天，一个叫作亚宜的苗族小伙不堪忍受了，奋起反抗，并组织了义军，大家一起歃血盟誓，决心推倒官府，拯救自己的同胞。这一年的跳花节上，苗族少女们又来跳花表演，小伙子们如往年一般，吹着木叶，抬着花鼓，拿着木棍，也进了场。官府的人也如期带了人马来挑选姑娘，亚宜突然跳到了花台上，吹响了牛角号，大家立刻开始行动，拿起棍子打官府的人马，打得他们狼狈而逃。但是事后，这一举动惹恼了朝廷，于是派兵来进行围剿，亚宜率领义军进行了抵抗，但是寡不敌众，武力悬殊，义军战死了无数。亚宜不得以率领剩下的人向西撤退，得到了贵州的苗族同胞的帮助，如此又与官兵周旋了一年，最后在第二年的四月初八和贵州的英雄亚努一起战死了。同样为了纪念亚宜，每年四月初八，湘西苗族群众便要举行隆重的纪念活动，表演各种拿手绝活，大家一起围着篝火唱歌。

在贵州省黄平县的苗族地区，则有着另一种说法，是为了纪念他们的祖先开拓了飞云崖名胜。根据文献的记载，飞云崖建于明正德八年（1513年），最早是由苗族姓潘的人开拓的。传说当年苗族潘姓的祖先来到这里，发现这里风水很好，飞云崖像是龙头一般，而与其相连的远处的太阳山就是龙身龙尾，于是他们就带领全族在这里定居了下来。现在每逢四月初八，周围的苗族百姓都要来这里举行赛马、斗牛等活动以作纪念。

无论传说如何不同，总的来说，苗族四月八的存在都是为了纪念苗族历史上英雄人物。

其次，苗族的四月八在一定程度上还带有对牛的祭祀成分。苗族是一个农耕为主的民族，而牛在古时候就是农家人民的宝贝，人们要靠牛来耕地播种。为了表示对牛的感激与崇敬，苗族人民会举行祭牛活动，同时也祈祷风调雨顺，获得丰收。关于祭牛，也有这样一则传说，古时候的人民生活穷苦，耕种技术低，所产的粮食往往不够吃，人们都又黑又瘦，许多人都被饿死了，天王知道之后，就派太子来下凡传话，要大家每天洗三次脸，吃一顿饭，这样就脸不黑、饭也够吃了。可以太子下来之后，粗心大意把话传反了，传成了每天洗一次脸，吃三顿饭，于是人间的粮食越发不够吃了，饿死的人又增多了。天王知道后很生气，于是罚太子变成牛下凡帮人们耕种。有了牛的帮助，人们的耕种效率提高了，粮食产量也增多了，饥荒渐渐消失。为了感谢太子牛，大家将太子变成牛的农历四月初八定为了牛的生日，每年到了这一天，要解下牛的鼻环，帮它洗澡，喂它吃鲜嫩的青草，喝些米酒，让牛好好休息一天。

最后，苗族四月八的形成还与苗族人民的择偶活动有关。在苗族四月八举办的所有活动中，有一个射背牌的活动，就是苗族男女们用来求偶的。所谓的背牌，指的是苗族女子后背的服饰上一块四方形的饰物，主要是用黄色丝线精心制作而成，上面缀满了银片，也可以称为黄背牌。传说中背牌代表了苗王的印记，苗王的子孙为了传承祖先以前的荣耀，将它深深地烙印在背上，这样世代沿袭下来。所谓射背牌，即是年轻小伙子以姑娘所绣的背牌为靶子，判断双方的感情和姻缘的一种公开的方式。传说在古代有一对男女青年在劳动中逐渐产生了爱情，可是双方的父母却把他们各自配给了他人，二人不从，于是相约在山坡上对歌，日长月久，他们的感情越来越深，后来小伙子用优质的木材做成了弓箭，姑娘则以苗王印为式样，绣制了衣服上的背牌，他们约定在农历四月初八这天，男方拿着弓箭，女子带着背牌，两人在山坡上一起发誓："今世不同住，黄泉路同行。"并且手拿弓箭各自朝天射三箭，表示让上天作证。然后，姑娘把自己绣的背牌摆在地上，小伙子则瞄准背牌射上三箭，之后姑娘便把背牌送给小伙子，表示自己的真心实意。小伙子收下背牌，再把自己拴在腰间的红腰带送给姑娘作纪念，并约定两人死后要把这些东西带进棺材，作为他们到阴间相会的凭证。这一传说流传至今，成了当地一带苗族男女青年谈婚论嫁的一种媒介活动。这一带的苗族青年男女的射背牌活动分为两种情况：一种是如果男女双方彼此恩爱，但又羞于媒人说亲，就由女方在四月初八这天，让男方开弓射背牌。若是射中了，女方的父母就允许这门亲事；若射不中，代表不吉利，女方只能把背牌拿下来，等待来年四月初八再射，或是另择对象。另一种情况是，男女双方感情很好，但父母包办，为他们另择了对象，导致他俩不能成婚，两人便通过射背牌表示，今世不能在一起，死后也要成双成对。

以上三种因素，构成了苗族四月八形成的原因，其中以纪念英雄人物为主，其他两种因素为辅，构造了苗族特有的四月八节日文化。

二、四月八的活动内容

贵阳市苗族的四月八一般是从农历的四月初四就开始进行节日活动了，其中四月初八这一天是最主要的。四月八主要以预祝丰收、选择配偶、教育后代不忘先辈为目的。在节日的这几天里，大家会开展群众性的射背牌、吹芦笙、跳园以及走亲访友等活动。

每年到了四月初四，苗族的青年人外出吹芦笙、跳园，老人们就在家里做花糯米饭，他们用在山上采来的枫香树叶作为黑色染料，再去市场买来红绿黄蓝紫等各色可食用染料，把枫香树叶剁碎，放到水缸里浸泡一夜，把叶渣滤掉，用剩下的水来浸泡糯米，致其变成黑色，再用其他的染料各染一色的糯米，全部染好后，把各种颜色的糯米一起放进锅里蒸熟，搅拌成五色花糯米饭。

然后在四月初八这一天，早上要食用做好的花糯米饭和糯米粑等食物，晚饭则要准备荤菜待客，食材以猪、牛、鱼、豆腐为主，还要准备酒。在吃饭之前，要在堂屋的香案点上香烛，摆上五色花糯米饭和酒肉供奉，然后由家主敲磬，把筷子放到酒碗上，再说些召唤先祖灵魂来家里过节，祈祷其保佑全家平安的话语，最后在香案下烧些纸钱，然后才能开饭。

跳园活动是四月八的主要内容和最热闹的场面，苗族人民们几乎全家老小都要去观看。在这一天，大家都穿着比较讲究的服装去参加跳园。在跳园的场地上，上午十点钟左右，大家聚拢，男青年吹起芦笙，慢慢进场，女青年则手拉着手，跳着简单的舞步跟着芦笙队向里移动。大家都不分地域地玩在一起，场面也越来越大。老年人则带着小孩子们在高处围观。在跳园的过程中，男女青年会互相物色自己喜欢的人，若是找到了中意的人，双方就离开跳园的群体，到一边自去谈情说爱。等到天黑后，就邀约到附近一方的寨子去做客，晚上就在寨上和大家一起跳舞聊天，进一步加深感情，如此直到四月八活动结束。

第三节 苗族爱情故事

"仰阿莎"是苗族的美神,歌舞剧《仰阿莎》是根据流传在黔东南苗族地区的同名苗族古代叙事长诗改编创作,该长诗被苗族誉为"最美丽的歌",是我国少数民族民间文学的一朵奇葩,在我国民族民间文学史上占有一席之地,影响面大,意义深远。

远古的时候,在一个山谷中间,有一个绿幽幽的深井,山的两边有苍翠的树木和奇丽的花草。井里的泉水清幽幽,能照得见天空的云霞、飞鸟,能照得见井旁的树木和花草。有一天,从东方飞来一群鹭鸶,从西方飞来一群水鸭,它们一见到这个美丽的水井,就想到里面去找鱼虾,气得看守水井的地神跳起来吼道:"呸!你们到这里来干哪样?这不是鱼塘,这是仰阿莎出生的地方。明天她就要出世了,你们可不要啄呵!谁敢动她一根毫毛,我就要叫它尸骨不归家!"鹭鸶和水鸭,只好夹起尾巴飞走了。

第二天,忽然天昏地暗,电光闪闪,雷声隆隆,瓢泼样的大雨落下来了。井里冒着水泡,发出"波波波"的响声。过了不久,雨停了,天也晴了,五彩斑斓的云霞,像苗家姑娘绣的奇花异朵,飘浮在晴朗朗的天空。这时候,仰阿莎从水井中冒出来了,成群的蝴蝶围着她飞舞,数不清的鸟儿绕着她歌唱……大家都在欢乐地庆贺美丽的仰阿莎诞生。

仰阿莎生出来的第一天就会笑,第二天就会说话,第三天就会唱歌,第四天就会织布、绣花。仰阿莎的歌声,是那样委婉动听,飞遍了山山岭岭,响彻了村村寨寨。在阴天里,她的歌声能驱云逐雾,把太阳唤出来;在冬天里,她的歌声能驱寒逐冷,唱得满山满岭开遍鲜花。蜜蜂听见了她的歌声呵,忘记了采蜜;百鸟听见了她的歌声呵,忘记了歌唱;青年小伙子们听见了她的歌声呵,忘记了手中的活路;姑娘们听见了她的歌声呵,一字一句地学唱。

日子一天天地过去了,一年年地过去了。映山红开了又谢,谢了又开,映山红开过十八次了,谢过十八次了,仰阿莎姑娘已经十八岁了。十八岁的仰阿莎呵，长得更加美丽啦！美丽的仰阿莎，有一对水葡萄似的眼睛，有一个白茶花似的又白又嫩的脸庞，有两条锦鸡毛似的又细又长的眉毛，有一头黑丝线似的又黑又亮的头发。她穿起自己绣的花衣服，蜜蜂会飞来采花蜜；她穿上自己做的百褶裙，那皱褶比菌子上的皱纹还美丽。九十九个江略里的姑娘，哪一个能比得上她；九十九个江略里的青年小伙子，哪一个不爱她。

后来天上的太阳看中了仰阿莎，指使乌云给他做媒，乌云施展种种手段，迫使仰阿莎嫁给了太阳。但太阳并没有把美丽的妻子放在心上，为名利，整天在外面奔跑，一连六年不归家，仰阿莎就这样寂寞又痛苦地生活了六年。在太阳家里，唯一和她相处的人就是月亮。月亮虽说是太阳的弟弟，但实际在家里是太阳的长工。月亮勤劳而诚实，很同情仰阿莎，仰阿莎在月亮那里得到了她不曾得到过的温暖，而且也从月亮的身上看到她所幻想的东西。后来，她终于爱上了诚实的月亮，逃到很远的地方结为夫妻。事后经过理老的评理，仰阿莎与月亮终于获得胜利，而月亮也就把江山赠给太阳。

参考文献：
[1] 李永辉《湘黔边一带苗族的婚俗"赶边边场"》，载《档案时空》2012 年第 3 期。
[2] 左超林《苗家歌媒"边边场"》，载《档案时空》2006 年第 7 期。
[3] 吴玉宝《苗族的集市休闲及其集市休闲的旅游开发——以凤凰苗族集市为例》，载《铜仁学院学报》2010 年第 2 期。
[4] 崔榕《湘西苗族婚姻文化的百年变迁》，载《贵州民族学院学报（哲学社会科学版）》2011 年第 1 期。
[5] 范生姣《论苗族四月八的起源——兼与汉族"四月八"的比较》，载《湖北民族学院学报（哲学社会科学版）》2007 年第 4 期。

第十五讲 富于神性的民间艺术

第一节 原始戏剧的活化石——傩戏

一、傩

（一）傩

傩是农耕时期从巫文化中演变出来以傩神崇拜为核心的一种原始宗教文化。湖南省道县玉蟾岩遗址考古发现的碳化谷粒表明，早在12500年前至23000年前，洞庭湖西南就进入了稻作文化时期。种稻的先民们以"稻神崇拜"为核心，以稻神为"傩神"，以糯为稻魂；以"鸾"为图腾，以"鸾"音为基本音韵形成语言系统；以戴上傩面具"充傩"为形式，以祈求农事丰收、人畜兴旺为主旨；以设坛"祭祀傩神"为礼仪，以"赶鬼驱疫"为手段；从"许傩愿"开始，到"还傩愿"结束等，形成了一整套有信息、有信宿、有系统、有主旨、有目的、有规范的原始宗教傩文化。

《吕氏春秋·季冬》："命有司大傩。"高诱注："'大傩'，逐尽阴气为阳导也，今人腊月腊岁前一日击鼓驱疫，谓之驱除是也。"从其发展过程看，先有傩，后有傩舞，最后是傩戏。傩舞，可以追溯到远古人类蒙昧时期，为我国最古老的一种舞蹈艺术，由原来简单的驱鬼逐疫，逐渐加入祈求人畜平安、缅怀祖先、颂扬智慧以及传播生产知识等内容，演化为一种兼备宗教、教化、娱乐等功能的原始艺术。驱鬼逐疫，首先必须祈神，不祈神在任何时候都是不可驱鬼逐疫的。把鬼疫驱逐出境后，以期获得和平、安宁的环境，农业丰收，五谷满仓，家庭和美幸福。这样，傩的内涵已同保卫国家安宁，创造美好家园和幸福家庭紧密联系在一起，傩文化便有了多层面的内涵。

（二）傩者

傩的法师叫傩者或叫傩人，现在人们也把他叫作巫师。傩者特别强调职业道德，绝对不准做半点缺德（亏心）事。一个学法事的弟子在他学习圆满，即将离开师父去单独做事之前，要做一场盛大的传法法事，叫"恩傩"。共做46场法事，每场都有固定的科仪，除接送灵王两场外，其他各场都有固定经文和程式，这种法事又称"凑职"。届时需要邀请与师父同辈的傩者十余人，当着阴阳两界人神发誓，哪些事必做，哪些事不做，实际上是当着监督人、证人、师父等人的面发誓。法事要做三至五天，还有同行和亲戚朋友前来祝贺，法事做完了，师傅的"真传"便全部学到手了。不经过做法事传法的巫师，取不到"牌经"，据说也没有前人（指死去的历代祖师的灵魂）辅助，所做的法事便不灵验，巫师做了亏心事，他的前人便不辅助，法术也就失灵了。

（三）傩的标志

傩的标志是太阳鸟。《白虎通》载："炎帝者，太阳也。祝融者，其精为鸟，离为鸾。"文中"离为鸾"的"离"，就是"阳离"（太阳的别称）。也就是说炎帝、祝融与太阳都是鸾鸟。在上古读音中，鸾、傩、炎字都是可以通转的。因此，炎帝、鸾神、傩神在文字上虽有区别，但在语言上却是没有多大区别的。因此，当时农耕民族的自称，应该是"炎"。在考古发掘中发现太阳与鸾鸟相结合的"太阳鸟"图腾符号，我们才明确地认识到，傩文化的标志就是太阳鸟。洪江市（原属黔阳县）的高庙文化遗址中，出土的距今7400年前的文物中，

图21　苗族还傩愿（武吉海 摄影）

在陶器上用炎焰装饰的高塔和浑身烈焰腾腾的"太阳鸟"纹,不正是证明"炎帝者,太阳也"的历史证据吗?这也是炎族的族徽。什么叫"炎族"?炎族就是农耕民族,只要加入农耕民族并从事农业耕作的人,就是炎族,只有炎族的领袖才可称之为炎帝。长沙南沱的大塘遗址,也是一个有 7000 年以上历史的稻作遗址,这遗址中出土了与高庙遗址基本相同的,在日轮中刻画着"太阳鸟"与四颗獠牙组成的炎族徽记。辰州古称"獠人",而长獠牙的假面具,就出现在这一地区的高庙遗址,以长有两对獠牙的假面具纹为陶器上的主要装饰,因此,傩面纹很可能就是巫傩们戴在头上装扮神农炎帝的傩面具。古时,沅陵县这一带的戏剧演员必须具备能够灵活搬弄獠牙的演技。这种獠牙纹越来越复杂,越来越精美,最后形成商周青铜器上的"饕餮纹"或"兽面纹"。秦汉以后,人们的"图腾意识"逐渐消失,傩面纹才逐渐退出了历史舞台,变成了居民大门上方的"吞口",日夜保护着老百姓的安全。这一习俗,在中华人民共和国成立前相当普遍,公共建筑物如祠堂、庵、庙等必备的装饰。一般农户大门上也有,富豪之家对吞口的装饰更为精美,至今沅陵少数居民的房前大门上,还保存这种装饰。

(四)傩的重要元素

"辰州符""辰砂""炎族""獠人""獠牙面具""饕餮纹面具""太阳鸟"标志等都出自沅陵。教民种稻谷的神农生于黔中等,所以,史实有力的证明,傩最早的诞生地就是沅陵。

傩是世界上最古老的原始宗教。巫为源,傩为流,傩文化是从巫文化演绎而来的高级形式,早已脱离了巫文化那些原始形态。傩有主神崇拜(傩公伏羲氏、傩母女娲氏),有傩神系统。国家级的傩神,有元始天尊、元始天王、玉皇大帝、三清(天宝君、灵宝君、神宝君)、西王母、三官(天官、地官、水官),北极紫微大帝、北斗真君、文昌帝君、彭祖等;有祭祀仪礼、有问卜规范、有专职或半专职巫师;有经典教义(创世史诗、傩神起源、民族史诗、傩歌傩舞、符箓咒语等)、行为禁忌,有扮神面具。凡是人为宗教(即道教、佛教、天主教和基督教等)必备的宗教条件,傩都完全具备,它是一种原始宗教,是世界上最古老的宗教之一。

二、傩戏

傩戏，又称傩愿戏。约形成于明末清初，康熙末年便有傩戏演唱，乾隆三十年间，《孟姜女》连台大本戏演至数日，深受群众欢迎。

傩戏无职业班社，艺人多为巫师，或附坛门，在民间还愿酬神演出，一般不扎戏台，以东家正堂为演出场所。演出时，分傩祭和傩戏两种，傩戏插在傩祭之间进行。这是傩戏在傩坛中与巫师祭祀活动交汇融合的结果，有鲜明的人物形象的小型剧目。流行剧目有：《蛮八郎卖睄》《孟姜女》《七仙女》《龙王女》《鲍三娘》《三妈土地》《观花教子》。演出时，演员头戴面具，载歌载舞，一唱众和，锣鼓帮腔，有时唢呐伴奏。曲调有"姜女调""开山调""上下腔""师娘调""先锋调""梅香调"等，锣鼓点子有"九锤锣""两头忙""夺五锤""悲头""十字阳""三哭头""龙摆尾""水锤"等。

图 22　傩坛（王淑贞 摄影）

傩戏演出有内坛与外坛，夹傩与单傩之分。内坛以祭祀歌舞为主，外坛则以戏剧演出为主。夹傩一般唱三天两晚，单傩只唱一天一晚。

傩戏表演粗放，服饰简单，语言通俗。常用道具有牛角、傩铃、师刀、朝笏、柳旗、令牌、卦、马鞭、面具等。

三、傩技

"傩技"附属于"雷坛"各种法事之中。傩技水平的高低，足以显示一个巫师法术的高低。巫师的傩文化水平高，那么他作的法事必然灵验，声名远播，求他作法事的人必然众多。

当巫师（应称为傩人或傩者）带着徒弟们，吹着牛角走进信士家中时，必然要首先进入堂屋，把刚吹着的牛角的号口往板壁上一按，牛角便像一颗上翘的大铁钉，"钉"在板壁上了，再从他的身上解下包袱和用布袋装着的雨伞，往牛角上一挂，稳稳当当，观者肃然起敬，议论之声顿起："这法师的法术了不得呀！"信士对法师的款待自然十分热情、丰厚。

傩技的种类繁多，仅据怀化沅陵县"雷坛"威望最高的老法师们粗略统计，全县傩技不下 200 项。就是同一种傩技，各个师承体系不同，其做法亦不相同。傩技除了在法事中显现灵威之外，还有少部分傩技，是法师们遇到高手时，"斗法"与"护身"使用的。下面列举傩技数种：

（一）"上刀梯""过火海"

据巫师们介绍，傩技的难度越大，驱鬼逐邪的效果更好。鬼妖邪神，见而生畏，闻风丧胆而逃之。例如"度关"，男孩怕犯"将军箭"，女孩怕犯"阴锁关"，犯着了就很难养大成人，必请巫师度关解煞。法事中必作"上刀梯""过火海（又称过红山）"的傩技。七甲坪胡氏雷坛踩赤犁头时，赤脚踩着走过 12 张赤犁头；七甲溪符氏雷坛，除踩赤犁头外，巫师还要赤脚穿进一对赤犁头尖，把一对赤犁头尖当鞋穿；头戴赤铧架当帽子，法衣兜着赤犁头跳舞。巫师不只是自己"上刀梯""过火海"，还要带着事主的小孩们从烧得通红的犁头上走过，又从锋利无比的刀梯上走上走下，意思是说像"刀山""火海"这样的难关，他们都度过来了，还有什么度不过的关煞呢？其他问题也就迎刃而解了。

（二）筷子提灯盏

"还保儿愿"时，必作"满堂红"的傩技，即将一只大碗，内置四个小杯，杯内盛清油，各用灯芯点燃四盏小灯，将一支竹筷子从上往下插至碗底，然后抓住这根筷子提起来，挂在法堂中央，照亮四方，谓之"满堂红"。

（三）雄鸡"啼四方"

一般为治"疯癫病"人时所做法事，在法事中要将一只雄鸡放在患者头顶站着，那公鸡遵照法师的吩咐，首先对着东方啼叫，然后再转向南方、西方、北方啼叫，这叫"啼四方"。

（四）红火窑中披蓑衣扶正砖瓦坯

周丰海，沅陵县大合坪乡天荆村白象湾人。乡内著名的泥瓦匠。1990年，七甲溪村金丝岗村民周耀湘请他烧制两窑小青瓦，以备起新房之用。

烧制小青瓦时，小泥瓦坯子需要在窑中烈火煅烧七昼夜。当烈火烧到四昼夜时，发现窑中已经煅烧得通红的小瓦坯，层层叠叠二十余墙，叠成砖墙以便让烈火的红舌子，舔透每层砖瓦坯子。其中左边有两墙烧红透了的瓦坯子墙发生倾斜，如不及时矫正，就有垮窑的危险。老板周耀湘十分着急，要求瓦匠师傅立即采取措施，不然一窑好瓦就全废了。

周丰海一看，十分冷静。他不慌不忙地对老板说："请你拿件蓑衣来！"

"披蓑衣打火！"这是乡里人常说的一句自找罪受的话。周耀湘一听"丈二和尚——摸不清头和脑"。

"老板，舍不得呀，蓑衣拿件旧的来，烧坏了我赔你一件新的。"周师傅诚恳地说。

周耀湘还是不明白瓦匠师傅的用意，只好糊里糊涂地急急忙忙跑回家，取来一件半新半旧用棕片织成的蓑衣。

"蓑衣拿来了！看你穿上蓑衣怎么去打火？"老板周耀湘还是困惑地说。周丰海接过蓑衣穿在身上，吩咐窑门边值班人员说，暂时不要向窑内添柴火了，并且将正在燃烧的柴火退到窑外去。周师傅对着熊熊的柴火堆撒了一瓢水，又向高温两千余度的红窑，手画一道辰州符，同时口诵咒语一遍，然后喷了一口"法水"，便披着蓑衣，赤脚踏着绯红的炭火进入窑中，窑内已是几千度的温度，如果将一头百余斤重的活猪丢进去，立即便可化为灰烬。

周丰海身披蓑衣不慌不忙进入窑内，赤手空拳将倾斜的两墙赤色砖瓦坯，一墙一墙地扶正，瓦坯的底部是砖坯，他将砖坯底脚用碎砖块垫稳，然后从容出窑，毫发无损，蓑衣无一处有燃烧的迹象。急令窑门值班人员向窑内添柴加火，周丰海将蓑衣解下还给东家周耀湘。

"老板，你检查一下蓑衣烧坏了没有？是否要赔你一件新蓑衣呢？"

"不用赔了，完好无损。"周耀湘高兴地说。

第二节 辰河号子、阳戏、花灯戏

一、辰河号子

武陵山区少数民族聚居区内，号子的种类很多，有摇橹号子、拉纤号子、编排号子、打夯号子、挖地号子、车水号子、伐木号子、搬运号子等，但最有特色的是摇橹号子、车水号子和挖地号子。

摇橹号子 分平水号子和急水号子两种。船行平水时，劳动不太紧张，船工们面对两岸景色，唱起悠扬的号子，随着平稳的节拍，手把橹柄，脚踏拍节，一推一拉，悠闲自得，船行的又快又平稳。领唱者有唱沿江风光的，也有调情逗趣的，表现出轻松愉快的心情。到了急水滩头，船工们精力集中，劳动紧张，领唱者发出节奏明显的高音长音，和者只有半拍6低音，唱在着力点上，以统一劳动节奏，使船只飞速向前。

下面选录《摇橹号子》一段

大伏溪，一地名，九狮拜象陈家林。高独一，施角滩，界石上面沅陵县。
高独一，次角滩，城隍充军海螺山。海螺山，不算山，对面还有铛架山。
黑岩溶，荔子溪，四十八条米汤溪。九狮拜象生得全，前朝古人行善缘。
柳林汊，次角滩，修起岩路牵铁链。前面就是明月山，明月山，本来高。
明月山下一只湾，后面修起顺母桥。麻浬汱，又无官，猛虎跳过缆子湾。
缆子湾，白沙漠，杨五庙佬收香米。桃花溶、野猫溶，黄昏正在河当中。
雷洄脱水来得急，上面就是洞庭溪。洞庭溪，青浪滩，马援征蛮壶头山。
……

车水号子 每年六七月间，为农田庄稼车水抗旱时节，使用的一种劳动号子。车水时劳作者数人同操一部水车，水车有脚踩的，也有手摇的。脚踩的水车很长，有四人踩的，有六人踩的，也有八到十二人踩的；手摇的也有二人摇的，也有四人或六人摇的。为行动集中、统一着力，劳作者一脚蹬水车，一边口唱号子，唱词为七字句。领唱者唱第一句的前六个字，伴唱者接唱最后一个字，并加上许多称词和拖腔形成完整的乐句。第二句，领唱者唱前四个字，众伴唱者接唱后三个字，是一种比较特殊的一领众和的劳动号子。

挖地号子 又称挖地歌，是在开垦荒山挖地时唱的一种劳动号子。在生产工地，安排几个人打锣敲鼓唱号子，唱起节奏明快的歌曲。歌词为七字句，每唱四句，击一次锣鼓。挖地的众多劳动者，一字形排开在工地上，按着节奏的快慢，挥动锄头，由山坡的下沿向上坡挖地。歌唱者根据劳动情况，一面奏乐，一面即兴编唱，鼓励劳动的先进者，鞭策后进者。

二、阳戏

武陵山区少数民族聚居区的演唱艺术主要体现在小节目和地方戏剧的演唱方面。演唱艺人不脱离农业生产，农忙时务农，农闲时从艺，在各个村寨中巡回演出。规模较大的是各地阳戏剧团，其余为花灯戏、土地戏、三棒鼓、九子鞭、莲花闹、锣鼓词等。

阳戏剧团，一般整个剧团十余人，最多时不超过二十人。角色中的生、旦、净、丑齐全；曲调有：正宫调、月调、阴调、铜关调、老鸦调、快三流等；乐器有大筒（大胡琴）、铙钹、锣鼓、小锣、笛子等。

境内流行有三种阳戏：一是上河阳戏，二是下河阳戏，三是北河阳戏。北河阳戏，属本地阳戏，曲调有"一六""二六""三六"，"阴调""阳调""赶调""隔山调""盘花调"等，伴奏乐器以大筒为主，也有配以二胡、三弦、月琴、笛子的；打击乐有堂鼓、锣、钹、小锣、板、边鼓等。锣鼓牌子有《凤点头》《四平进》《荷头》《鸡头》《一六》《二六》《三六》《导板头》《风声大》《迎风》《课子》等。

阳戏剧目有小戏和折子戏之分。小戏，多为表现民间故事男女爱情和家庭变故等内容的小故事，故又称为"一家人戏"。流行的戏目有《补缸》《盘花》《双卖纱》《勾头催粮》《毛鹿子割茅》《兰鹿子搬砖》《王木匠做官》《打鸟》《放牛拦妻》《拾罗帕》《小放牛》《南山耕田》《秋江》《堂前教子》《汾水河》《兰桥会》《吊金色》等八十多种。1949年后,在共产党和人民政府领导下,坚持"文艺为人民服务,为社会主义服务"的方向,贯彻"百花齐放,百家争鸣,推陈出新"的方针,对地方戏进行一系列改造,改编剧目有《盘花》《王乡约催粮》《毛鹿子用计》等。

阳戏的折子戏剧目有《天仙配》《打芦花》《青风亭》《打侄上坟》《兰桥风》《阴阳扇》《犁田封官司》《大黄羊》《小黄羊》《东川寻夫》《西川寻夫》《山伯访友》等八十多个剧目,曲调优美、唱功铿锵,刻画细腻,情节动人,为群众所喜闻乐见。

三、花灯戏

花灯戏又称灯戏,是在民间花灯歌舞基础上,发展形成的小戏。演员在演唱时多拿扇子,边唱边舞,故又称"扇子戏"。即保留云南大理白族自治州弥渡花灯艺术特点,又与傩戏、阳戏相互渗透交融,吸取了他们表演艺术风格和音乐唱腔等方面的特长。每年春节到元宵节,几乎每村都有一个花灯班子出演,走乡串村,从东家到西家巡回演出。

每支花灯戏队,一般由15人组成,演出时,除操持乐器人员外,每人各执花灯一盏。花灯有伞状形的、瓶状形的、球形的,亦有作成鱼、虾、鸟、兽形状的;有高脚的,亦有低脚、无脚。灯内有蜡烛一支,烛外用透明的五色纸裱糊,灯分主灯、伞灯、提灯数种。高脚灯下有二尺许的竹把,表演时手拿竹把旋转,无脚灯行走时提在手中,表演时端在手中。每到一家首先参拜土地神,词曰:

土地神、土地神,我不参拜你不灵。高粱瓦屋你不住,岩屋里面你藏身。
一拜公公当堂坐,二拜婆婆得宽心。参拜土地神完毕,转身又送瘟疫神。
天瘟相送天堂去,地瘟送入地狱门。麻瘟送在麻山上,毒瘟送入竹山林。
睹瘟相送阳其界,牛瘟相送青草坪。红阳火烛一齐送,再不扰害主东君。

参拜土地神后,便进中堂参主,词曰:

本主神来本主神，水有源流木有根。家住云南大理府，苍山脚下有家园。
本主神来本主神，子孙代代参拜您。自从今朝参拜后，保佑家发人更兴。
左手开门金鸡叫，右手开门凤凰吟。左脚进屋生贵子，右脚进屋得缙绅。
正月不要点灯亮，自有花灯放光明。进了东君一重门，粉白墙上画麒麟。
金字牌匾豪光闪，一照福运二前程。牌匾上面四个字，荣华富贵万年春。
进了东君二重门，鸡啼鸭叫闹沉沉。猪肥牛壮家兴旺，人寿年丰乐太平。
仓满库盈收成好，左进金来右进银。招财进宝时时乐，亲朋满座家声振。
进了东君三重门，三元二品作正神。观音老母当堂坐，十八罗汉两边分。
参拜上神方已毕，转神又参主东君。东君坐在龙头上，五色花厅一派新。
一年玩灯三年好，三年玩灯九年兴。

参主毕，然后在中堂外面的晒谷场上，表演花灯。主灯是全队的组织者、指挥者，主灯在前，伞灯次之，其他各色花灯有序排列。队形变化较多，边演边转，姿势优美，动作自然，灯光闪烁，十分壮观。锣鼓、铙钹齐奏，鞭炮齐鸣，热闹非凡。

花灯表演之后，便是戏剧表演，锣鼓铙钹闹开台。戏剧演出时主要靠胡琴、竹笛伴演。出场演员，一般是二人，即一丑、一旦。旦角头戴花冠，脸涂胭脂，身着彩服，肩系绣花披肩，腰围百褶花裙；丑角头戴红砣黑纱帽，涂"三花脸"，身着黑色短裤、红裤，腰缠一根两端撒穗花带，表演时二人拿扇子，边唱边舞，故又称"扇子戏"。

图23 麻阳花灯戏（王淑贞 摄影）

灯戏内容多为表现男女爱情、家庭生活、生产情形等方面内容，情节简单，形式活跃，逗人喜爱。剧目有《王二接哥哥》《扯菜》《紫荆碑》《槐荫会》《推车》

《王木匠打盆》《刘海行禅》《旺儿设土地》《土地戏》《放牛拦妻》《三娘自叹》《干妈拜年》《下棋》《卖纱》《观花》等。曲调有《四季》《五更》《十二月》《十送》《十想》《十绣》《采化》等。唱腔多为一板三眼小戏，都由民间艺人自导自演。围观群众，里三层外三层，甚是热闹。从甲村串乙村，由上家转下家时，往往有长长的人流尾随，看了一场又一场，百看不厌。

第三节 辰州符的故事

辰州之名，始于隋开皇九年（589年），唐宋两代因之。元为辰州路，明清两朝为辰州府，其治地均在沅陵，辰州府的辖区时大时小，清代辰州府只辖辰溪、泸溪、沅陵、溆浦四县及乾州、凤凰、永绥三厅。

一、辰州符的源起

从字面上解释，古代的辰州治地沅陵，也就是说"符"是沅陵人首先发明的。据雷坛经书记载，符是上古时候五溪八蛮洞口（即今沅陵乌宿）胡琼、胡英、胡秀三姐妹发明的。那时正值母系社会中晚期，女人是社会的主宰者，这三姐妹都是五溪著名的三大巫师，大姐发明符箓、二姐发明咒语、三姐发明"神水"，之后雷坛的法事效率发生了很大变化，又经历代法师们的不断发展和完善，便形成辰州符体系，其功能日趋显现。因为辰州符出自沅陵，故沅陵人无论城乡男女老少，大多都会使用几种或数种辰州符。

辰州符的功能，主要是沟通神灵、代神传令。"符，乃令也，即傩公、傩娘、神仙、祖师之法令，以驱邪、伏魔、护佑、赐福于持符之人"（余氏雷坛经书语录）。巫师画符，即为发令，调兵遣将，共赴雷坛。请神造符，神即变成符，符即为神之符号，符就成为神符了。这里的符就如人之名，是神的代号，所以威力无比，变化无穷。造符时必须念咒语，咒语是巫师同神灵沟通的语言，是请求神灵显现威灵的命令式专用术语，是沟通神灵的重要手段。

辰州符种类繁多，瞿湘周先生称他在生时"共见到150多道巫教样符，计两本"[1]。符是用笔写在纸上，念咒念诀，施加法力，盖上傩印的部分。它不只是用笔写或画在纸上，更重要的是对此纸质符箓念诵咒语口诀，施以手诀和法力，还要盖上巫师的傩印章，才有巫傩神界的法定效力。号则是巫师对空画的符，有时是对天空画符，有时是对某物（对象物）画的符，大量的是对盛于碗中的水画符。划字号时也要念诵咒语、口诀、做手诀，施以法力。这是与符一致的。当然，并非所有的符或号都须咒、诀同时进行。要视具体情况及师传要求而定，可能三者同行，或者二者同做。

按辰州傩符的构符方式不同，可分为以人物图像为主的符，以字为主的符和动植物图像为主的符三类。有以人的头像、全身像为主构图的符56种；以人头像、人全像和文字、线条构图的符148种；以动植物和线条构图的符75种；纯粹以字、叠字和线条构图的符116种，其中出现八卦封象（阴爻与阳爻组成的八卦图像）10种[2]。

按构图要素多少的不同，辰州傩符可分为单一符型与复合符型。其中，单一符型极少，表现为一个字或一个人头。绝大多数为复合型的符，有的符很复杂，但只有一画，一气呵成，但却是物、字、线多要素联结而成的，不应划为单一要素的符。

著名国学家钱穆（1895—1990）在他的名著《略论中国之心理学（二）》中，说了两个故事："余少时在乡间，曾见一画辰州符者，肩挑一担，来一农夫，病腿肿，求治。彼在檐下壁上画一形，持刀割划，鲜血从壁上淋漓直流，后乃知此血从肿腿者身上来，污血流尽，腿肿亦消，其病豁然而愈。腿上血如何可以从壁上流出？此诚一奇，然实有其事，则必有其理，唯其理为人所不知，却不可谓之是邪术。

又幼时闻先父言，在苏州城里，一人被毒蛇咬，倒毙路上，来一画辰州符者，环尸画一圈，遍插剪刀数十支，刀锋向地，开口而插。彼念符咒后，蛇从各处来，

---

1 瞿湘周《古老·神秘·豪放》，第45页，泸溪县民族教育印刷厂，1994年。
2 金承乾，刘冰清，王文明《辰州傩符》，北京：中国文史出版社，2007年。

皆从剪刀缝下钻入,以其口按之毙者伤口,大小不符,乃退,从原刀缝下离场而去。如是来者十许蛇。后蛇,始系咬死此人者。以口接死者伤口,吸其血中毒即尽,仍从其原缝下离去,刀缝忽合,蛇身两断。即死,而路毙者已渐苏,能坐立矣。"

钱穆先生继续写道:"辰州符能令离乡死尸步行回家,始再倒毙。此事流布极广,几乎国人皆知,据闻对日抗战时,有两个美国人,在湘西亲睹其事,曾邀两术者(即赶尸的两个巫师)同赴美国实验,让科学家探讨,许以巨金为酬。两术者拒之,谓(即对两美国人说):'拜师受术时,曾立誓不为牟利。如获巨金,恐所受术即不灵矣。'"

上述三例,武陵山区内,凡年长者均可滔滔不绝地说上十几例,或数十例。笔者为何选取江苏事例呢?就是说辰州符之灵验,非辰州人自诩,辰州符在湖南以外的任何一个地区,其功能都是有口皆碑的,就是在日本、朝鲜、越南等东南亚各国的符书封面上都写着辰州符字样。

二、辰州赶尸

这里将"寻尸""封尸"和"赶尸"三事分别举例说之。

其一,寻尸。

当亲人在外地劳作时,若遇山洪暴发,回避不及将人卷走,或在旅途,身遇海难事故,或其他原因,身遭不测之灾,尸体无踪可寻时,便请巫师作法寻尸。1930年农历六月中旬,大合坪乡朱家界村农民钟征祥,因家中办事而去沅陵县城购物,回家时从县城船码头,乘船顺沅江而下。因前两天,贵州下暴雨,江流湍急,船过横石滩时,一股恶浪袭来将船掀翻。钟征祥落水溺死,尸存何处?家人寻觅不着,便请同村巫师钟元湘寻尸。

钟元湘时年41岁,是远近闻名大巫师。钟元湘在钟征祥翻船落水的横石滩边设案祭江。案呈"三牲"、果品、酒礼,焚香烧纸,朗读祭文。然后,口念咒语,手握"令牌"向江面画辰州符,并操手执诀,将大雄鸡的冠子咬破,血滴祭祀台前的"圣水"杯中,巫师口含"圣水",喷向江流,第二口"圣水",喷在雄鸡头上。

令牌一拍,脚一蹬,将大雄鸡抛向江中,雄鸡顺江而下,巫师和孝家立即驾船紧紧跟在雄鸡后面。经过北溶滩、朱红溪滩直达鸦角洄。突然间,大雄鸡展翅飞向江边的沙洲上,用脚爪子在沙洲上乱扒。钟元湘急令靠岸,着人将沙洲挖开,果得一尸体,清洗后,经仔细辨认,确系钟征祥之遗体。前几天江水太大,尸体冲到江岸,被泥沙掩盖在沙洲内。

时置大暑天气,阳光曝烈,已经三日之久,待尸体出泥时,臭气难闻,苍蝇蜂拥而至,钟元湘手执法器,口念咒语,口喷"圣水",再用他那祖传五代、法力无边的旧油纸扇,三扇一扫,苍蝇飞得无影无踪了,臭气也没有了,几个抬尸的青年人,将尸体洗抹干净,用白布包裹之后,抬起就走。钟元湘法师每逢渡口、桥梁、经过庵堂、庙宇、土地堂等都得祭祀,当然要比抬尸的青年人慢得多。青年人只想找个阴凉的地方休息,所以走得特别快,哪知,抬尸者只要背离法师,尸体立即发臭,苍蝇立即包围起来,抬尸者只好停下来,等待法师处理。钟元湘只要口念咒语,手画灵符,旧扇子连扫三遍,又不臭了,苍蝇也跑光了,就这样走走停停,80华里山路,走了整整两天才到朱家界亡者家中。

其二,封尸。

封尸,又称封丧、封臭,是为了防止尸体腐烂发臭而采取的一种法术措施。封尸一般在三种情形下进行:一是逝者正值暑天,气温高,三日即可发臭,但治理丧事一般需三至五日,有的甚至七到九日,为此必须请法师封尸;其次,是死者死亡的日子不吉利,犯"重丧",必须避开一些时间,这叫"屯丧选日",亦得封尸;三是孝子在远地方干事,需得数日后才能回到家奔丧。

封尸是一门绝活,按农村的话说是"硬本事",是绝对无假可作的。坦率地说,在这里假货是没有市场的。2006年农历7月初,正值高温季节,凤滩电厂一位职工的父亲去世,原请一位张姓法师作封尸荐亡法事。张法师自吹曾作封尸法事若干次,次次成功。哪知封尸后第三天的上午,尸体发臭,棺内水外漏。亲友数十人,只好远离观望。张法师慌了手脚,着人急请大合坪乡马鞍沅村泥堂坡杨氏雷坛法师援助,未允。张法师亲自登门求援,未肯。第三次是孝子三兄弟登门,一齐长跪求请为亡父作法事。杨氏雷坛第二法师杨长风深受诚意所动,立即允请。来到丧堂后,吩咐孝家在市场上砍一块三斤六两新鲜猪肉,挂在尸体前面,然后案呈"三牲"酒礼,焚香烧纸,请师念咒,造"圣水",画辰州符,压水碗,三扇一扫,臭气消失,苍蝇也被寄往别处,尸水也不外流了,法事仍按原来安排,再作四天四夜,到第七天,才送上灵山。尸体入土后,法师安了家神,散了"水碗",一切法力都解除了。原来挂在尸体前面的那块猪肉,看着它迅速改变颜色,一会儿便臭不可闻,苍蝇也蜂拥而至,立即挖坑掩埋。

其三,赶尸。

世人尝闻"辰州三绝"。即第一绝叫"辰州符";第二绝叫"辰州放蛊";第三绝叫"辰州赶尸"。乾隆三十年(1765年)编纂的《辰州府志·沅陵杂识》载:"走神迎巫,吹角呜呜,巫来降神,牲礼具陈。"1931年编纂的《沅陵县志》载:"傩神之祭,犹杂蛮俗。……巫者数人,执环刀作法吹牛角。"历代志书都反复记载雷坛法事活动盛况。这里专叙赶尸一例:

昔日,沅陵交通阻碍,外出全靠步行。那些因贩卖"辰绢""辰锅""辰砂"或作耕牛生意,或贩运生漆,或作铜匠、银匠等事,途遇歹徒谋财害命,或因外出者暴病而死在远离家乡的异地。又因孝子家境贫寒,无力将亲人遗体风光运回家乡安葬,只好请求巫师赶尸回家。另一种说法是,抬尸不如赶尸好。因途中阴间关卡太多,抬尸回家,但魂魄却难过关卡,成为孤魂野鬼了。赶尸班子,一般是法师一人,徒弟二人,孝子一人,共四人。

赶尸前,法师要做三道法事,首先是请神、请师、问卜、画符、喷法水、念咒,三牲呈献,烧香化纸等事。其次,作"天罡五阵法",就是将死者的灵魂控制住,要它跟着尸体往回走,敦请当坊土地菩萨放行。其三是巫师作法,要尸体坐起来,法师令徒弟将一根事先准备好的稻草绳系在尸体腰部。法师右手执锡杖,身穿法衣,头戴七星帽,左手拿令牌、龙头,口念经文,接着又念《赶尸咒》,并画赶尸符二道。法师口含法水,向尸体喷去,令牌一拍,脚一蹬,喊一声:"站起来!"学徒顺势将草绳往上一提,尸体便乖乖地站了起来,围观者霎时间纷纷离去,生怕尸体乱抱活人。法师脑后衣领内插一支引魂幡,又称之为"引幡"。幡杆是用小竹管或粗竹片作成,长约二市尺许;幡的顶端系一条长形棉纸做成的小幡,宽二市寸，长约一米，幡的上端呈三角形，末端由巫师剪成三等分的小小条块，随风飘扬。幡的一边写上"南无西极宫中度人无量阿弥陀佛豪光接引"另一边写"西归恩深显考（妣）某某一位亡魂指示升天"。这引魂幡只在尸体启动前，在尸体面前挥动引路，其余时间，一般都插在法师的脑后衣领内。

赶尸时，法师手拿竹节鞭和铛，竹节鞭长三尺六寸，鞭上有二符，一种符包在手上，另一种符挂在鞭的尾端。只见法师将鞭子轻轻一拍，喊一声"畜牲上路"，尸体便乖乖的"唯命是从"了，头戴烂斗篷，身穿长青衫，斗篷四周贴有长符、身前身后、两个肩膀上都贴符，脚穿草鞋，尸体直垂着双手，僵硬的双脚一步步向前移动着。这时，徒弟从尸体腰间解下那根稻草绳。另一个徒弟则手持铜锣，在前面鸣锣开道，口喊："有矮罗子过路请大家行个方便，暂时回避一下，免得惊扰你们。"他一路喊，一路招呼行人。打锣的徒弟与尸体相距百余米，总之前后两者都能看得见。

道路两边的村民，听得锣声后，都嘱咐家人和小孩不要外出，将狗也用绳子拴住，不准乱跑。那些胆大的村民，因新奇的诱惑而早早等候在路旁，这是百年难逢的奇事，今日一饱眼福。打锣的徒弟，除了招呼行人外，还要负责寻找休息、食宿的地方。法师手执法器，紧跟在尸体后面，另一个徒弟身担行李，沿途抛撒买路钱纸，并"断路"，谨防牲畜和无知者猛撞尸体，有点像唐僧西天取经途中沙和尚的形象，同法师相距一二丈远。孝子手端亡者灵牌在尸体前引路，并肩负尸体行动安全，上坡下坡，过桥都得由孝子背负行走，曲道转弯要引转方向。这份任务是灵活的，其实两个徒弟和孝子均可轮班"作业"。他们每当夜幕降临后，便上路行走，到次日卯时（早晨五六点钟）前休息，每日只能行走二三十华里。行走前和每到住地休息时，法师都要作法事，并祭祀当坊土地和鬼神。

赶尸有三大忌讳：不能对面遇着怀孕的妇人或牲畜，不能路遇有人身抱已死的小孩上山埋葬之事；不能在途中与瞎子迎面相遇，如果走向相同，各走一边亦不碍事。

赶尸所走的道路是无从选择的。官道要能走，山道亦要能走。寄宿之处若有、义庄、茶亭、庵堂、祠堂、土地庙、独家小屋均可。如若遇有上不挨村、下不着店的地方，在林间休息亦可。将尸体紧紧靠在大树上或高墙下，再用晒谷簟或其他东西遮盖着，度过白天。赶尸人一般都是自己打火做饭，休息时轮班看守尸体，防狗咬、防鼠害，尸体运回家后，一般不能进入堂屋，须在屋檐外或房前一侧，搭个临时治丧棚，按照孝家的要求做道场。

下葬前要做两种仪式：一是作"天罡五雷阵法"，意即将孤魂野鬼，严加制约，不让它们危害村里人；二是作"避天火法"，确保孝家清吉平安，六畜兴旺，人寿年丰。尸体下葬前棺材盖上要钉"九重钉"，即九颗柳木钉。因为客死他乡的人，是一场灾难，才屈死成为野鬼的，所以很凶恶，下了九重钉，他的自由受到限制了。另用桃木雕一人身，叫"凿骨扬灰"，供在灵前。待安葬后，诸事已毕，又散了"水碗"，安了家神，法师便画一坛"天地玉合水"，亡者家属亲友，大人小孩，每人各饮一碗，从此家保平安，远离灾难。

赶尸之事，境内60年来，因各种原因，无人操作过，今后也不会再像以前那么作。但80岁以上健在老人，有不少人曾亲眼看见其事。前些年，曾有两人做过如下实验：一人用宰杀后并且用开水烫光毛后的大肥猪，作法后让它行走数丈远；另一人用宰后烫光毛的羊作法后亦能行走数丈远，这实际上就是赶尸法则的运用。（文中照片均是作者拍摄，分别拍自新晃、通道、麻阳、沅陵、花垣等傩坛、傩戏）

第十六讲　独具特色的饮食工艺

饮食是人类最重要的生命之源。自古以来，整个人类对饮食都极其关注，甚至把它纳入到了生命的核心层。民间俗谚："民以食为天。"可见饮食对于人生命的价值。

第一节　自然环境与饮食文化传统

一、自然环境与粮食作物

一个地区的饮食文化传统的形成，与该地区的历史文化背景、地理环境、人们的生产和生活方式等多种因素相关，武陵山区的饮食文化也是如此。

武陵山区的气候属亚热带山区气候。四季分明，冬无严寒，夏无酷暑，平均气温在15℃左右，最高气温37℃，最低-5℃，无霜期3~8个月不等，雨量充沛，年平均降水量1300~1400毫米，多雾，适合农作物的生长发育。[1]按武陵山区所处的中纬度位置来说，本应是冬无严寒、夏无酷暑的亚热带气候，但由于山区海拔较高，所以气候比较阴冷。加上其处于西南气流北上的通道上，故降水量也较为充沛。这样的气候使得武陵山区森林植被较高，也很适合各种动植物生长。再者，武陵山区岩溶地貌广布，许多山体多由石灰岩构成，流水和降雨长期携带石灰岩成分流动，造成该地区岩溶地貌常见，同时使当地水中所含的碱性离子较多，饮

---

[1] 柴焕波《武陵山区古代文化概论》，第11—12页，长沙：岳麓书社，2004年。

用水的水质较硬，多呈碱性。这些自然环境特征对当地饮食文化产生了极大影响。

首先表现在饮食结构上。多山的地理环境不适合大面积地种植水稻，却利于苞谷（玉米）、甘薯（红苕）、土豆（马铃薯）、荞麦、小米、高粱等粗粮的种植，这使得历史上当地人民普遍以种植粗粮为生。据史书记载，武陵山区先民在很早时候就依靠刀耕火种、采集渔猎，从事稻作，种植杂粮，获取食物。如嘉庆《龙山顺县志》卷七记载："种植杂粮甚茂，而苞谷尤为大庄……土坪水阔处皆开田种稻……乡村餐杂粮，番薯莱菔（萝卜）出采取，煮熟之以果腹，虽富者不常稻饭。近城则以稻为主。"嘉庆《苗防备览》卷七记载："土刀耕火种，日食杂粮。道光版《鹤峰州志》记载，民遇岁歉，则挖蕨捣粉，并采可食野草和饱充饥，然亦辛苦备尝矣。"同治版《来凤县志》记载："物产主要有粳稻、糯稻、粱、粟、麦、荞、黍、稷、菽（众豆总名）、芝麻玉蜀黍。又载，乡人居高者，持苞谷以接济正粮；居下者，持甘薯以接济正粮。收藏甘薯必穿土窖，欲其不露风也。收藏苞谷及杂粮，或连穗高悬屋角，或予门外编竹为捆，上复以草，欲其露风也。"

武陵山区多山且气候适宜，给很多野生动植物提供了很好的生存环境。人们经常利用山区优势，猎捕各种野禽、野兽以调节胃口、改善生活。清人顾采《容美记游》中对鄂西山区人们的饮食做过这样的记述："入馔，以野猪腊为上味，鹿脯次之，竹鼬即笋根，稚子以谷粉蒸食，甚美，然不恒得。洋鱼味同鲂鱼，无刺不假调和，自然甘美，尤溪江所产也。……麂如鹿，无角而头锐，连皮食之。"今天，武陵山区的野猪、野兔肉等也是当地著名的野味。除捕食各种野生动物外，山间野果、野菜更是被充分利用，在当今的特色菜肴中还能找到痕迹，著名的蕨粑，竹笋、各类野菌等都是著名的"山货"。

山区潮湿多雨的气候让各种食物容易腐烂变质，这为山区人民储存食物制造了不少麻烦。交通不便使这里的市场交易也变得不易。在长期的生活实践中，武陵山区人民发明了各种储存食物的办法，由此衍生出很多独具特色的名菜。清同治版《来凤县志》民俗载："收藏甘薯必挖土窖，欲其不露风也。收藏苞谷及杂粮，或连穗自悬屋角，或于门外编竹为困，上覆以草，欲其露风也。"不少人认为，露风晾干的苞谷杂粮比放在屋内炕烘而干的食用起来香醇得多。对于肉、鱼等更易腐败变质的副食原料，山区人民往往采用腌渍或熏制的方法来储存。而一些蔬菜当地则多做成干菜或酸菜，以便在没有蔬菜的季节来充当下饭菜。几乎各种蔬菜都可以制成酸菜或干菜，如酸（干）青菜、酸（干）萝卜、酸洋姜、酸（干）豇豆、酸大头菜等，多用盐水腌泡而成，成品酸脆爽口；或用盐腌后再风干，吃时经水泡胀后或炒或炖，又脆又香。这些都是储存食物并延长食物食用时间的做法。除此之外，食酸菜，也是对上文提及的当地碱性水质的一种生态适应。

可见，武陵山区的饮食文化深深打上当地自然环境的烙印。有什么样的地理气候环境，就生产什么样的饮食作物，自然也就制约着某一地理区域的饮食文化的形成和发展，决定这一地理区域饮食文化特点的形成。而且古老时期形成的地理区域饮食文化特点，通过一代又一代的传承，就会根深蒂固地扎根于这个地理区域，影响着这里一代又一代人的饮食习惯。

二、主食加工与菜肴制作

（一）主副食加工

1. 金包银

在生产技术不发达的年代，武陵山区的主食大都是山坡旱地出产的农作物，"取山所产，吃山所长"形象地形容出当时情景。当时菜品不多，人们只有在主食的加工手法上不断变换，创造出不同口味，来改善没有菜下饭，吃不饱肚子的困境。鄂西土家族地区至今还流传一种叫"金包银"的主食，其实是玉米粉加大米制作而成的主食，又叫"苞谷饭"。做法是把玉米晒干碾碎成粉末状，将其放入蒸好的米饭中搅拌均匀，再入木甑以大火蒸制，蒸熟后的"苞谷饭"透出淡淡的木质香气，由于是玉米和大米混合加工制作，粗看之下是金灿灿的颜色，细看又能见到白米的本色，因此得一美名为"金包银"。过去的穷人家经常吃玉米粉熬成的糊，后来有大米后，就把玉米粉和大米混在一起蒸。与此制作原理相同的还有"洋芋饭"，是土豆与大米混合的杰作，先把土豆切成块，然后用油炕至金黄，再与蒸熟的米饭合炒，油煎土豆的香味化融于米饭之中，香脆可口的土豆和醇香绵软的米饭一起，不用下饭菜也可以吃上两碗。

2. 叶儿粑和油粑粑

为方便携带，武陵人民还擅长用主食做各种各样的粑粑，其做法也比较简单，就是将以上的材料浸泡后磨成浆状，经发酵以后做成各种形状蒸制。在这个过程中，人们尤其喜欢用武陵山区特有的油桐树肥大的树叶，用叶子包上发酵好的各种浆上灶蒸熟，散发出一种独特的桐叶香味，所以也称为"叶儿粑粑"，有时会根据材料的不同称为"米粑粑""洋芋粑粑""苞谷粑粑""荞麦粑粑"等[1]。

"油粑粑"也是土家人的一大特色食品。传说古时张古老、李古老开辟天地到一半时，气力耗尽，无法继续工作。此时神灵指点道，吸收日月精华可恢复气力。于是张古老吸收日之精华、李古老吸收月之精华，遂气力大增，完成了开天辟地的创举。后人为了在做农活时及时补充体力，效仿张古老李古老，将自己的口粮做成日月的形状和颜色，逐渐演变成今天的油粑粑。油粑粑圆圆的形状，金黄的颜色，不仅浓缩了日月的特征，而且圆的形状象征"圆满"，金黄色泽象征"富贵"，是土家族人逢年过节敬神赠友备受青睐的食品之一，也是城乡各墟场最普遍最有民族特色的风味小吃。每到赶场的时候，小朋友们跟着大人走十几里山路，就是为了几个油粑粑的奖励。"油粑粑"的制作工序相对简单，主要有以下步骤：先按 3∶1 的比例取适量的黏米和黄豆，用温水浸泡至膨胀，以泡出豆香和米香为宜；洗干净后加入适量清水，用小汤勺把洗净的米、黄豆和水舀进石磨中磨成浆；在浆里加入适量盐和花椒粉，再按个人喜好准备馅料，如：腊肉丁、酸菜末、葱花等。拌馅可分为杂烩式和叠加式，前者是把馅一股脑儿倒进浆里搅拌至均匀，后者是先在音符形铁容器中倒入半勺浆，加入自己喜欢的馅后再倒入小半勺浆，（也可以不加馅），锅中倒菜油，烧热后放入装满浆的音符状的铁容器，约三分钟后，容器内的浆炸至成型便可倒入油中翻转直至炸熟。这样炸出的油粑粑吃起来只觉得油香豆香四溢，酥脆的表层裹着团团热气，轻轻一咬，暖香四溢。除吃刚出锅的酥脆的油粑粑外，亦可放入锅中煮软了吃，或用热汤泡了吃。解放初期，鄂西和湘西各县城里开始出现部分个体油粑粑商贩，他们把摊点设在饭店、面馆

---

1 姚伟钧，刘朴兵《试论鄂西土家族饮食文化的特点》，载《湖北民族学院学报》2007 年第 3 期。

旁或街边、凉亭里，价钱便宜，很受欢迎。

3. 米豆腐

如今在武陵山区的乡镇和沿街集市，除了满大街飘香诱人的油粑粑外，还有那嫩黄的米豆腐。米豆腐也是武陵山区的一种特色食品，和粉、面、油粑粑一样被当作一种副食，也可以作为一种小吃。就连在人们赶集路上的桥头、凉亭和荫凉处，也都会有人在那儿做米豆腐卖。这里的人们习惯了上街赶集的时候，吃上一碗米豆腐，来充饥解渴、歇脚谈天，确实是一种绝妙享受。看过电影芙蓉镇的人们，也可从刘晓庆的米豆腐摊的异常红火中，感受到米豆腐的魅力。

米豆腐的制作过程很有讲究，其具体步骤如下：选取籼稻型大米若干，除去杂物并淘洗干净。放入容器加水至淹米3.5厘米为宜。选取新石灰，一般一公斤米放50克粉状石灰，石灰调成溶浆后加入泡米的容器中，然后搅匀。浸泡3~4小时，使米变成黄色，口感略带苦味后，取出放在清水中淘洗至水清为止。淘好的米再加两倍的清水浸泡，然后磨成浆。在洗净油污的铁锅里放入适量的水（一公斤米放两公斤水），然后倒入磨好的米浆。煮浆时边煮边搅，开始用大火煮，至半熟时用小火，边烧边搅，煮熟为止，约需15分钟。煮熟的米浆变成糊状，趁热装入预先准备好的盛器内。盛器的大小以米豆腐的厚度来选定，一般以3~10厘米为宜。盛器内要铺薄布，装时要厚薄均匀。待冷却后即成米豆腐。食用时，将大块米豆腐用线切割成1~2厘米见方的小块放入清水里，捞出，加入佐料即可食用。吃米豆腐，佐料为一大关键。一般来说，所配的佐料越多，口味越丰富，吃起来越有不同的感觉。拌米豆腐的佐料通常很多，辣子粉，葱花，生姜，蒜泥这几样必不可少。另还有山胡椒油，陈醋，酸菜，味精，有的佐料中还会有萝卜丁，油炸花生米等。从颜色上来看，有白黄红绿，五颜六色，色彩斑斓；从味道上说有酸、辣、麻、咸、香五味俱全。

湘西的人们一年四季都爱吃米豆腐，而且随着时令的不同，吃法上也有不同。夏天吃米豆腐的时候要加冰块，看着从盛着大块冰坨的木桶里捞上一碗色泽如玉、冰凉嫩滑的米豆腐，浇上红绿黄白的各种滋味的佐料，你就会馋涎欲滴，急不可耐；冬天或是春秋时则多将米豆腐在温水中烫热，热气腾腾的米豆腐上面加上红红的辣椒、青绿的葱花、白花花的蒜泥、爽脆的榨菜丁、酸溜溜的陈醋、黑黝黝的酱油。

4.绿豆粉（皮）

在鄂西恩施和渝东南黔江一带，还流行吃一种以米为主要原料添加绿豆和黄豆的"绿豆粉（皮）"。宋朝陈达叟在其所著《本心斋疏食谱》载："绿豆粉也，铺姜为羹。碾碎绿珠，撒成银缕，热蠋金石，清澈肺腑。"绿豆粉以优质绿豆、黄豆、大米（黏米）为原料，经"泡、磨、烙、烫"四道传统工序精心制作而成。当地还有"春节期间做16斤绿豆粉"的说法。只做16斤，因为16有双八双发的意思，一般来说，三种原料的比例是10斤大米配一斤黄豆再加两斤绿豆，就可以制作16斤绿豆粉。按照这种数字算下来，绿豆、黄豆、大米（黏米）搭配比例约为16%、8%、76%；搭配好的原料浸泡一天后，就用石磨进行碾磨。碾磨时注意水和原料的比例，以豆浆稀稠适度为宜。绿豆浆磨好后，就开始生火制粉，燃料以干松毛为佳，且为防止绿豆粉被烙糊，以保持文火状态为宜。为了起锅时绿豆粉不粘锅，保持粉缕的完整，在锅内均匀涂抹菜油，猪油亦可。然后用铝皮漏斗装上豆浆，围绕锅底一圈一圈由里向外旋转，形成小指宽、硬币厚的螺旋形粉圈，一分钟左右粉圈熟后即起锅晾在簸箕里或竹竿上。这样制作出来的绿豆粉具有色泽正、口感好、易存放、不易变质、食用方便等特点，深受当地土家苗寨群众喜爱，是接待客人、馈赠亲友的首选特色食品。

（二）菜肴加工与制作

1.吃盐的缘起

说起菜肴制作，不得不提到地处鄂西长阳土家族自治县，这里是土家族的发祥地。在长阳众多的民族节日中，有个相沿至今的"厨师节"。当农历八月初二这一天，清江沿岸的老百姓都要置备酒席，祭祀厨师的"祖师爷"詹铜长（即厨师，长阳俗称铜长）。相传古时有一姓詹的名厨，他率先采用"以盐做味，五味调和"，做出了流传至今的土家风味"十碗八扣"。君王得知此事后，便令人召他进宫做饭，他同样以盐水作味，给君王备办酒席，君王吃后，连声叫好。数月之后的一天，君王见詹厨师在盐池河中挑水，便问他挑水做什么，詹厨师说："我是用这盐水做味,给您做饭菜的。"君王一听大怒:"明明是糖好吃,你为什么给我吃盐水!"可当时詹厨师说不清其中道理。农历八月初二这一天,君王以欺君之罪将詹厨师杀害了。詹厨师带有两个徒弟,一个姓张,一个姓梅,他俩继续为君王做饭,但不用盐水而用糖做味。蜂糖加白糖,红糖加砂糖。"十碗八扣"都是糖,君王吃后十分满意。可是连吃几天之后,君王喊叫吃不下去了。此时,张、梅二弟子遂"以盐做味,五味调和",做出了香喷喷的饭菜,君王连吃数月不厌。后来,张、梅二弟子发明了"红案"(即制作桌席菜肴)和"白案"(即制作面食早点),张是红案发明者,梅是白案发明人,两人配合做出的饭菜,君王越吃越高兴,他说:"到底还是盐水做味好。"从此以后,人们都要在每年的农历八月初二这一天,纪念含冤而死的詹厨师。民间的祭祀活动感动了君王,君王决定从八月初二起,三天不坐皇位,将位子让给詹厨师以表悔恨愧疚之意。这个神话般的传说,道出了鄂西土家人吃盐的起源,也反映了土家族饮食文化的悠久历史[1]。

2. 为何吃酸

上文从地理环境和食物储存的角度探到武陵山区人们喜食酸味,在武陵山区的苗族地区流传着这样一个故事。

传说,在清朝的康熙年间,对苗族人民实行禁锢统治,压得苗民喘不过气来。鸡公寨的嘎能吴哈巴,带领苗民起义造反,杀死了清朝官府的把总和千户,开仓济民。消息传到京城,康熙慌了手脚,一怒之下,传下圣旨,派遣湖广总督率精兵前来征剿。一时大兵压境,苗疆战火纷飞,义军终于失败了。

吴哈巴只身逃往贵州避难,湖广总督为发泄对苗民的仇恨,血洗了鸡公寨,可怜苗民男女老幼惨遭杀害无以数计,只有少数人侥幸逃脱,远离鸡公寨,到他乡逃荒谋生。湖广总督凯旋班师回朝,康熙圣上大加犒赏。随即,两广总督又向康熙密奏一本:"苗民十分刁顽,其仍以崇力精武,力大如牛,是以不能长久征服,如不给以盐食之,则人人精疲力衰,再也无力抗争矣!"康熙听奏,龙颜大悦,立即传下圣旨,禁止民商官贾供给苗民食盐,违者家灭九族。

---

1 胡振东《土家族的饮食风味》,载《食品与健康》1999 年第 10 期。

这一圣旨传下以后，民商官贾再也不敢卖盐给苗民了，从此，苗寨就断了官贾民商的食盐。苗族人民没了食盐，吃饭饭不香，吃肉肉不甘，就是山珍佳肴也是难以下咽。由于没有盐吃，苗民一个个筋疲力尽，走起路来软弱无力，很多人肿脚肿手，几乎陷入绝境。

有一个从鸡公寨里逃出来的苗家姑娘名叫吴妹秀，她聪明能干，看到全家人不愿意吃那无盐无味的菜，于是找来了一只大土钵，装上热米汤，把洗净的菜叶放在土钵子里沤闷，过了几天之后，白色的米汤变成了淡黄色，并放出一股酸味，她用碗舀了些尝了尝，觉得味道可口极了。她又拿起了几片菜叶尝了尝，觉得酸美可口，味道很浓，她高兴极了，立即把一大钵酸汤送给全家品尝，觉得好吃极了，父亲吴老巴高兴地说："有一钵闷酸汤，不吃盐巴也可过了。"

吴妹秀用土钵酿酸汤吃，这一消息第二天很快在寨子里传开了，全寨子的年轻妇女和姑娘，都到吴妹秀家里讨教土钵酿酸汤的办法，吴妹秀毫不保留地传授给大家，于是全寨子年轻姑娘和妇女都学会了煨酸汤。

从此，家家户户都喝上了酸浓可口的酸汤。大家就用酸汤下饭，吃得津津有味，一个个都长得身壮力强，力大如牛。吴妹秀巧酿酸汤代替食盐的好消息，一传十，十传百，九九八十一寨的苗民都学会了酿土钵酸汤，两广总督以盐制苗限苗的阴谋诡计彻底破灭了。

后来，她又用这种办法制作了酸菜、酸鱼、酸肉、酸辣椒等精美的酸食，致使苗家的酸食具有特殊的风味，这些奇异的酸食，都是苗家日常生活食用的不可缺少的菜食。据说，汉族地区喜食的酸食菜品，也是从苗寨传来的。苗族地区至今还流传着"苗家一天不吃酸，走路也要打闹穿（摔倒）"的说法，可见酸味在当地食物中举足轻重的地位。

3. 菜肴的制作

上文只是苗族关于酸汤来源的传说而已。现实中武陵山区无论是苗族还是土家族，家家都有所谓的"酸坛子"，十到二十个不等。一年到头，餐桌上都不离酸，几乎各种蔬菜都能做成酸菜，多用盐水腌泡而成，成品酸脆爽口。酸肉是以猪肥膘肉为原料，切成重约二两的块，配以食盐、五香、花椒粉腌渍数小时，再拌和玉米粉，入罐存放半月即成，食时配以其他佐料焖制，其味微酸有黏性，油而不腻。酸鱼是在春耕季节，当地农户购回鱼种，当地称它为"呆鱼"，利用稻田养殖，秋收捕捞。每条约重半斤以上。制作时，去内脏洗净，肚内填以玉米粉或小米、燕麦粉、面粉均可，拌以食盐，置坛中密封，存放一两年之久而不变质，生熟皆可食用。一般用油炸制，色泽金黄，具有焦、香、酸、脆特点，不加佐料，民间常备，以待宾客。

另一具代表性的酸菜是"渣广椒"，尤以鄂西一带最为著名。其方法是将鲜红广椒洗净，剁碎，加入细玉米面，与广椒的比例大约为8∶1，再加入食盐、姜蒜末、花椒粉、胡椒粉、葱花、盐和味精搅拌均匀，然后放入凉开水，缓缓地往里加，边加边搅拌，搅到玉米面虽湿但能散开的程度。把调好的玉米面装进坛子里一层一层压紧，表面上放一层桐麻叶或塑料纸，用篾条扎紧，将坛子倒扣在盐水盆里，一月以后，即可食用。或焖、或蒸后再炒了食用，色微红、酸辣味十分特别。

土腊肉也是武陵山区家家户户每年过年必备之物。每到农历冬腊月，便是做腊肉的季节。这期间，村村寨寨都不时传来猪的嚎叫声，大家都把喂养一年半载的大肥猪全部杀掉，除留下一部分新鲜肉过年吃以外，其他全部做成腊肉，以备来年之用。个中原因除了腊肉好吃，存放得久外，也与当地的地理环境有关，乡村住户深居山林，远离集市，每当客人来到，无法上集市购买好菜招待客人，便用自家做的腊肉招待。做腊肉这种习惯，便世代相传下来。腊肉的做法比较简单，主要的制作工艺是腌和熏。新鲜猪肉切成长块，每块1～5斤不等，盐、花椒粉放入锅中炒热后，均匀地抹在一块块肉上。抹好的肉腌在木桶或瓦缸里。一个星期后，等肉基本入味，便取出挂在火塘上，燃烧松枝、锯木灰、桔子皮等来熏烤。约两月后，褐红色的腊肉便制成。可从火塘上取下，挂在通风之处，或藏在谷堆中。跟前文提到的渣广椒一起炒，可谓当地饮食一绝，食时酸辣爽口，增加饭量。

武陵山区的土家族地区至今流传着"辣椒当盐、合渣过年"的民谚。合渣是由黄豆制作而成的一种"粥"。在粮食奇缺的年代，"合渣"救过不少人的性命。如今，合渣已不再是逢年过节才能吃的"奢侈品"，而是餐馆里的一道土家特色菜，深受顾客青睐。合渣的制作技术含量不高，但是很费体力活，由于必须人工在磨子上磨细,所以当地人又叫"推合渣"。其制作程序是:将黄豆洗净用水泡胀后,人工连豆带水在石磨上一转一转地磨成浆,架火煮开,然后放入切好的新鲜萝卜菜叶,再煮开,就制成了一锅乳白带绿的合渣。由此可见,"推合渣"比起制作豆腐要简单得多,不用过滤,不用压榨,一般也不用点卤,所以土家人又称合渣为"懒豆腐"。合渣的营养搭配也很科学,黄豆中的蛋白质与萝卜菜中的维生素、无机盐配在一起,达到了合理膳食的效果。

第二节 饮食习俗

一、节日食俗

(一)土苗共同食俗

武陵山区的土家族和苗族人民由于居住在共同的地域,共同的地理和气候,以及相似的耕作制度,导致在很多方面形成了相似的民风民俗。比如农忙伊始的春季,武陵人都有"过社"和"吃社饭"的习俗;在农闲时节的传统春节里,他们都喜欢吃糍粑。

1.过社必吃"社饭"

社饭即在"过社"时吃的特殊饭食。武陵人十分看重"过社",立春过后的第五个戊日(春分前后),家家户户都做香喷喷的社饭,以祭祀先人。社饭的原料是白米和野菜,因野菜有苦味,所以又称之为"忆苦饭"。一年之计在于春,春天寓意着美好生活的开始。武陵人通过吃社饭教育人们要忆苦思甜,珍惜美好的幸福生活。另有称之为"赦饭",相传"社日"正逢唐代驸马新婚之喜,皇上下诏大赦天下,囚犯赦免回家,穷人免除赋税,百姓制作"赦饭"与此同乐[1]。其做法是:先将田园、溪边、山坡上的青蒿嫩枝、车前草、野芹菜、雀雀菜等野菜采撷回家,洗净剁碎,揉尽苦水并焙干;然后把腊肉和豆腐切成丁炒熟,将核桃仁、

---

[1] 冉光大《巴渝古镇——龙潭》,第38页,重庆:重庆出版社,2003年。

花生仁、黄豆炒香待用；再以三分糯米和一分黏米（粳米的一种）的比例将大米煮得半熟，用筲箕将米汤沥净，把野菜以及其他材料放锅底，将半熟的米饭盖到上面，用阴火焖熟。揭开锅盖，搅拌均匀，香气盈室、妙不可言。社饭的腊肉香味浓郁，米饭油而不腻，松软可口，老少皆宜，据说还有提神健脑之功效。逢社日，人们都以吃社饭邀约亲朋好友聚会。特别是有新坟的人家，尤以吃社饭约请朋友一起去扫墓，且人越多越好。每每此时，四周山上，人头攒动，香烟袅绕，鞭炮连天，呈现出浓重的祭吊气氛。

2. 过年喜吃糍粑

武陵山区一带在过年都有打糍粑的习俗。糍粑的种类有白色的糯米粑、黄色的小米粑、紫色的高粱粑等。一般在腊月二十几开始打糍粑，头天晚上将糯米、高粱、小米等分别洗净，泡上一个夜晚。第二天早上将其滤干，用甑子蒸熟，然后放在杵臼里面，几个壮汉用丁字形的棒槌你来我往地揉打，直到将糯米、高粱、小米分别打成泥状并不见颗粒时，打粑的男人用棒槌将其挑起，妇女则伸出手接住放在抹了菜油的桌上，将其扯成球形小坨并均匀整齐地摆放，然后盖上一张同样大小的桌子（或门板）后，几个人站在上面用力踩压。这时候是小孩们最高兴的时候，他们在桌子上一边踩压一边快乐地大笑。几分钟后，人们将桌子揭开，一个个大小均匀、色泽漂亮的圆糍粑就做好了。每个圆糍粑直径约七厘米、厚约一厘米，然后将其五个一叠放在案板上冷却后放入干净的器具里，七八天后再用山泉水浸泡，隔个十天半月换一次水，可吃至农历三四月间。以前，每户农家至少要做约50公斤米的糍粑，多则有做150~250公斤米的糍粑。糍粑的吃法多样，可用油煎炸，或在炭火上烤来吃，也可切成小块加上醪糟煮成糍粑汤圆，或切成条加上土家特制的腊肉炒成糍粑回锅肉等，风味各不相同。大年初一早上，主妇们早早起床，先将糍粑煎好，点上香烛敬奉祖先，等家人起床后大家一起用糍粑蘸着白糖吃，寓意全家人新的一年甜蜜幸福。小孩起床后往往没开口说第一句话，就已经被母亲塞了一口的白糖糍粑。传说是用白糖糍粑粘着嘴巴，人们就不会乱说话，也就不会祸从口出了。土家人过年图吉利，初一早上人们要互相拜年，大家吃着白糖糍粑，互相祝愿在新的一年平安幸福、事事顺心。

(二)土苗各具特色的节日食俗

1. 土家过"赶年"吃"合菜"

除了吃糍粑的习俗外,武陵山区的土家族还有"过赶年",吃"合菜"的习俗。原来,土家族过年比汉族过年要早一天,即月大过腊月二十九,月小过腊月二十八,土家族人将这种比汉族提前一天的过年方式叫做过"赶年"。过赶年时全家人要围坐一起吃"合菜",俗称"团年菜"。其制作方法是将萝卜、豆腐、白菜、葱、猪肉、肉片、粉丝、海带、红辣椒条等原料合成一锅煮,即"合菜",祝福全家合乐、万事合顺。

"合菜"还有一个别名叫"贺菜",有祝贺打胜仗之意,反映土家人不忘祖先功德的传统。相传在明嘉靖年间,倭寇在我国东南沿海地区大肆袭扰,朝廷曾多次派大军抗倭,都惨败告终。年关将近,土家人正热热闹闹地准备过年事宜,土司王突然接到朝廷一道圣旨,令其调集土家族士兵赶赴东南沿海一带抗击倭寇。根据行程计算要按时到达指定的地点,也就无法过年了。为了让官兵与亲人能一起过年,土司王决定提前过年,于是下令:"蒸甑子饭,切砣子肉,斟大碗酒,提前一天过年再出征。"因时间紧,来不及做许多菜,就将腊肉、豆腐、萝卜一锅炖,叫作"合菜",吃了好上路。土家壮士上前线后,英勇杀敌,一举大败倭寇,取得了重大的胜利。"合菜"中粉丝和海带这两样原料是必不可少的,因为粉丝是本地特产,代表土家族;而海带生长在大海里,代表当年土家壮士杀敌的地方,也是为了纪念当年抗击倭寇的土家壮士胜利归来。此后,为了纪念这次征战胜利,同时也为表达广大民众对抗倭将士的深切怀念,土家族人都要提前一天过年,久而久之也就形成了过赶年的习俗。

在武陵山区,还有"吃刨汤"的习俗。过了冬至,为迎接过年,人们会选一个红煞日杀年猪,据说来年可以养大猪。宰杀年猪有胜过节,气氛热烈。当地有"鱼吃跳,猪吃叫"的说法,认为刚杀的年猪比其他什么时候的肉吃起来都要香,要遍请左邻右舍,毫不吝啬,称其为吃"杀猪饭"或"刨汤"[1]。

---

[1] 林翠平《土家族饮食文化习俗及其意义研究》,载《四川烹饪高等专科学校学报》2012年第3期。

2. 苗家节日主食——糯米饭

在苗族所有的节日中，主食多为一种，那就是糯米饭。糯米饭是苗族主食之一，在苗族人民生活中占有重要地位，为男女老幼喜爱之食品，人们认为吃黏米饭不顶饿，味淡，不及糯米饭香，不用菜也能吃下，不用筷子，手捏着吃极为方便。凡逢走亲访友的礼品，各种节日（姊妹节）的主食，多为糯米做成的各种食品。有甑蒸绚白的糯米饭，染成五颜六色的花糯米饭，枕头形和三角的粽子、糯米粑，以及酿酒。长途旅行或上坡做活，多以竹制盒盛糯米饭储之随身带去食用。在新媳妇初见翁姑，女婿拜见岳丈时，糯米制作的上述礼品是必备的礼物。因此，糯米的用量比例是很大的。苗族人民煮黏米时普遍采用木甑蒸和鼎罐煮焖熟。多是按米放水，不滤米汤，群众称为"按汤饭"，苗语称"告翁贺"，食之既不淡味，又有营养。糯米是先用冷水泡发胀后，过滤放于木甑上蒸熟，再盛放于木盆内而食。粘稻或糯稻，多是舂一次吃一天，常年如此。

在青年男女婚恋过程中糯米饭也是必不可少的食品。湖南城步的苗族把画有鸳鸯的糯米粑作为信物互相馈赠；举行婚礼时，新郎新娘要喝交杯酒，主婚人还要请新郎新娘吃画有龙凤和奉娃娃团的糯米粑。

3. 苗家其他节日食俗

苗族过去信仰万物有灵，崇拜自然，祀奉祖先。节日较多，除传统年节、祭祀节日外，还有专门与吃有关的节日，如：吃鸭节、吃新节、杀鱼节、采茶节等。过节除备酒肉外，还要必备节令食品。如吃鸭节时，家家都要宰鸭子，并用鸭肉和米一起煮成稀饭食用；在吃新节时，要用新米做饭，新米酿酒，就连菜和鱼，都要刚摘、刚出塘；过杀鱼节时多在江边，由妇女带上饭、腊肉、香肠等酒菜，等在河边，只要捉到鱼，即燃起篝火，架锅煮鱼直到尽兴方归。传统节日以苗年最为隆重，苗年一般先在正月第一个卯日，历时三五天或十五天。年前，各家各户都要备丰盛的年食，除杀猪、宰羊（牛）外，还要备足糯米酒。年饭丰盛，讲究"七色皆备""五味俱全"，并用最好的糯米打"年粑"，互相宴请，互相馈赠。苗族民间最大的祭祀活动吃"吃牯脏"，又称"祭鼓节"。一般是七年一小祭，十三年一大祭。于农历十月至十一月的乙亥日进行，届时要杀一头牯子牛，跳芦笙舞，祭祀先人。食时邀亲朋共聚一堂，以求增进感情，家庭和睦。许多地区的苗族常用糯米面做成汤圆，也作为节日期间的一种食品。无论婚丧嫁娶必须备有酒、酸肉、酸鱼，否则视为失礼。迎接贵客时，苗族人民习惯先请客人饮牛角酒。

二、饮食禁忌

武陵山民的饮食禁忌就像他们的饮食文化一样，形形色色。以下分土家族和苗族来分别论述。

（一）土家族的饮食禁忌

土家族饮食文化承袭了本民族古老文化的熏陶，又受到汉、满、羌、苗等民族文化的影响，它的很多文化形态就与这些民族的相应文化形态有着一定程度的相似。土家族的部分饮食禁忌也与这些民族的相类似，但这些饮食禁忌更多地受到本民族文化的制约，因而具有鲜明的民族特色。

首先，相当一部分饮食禁忌源于土家族先民的原始思维，主要的表现形态有：

（1）剩饭忌倒与狗吃。依据弗雷泽的接触巫术理论，通过干扰或破坏与人相关的物体也能直接影响到这个人本身，而人是有灵魂的，人的剩饭里也附着人的灵魂，如果把剩饭倒给狗吃，就意味着人的灵魂也被狗吃掉，这样就必然对人的记忆力乃至生命带来极大的危害。

（2）不但吃药者，就连农村草药医生也要忌食狗肉和其他五个爪子的各种兽肉。因为食用五爪兽肉和死肉以后就诊或就医，是对神灵的不敬，那么药物治病去灾的神力就会削弱甚至消失。

（3）忌非父亲或非最年长的人吃鸡头、鱼头等，人们认为鸡头、鱼头具有引导众生的权威和超常的神力，只有父亲或最年长的人才可食用。

（4）忌抛洒饭粒。人们认为饮食由雷神掌管，谁肆意浪费就必然要惹怒雷神而招致雷击，这是中国极为普遍的雷神信仰的反映。

（5）忌食母鸡、母猪肉。土家人认为这两类动物肉是不洁的，食用它们，必然会因为它们的不洁而导致食用者的污秽不洁，甚至因此招来灾难（巫术信仰）。

（6）忌小孩吃鸡爪、鸡翅、猪鼻、猪尾等食物。人们相信，鸡爪具有乱抓乱刨的灵性，鸡翅具有翻飞越墙的特性，而猪鼻具有难看的、爱打鼾的属性，猪尾则是落后的象征，因而忌食，以免染上类似属性。

（7）忌食祖宗神灵的祭饭，忌把筷横放在碗上。这一禁忌反映了原始初民的死亡观念，他们并不认为构成生命的活动和存在的一切形式会完全而简单地消失，相反他们坚信，死亡永远包含着神秘的原因。因此，食用祭祖的饭食，是对死亡者的大不敬，必将导致来源于祖宗愤怒的各种灾难。

（8）忌在吃饭时任意拨弄盘中食物，否则是对谷神的不敬，会引起神灵的惩罚。

（9）忌吃饭时到锅灶前面去，否则是对灶神的无礼。

（10）忌杀虎食虎肉。虎是土家族的图腾，土家人相信自己与白虎源于同一祖先，故有此禁忌，是典型的图腾信仰的反映。

（11）忌食一些动物的内脏与血液。它们被当作不洁或污秽的，食用它们，会污及食用者，或带来灾难。

以上禁忌形态大都源于原始思维，是初民的原始文化遗留物，铭刻了远古土家族先民的文化信息与哲学观念。这类禁忌是民族生存禁忌的具体表象之一，因而具有一种神圣性和必须遵循的强制性。

其次，一些饮食禁忌来自因为类比而产生的禁忌心理。人们害怕某种与之（凄苦人生或悲惨命运）相似的言行会导致可怕的现实真的发生在自己身上。主要有以下几种：

（1）吃饭时忌敲空碗，饭后忌将碗扣于桌上，这些饮食方式是乞丐型的，因此忌模仿。

（2）忌端着饭在别人背后吃。"背食"谐"背时"一词，不吉利，一种巫术诅咒的含义。

（3）忌用一长一短的筷子进餐，"一长一短"谐"三长两短"，不吉利。

（4）土家族待客要泡一碗鸡蛋茶，即在油茶汤里打几个荷包蛋，蛋的个数忌一、二、五、六、七、八、九，因为土家人的俗语中有，一个为独吞，两个为骂人，五个是销五谷，六个是无缘，七个八个九个是"七死八亡九埋"，这些俗语都是不吉的。

（5）未婚男女忌食猪蹄叉。土家人看重家庭生活的和谐幸福，而家庭生活得以实现的必要条件——娶亲成婚也就受到加倍的重视，人们都祈愿婚嫁顺利美满。但猪蹄有"叉"，人们类比联想食用它必会"叉"走好运，"叉"走"月老"，那么就会极大地影响未来的婚嫁，进而影响家庭幸福生活，这里也有较浓厚的"媒妁之言"的封建婚姻观念，但主要是忌食而免婚嫁不顺利的心理现象。

（6）拿筷忌用左手。土家人认为左手拿筷是违反常规的，这种违反可能带来命运的反常与难以预料的灾难。

如上禁忌，都源于人们的一种命运观，源于人们的类比命运心理，是现代人接受古老巫术信仰而关注于现实生活的民俗反映。

第三，一部分饮食禁忌习俗是出于人们的伦理道德和社会礼仪教育的需要而产生的。严格讲来，它们只是一种社会规范，只是一些协调人际关系，求得共同认可的社会礼仪。主要有：（1）忌酒饭同吃。是对长辈尊敬的礼仪。（2）忌伏在桌上吃饭，是基本的进餐方式。（3）待客时忌未散席就端走空碗碟，也忌抹桌扫地，是尊重客人的礼仪，否则有逐客之意，这一禁忌体现了土家人热情好客的民族风尚。（4）吃饭时忌端碗到处走，忌打闹，忌边玩边吃。（5）忌小孩在邻家吃饭时去玩，教育孩子要尊重他人的生活规律，避免养成贪吃便宜的不良习惯，属伦理道德教育的范畴。（6）做客赴宴时，忌起身拣菜，忌食完菜盘里的菜，否则会被看作粗鲁野蛮，不知礼节，不尊重主人。（7）宴席上，客人忌先于主人饮食，俗谚"主不动，客不吃；主不食，客不饮"，既是对主人的尊重，又体现了客人的礼仪素养。（8）待客宴席上忌子女上桌，尤其忌女性（媳妇和女儿）上桌用食。这显然是封建礼教的男尊女卑的封建观念，这一禁忌表面上是社会礼仪，实际上却是封建糟粕，应加以彻底清除。

第四，还有部分饮食禁忌源于多重文化要素的影响，他们不单是哪一种观念的反映，而是几种文化要素共同作用才形成的。这类禁忌最典型的是宴席座次的禁忌[1]。

---

[1] 孙正国《熔铸民族性：土家族饮食禁忌的人类学考察》，载《广西民族学院学报》2001年第6期。

(二) 苗族的饮食禁忌

苗族在很多方面是遵守着与土家族相似的禁忌，但与此同时，他们还有着一些不同的习俗。有以下几个类别：

一类起源于原始思维的"相似率"，主要有：

（1）就餐时，鸡头要敬给老年人，鸡肝、鸡杂要敬给老年妇女，将翅膀交于青年男女，祝其前程无限，鸡腿则要留给小孩。不准小孩吃鸡血，认为如果吃了长大后办事说话、讲理会脸红。

（2）忌在屋里煮蛇肉和吃蛇肉。苗族居住在山林间，深受毒蛇其害，他们认为在家煮蛇肉可能会招致同类袭击。

（3）掉在地上的粮食，如饭、米等，忌讳用脚去踩。认为用脚踩是不爱惜粮食的表现，会触怒雷神遭"天打雷劈"。吃粽粑时丢下的粽叶，忌用脚踩，否则会生暗疮。

（4）食盐忌讳从别人手里接过来，如到商店去买盐，只能等营业员把盐放到柜台上去拿。如果从别人手里接了盐，即为"接言"，认为以后会相骂、吵架。

（5）大年初一，不吃粑粑。否则意味着一年都要挨饿。

（6）大年三十忌吹柴火，据说是吹柴火会把新一年里的财运全部吹走，从而贫困潦倒。

一类则是处于传统礼仪的约束和规范，有：

（1）平时家里来客，吃饭时男主人陪男客，女客则由女主人陪，违反则视为不礼貌。这主要是出于对传统伦理道德的遵守。

（2）吃饭时必须把饭菜盛好，在桌上摆半分钟或一分钟后才能吃，否则叫"对祖先的不忠不孝"。

（3）忌踩苗家火坑里面的铁三脚。铁三角用于炊事，一年四季苗家做饭、煮菜、烧茶都在三脚上进行，传说三脚是三个护火的祖先变成，任何人不能踩，否则就是对祖先不恭。

（4）忌坐火坑上方火坑旁边靠中柱的地方，苗族称为"夯高"，设有祖先神位，是长辈坐的，年轻人和儿童严禁坐在此地，更不准在这方打闹，泼水或说脏话，否则就是亵渎祖先，神人共愤。

（5）禁杀狗、打狗、不吃狗肉。苗族传说狗是救命恩人。

第三节　武陵山区的酒与茶

一、武陵山区的酒

（一）土家族与酒

武陵山区的土家族喜欢喝酒，因而也会酿酒，有自家酿制白酒和甜酒的习惯。土家族称白酒为"烧酒"，不同的粮食可以制作出不同的烧酒，诸如大米烧、苞谷烧、高粱烧、小米烧等。大米烧香醇，苞谷烧香烈、高粱烧香甜、小米烧香芬。土家族汉子最喜欢苞谷烧，有"苞谷烧，苞谷烧，三碗不可少，十碗不为多，再来几大碗，好汉醉不倒"的酒歌。白酒制作方法，多采用传统工艺，粮食蒸煮要熟透，敞凉温度要适宜，拌曲要适量均匀，发酵过程和蒸馏取酒要适当。整个酿酒过程，特别注意水质的选择，大都喜欢用山泉井水酿酒。

酿制甜酒则是土家族妇女的"拿手戏"。甜酒主要用粳糯粮食做成，特别是糯米甜酒最香甜。她们在配制甜酒时，特别讲究清洁卫生，不仅所有器皿都除污灭菌，而且对粮食要除糠去杂，糙米要进行适当的舂碓加工，然后反复搓洗，做到白净无杂。蒸煮火功要适当，做到米饭不软不硬，粒粒可数。拌曲发酵一般在二十四小时后（俗称"一对时"），即可品尝。这样做出来的甜酒色、香、味均佳，不仅是用于宴饮的佳品，而且是有些副食的上等佐料。诸如甜酒冲蛋，甜酒烹鱼、甜酒米豆腐等，都是用甜酒配制的乡土风味食品，深受食者和客人的喜欢。有的户几乎终年贮存甜酒，越陈越香，最有名的是陈年"腊八糟"，即将做成的甜酒，存放入坛内，加盖密封，贮存一年半载之后，开封启用，则香气四溢，令人闻之欲醉。

土家族还创造了独特饮酒方式——咂酒。土家族古籍中记载了不同的酿造咂酒的方法和饮咂酒的场面。"其酿法于腊月取稻谷、苞谷并各种谷配合均匀，照寻常酿酒法酿之。酿成携烧酒数斤置大瓮内封紧，于来年暑月开瓮取糟，置壶中冲以白沸汤，用细杆吸之，味甚醇厚，可以解暑"[1]。《咸丰县志》也记载"乡俗以冬初，煮高粱酿瓮中，次年夏，灌以热水，插竹管于瓮口，客到分吸之曰咂酒。""饮时开坛，沃以沸扬，置竹管于其中，曰咂。先以一人吸咂，曰开坛，然后彼此轮吸，初吸时味道甚浓厚，频添沸汤，则味亦渐淡。盖蜀中酿法也，土司酷好之"。对于"咂酒"习俗，清代长阳诗人彭秋潭之兄彭淦在他的竹枝词中这样写道："蛮酒酿成扑鼻香，竹竿一吸胜壶筋；过桥猪肉莲花碗，大妇开坛劝客尝。"

酒渗透于土家族人民整个生产生活活动中，它与土家人民的宗教信仰、礼尚往来、民族性格、民风民俗结下了不解之缘，还与节令密不可分。酒在土家节日文化中占有显要位置，几乎到了无酒不成节的程度。土家族月月都有节日，所有的节日几乎都离不开酒。正月有春酒；二月有社酒；三月有祭山酒；四月有牛王生日酒；五月有端阳酒；八月有送瓜酒；九月有登高酒，腊月还有除夕酒。土家族长期生活在大山中，与外界接触极少，但每一群体内部却交往甚密，谁家有婚丧嫁娶、修房造屋、栽秧割谷等事邻里主动帮忙。主人不给帮忙者工钱，热情招待自然离不开土家人嗜爱的酒。

红白喜事必备酒。土家人从降生即与酒结缘，酒伴随土家人的一生。接亲时，男方送一坛酒到女方家，待生小孩后，由娘家用这坛子装上甜酒送去，俗称"今天吃火酒，明年吃甜酒"。小孩出生后，要办酒席叫"祝米酒"。满一个月时要办"满月酒"，满周岁时要办"抓周酒"。老年人过生日，办的酒席叫"整生期酒"。老年人过世，要举行跳丧活动，歌舞相伴，边唱边饮酒吃黄豆，叫"喝黄豆酒"。此外，修房有"上梁酒"，木船下水有"启驾酒"，农事活动中有"栽秧酒""薅草酒""打谷酒"。土家人有事必有酒，事事不离酒，时时事事充满浓浓的酒味。酒在土家人的生活中无时不在，无所不有。

酒是社交的工具。土家人淳朴直爽，热情好客，每有客至即用最好的食品招待客人，酒更是不可少。每宴必有酒，而且酒礼十分讲究。"宴客，客西向坐，

---

[1] 清同治八年《长乐县志·风俗》。

主人东向坐,皆正席,肴十二簋,樽用纯金。……酒饭初至,主宾拱手,众皆垂手起立,候客举箸乃坐,亦适有从田间来,满胫黄泥而与席间手持金杯者……行酒以三爵为度,先敬客,后敬主人……"[1]土家人好客很大程度以酒为媒,酒成了土家人传递情感、加深友谊的桥梁。

最有意思的是姑娘出嫁时喝的"戴花酒"。鄂西来凤县土家族姑娘出嫁时,一般要哭三天,有的还由十个姐妹陪哭。哭嫁时不仅姑娘自己哭,伴娘和所有到姑娘家吃"戴花酒"(因为姑娘出嫁时要戴花,故名)的女客都要陪。按土家人习惯,在姑娘哭嫁的三天中,凡是姑娘家的亲戚、邻里、朋友都要到姑娘家去贺喜吃"戴花酒"。"戴花酒"第一天称"起酒",第二天称"正酒",第三天称"出嫁酒"。第三天凌晨,姑娘要哭出离别父母和亲人的词。哭完后被亲人用一条五尺长的大红带子背到堂屋。这时堂屋已摆好酒席,姑娘见了酒席,首先要哭桌子、凳子、筷子,然后才能入席。入座后对酒席上每一道菜必须依次挨个哭到,如见了茶,即哭"吃了父母一杯离娘茶,家也发来人也发",见了酒则哭"吃了父母一杯离娘酒,家也有来人也有。"但是姑娘只哭不吃。宴罢,新娘就被送上轿,哭嫁也就结束了。

在男方,结婚喜事称作"插花酒"。以"酒"命名,不外乎是亲朋云集之时,全程以酒贯穿,尤其是新郎要做好醉酒的准备。结婚之时,大庆三天,直至新娘迎进门的第二天截止。婚礼前一天喝的喜酒称"插花酒",插花仪式便在当晚举行。仪式由主待整个婚礼的都官主持,都官是全权处理婚礼中一切事务的要人,多由辈分较高、资历较老、能说会道者担任,晚饭后,都官命放鞭炮,亲朋好友闻声齐聚中堂,都官宣布"插花"开始,新郎身穿青布长衫,头缠青丝帕随即步于中堂,先向神位三鞠躬,转身向宾客三行礼后,便跪向神位,由长辈亲属依次将彩色纸花(或塑料花)插在新郎头上。对插花者向来都有严格规定,一是插花者必须是新郎的长辈,平辈或下辈不能担任;二是插花者的出场顺序必须是辈分高的在前,辈分低的在后,最后辈分相同者;新郎的母系亲属在前,父系亲属在后,辈分相

---

[1] (清)顾彩《容美纪游》。

同又同属母系（或父系时），则年长者在前，年幼者在后；三是插花者在插花时，必须边走边唱插花词，如果插花者因故不会或不能唱插花词时，可请人代插，此称为"挑土"。"挑土"者不限辈分，但出场前先得用唱词加以说明，否则越礼。"插花"仪式上的长辈，新郎在酒席上要一一敬酒，以示尊重。

（二）苗族与酒

武陵山区的苗族世代居于林莽之间，素来以刚烈、强悍著称，正如与他们生存相伴的烧酒，能溶物，能燃烧，冰冻三尺不凌，窖地十年犹香。酒，是武陵山区苗民时刻不可离开的生活资料。《辰州府志》艺文卷曾有一首苗民的七绝，这样咏道："江城杨柳绿成围，日暮渔翁换酒归，醉卧晚亭呼不起，白头高枕一蓑衣。"武陵山区还有不少"酉"的地名，如大酉山、二酉山、大酉洞、小酉洞、小酉溪，酉者，酒也。既然酒是湘西苗民时刻不可缺少的生活资料，那么酒的普及程度就可想而知。旧时苗家山寨家家有酒，且多自酿，以甜酒为最普遍。平日冲凉水解渴，上山挖地，下田打谷，互相敬献，不辞路人；客来古茶礼待，以塞唐突，故而酒是常备的饮料。苗族学者石启贵在《湘西苗族实地调查报告》中记述得很明了："苗族不讲究饮茶，唯烟酒两项，嗜好已极。"这是有道理的。道光二十五年（1822年）溆浦严如熤在《三省边防备览》中记载："贾民用秫米（糯米）蒸者，曰醪糟，曰黄酒。小村店必开黄酒馆或挑至村中卖之。四月山中会场布棚摆矮低凳，男女沾饮。"可见苗家饮酒之俗由来已久，而且地域很广。但湘西苗胞无独酌的习惯，所谓"一人不喝酒，二人不赌博"。封藏的烧酒必待嘉宾和娘舅远来方才开封，且"人越多，越闹热，越体面"，大碗豪饮，一醉方休。

武陵山区苗族的用酒之礼与土家族一样，多与喜庆有关。最普通的是"三朝酒"，即产妇未临盆须先酿甜酒，或用粟米或用糯米。婴儿坠地，丈夫提公鸡或母鸡暗示生男生女，去岳家先报；岳母则背鸡蛋、酒及小儿衣、帽、鞋、被等物送"鸡米"。产妇的补品，往往是"糖酒蛋"，即糯米甜酒煮蛋，外加红片糖，可以活血、补血，生乳汁。到婴儿满三朝时，亲友结队前来祝贺，主家先煮"糖酒蛋"待客，继而排出宴席，一边酌酒，一边听岳母拟名，坛子倒酒，不醉不止。其次是结婚喜庆之时的嫁娶酒，和土家族稍有差异，女子出嫁前一天也有

"戴花酒"。《永绥厅志》载:"男子求婚,央媒妁至女家说合,即以火炮、酒肉送女家,谓之插香。"这插香是"戴花酒"的准备,五更娘家须办"离娘酒"款待女儿,出嫁时的拦门礼,也是以酒相敬;至婆家,男方须办"拜堂酒"款待各路亲朋。新婚之夜不得合卺,须燃放篝火,男女双方的歌师举行"酒歌";青年男女则闹"掀酒",将婚礼推至高潮。此后新郎当陪宾客欢饮三日,然后由新郎的兄弟挑几坛烧酒去娘家,请女方叔伯、舅爷、老表等同饮,送了"娘钱(也称奶娘)",方可引新娘回家同房。第三是丧葬酒,即苗家有了丧事,"亲戚来吊,富者助以牛酒,贫者助以酒米。里党无论亲疏皆来吊唁,丧家设酒肴以待宾"。对于高寿的长者逝世,苗乡有嬉戏笑闹抬丧酒的场面,别具一格。主家发表,灵柩出门,抬夫沿途停柩,向死者女婿索酒喝,喝时,人们嬉戏笑闹,贺死者归山成龙,后代兴旺。这些"酒礼"与"歌"常常联在一起,有酒要有歌。这些酒礼皆歌情歌义,歌古歌今,即使是最热闹的"闹掀酒",也是粗放而不失礼仪,狂热而不伤和气。

苗族与酒的关系十分密切,大约在数千年前,就结下了不解之缘。苗族的酒究竟起于何时,因为苗族无文字记载,难于考究。苗族巫师《酒歌》讲了这样一个故事,在母亲当家的时代,"明农"(龙姓)母亲带了很多姐妹姑嫂去扯苞谷草,叫"爸卡"(麻姓的父亲)煮苞谷饭送到坡上做中餐。"爸卡"在半路上摔了跤,将苞谷饭倒了一些。他怕遭到"明农"的责骂,便用黄茅草盖起来。过了两天,"明农"从这路过,闻到一股香味,这个就是最早的酒。酒,味苦性热,有扩大血管、活血化瘀、消毒散寒的功效,最能消除疲劳。旧时,苗族生活在崇山峻岭间,交通不发达,出门就要翻山涉水,山间云雾多,寒气重,上山除草,下田种谷,爬坡一把刀,进屋一担柴,喝酒,一逐寒气,二消疲劳。苗族同胞接待各种工匠,用酒;接待三亲六眷,用酒;即使遇上辛劳的路人,也用酒。诸多酒俗,绝非偶然,"似有突缘成主客,呼童便酌醉斜晕。"这也是《辰州府志》中的苗族文人的佳句。

人言"酒可以压邪",其实酒可以壮胆才是真的。昔日湘西山野,虎狼极多,山野人有事出门,必先喝酒;同时苗俗崇鬼,苗巫祈祷的有三十六堂鬼,七十二堂神，什么傩神、龙神、雷神、土地、山神、五谷鬼、麻阳鬼、高坡鬼，……风摇影动，草木皆兵。好在"皇帝老子都让醉汉三分"，山里人行路，岂有不喝酒的道理！这个心理上的武器十分管用，从乡场上归来，不少汉子醉卧草莽，常常逼得亲人举火把背负归家。醉汉满身寒露，第二天醒来，连喷嚏都不打一个，照常下地生产，这不能不归功于酒。酒的药用功能，苗家凭着生活经验是有所认识的。苗山多瘴疠，酒能解毒，不但饮山泉时屡甜酒，而且在治痰时，用得更多。苗药之中，尤其治跌打损伤的药酒贴，可以一放若干年，功效奇特。

特定的文化现象，是特定的社会生产与生活造就的，返回来又服务于特定的生产与生活。湘西苗家的酒俗，就是与特定的地理、气候和民族性格分不开的。酒既成为一种"民俗"，就必然融汇了自己的民族感情，成为社会生活中不可缺少的一部分。苗族的饮酒，与其说是物质生活的需要，毋宁说是精神生活的需要。

二、武陵山区的茶

（一）苗族茶文化

苗族有着悠久的种茶、饮茶历史，饮茶成俗，并将茶作为寄托或表达思想感情甚至哲理观念的载体世代相袭。苗族茶俗既是苗族同胞的一种生活方式，也是生活理念的体现。在苗族人日常的衣食住行、婚丧嫁娶、生老病死、节庆娱乐等社会交往中，处处离不开茶。

1.温馨清雅的茶情茶礼

孩子出生时，苗族的左邻右舍用带有露水的茶芽梢作贺礼。如果生的是男孩，就送一芽一叶的芽梢；如果生的是女孩，则送一芽二叶的芽梢，寓意"一家有女百家求"。

苗族同胞以茶为聘，象征男女爱情忠贞不渝。"吃茶"是订婚的代名词，未订婚的女子必须恪守"一女不吃二家茶"的规矩。苗族男女的婚配，要有"三茶"，即媒人上门，沏糖茶，表示甜甜蜜蜜；男青年第一次上门，姑娘送上一杯清茶，以表真情一片；举行结婚仪式的当日，以红枣、花生、桂圆和冰糖泡茶，送亲友品尝，以示早生贵子、生活和美。

苗族人临死前由村中长者用青蒿叶沾一点茶水洒到嘴角,入殓的棺材里要放茶叶,湘西北一些地方还有在死者手里或嘴中放置茶叶的习俗。悼念亡故的亲人或祭神祭祖,苗族同胞常用"清茶四果"或"三茶六酒",借以表达至真至纯的虔诚。苗家茶祭是由巫师主持的对植物神与水神媾生茶水表示崇敬的祭祀活动,内容包括叙述茶史、膜拜茶神和与宾共饮。其内涵丰厚,音舞古朴典雅,具有颇高的观赏价值和考究价值。

2. 别有风味的茶食茶肴

"万花茶"是湘西绥宁苗家的传统产品,早在明朝就已问世,古时只有待字闺中的姑娘们才有资格制作。"万花茶"是选用老熟的冬瓜和鲜嫩的柚子(抛)皮经过切条块,深浅浮雕、线雕、镂空雕等高超手法,雕刻出各种花草、鸟兽、虫鱼等吉祥

图 24　浦市茶馆(武吉海 摄影)

图案,然后用石灰水浸泡除去苦涩味,用清水冲洗干净,再用明矾冲洗滤干之后,加入适量的白糖、蜂蜜和桂花香精,均匀拌合溶化,最后将"万花"端到太阳下反复曝晒、搅拌直至干透,贮藏备用。晒干后的"万花"透明如玉,不仅色味俱佳,而且堪称赏心悦目的艺术品。用这种清香浓郁的茶招待宾客,苗家人是有他们的习俗规格的。首次上门的客人,茶杯中大都有三片万花茶;假若是多次上门的常客,茶杯中就只放两片万花茶。饮茶时,主人还在各个茶杯中置有一枚特制的小汤匙,方便客人品茶。喝完茶后,杯子可不能随便乱放,要做到确切不误的置于端茶来的盘子中的原来位置上,或者等待送茶的女主人亲自端茶盘来收。苗家小伙子和姑娘用它来表达之间的爱慕之情。当小伙子登门求婚时,假如姑娘中意,便在茶杯里奉献给小伙子透明如玉的四片万花茶,其中两朵"并蒂莲花",两朵"凤凰

齐翔"。如果姑娘不中意,不答应的话,那么,茶杯中就少了一朵万花茶,仅有三朵,并且都是些单花独鸟。求爱者知趣,只好辞谢而去。

　　流行于湘西靖州苗族自治州的"柚皮茶"是当地苗家人款待客人的佳品。每到秋末,这里的苗家妇女就会采摘自家的柚子,将柚子皮镂雕成一尾尾栩栩如生的鱼儿、一只只呼之欲出的鸟雀等,一一放置在竹篾盘里,端到阴凉通风处风干,风干后掺入少量的茶叶收藏到瓷坛里密封保存,等待贵客光临时泡饮。沸水泡开的"柚皮茶"呈翡翠色,茶汤里有"鸟""鱼"漂浮,既可细啜慢饮,又可欣赏悦目美景,可谓是湘西"靖州一绝"。

　　油而不腻、清香味浓的八宝茶(油茶)也是苗族同胞用来招待远方贵客的特有饮食之一,尤其是在冬天,喝上一碗热气腾腾的油茶,顿时舒心暖肺,妙不可言。油茶的做法比较简单,将油、食盐、生姜、茶叶倒入锅中同炒,待油冒烟,便加入清水煮沸,再用文火煮,然后滤出渣滓,把油茶汤倒入放有炒熟的玉米、黄豆、花生、米花、糯米的碗里,再调以葱花、蒜叶、胡椒粉和山胡椒等佐料即成。

　　包菜茶则称得上是苗族的一种独特茶饮。制作"包菜茶"时,先用几片宽大的新鲜白菜叶或青菜叶将茶叶严严实实地包好,再放入火塘内热炭中捂闷,待菜叶干枯后取出,弃掉菜叶,将冒着热气的茶叶用水冲泡,立即散发出菜茶混合的香气,味道亦十分鲜美,既能解除干渴,还能消除疲劳。

　　虫茶是湖南城步苗族自治县长安乡长安村苗族同胞制作的著名土特产,相传已有200年的历史。将苦茶枝叶喂饲化香夜蛾的幼虫,再用"虫屎"制作成的茶。制作虫茶,需将在阳光下曝晒后的虫屎投入到180℃高温的锅中炒20分钟,再拌合蜂蜜、茶叶。饮用虫茶时要先在杯中倒入开水,后放入适量虫茶,盖好盖子。虫茶粒先漂浮在水面,待其缓缓下沉到杯底并开始溶化时即可饮用。用虫茶泡出的茶水馥郁甘洌,醇香宜人,饮之令人顿感心旷神怡。虫茶还是一种很好的保健饮料,具有清热、祛暑、解毒、健胃、助消化等功效,对腹泻、鼻衄、牙龈出血和痔出血均有较好疗效,是热带和亚热带地区的一种重要的清凉饮料。

　　(二)土家族茶文化

　　武陵山区土家族饮茶历史可谓源远流长,早在3000多年的周武王时期,在土家族活动的主要区域——巴蜀,就已经诞生了茶叶,并作为贡品献给中央王朝[1]。五峰县志则明确记载本地种植茶叶已有2000年历史[2]。武陵山区的茶文化有着深厚的底蕴。

1. 茶的传说

土家族祭祖仪式上所传唱的《梯玛神歌》中说:"八部大王"的母亲是土家人最敬奉的原始女生育神,土家语称之为"苡禾娘娘"。相传苡禾娘娘还是姑娘时,一日上山采茶,口渴了,便嚼了一把茶叶,不料回到家里就怀孕了。怀胎三年六个月,一次生下八个儿子,孩子太多,无法抚养,苡禾娘娘只好将八弟兄丢在深山里任他们听天由命。谁知八个弟兄生命力极强,见风就长,而且有一只白虎每天来喂奶,就这样,八弟兄长大成人,力大无比,本领高强。他们又回到家去孝养母亲,曾将天庭的雷公捉来,蒸熟盐腌给母亲治心疼病。后来,他们在土王破冲嘎那里为将,作战勇敢,屡建奇功,被封地于湖南龙山永顺交界一带,号称八部大神,一直受族人立庙祭祀[3]。透过这则传说,可以发现远古土家族人群与茶叶有着千丝万缕的联系,与他们原始采集生活息息相关。

在"湖北茶叶第一县"——鹤峰,流传着这样一个动人的故事,容美(鹤峰古称)土司时期,田土王手下有个姓向的年轻人,家住城后威风台。一天,他到白鹤井去挑水,看到一只白鹤倒在井边,便咬破自己的手指,将鲜血滴入白鹤嘴里,白鹤被救活了,变成了一个漂亮姑娘。为报答年轻人的救命之恩,白鹤姑娘跟他来到威风台上的山洞里,硬要与他成亲。后来,田土王晓得了这件事,就派人要把白鹤姑娘弄到王府去。小两口哭了一夜,也想不出办法。白鹤姑娘心想,自己可以变成白鹤飞走,可恩人就会遭土王杀害。第二天早晨,白鹤姑娘只好跟土王的人走,临行前,她拿出一个杯子交给年轻人说:"用这个杯子装水,就有一对白鹤出来跳舞陪你。"白鹤姑娘进王府后,土王打听到她给年轻人送了一个宝杯,

---

1 晋常璩撰,刘琳校注《华阳国志校注》,第21—25页,成都:巴蜀书社,1984年。
2 五峰土家族自治县地方志编纂委员会编著《五峰县志》,第119、583页,北京:中国城市出版社,1994年。
3 尹杰《五峰土家族茶文化寻踪》。

就又派人来要，年轻人没法，只好把杯子交给王爷，正当王府准备把宝杯献给皇帝时，白鹤姑娘夺过宝杯飞出了王宫。王爷赶忙命手下人用箭射，杯子中箭掉下来摔碎了。土王召集最好的工匠修复，可装水后仍不见白鹤飞出来。有人说白鹤姑娘能泡一手好茶，她是白鹤井边上的，用白鹤井的水泡茶试试看。于是，王爷就把威风台的茶叶放到杯子里，用白鹤井的水烧开后冲泡，只见热腾腾的茶气里，果然飞出两只跳舞的白鹤来。后来，土王就把这个杯子连同茶叶、井水一起进贡给了皇帝，成为朝中珍宝。民间因此流传着这样一句话："白鹤井的水，容美司的茶。"

约在三千年前，茶叶就开始传播，不过当时的茶叶可能不只是今天的茶树一种，如酸枣树叶等可以并用，如今土家族地区仍有用酸枣树叶作茶叶的习俗，且流传有一个民间传统故事，以前酸枣树结的枣子并不酸，非常可口，只因它和一根椿树生长在一起，椿树结的果子是酸的，一天玉皇大帝下凡，在地上拣了一个枣子吃了，觉得可口，又闻到椿树发的芽是香的，他以为甜枣也是椿树结的，就封了椿树为树中之王，酸枣树为此把自己结的可口的枣子也气酸了，但它的叶子却变大了，且具有药物作用，人们将酸枣树叶泡水喝，味道正，色彩鲜，特别是陈放好久不变味，于是酸枣树叶茶，广为人们饮用，直至今日。这传说故事，反映了中国的茶史。经过几千年的沿袭，茶已形成人们生活中的必需品。长阳谚语有道："姜茶表寒，糖茶和味，早茶提神，午茶易醉，清茶好解渴，晚茶难入睡，浓茶解油腻，隔夜剩茶伤脾胃。"[1]

这些关于茶的传说道出了茶的演变历程以及与土家族民生活密切相关的关系。

2. 日常生活中的饮茶

油茶汤

土家族最负盛名就是"油茶汤"。在清同治五年（1866年）的《来凤县志·生活民俗》中记载有"油茶"的制作方法："土人以油炸黄豆、苞谷、米花、豆乳、芝麻、绿焦诸物，取水和油煮茶叶作汤泡之，饷客致敬，名曰'油茶'。"制作时，

---

[1] 参考《土家族特产——土家茶文化》。

先将茶油倒入锅内,烧开后放入茶叶油炸。然后加水煮沸,加入阴米、粉丝、豆腐干、腊肉粒和炒黄豆、花生米、芝麻、玉米,再加入盐、姜、葱、蒜、辣椒等调料做成[1]。这样制作的油茶汤,红黄黑白色彩鲜亮悦目,闻起来浓香扑鼻,沁人心脾。喝起来,更是令人疲乏顿释,神清气爽。每逢佳节或喜庆日子,土家族人民群众往往煮上油茶汤,合家畅饮,并献给自己最尊敬的客人。

四道茶

土家族的"四道茶"也别具一格,主要流行在古容美土司(今鹤峰)一带,既可体验古老的饮茶乐趣,又有迷人风味。"第一道是一小碗用开水冲成的普通茶,叫百鹤清茶;第二道是一小碗把糯米先炒后炸,再放上白糖和茶叶,用开水冲成的茶,叫糯米甜茶;第三道是小碗把芝麻、核桃、栗、玉米粒先用茶油炒,再放上茶叶,用开水冲成的茶,叫油茶汤;第四道是一小碗普通的茶,放进一个已煮熟去壳的鸡蛋,圆茶。舞与茶,相隔有序,大约三支舞曲过后,训练有素的礼仪小姐便送来一道茶,使人有足够的时间品味茶中的含义"[2]。

四道茶也有简化成为三道的情况,头道称为"亲亲热热",即用滚沸的开水冲泡的一碗云雾茶,清淡素雅,意在热气腾腾待客;二道称为"香香喷喷",即茶叶放有腊肉碎丁,其香无比;三道茶称为"甜甜蜜蜜",即以鸡蛋代茶,意在良好的祝愿[3]。

四道茶在实际生活中,既可沏上一道或二道,也可以四道茶依次而上,一般依据来客身份亲疏长幼而定。

罐罐茶

高山土家族地区还有喝罐罐茶的习惯,"土家人家火坑里昼夜不离火,不离三脚架,也离不开那个黑不溜秋的土陶罐。那便是煨茶用的茶罐,它上部有带嘴的圆口,罐底呈圆形,中间为罗汉肚形,有提耳。煨茶时,先将陶罐斟满井水,然后靠近燃着的柴火边,待水煮沸后,将茶叶放人罐内,重新开沸即可。等到茶

---

1 丁世忠《论重庆土家族地区服饰与饮食民俗》,载《乌江论丛》2007年第二期。
2 郭福昌《我喝过了土家族的四道茶》,载《中国民族教育》1994年第4期。
3 参考《亲热的土家族茶文化》。

叶沉底之后，将茶水倒入碗里，随后又倒入罐里，回冲几次，再将茶重新倒入碗里。此时的茶，色泽深黄，清香可口，回味甘甜。喝下之后不仅使人消除疲劳，振奋精神，心情舒畅，而且还可以治病。若是患伤风感冒，可把小块生姜去皮洗净用刀拍碎，放入罐内与茶叶一起煨，睡觉之前喝上半碗，次日就会大有好转"[1]。低山还习用大盆泡凉茶，三伏天饮用，清凉解暑止渴，家家备用。

擂茶

"擂茶"又名"三生汤""打油茶"，是以生茶叶（茶树鲜叶）、生姜和生米仁为主要原料经混合研碎，加水后烹煮而成的汤，故而得名。关于擂茶的起源还有很多疑问，但由于喝擂茶有诸多的好处，对高寒多湿的山区人民更是如此，因此喝擂茶自然而然就成了武陵山区当地人的一种习俗世代相传。一般人们中午干活回家，在吃饭之前，总以先喝上几碗擂茶为快。有的老年人甚至一日三顿，一顿几碗，只要一天不喝擂茶，就会感到全身乏力，精神不爽。不过，由于每个人嗜好不同，有在擂茶中加入白糖或盐巴的，甚至还有加入花生米、芝麻、爆米花之类的，所以，一旦呷茶入口，甜、苦、辣、涩、咸都有，可谓五味俱全。

捡英茶

捡英茶即粗茶，"农户平时治家尚俭，惯饮粗茶。粗茶是入秋后采摘的茶叶（俗称捡英茶），蒸后晒干而成。饮时抓一把置沙罐中煎熬，其汁浓，解渴提神"。需要特别提出的是这种粗茶是土家族老百姓用来制作油茶汤的主要原料，油茶汤的浓郁的茶香就和这种在太阳下暴晒而成的茶叶有关。

---

[1] 田永红《土家风味罐罐茶》，载《贵州文史丛刊》2005年第7期。

第十七讲　建筑工艺及故事

　　武陵山区是少数民族集中分布的一片区域，主要有土家族、苗族和侗族，其特色民居渊源于古老的干栏式建筑。最具特色的是依山而建、邻水而筑的吊脚楼，其不用一钉一铆的全木质结构显示出古老而又高超的建筑工艺。这里有精雕细刻，集桥廊塔于一体的侗族风雨桥；有被誉为"建筑艺术的精华、民族文化的瑰宝、传统建筑园地里的奇葩"的侗族鼓楼；有象征着各民族交流融合的集徽派建筑和西南干栏建筑于一体的窨子屋。"建筑是一本活着的历史教科书"，一个地区的历史文化、风俗习惯、民族交流和宗教信仰都可以通过建筑得到物化的表现。大体上，这个地区的建筑可以分为特色民居类建筑——以吊脚楼为代表，反映了武陵山区少数民族利用自然之便的智慧；精致奇巧的公共建筑——以鼓楼和风雨桥为代表，反映了当地族群的社区生活；大型的商业都会——以浦市古镇于洪江古城为代表，反映了历史上西南片区和不同民族间的商业往来。

第一节　干栏式民居建筑——吊脚楼

一、干栏式建筑的起源与发展

　　干栏式建筑，人们称之为"带脚的房屋"是最古老的一种居住方式。古籍中对它的描述最早见于《魏书·僚传》："依树积木，以居其上，名曰'干栏'。"根据有关专家的研究，这种建筑源于远古的人类栖息于树的居住方式，经历了"巢居—栅居—干栏—半干栏—地面木构房屋"的发展过渡阶段。从建筑技术上看，榫卯技术的发展使得建筑物更加稳固，在建造时不需要栽桩而直接在地面加垫石立柱，人类自此摆脱栅居传统，开始真正的吊脚楼居住形式。与栅居相比，它的选址更为地广泛灵活，在不容易打桩的岩层硬土地上仍然可以建造，扩大了人们居住的地理范围，同时克服了木桩受潮易腐蚀的缺陷。干栏式建筑的基础工程量更少，节省了建筑木料和修筑的时间。从人类的发展水平上看，人类征服自然的能力提高，对自然的恐惧心理减弱，建筑面从半空中逐渐接近地面，干栏式建筑从高干栏向矮干栏发展，更加方便了人们的日常生活。武陵山区地势起伏，平地较少，半干栏形制的建筑一方面是对山坡地形的适应，充分利用了土地和空间，另一方面克服了全干栏与地面联系不便的缺陷，增加了地面活动的自由度。吊脚楼属于半干栏建筑，是发展得比较成熟的建筑形式。

从自然环境看，武陵山区属于亚热带季风性湿润气候区，降水量大、山区日照偏少。"天无三日晴、地无三里平"形象地概况了其自然条件。而建筑采用吊脚楼的形式，房屋下部架空，能够防止野兽的攻击，在亚热带湿热的山区气候下保持了良好的采光、通风、干爽和透气。或临溪谷或傍山腰，依地而建，并大多用当地盛产的杉木，搭建两层高的木构架，木桩长短不一地架立在坡上。在《旧唐书》中载："土气多瘴疠，山有毒草及沙虱蝮蛇，人并楼居，登梯而上，号为'干栏'"，形象地表明了这种建筑对其恶劣的自然环境的适应。

吊脚楼，也叫"吊楼"，为苗族、壮族、布依族、侗族、水族、土家族等南方民族传统民居，在渝东南及桂北、湘西、鄂西、黔东南地区的吊脚楼特别多。吊脚楼属于干栏式建筑，但与一般所指干栏有所不同。干栏应该全部都悬空的，所以称吊脚楼为半干栏式建筑。吊脚楼的形成，除了气候环境的因素，也有一定的历史原因。在土司

图25　土家吊脚楼（张昌俊摄影）

统治的时代，开征"火坑税"，多一个火坑就要多一份税。贫困的山民难以承担额外的负担，因此兄弟之间很少分家，同居一室，屋不容住，只好就地挨着正屋搭建偏屋。山区平地很少，建房修屋，常选在溪边坎上，加盖"偏厦"，屋场地不够，只能悬空挑梁穿枋延伸，吊脚建屋而居，久而久之，传承至今，便成了现在的特色民居——吊脚楼。

二、吊脚楼的类型划分

从建筑的平面布局来划分，主要有"一字形"的吊脚楼，这是最普通和常见的形式，一般为一列三间或者是五开间，中间是用作祭祀先祖、会见亲友的堂屋，左右两侧有前后两室，前面为卧室，后面为灶房；一字形的吊脚楼规模逐渐扩大，形成"丁字式"的布局，在正房的一侧接出耳房两三间，房底用作贮藏物品，上面则是卧室或客房；"丁字式"的吊脚楼的正房两侧分别伸出厢房，形成"凹"字形吊脚楼，这样的吊脚楼有一个较为完整的前庭，这种形式出现在人口较多或经济较好的家庭中；另外一种形式更为复杂，称为"庭院式"，是将正屋两头厢房的上部分连成一个整体，形成一个四合院，两厢房的楼下是大门。

据相关资料介绍，还有一种分类方式，分成单吊式、双吊式、四合水式、二屋吊式、平地起吊式。单吊式是最普遍的一种形式，有人称之为"一头吊"或"钥匙头"。它的特点是，只正屋一边的厢房伸出悬空，下面用木柱相撑。有许多中国画家以此为素材创作许多杰出作品。双吊式又称为"双头吊"或"撮箕口"，也就是上面说到的"一字形"的吊脚楼，它是单吊式的发展，即在正房的两头皆有吊出的厢房。单吊式和双吊式并不以地域的不同而形成，主要看经济条件和家庭需要而定，单吊式和双吊式常常共处一地。二屋吊式这种形式是在单吊和双吊的基础上发展起来的，即在一般吊脚楼上再加一层，单吊双吊均适用。平地起吊式这种形式的吊脚楼也是在单吊的基础上发展起来的，单吊、双吊皆有。它的主要特征是，建在平坝中，按地形本不需要吊脚，却偏偏将厢房抬起，用木柱支撑。支撑用木柱所落地面和正屋地面平齐，使厢房高于正屋。武陵山区现代旅游业的兴旺，催生了大批式样多样的吊脚楼群建筑，如新建的恩施土司城建筑群、张家界的土家建筑群等。

从起吊方式看，主要分为"坡地起吊式"，这类吊脚楼利用的是临水或坡地的地形条件，在基地上搭建正屋，正屋一面与厢房相连，其他三面则悬空，用木桩作为支撑；"平地起吊式"，整个建筑建于平地之上，正屋两侧的厢房则用木桩支撑使其悬空于地面且高过正屋，室内空间层次错落，具有较强的区域感；"水边起吊式"是吊脚楼中特殊的一种类型，房屋接连岸边并在水中用石料立柱，悬于水面，往往不是单栋矗立，而是沿着河岸联排而建，形成错落有致的吊脚建筑群。凤凰沱江边上的古建筑群——廻龙阁吊脚楼群是"水边起吊式"的典型，前临古官道，后悬于沱江上，具有浓郁的苗族风情。

三、吊脚楼的建筑工艺

从前的吊脚楼一般以茅草或杉树皮盖顶，也有用石板盖顶的，现在的吊脚楼大多用泥瓦铺盖。许多现代城市的现代化建筑也引进了吊脚楼的建筑文化元素，增添了城市魅力，提升城市品位。吊脚楼的建造是房主生活中的一件大事，吊脚楼的建造涉及选址、形态布局、结构与构造功能、外观造型、室内外空间营造、装饰等一整套完整的工艺流程，其核心营造技艺主要在于三部分：一是不用一钉一铆的"榫卯"技艺，其整个的构架均以榫卯穿枋相衔；二是从平面、空间和实体多层次营造吊脚楼内外形态的串带技术；三是构成吊脚楼主要装饰手法的雕花艺术。

选址，又称"选屋场"，湘西民间建房很看重屋场，旧时尤甚。基地以高地、台地及土质坚硬为宜，取向阳背阴、冬暖夏凉之便。屋场风水以得水为上，藏风为次，且民间有"山是龙的身，水是龙的血，土是龙的肉，岩是龙的骨，树是龙的皮"之说，屋场一定要居于"龙脉"之中，山、水、土、石、树诸景兼备。后有来龙，前有去脉，左有瀑流，右有树木，后山厚实、左右不虚，若有不足，以竹木襯补。土家人建房以"屋打凹，后有靠山，坐北朝南"的地理位置为佳，遵循皇历书上所说的"大利南北，不利东西"，选择南北方向时，房屋的朝向不能朝正南，而是偏东方，意为"抱阳"即窗户尽量使阳光从东南方照进门窗。吊脚楼多依山靠河就势而建，呈虎坐形，在给主人家选地基时都把"左青龙，右白虎，前朱雀，后玄武"[1]作为选择宅基地的基本条件，后来讲究朝向，或坐西向东，或坐东向西，以山势而定，山势若成东西走向，吊脚楼也有坐北朝南的。

选好了地址，建造工匠就根据地形和主人的需要确定建房的方案。土家族的吊脚楼的基本形式为"五柱四瓜"，在这种构架上变化出多种形式，如"五柱六瓜""三柱四瓜"等，造型独特，类型多样，但无论怎么变化，都保持"一明二暗三开间"的模式，三间开的三间上屋必有一间作堂屋，这一布局也反映了中国古代"法天祭祖"的宗教礼仪，这是土家人对中国传统文化中民风民俗的延续。

吊脚楼实体的营造则体现了工程的繁复精细，分"大木作、小木作、石作、砖作、瓦作、雕刻等匠作种类"[2]，营造体系和过程有明确的技术分工。整个木构架工程采用穿斗结构，它的特点是把柱子串联起来，形成一榀榀的房架，檩条直接搁置在柱头上，沿檩条方向再用斗枋把柱子串联起来，形成一个整体的框架。

在建筑的空间布局上，主要有如下特色：

一是以"堂屋"为核心的内部空间布局。土家族的堂屋，一般出檐一米左右，留作檐廊。堂屋大门有两扇、四扇、六扇门不等，安有活动轴，拆掉此轴，堂屋便可与门外檐廊连成一片，作为婚丧宴请之用。中壁设有神龛，立"天地君亲师"和祖宗牌位，或者设有"家神柜"神龛由香案和牌位组成，案上陈放香炉、香灯、香碗、香柱、烛台、祭祀用品和灵牌。装神龛讲究要高于堂屋大门，俗谓："神龛高过堂屋门，子孙发在自家门。神龛低于屋门口，荣华富贵往外走。"神龛布置庄重肃穆，忌放杂物，神祇楹联忌随意涂抹、撕扯。每逢年过节上香，祭奠祖宗。中间屋梁上画有符图，以避邪恶。堂屋为年节喜庆待客之处，设宴摆席都在此。湘西苗家的堂屋，一般大门往内退至金柱后安门，以火塘屋的后金柱为主柱，苗语称"牛能"。根据苗族习俗，堂屋不安神龛，中间地面有一青石板，石下有孔，孔内盛一杯酒，用碗覆盖，为安"龙神"之用，不能随便敲打，以防惊走龙神。苗族重视牛的价值，吃过牛的人家，在堂屋主柱上绑一水牛角，表示吃过牛或以

---

1 周传发《鄂西土家族传统民居艺术的审美特色》，载《重庆建筑大学学报》2008年第2期。
2 张爱武，谭梅，刘宇《土家族吊脚楼营造技艺的田野考察——以兴安村为例》，载《寻根》2013年第3期。

示富裕。

二是以"廊"为中心的外部空间布局。吊脚楼的建造多考虑山地地形条件，应地势变化采用不同高低的吊脚，营造出"廊台上挑、柱脚下吊"的独特公共空间，其檐廊、"转千字"既表现出合理的空间关系，又不拘泥于一般的建造规则。檐廊即"吞口"，整个空间没有墙面，只有柱子支撑着屋顶，它可以防止飘雨对对墙面的侵袭，也给过往行人和邻居串门提供方便。在湘西，苗家房屋前后出檐较大，堂屋门前留下一片空地，门处两侧，金柱与檐柱之间，形成一个凹形"吞口"，大门退至金柱，左右两侧板壁装齐檐柱，从而大门地面与阶沿连成一片，呈凸字形，苗家人亦称之为"籽蹬屋"。探其渊源，则是苗民所在之地，山多田少，地方盛产油桐，秋季收获桐籽之后都堆放在屋檐下，空间狭窄，浪费不少。相传，鲁班路过此地时，告诉苗民说："你们不妨把大门往内退一截，好留块空地堆放桐籽。"这样流传至今，便形成了苗家特有的"籽蹬屋"。秋后剥下桐籽时，空坪又是堆放桐籽的好地方，进门出门，踩踏桐籽，霉灰尽落，桐籽溜光。现代山乡苗居，不少人家将籽蹬屋阶沿铺上水泥，平整光滑。茶余饭后，籽蹬屋便成了人们纳凉、休息、闲谈的好地方。这种苗居，在吉首、凤凰、花垣、古丈、保靖等县山村苗族聚居地，至今仍然很多。回廊，即走道阳台，一般设在角楼处，主要的功能是连接正屋的走道，方便在雨雪天气行走。转千子，即"L"型平面厢房与正屋相交处靠院坝面一侧的走廊，或者三侧均设走廊为转千子，其主要的功能是遮阳避雨，通常这里还是未出阁女儿家对歌、刺绣的地方。

分布在武陵山区的土家族、苗族和侗族很少单门独处地居住一处，而往往是以一个家族、姓氏的渊源而形成一个个村寨，如著名的彭家寨。这些村寨的建筑空间布局上充分利用了地形之便，整体环境体现了"天人合一"的文化特征。"以湖北恩施州的彭家寨的空间布局为例，村寨外的环境空间，村寨内的窄巷空间、檐下空间、屋顶与建筑围合的台院空间形成了土家族村落最具特色的空间形式"[1]。

---

[1] 张月，杨丹，罗谦《文化生态学视野下的彭家寨吊脚楼群生成机理探析》，载《安徽农业科学》2012年第40期。

从彭家寨吊脚楼内部空间层次来说，建筑平行于山体等高线，一层住区是堂屋和卧室，与之垂直的带吊脚楼的那部分，一层架空处为卫生间、浴室和猪圈；二层为餐厅和卧室，"L"形平面形成一个非常亲切的、序列丰富的入口。其空间特点呈现出入口空间序列顺山势变化丰富、过渡层次繁多；从入口到室内总共有五个空间。室内空间四通八达，房间之间各个串联，围院起到交通上的"中转站"作用。由于房间为线性排布，有时亦不能完全依靠穿行到达，因而庭院作为最短的路线经常被启用，门槛外0.8米宽的石阶对应着屋檐的投影，也是为了躲避风雨和骄阳，便捷穿行。

从外部空间看，村寨大多沿河布置，但没有紧贴河面，而是在河边一段距离之外，这种空间的布局发挥了重要的功能。它既可以躲避山洪水涝灾害，在岸边形成一片缓冲区，又由于洪水冲击带来的肥沃土壤，使得岸边的缓冲区成为大山中难得的庄稼种植的场地；再者，由于进村的道路布置在河对岸，河水成了村寨天然的防御屏障。山路—河流—吊桥—农田—村寨—竹林—后山，形成了彭家寨层层递进、丰富多彩的外部空间层次。

西南少数民族地处山区，木材丰富，不仅在建筑用材上充分利用木材之便，其建筑的装饰也与木材紧密相关，最具特色的是其木雕艺术。木雕主要运用于门窗的雕刻，两千多年前，屈原在描绘楚地民居建筑的诗歌中有"网户朱缀，刻方连些"，指的就是镂雕、透雕的门窗，"网"即虚实相间的亮格，"网户"则是指镂空成网状亮格的门扉或窗格。石雕则运用于柱础之类的装饰，多以阴阳浅刻法，民居建筑多雕刻花鸟动物寓意吉祥喜庆。在宗祠或土司头人大宅门前，则有圆雕而成的或蹲或立的狮子造像，在休闲的小庭中，亦有以"渔、樵、耕、读"或"琴棋书画"为题材的圆雕，这些雕刻即是民俗与工艺的结合，也体现了漫长历史中中原汉族文化与西南少数民族文化的融合。在建筑的装饰手法上，除了"雕饰"，"挂饰"亦别具一格地体现了当地民族的特色。其建筑上的"挂"分为堂挂和外挂两种，这种装饰习俗大抵与宗教信仰、氏族图腾崇拜、区别氏族或部落内部身份等级有关。堂挂是指将雕刻好的木雕或石雕物件悬挂于堂屋神龛之内或堂屋大门之上。其中一种体现了宅主的地位，多为鱼纹挂饰，如土司头人堂内的"江涯有鱼"挂饰；

另一种为一般民居堂屋大门上所挂的木质或石质"吞口"。另外，也有族内妇女用针线手工绣制的葫芦、金鱼等。外挂的物件大多出于图腾崇拜的需要，客观上也有非常明显的装饰效果，常见的有成双的水牛角，对称挂饰于当阳的外墙。

　　土家族、苗族等少数民族的建筑非常注重屋脊的装饰，尤以融合了徽派建筑的封火墙的脊饰装饰最为出彩。封火墙主要用于防范火灾，起先是在可燃的木质墙壁和构件上涂抹灰泥，防止火势沿着柱子自下往上蔓延，后来出现了可把木柱砌在砖墙内的穿斗式山墙，即封火墙。封火墙的造型既源自徽派建筑工艺又渗入巫楚浪漫神秘的色彩，主要体现在凤凰脊饰的垂脊脊吻和卷草纹案上。卷草纹是一种中国传统装饰纹样，多在佛教建筑中有运用。在一条"S"形的波状曲线上，连绵不断地装饰各种花卉、枝叶和其他纹饰，形成优美浪漫的"卷草纹"。在屋脊上饰以卷草纹起源于魏晋时期，兴于唐朝，日本人称为"唐草"，作为卷草纹的植物有葡萄、石榴、茶花、莲花、牡丹、忍冬花等。卷草纹饰流动、卷曲，绵延不绝，寓意坚韧不拔、生生不息的生命精神，也为武陵山区的建筑增添了几分优美和灵动。

第二节　侗族特色公共建筑——鼓楼和风雨桥

　　侗族人民有三大宝——鼓楼、花桥和大歌。其中鼓楼是侗寨的标志性建筑，有侗寨必有鼓楼，鼓楼是侗寨中最高层建筑，因为楼上置鼓得名，是侗族人民平时休闲娱乐、节日聚会、开会议事的场所。侗族的文化可谓与鼓楼密不可分，因此又叫鼓楼文化。"有寨必有鼓楼，有溪必有花桥，有桥必有檐廊，有村必有寨门，有寨必有戏台"。鼓楼是侗族村寨的族性标志和寨落灵魂，不仅提供了人们歌舞娱乐和公共议事的场所，同时也是侗族人精神文化的象征，是民族凝聚的纽带。鼓楼的存在与侗族渊源已久的侗款制度紧密联系在一起，在历史上发挥了重要的社会治理的功能。"风雨桥是可与鼓楼相媲美的侗家建筑，是侗族民居建筑文化的另一个缩影，也是侗族民居建筑中具有强烈地域特征和民族文化特色的又一公共建筑"。[1]

一、巧夺天工的鼓楼

（一）鼓楼的起源及传说

在侗族民间，鼓楼的起源有一个美丽的传说。从前位于深山中的侗族，经常遭到土匪的侵犯。有一个土匪头子张士漏看上了一位名为姑娄娘的美丽少女，通知寨老，准备银两、猪牛并交出姑娄娘等数十位姑娘，否则烧寨杀人。姑娄娘献计寨老佯装应允，并设宴请张土漏到寨中取物接人，等张土漏来到寨子，鸣鼓为号，伏兵四起，将其围杀，全寨免遭灾祸。事后，寨老召集大家，建楼放鼓，用来报警聚众。为了集中全寨的力量，强化整体意识，共同抵御外来侵害，修建了能容纳族姓内部全体成年人聚会的场所。又因侗族所在地域，木材资源丰富，又有干栏建筑技术，全木结构的鼓楼便应运而生。有学者研究认为，从鼓楼的起源传说看，鼓楼是留有母系制残余的氏族社会时代的产物。侗歌中有唱道："未曾建寨先立楼，砌石为坛祭祖母。鼓楼心脏作枢纽，富足兴旺有来由。"同时，也有学者认为，侗族族群迁徙到一个地方，必先建鼓楼，人则搭建临时窝棚暂住，等鼓楼建立之后，各户开始建住房，且各家楼房的高度不能超过鼓楼，以维护村寨集体的尊严和鼓楼的神圣地位。而也有学者认为，未

图26　侗族鼓楼（剧馨 摄影）

---

[1] 夏斐《侗族民居建筑特色及其文化内涵探析》，载《艺术探索》2009年第23期。

建寨先建楼并非说明建楼和建寨的先后顺序，而是强调鼓楼在侗寨的重要地位。

在结构和造型上，鼓楼分为攒尖顶、宝塔型和密檐式，外形酷似一棵站立挺拔的杉树，故在侗族民间，也有鼓楼建造源于仿杉树的说法。又有传说，古代的侗族人喜欢围坐在大杉树下议事，烤火时大火蔓延烧死了杉树。后来，侗族人仿照杉树的形象，建造了鼓楼。鼓楼一般建在一个寨子的中心位置，且高于周边所有的建筑，具有庇护侗寨的象征意义，表明其在侗族人心中的地位。

(二) 鼓楼的建筑特色

"侗族鼓楼是中国传统木结构建筑的重要组成部分，是中国现存的唯一集楼、亭、阁于一体的建筑形式"[1]，极具民族特色。鼓楼穿枋接榫和挑檐的结构技术是在侗族干栏式民居建筑基础上进一步发展而来，同时，它的阁式结构和密檐形式，吸收了汉族阁楼和佛教宝塔的建筑形式和结构技术。

鼓楼的立面结构可以分为楼脚、楼身、楼顶三部分，楼脚是指从楼基到第一层楼檐之间的部分，有的鼓楼楼脚为一层，有的为两层。为一层者，四周用木板围起，留有进出的楼门，或者直接架空，只在楼脚立柱，在这一层的中心位置设有火塘。两层楼脚的鼓楼，第一层架空，不设火塘，将第二层作为集会等活动的场所。有的第一层的中心位置也设有火塘，并在四周同样围着木板墙及木条窗，第二楼作为活动场所。楼身是指第一层楼檐至楼顶之间的部分，楼身是鼓楼的主体，呈多边锤柱形，楼檐层层叠叠，由下往上，逐层收缩，犹如宝塔。楼顶为亭式屋檐和顶盖装饰部分，由顶檐猛然升高五至六尺形成，露出木柱安设斜十字格透窗，其造型有亭顶和歇山顶。"亭顶的平面为正方形，立面为九重檐，下面六层为四角，上三层为六角，外观如亭"[2]；顶上放置宝葫芦或者千年鹤，寓意吉祥，也有人认为在鼓楼最高处有一只葫芦顶代表的是侗族的生殖文化。类似于西方的创世纪神话，侗族先民认为在人类创生时，有一对兄妹躲在葫芦里渡过洪水，脱险后，这对兄妹便结为夫妇繁衍人类，因此，侗族人将葫芦作为生殖文化的标志，作为氏

---

[1] 胡宝华《侗族传统建筑技术文化解读》，载《广西民族大学学报》2010年第3期。
[2] 杜倩萍《侗寨鼓楼建筑特色及文化内涵》，载《中南民族大学学报》1991年第1期。

族图腾广泛崇拜。

根据鼓楼的外观，可以分为两种基本类型——亭阁式和宝塔式。阁式鼓楼平面为长方形，立面则与民居相似，造型朴素大方；宝塔式鼓楼的平面是正方形，规整对称，立面为古塔造型，高耸挺拔、精致优美。又因外观特征的不同，将鼓楼分为三种形式——干栏式、厅堂式和密檐式。干栏式构造往往下部架空，第二层空间宽敞明亮，用于集会议事；厅堂式以穿斗与抬梁相结合，将中间部位用四根柱子顶起，用抬梁将屋顶抬高；密檐式是最常见的一种，其底层面平，上部多达7至15层，一般每隔二尺半出挑三尺，内收一尺，在逐层收分的框架上加若干雷公柱及短柱，斗拱外挑出檐角，最后以叠顶攒尖而止。除了风格独特的建筑形式，鼓楼建筑色彩的应用同样别具一格，侗家人以白色象征纯洁、幸福和高尚，在建筑上均以白色作为装饰色调。在建筑的檐枋、顶脊、瓦口和翘翅都涂着醒目的白色，高色调的白色与暗色调的青瓦和村寨的山木形成强烈对比，整座鼓楼鹤立鸡群于村寨中，轮廓鲜明、线条流畅、淡雅明快、富有层次感。

（三）鼓楼的象征意义和社会功能

鼓楼作为一种建筑物其构造中融入了侗族人的精神向往和诉求，具有深远的象征意义，同时在漫长的历史中与侗家人的生活融为一体，发挥着重要的社会功能。鼓楼的平面为四边形或八边形，这种偶数的建制象征着天地、阴阳、男女的组合，檐层则为单数，单数在传统中意为可变之数，象征着生命。"鼓楼多为一根雷公柱、四根主承柱和十二根檐柱组成，象征着一年四季、十二个月，寓意'日久天长'"[1]。在装饰图案上以飞龙、二龙抢宝最为常见，并塑有猴、猫、虎、豹、狮等动物，隐含着各压一方邪气的意思。在塔尖顶部粘附着钵、缸等装饰，反映了天地轮回的意念。在楼顶屋面及垂脊之间云头形如意装饰，取意吉祥如意。鼓楼的正梁绘有太极图，楼身的檐板上等处绘有打猎归来、踩歌堂、耕种等现实生活内容的图饰，具有浓厚的生活气息和民族特色。据有关学者的研究，宝塔形制的鼓楼与佛教的传入紧密相关，鼓楼具有佛教中宝塔的社会意义。宝塔被世人认

---

1 姚丽娟《侗族鼓楼的象征意义与认同仪式》，载《广西民族学院学报》2004年第26期。

为是有佛家灵气的,能够镇妖压邪保平安,古人认为某地自然灾害的发生是由于妖魔在此作祟,故在此地建宝塔以镇之。侗族人在寨中建鼓楼实则是为了镇妖压邪物。同时,鼓楼还衍生出其他的功能,成为侗家人议事、休息和娱乐的场所。鼓楼是侗款制度实施的物质场所,是侗寨的公共活动中心,其社会功能主要有集会、制定款约、习俗礼仪、娱乐社交等。炎热盛夏到来之时,鼓楼成为人们的聊天乘凉之所,冰雪隆冬来临之时,人们围聚火炉于一堂讲述永不结束的故事。

村寨中处理重大的事物,如调解民事纠纷、制定乡规民俗,村寨中的人往往都在鼓楼聚集,或者发生火灾、失窃等紧急状况,便有人登上鼓楼敲打挂在楼外的皮鼓,人们从鼓声的节奏快慢中感受事情的轻重缓急,纷纷赶往鼓楼。逢年过节等重大节庆时,侗族的男女老少都聚在鼓楼,在鼓楼前踩歌堂对唱大歌、看侗戏,坪场上不同的鼓舞轮番上演,其乐融融。

二、美轮美奂的风雨桥

(一)风雨桥的命名及传说

风雨桥被誉为侗族干栏建筑文化的集大成者,在侗乡称为花桥、风水桥和回龙桥,是侗族独有的桥,主要在湖南、湖北、贵州、广西等民族地区流行。称为花桥是因为桥上梁柱间有很多花纹图案,也有叫"福桥"的,"风水桥"之称则因桥常建于寨前河流的下游,横拦河下游的风水口,阻拦邪物进寨及财务外流。侗族在河流下游建造有宝塔式桥楼的风雨桥,又在桥楼内祭奉诸神,同时在水中桥墩内嵌埋对龙王具有震慑性的鎏金金属物,以便将龙王阻挡在寨外,因此又名为"回龙桥"。

在侗族有一个有关风雨桥来历的美丽传说。相传古老时的侗家人住在半山坡上有一个小山寨,山寨里有一对夫妻,两人非常恩爱。名为培冠的妻子长得非常漂亮,夫妻俩过河时,河里的鱼儿也羡慕地跳出水面。有一天河水猛涨,夫妻俩走到小木桥中心时,一阵大风将培冠刮落河中。"原来河湾深处有一个螃蟹精,把培冠卷进河底的岩洞里后,螃蟹精变身为一个漂亮的后生要培冠做他的妻子,培冠不依,哭骂的声音传到一条花龙的耳朵里。花龙与螃蟹精展开厮杀搏斗,终于打败螃蟹精，救出培冠"[1]。侗乡的人们为了纪念花龙，将河面上的小木桥建成长廊式的大桥，并在大桥的四条柱子上刻上花龙的图案，在大桥建成之时举行了隆重的庆贺典礼。以后每有风雨桥建成，侗族人们都会举行庆祝仪式，热闹非凡。

风雨桥是侗族人的生命桥。侗族人民认为在人的肉体外存在着灵魂，灵魂是不死不灭的，每个人来到阳间的时候，都必须要经过一座桥。一个人生下来之后，巫师就会测算他是经过哪座桥来到阳间的，一经确定这个人一辈子的命运都要和这座桥联系在一起了。如果有妇女久婚不孕，会被认为是孩子的灵魂被溪沟所阻，无法投胎，因此侗族民间往往架桥求嗣。某些侗族地区还以农历二月初七作为"求子祭桥日"，人们去桥上引灵魂投胎，接下一代人的魂魄过桥。每当新建或修复风雨桥时都要举行踏桥仪式，目的便是引灵魂过桥，繁衍子嗣。在著名的风雨桥程阳桥所在的侗族地区，人们认为在这座桥上聚集的灵魂最多，投胎转世最多，因此周围村寨的人丁最为发达。在侗乡的习俗里，每年除夕之夜，侗族山寨人人都要去祭祀自己的生命桥，这是一个名为"暖桥"的祭桥仪式，每个人带上从自己穿过的衣服上抽出来的一缕棉线，一小包茶叶和一点盐巴，安放在自己的那座渡桥下。风雨桥对于侗族来说，不仅是实用意义上的桥，更是侗族人对现实完美、灵魂超越的追求和信仰，是侗族人生命意义的指向标。

（二）风雨桥的结构及类型

侗族工匠们修桥不用图纸，而是用一种侗族人称作"香杆"的小竹片。再复杂的桥梁，再宏伟的鼓楼，都是用这个小竹片来设计建成。风雨桥的建筑不用一铆钉，全木结构，榫卯相合，其运用的简支梁力学原理，是一种非常现代的桥梁建筑原理，在侗族工匠中千百年前就已经成熟运用。

从整体结构看，风雨桥由三部分组成：基座、桥跨和亭廊，建筑材料为石、木和瓦。基座是桥的基础，规模较小的风雨桥的基座用块石在河的两岸直接砌成，基座顶部放大梁，或在两岸置悬臂木托架，上面再架大圆木梁。规模较大的风雨桥，在河的中央用当地盛产的青石砌成桥墩，平面一般砌成长六角形，迎水方向的夹

---

[1] 梁丽斐《浅析侗族风雨桥文化》，载《南宁职业技术学院》2011年第16期。

角为60度，以减轻流水对桥墩的冲击力，桥墩高度向中心收分约3%，以增强桥墩的稳定性。桥跨为木结构，由桥墩上置放的原杉木密排式的托架悬臂梁构成。上下两排，每排用六到九根直径40厘米以上的圆杉木，在两端刻槽嵌入厚木板联为一体，逐层由基座向外悬挑，外悬三到四米。这些托架梁起着缩短上面桥中简支梁跨度的作用。桥中简支梁以直接为50厘米的巨大杉木联结成排，做成上下两层，梢径大小不等，排之间垫以木墩板料，使得上表面处于同一水平高度，这种木结构一方面可减少河中桥墩的数量，同时可以增大河床的排洪量。桥廊部分是风雨桥最具实用和审美特色的部分。一般长廊顶部竖起多个宝塔式楼阁，楼阁少的建有三层，多的建有五层，飞檐重叠，气势恢弘。在桥面设一层廊屋，两旁铺设长凳，一方面可以遮日避雨，方便路人休息，另一方面可以保护木结构的桥体免受雨水侵蚀，延长使用寿命。在河中桥墩上建重檐楼阁，使得桥身轮廓丰富多样，增加美观，同时可以减少桥中大梁的弯矩，符合力学原理。在楼阁的每个翘角上，都悬挂有一只风铃，风吹铃铛，叮当作响。它的用处在于预测当地天气变化，其特色在于将铃铛设计成一片巴掌大小的薄铁片，增加有效的物理受力面，提高它预测风力风向的灵敏度。可见，风雨桥的设计充分反映了侗族人民的聪明才智及高超的桥梁建筑技艺。

风雨桥可以按桥墩、桥身、桥廊和桥亭的不同构造分为不同的类型，种类繁多，变化多样。根据桥墩划分，可以分为石拱廊桥和石墩廊桥，石拱廊桥的桥墩和桥身连为一起组成拱圈难以区分，石墩廊桥又可分为石墩石梁廊桥和石墩木梁廊桥。根据桥廊两端的建筑风格，风雨桥有悬山顶和硬山顶之分。悬山顶的桥两端及中亭各有重檐歇山顶楼或阁；硬山顶的桥两端设有碑楼或桥门。根据桥亭的建筑风格，风雨桥又可分为单檐式和重檐式。单檐式主要是亭阁式的廊桥，而重檐式一般指多层塔式或鼓楼式的廊桥。

（三）风雨桥建筑实例

湖南怀化通道县坪坦河流域被称为百里侗文化长廊，这条河流如一条银色的玉带，贯穿17座大小不等，风姿绰约的风雨桥。其中最有代表性的侗族风雨桥为廻龙桥、普济桥、文星桥、永定桥、廻福桥、永福桥、中步二桥、中步头桥和观月桥，这九座桥分布在 8.2 千米长的河道上，连接八个聚族而居的侗族村落。桥梁均为木构架穿斗式廊桥，风格各异，保存完整，是侗族传统桥梁建筑的标本，具有较高的建筑艺术价值。

廻龙桥，原名"龙皇"桥，建于乾隆二十六年（1761 年），重建于 1931 年，更名廻龙桥，取"桥如长龙，屹立水上，水至回环，护卫村寨"之意。桥长大约 63 米，宽 3.8 米，采用侗族流传的"木桩围栏固基法"修建而成，系伸臂悬梁式或叠梁式木构穿斗式廊桥。1964 年修葺时改木桩围栏墩为清砌船形分水金刚墙石墩，两墩三孔，长廊两边有长凳，桥顶为三座宝塔式阁楼，阁楼收尖部有覆钵、宝瓶、小鸟等装饰物，顶端雕有铜鸟，嘴里安装簧片，迎风而鸣。桥西段采用伸臂式木拱架承重桥体，桥拱跨度 19.4 米，拱架两端以 30 度斜升三排杉圆枕木，逐层伸臂，平桥面铺设木板，形成上平下拱。东段为悬臂枕木梁架，三孔两墩，中墩以上用不规则长杉圆木作枕，成梯级迭坐，等分顺梁悬伸墩外，架木承重桥面。两种结构和造型，体现了侗族工匠别出心裁高超的桥梁建筑工艺。

普济桥位于通道县城西南 22 千米的平坦乡平坦村寨，横亘于平坦河上，系单孔伸臂悬梁穿斗式木拱架廊桥。始建于清乾隆二十五年（1760 年），桥长 31.4 米，宽 3.8 米，由 11 廊间连接成一体，木质四柱三间排架结构，两头有风火墙。两岸各一个半空心石墩，伸臂梁插在石墩内，以大卵石弹压，然后叠梁再压卵石，直至两岸伸臂梁合拢。因此，建桥过程不用在河中搭架。由于当年该地是一个商贸物资集散码头，水运繁忙，采用这种建桥工艺目的是不影响船只通行，可见侗族工匠的奇思构想和高超手艺。该桥梁设计精巧，工艺精湛，被专家称为"桥梁化石"。

中步二桥位于通道侗族自治县陇城镇中步村，始建于清嘉庆二年（1797 年），1921 年复建。桥长 14.2 米，宽 5.35 米，五廊间，为叠梁穿斗式木构架廊桥，辟有人行道和牲畜道并行。

普修桥位于通道县皇都乡，始建于清嘉庆八年（1803 年），后经多次修葺。该桥为叠梁式木构架石墩廊桥，两墩三孔，长 57.5 米，宽 4.2 米，有桥廊 21 间，四柱三间排架。桥廊壁面封板密槛，开通直棂窗，桥面铺木板，桥两端及中部建三座桥亭，分别为三重五重檐式，桥顶的四龙护宝，取周围四山护寨的寓意，翼角弯月起翘，泥塑凤、鸟、卷草，华丽多姿，颇具侗族风雨桥特色。

兵书阁及文星桥则是侗族地区桥、亭、阁、殿为一体的典范。兵书阁位于通道县西北50千米的戈冲乡占字岩村。与兵书阁一箭之隔，遗存一座三亭式廊桥，名为文星桥。兵书阁系穿斗与抬梁混构纯木件楼阁式古建筑。清嘉庆年始建时为双坡屋面单层民居建筑。清道光五年（1825年），村民集资，重建兵书阁和文星桥，并在原阁殿的明间伸出二座高14.2米，三层六角翘角攒尖葫芦顶式楼阁，使其"整新俾宇，巍峨再出冲霄之像"。文星桥也颇有建筑特色，东头是双肩庶殿顶盖八字门坊入口，西端与山倾侧，建单檐庶殿顶门坊作出口，桥中部建重檐歇山顶式阁楼，构成整长19.2米的廊桥，此桥不架于水上，而傲立于陆地。兵书阁和文星桥的独特建筑风格，在通道侗族建筑史上亘古未有。它那浓厚的民族文化韵味，飘香四溢，在漫漫历史风尘中，磨砺至今，数百年不衰，实为侗乡苗寨文化瑰宝。

第三节　洪江古城

洪江古城坐落在沅水、巫水汇合处，得天独厚的水运条件使洪江自古以来就是湘西南重要的驿站和繁华的商埠。这里是中国古代丝绸之路的主要通道之一，从中原的物资，沿着沅水通过木船运向西部，一直到贵州，然后再转为马帮运输，进入云南、缅甸等地，最后直达印度洋。洪江出土的一块元代的雕版文物，从雕版上可以看到河面上布满了大大小小的镶着门窗、有檐、有帘、有桅杆南来北往的商船。河岸边是一座座码头和风雨桥式的连通走廊，里面是有着壮观城门的古城墙，城墙里有雕梁画栋的寺庙与楼堂会馆，还有鳞次栉比的民居及集市上熙熙攘攘的人群，这说明元朝时，洪江古城已成为湘黔边境的大墟场。

现洪江城区保存着明、清、民国时期一座完整的古商城，有如一幅直观明、清、民国社会市井全貌的"明清上河图"，是我国近代商业发展的一个标本，也是我国保存最完整、内容最丰富的古城之一，被有关专家誉为"中国内陆地区资本主义萌芽的活化石"。据专家考证，现仍保存完好的洪江古城的明、清古建筑，如窨子屋、寺院、镖局、钱庄、商号、洋行、作坊、店铺、客栈、青楼、报社、烟馆等共380多栋，总面积约20万平方米。

洪江典型的建筑是明清时代的窨子屋，窨子屋里面融合了北方四合院的布局构造、层层进进、由浅至深，庭院内有干天井和湿天井，分别用于防火和取水，屋顶有晒楼，可以用来晾晒衣服和粮食。窨子屋的外墙砌得很高，目的是防火和防盗，其用途与窨子屋同时作为住宅和商铺的双重功能是密不可分的，很大程度上，洪江的窨子屋是当地建筑对其商业文化和功能的适应性结果。"窨"是"地下室"之意，而窨子屋是当地人对高楼深院的一种形象比喻。这种民居建筑形态在商业文化的影响下，有自身的特点和功能，彰显了由于社会分工而形成的不同建筑文化。

窨子屋是既有徽派建筑风格，又具有沅湘本土特色的建筑群，其建筑格局具有明显的商业特性，正是这种独具一格的商业特性成就了洪江。外围是以青砖拌石灰砂浆土砌成的高墙，这种高墙又叫作封火墙，既可以防火也可以防盗。高高的封火墙内，有天井，屋宇多按井字排列，分两层或三层，一层是商铺，二层三层为仓库和住宅，均为木质结构的堂屋和厢房。窨子屋的门窗多雕花画梁，门楣、楹柱、照壁、窗格和家具上雕刻有精美生动的图案。

洪江古窨子屋还有三个特点。一是窨子屋院中的天井由狭小变大，再由大变小；二是门窗装饰由简入繁，由粗变细；三是墙头彩绘与挑梁简洁明快，有着商行特有的性格。从古商城窨子屋的高墙上眺望，可以看见墙壁内的会馆印记，如"苏州馆"。大多窨子屋楼进门通道都用条块的青石板镶嵌，如今洪江巷中仍然随处可见雕有精美的鱼龙花鸟图案或刻有名家书法诗词的青石水缸，古城人称之为"太平缸"，用于储水防火，或养鱼观赏。可见古城人虽生活没落，却雅兴依旧。

早期的窨子屋大多依江而建，临近码头，后随房产增多，逐渐向巷子纵深发展，依山而建，以山为背景，以水为血脉。从立面上而言，往往屋檐连着屋檐，高墙挨着高墙，街巷交错间，虽屋内方正，但外墙立面却随巷变化，有斜角出现，则以两墙相交应对，形成多变的立面形态。

  窨子屋群巷内，青石板路和码头纵横交错，阡陌交通。街道一般有"街"和"冲"，前者较长，道路平整；后者顺着山沟而建，另外还有大小曲折的走道，称为"巷"。街巷密集交错，狭窄弯曲，长度一般在 200～300 米，宽在 2～4 米，路面全是用石板铺设，这些建筑群按井字排列，错落有致，形成"七冲八巷九街"的独特格局。

参考文献：

[1] 于薇，解本娟《湘西的风土民居——吊脚楼》，载《沈阳大学学报》2007 年。
[2] 张良皋《乡土中国、武陵土家》，北京：生活·读书·新知·三联书店，2001 年。
[3] 罗德启《贵州民居》，中国建筑工业出版社，2008 年。
[4] 赵逵，李保峰，雷祖康《土家族吊脚楼的建造特点——以鄂西彭家寨古建测绘为例》，载《华中建筑》2007 年。
[5] 高琦《解读湘西传统民居所承载的文化内涵——以凤凰古城为例》，载《建筑与文化》2011 年。
[6] 罗晓光《湘西凤凰古城河岸吊脚楼建筑特色探析，载《湖南工业大学学报》2009 年。
[7] 李俐《侗族村寨与文化》，载《小城镇建设》2004 年。
[8] 张爱武《土家吊脚楼营造技艺的田野考察——以兴安村为例》，载《寻根》2013 年。
[9] 赵逵《土家族吊脚楼的建造特点——以鄂西彭家寨古建测绘为例》，载《华中建筑》2007 年。
[10] 胡宝华《侗族传统建筑技术文化解读》，载《广西民族大学学报》2008 年。
[11] 夏斐《侗族民居建筑特色及其文化内涵》，载《艺术探索》2009 年。
[12] 蒋烨《中国廊桥建筑与文化研究》，载《中南大学》2011 年。
[13] 杨洪《洪江古商城旅游开发研究》，载《热带地理》2006 年。

第五篇　名人与传统

引言

武陵山民族文化的神韵特质，既保留了远古时代的文化基因，也有历代名人锤炼之后形成的传统。历史上的武陵山名人，与其他地区的名人有一致的地方，也有相区别的地方。正是历代名人用自己的独特人生经历，丰富了武陵山文化。这些名人形成的传统，也可以用一个词形容，神！这个神是神龙之神，神仙之神。远古的名人，我们只做简单回顾，本讲重点介绍近现代以来，让世界震撼的几位名人。他们不仅仅继承了武陵人远古时代就形成的独特精神，而且在新时代有新的发挥。他们的精神又成为后来者的典范，照耀后来者走向更加宽阔的世界！

贺龙、粟裕等革命家，以其武陵山人的个性，创造了新中国军事史上的典范。贺龙起身草莽，最终投向革命，创立了共产党的第一支军队。粟裕从红军小战士起家，成长为中国战神，没有一点独特个性是不可能做出这等惊天地泣鬼神的成绩来。这些名人创立了武陵人的新革命传统，而且是充满传奇与浪漫的革命传统。

熊希龄、沈从文等人是中国近现代史上，文人的两个典型。熊希龄文人出身，投身革命，热衷慈善。曾经大权在握，原本可以在民国做一辈子富甲一方的大官，但是他毅然辞官改做慈善。既然如此刚正，那他的生活应该与传统的士大夫一样。如果是这样，那就不是熊希龄，他的生命也就没有多少传奇。他讲究正义，但追求浪漫。所以，当他六十岁的时候，还与他孙女儿的同班同学毛彦文女士相爱了，而且结婚了！沈从文只有小学文化，受新文化运动的影响，辞去军职，只身来到北京，投身新文化运动。就是凭着一身不服输的脾气，在中国文坛开出一片新天地，成为闻名全世界的文豪！两人身世虽有区别，但都表现某种奇迹。

杜心五是自然门武术宗师，更是晚清民国时代南北大侠。他不但讲义气，专打抱不平，救苦救难，而且崇尚革命，终身追求进步。他不但是大学教授，也是官员，更是江湖老大，身为青红两帮双龙头。酒色财气、书剑恩仇、铁肩道义、药佛仙道，他样样俱全。正是杜心五，创新了中国侠客的新形象，新境界。

第十八讲　革命家与军事家

第一节　两把菜刀闹革命的元帅——贺龙

贺龙，伟大的无产阶级革命家、军事家，中国人民解放军的创建人和领导人，中华人民共和国元帅，为中国的旧民主主义革命、新民主主义革命、社会主义革命和建设做出了重要贡献，建立了不朽功勋。

贺龙出生于湖南省桑植县一个贫农家庭，由于家境贫寒，只读了五年私塾便辍学务农，帮家里打柴、割草、放牛，十几岁就与人结伴赶骡马运盐。为搜刮民脂民膏，1915 年芭茅溪成立盐税局，每一百斤盐纳税 14 块大洋，交不起税，就要扣人卡货。过往盐商小贩们屡遭繁重盘剥，恨之入骨，愤恨地称之为"阎王局"。贺龙运盐时也受够了盐税局的敲诈勒索。一次，贺龙经过盐局，又被税警强令卸驮缴税。贺龙忍无可忍，举起拳头对税警说："几个血汗钱被你们挤光了！这次讲明的，要钱没得！打个条子，以后还账。"贺龙耳闻目睹了盐税局压榨民众的累累罪行，也深受其害，于是暗下决心一定要将其砸毁。

1916 年，轰轰烈烈的反袁护国运动影响不断扩大，深处湘鄂边境的桑植也受到影响，贺龙决定利用这个机会端掉作恶多端的"阎王局"，为民除害。3 月 16 日，贺龙邀约谷绩廷、韦寿云等 21 人，到洪家关商议准备起事。芭茅溪盐局驻有 13 人之多，配有毛瑟九子枪，为了大家的安全和行动的成功，行动必须有计划有谋略，必须有头领。推举头领人选时，大家你推我、我推你，年仅 20 岁的贺龙站起来说："没人干，我干，我来提桶子（头领）！你们怕砍脑壳，怕烧屋，我不怕！"平日里贺龙就足智多谋，有一定的号召力，他来领头，大家都服。贺龙对行动进行了统一部署，首先，贺龙命人安排四把油纸伞，伞里灌上桐油，用线缠好，做成火把，以备攻敌时用，再命二人提前前往盐税局侦察。然后贺龙把人分组，对战斗进行了部署，一组负责攻开大门，一组负责堵住后门，一组负责把住盐税局两边，防止税警翻墙逃跑，自己带其他人担任主攻。

准备就绪，贺龙携两把菜刀，带着众人趁夜色急行军九十里，到达芭茅溪。此时还是四更天，先行前来侦察的人员报告说盐税局的税警有的抽鸦片去了，有的嫖女人去了，剩下的五六个都睡下了。贺龙获悉，大喜，即命令大家按计划开始行动。贺龙带领大家悄悄摸进镇子，发现盐税局大门紧闭，屋里安安静静。贺龙吩咐韦敬斋等几个学过武术的破门强攻。贺龙等人先后撤几步，再侧身向大门猛撞去。只听轰的一声，大门倒下，贺龙等人冲进屋里。盐税警队长姜玉清被惊醒，马上持一根齐眉棍查看情况，发现贺龙等人时，姜玉清随即向他们一棍扫去。韦敬斋眼疾手快，见棍来得凶，顺势闪开；贺龙则挥着菜刀跳起来，了结队长的命。贺龙又带人冲进盐税局局长的房屋，缴获了八支毛瑟枪，并把躲在床底的盐税局局长拖出来，喝问另四支枪的下落。局长胆怯地用手朝楼上一指。贺龙等人明白了，转身扑向楼梯口，发现楼上的四个税警有的正往上抽梯子，有的操起木椅正在袭击他们，有两人被打伤。贺龙见势不妙，大呼配合，只见贺龙大吼一声一个箭步跃上一位战友的肩头，向楼口逼去。楼上的税警慌了，一凳子砸来。贺龙将身子一侧，避开了椅子，纵身跃上，举起菜刀向他们砍去，两个税警应声倒下，剩下的两个乖乖投降了。整场战斗只用几分钟就结束了，贺龙率领21名义士砸毁了盐税局，缴获枪支12支。战斗结束天还没亮，用雨伞改制的四支火把将盐税局的院子照得通红。镇子上的百姓听见响动，纷纷跑出来看热闹。贺龙当着众百姓的面，命盐税局局长把局里所有的账本、文件都搬出来烧了，还把搜出的钱财、盐全部分给镇上的百姓，然后带领队伍撤离芭茅溪。

1916年3月下旬，贺龙打起"讨袁护国军"的旗号，用夺来的枪组织起一支义军，自任民军总指挥，走上了武装斗争的革命道路。此时的贺龙是一位民主革命者，十一年后，他担任"八一"南昌起义的总指挥，投入党的怀抱，而成为一名坚定的共产主义战士。毛泽东在三湾改编时曾对贺龙两把菜刀闹革命的精神高度赞许,并以此鼓励革命人士:"贺龙两把菜刀起家,现在当军长,带出一个军,我们现在不止两把菜刀,我们有两营人,还怕干不起来吗?"

第二节 中国现代战争之父——粟裕

粟裕,中国人民解放军高级将领,杰出的军事家、战略家,曾指挥淮海战役、上海解放战役等一系列重大战役,历任中国人民解放军总参谋长、军事科学院第一政治委员、国务院业务组成员(副总理级)、中国共产党中央军事委员会常委、第五届全国人大常委会副委员长等职,1955年授予大将军衔。

粟裕出生在湖南会同,侗族,家境殷实,有数百亩田地,但年轻的粟裕依然满腔热情地投身革命。1925年春,粟裕考上了有"达德成材"美誉的湘西最高学府常德湖南省立第二师范学校,他刻苦学习文化知识,积极参加反帝反封建运动,并于1926年11月加入了中国共产主义青年团,后来加入叶挺部第二十四师教导队任班长,历经严格的军事训练和考验,从一个革命青年转变成革命战士。粟裕历经多次战斗,积累了丰富的作战经验,成长为一名高级指挥员,被誉为"青年战术家"。

解放战争时期,粟裕担任华中、华东和第三野战军主要指挥员,组织指挥了一系列重要战役,将军事领导才能发挥到极致,建立了辉煌的战绩,成为令敌人闻风丧胆的"军神"。1946年7月,粟裕指挥华中野战军主力3万余人加民兵十余万与美械装备的12万国民党军作战,苏中战役七战七捷,歼敌5.3万余人。中央军委将苏中战役作为集中兵力打歼灭战的范例,通报全军效仿。

粟裕善于从战场实际出发,审时度势,深思熟虑,用兵灵活,善于造势和捕捉战机,出奇制胜,善于集中兵力和巧妙转移兵力,有什么条件打什么仗。1947年1月,粟裕部署指挥鲁南战役,歼国民党整编第二十六师和第一快速纵队共5万余人,缴获大批武器,获得了与机械化部队作战的经验,为组建特种兵纵队创造了条件。在接下来的莱芜战役中采取舍南取北的作战方针,歼敌5.6万余人。在孟良崮战役中一改以往拣弱敌打的思维，击毙中将师长张灵甫，全歼国民党王牌军第七十四师，震动国共双方统帅。1948 年 9 月 24 日，粟裕以其杰出的军事家的战略眼光和胆识提出进行淮海战役的建议，为淮海战役的胜利做出了巨大贡献。毛泽东曾说："淮海战役，粟裕立了第一功！"接着，粟裕又组织指挥所部参加渡江战役，解放南京、上海和华东广大地区及沿海岛屿，为解放战争的胜利和中华人民共和国的成立，做出了重大贡献。

中华人民共和国成立后，粟裕曾先后担任原总参谋部任总长、军事科学院任副院长、政委，负责军兵种建设、作战、训练，参与领导国防与军队现代化建设，他总结中国革命战争经验，积极探索现代条件下人民战争指导规律，提出了战区转折理论，丰富和发展了毛泽东军事思想。晚年，他心系国防和军队建设，孜孜不倦，抱病撰写回忆录，总结革命战争经验，留下了《实战经验录》《千万里转战》《粟裕论苏中抗战》《粟裕战争回忆录》等丰富的遗产，为我军现代化建设、为发展我国的军事科学，都做出了卓越贡献。

粟裕戎马一生，身经数百战，屡立战功，充分显示了卓越的军事思想与高超的指挥才能。人民评论粟裕智如张良、才如韩信、义如关羽。

第三节 赵世炎、周逸群、滕代远、向警予

一、赵世炎

赵世炎，中国共产党早期杰出的无产阶级革命家、卓越的马克思主义理论家、传播者、工人运动的杰出领袖，上海武装起义的直接指挥。2009 年，赵世炎被评为 "100 位为新中国成立做出突出贡献的英雄模范人物" 之一。1901 年，赵世炎生于四川酉阳一个富裕的家庭。1915 年，年仅 14 岁的他考入北京高等师范学校附中，并积极投入新文化运动中，结识了李大钊等人。1919 年，经李大钊介绍，赵世炎加入中国少年学会，并参与主编《平民周刊》《少年》和《工读》等进步刊物，宣传反帝反封建思想。1920 年 5 月，赵世炎赴法国勤工俭学。在此期间，赵世炎

与李立三、刘伯坚等人成立华工劳动学会，反对迫害中国学生和工人。1921年2月28日，赵世炎与400多名中国学生到巴黎游行示威，呼吁面包权、读书权和劳动权。1922年，赵世炎与周恩来等创立旅欧中国少年共产党，赵世炎任中央执委会书记。1923年，赵世炎前往莫斯科学习，1924年回国，赵世炎被党中央任命为北京地委书记。

  1926年，赵世炎任中共上海区委组织部主任兼上海总工会党团书记、中共江苏省代理省委书记等职。1926年10月，北伐军攻克武汉，革命形势进一步发展。为配合北伐胜利进军，上海党组织决定举行武装起义。赵世炎是上海工人武装起义的重要领导者，领导上海工人持续3个多月的经济大罢工、上海工人三次武装起义。由于时机不成熟，上海第一、二次武装起义均告失败。1927年3月21日，在陈独秀、周恩来、罗亦农、赵世炎等领导和指挥下，上海工人举行了第三次武装起义。赵世炎身先士卒，和周恩来一起指挥和带领拥有150支枪的工人纠察队冲锋陷阵，向敌人发起冲击。经过30多个小时的激战，打败军阀部队，占领上海。这是大革命时期中国工人运动的一次壮举，为北伐军在江浙战场的胜利做出了重要贡献。

  1927年，蒋介石发动四一二反革命政变后，大肆屠杀共产党人和革命群众，赵世炎领导广大上海工人群众继续坚持斗争。面对严重的白色恐怖，他临危不惧，坚定表示"共产党就是战斗的党，党存在一天就必须战斗一天，不愿意参加斗争，还算什么共产党员！"由于叛徒出卖，1927年7月2日，赵世炎不幸被捕。尽管受尽严刑拷打，赵世炎始终坚贞不屈。被捕后他依然坚持战斗，揭露反动派的罪行，宣传党的主张和共产主义理想。赵世炎慷慨昂然地说："志士不辞牺牲，革命种子已经遍布大江南北，一定会茁壮成长起来，共产党必将取得胜利。"1927年7月19日，赵世炎在上海枫林桥畔英勇就义。

  赵世炎的一生是短暂的，但是是战斗和光荣的，他将满腔热血和生命全部奉献给了中国人民的解放事业，在中国革命史上写下了不朽篇章。赵世炎的家乡重庆市酉阳龙潭镇建有赵世炎故居和烈士纪念馆，供人们缅怀这位中国共产主义运动先驱者、工人运动的著名领袖。

二、周逸群

周逸群，杰出的无产阶级革命家，马克思主义宣传家、活动家，共产党军队的早期缔造者之一，湘鄂西红军和革命根据地的主要创建人之一。2009年，周逸群被评为"100位为新中国成立做出突出贡献的英雄模范人物"之一。

1898年，周逸群出生在贵州铜仁，15岁时以优异成绩考入贵阳南明学校，1919年赴日本留学，曾组织留日学生举行声势浩大的集会游行声援国内反帝反封建斗争。1924年在黄埔军校学习，任国民党黄埔军校特别支部宣传委员，同年加入中国共产党，成为周恩来的得力助手，是中国青年军人联合会的领导人之一。1925年，在周逸群的领导下，中国青年军人联合会在广州正式成立，并成为全国青年军人的革命中心。1926年周逸群参加北伐战争，率宣传队到国民革命军贺龙部，任国民革命军第九军第一师政治部主任，与时任师长的贺龙并肩战斗，并介绍贺龙入党，二人成为亲密战友。

南昌起义失败后，周逸群担任中共湘西北特委书记，与贺龙等一起前往湘鄂边组织红军开展工农武装斗争，领导了荆江两岸的年关暴动，重新点燃了江汉平原的革命烈火。1928年5月，周逸群重组中共鄂西特委，担任特委书记，领导广大群众在洪湖、白露湖一带开展土地革命，创建洪湖革命根据地，建立苏维埃政权，创建并领导了驰名中外的洪湖赤卫队，指挥洪湖红军战胜敌人多次"清剿"。1929年，周逸群任鄂西游击总队队长，领导鄂西地区军民运用"你来我飞，你去我归，人多则跑，人少则搞"和"分散以发动群众，集中以应付敌人"等游击战术，挫败了国民党军反动派多次"清剿"。1930年7月，红二军建立，洪湖苏区与湘鄂边苏区连成一片，形成了湘鄂西革命根据地，周逸群任中共湘鄂西特委代理书记兼湘鄂西联县苏维埃政府主席。

1931年5月，周逸群在视察华容县的工作时，途经策阳县贾家凉亭，遭敌伏击，不幸壮烈牺牲，时年三十三岁。时至今日，洪湖人民仍然传唱着这样一首歌谣："洪湖水上长莲苔，莲苔年年把花开，莲花时开时又谢，烈士鲜花永不败。"以此表达对周逸群的无限哀思。周逸群的家乡贵州省铜仁市建有周逸群烈士故居以供人们缅怀。

三、滕代远

　　滕代远，久经考验的无产阶级革命家，中国人民解放军高级指挥员，中国人民解放军的领导者之一，平江起义领导人和井冈山革命根据地创始人，新中国人民铁道事业的奠基人和开拓者。1904年，滕代远出生在湖南麻阳，苗族。1923年考入常德湖南省立第二师范学校，与进步同学组织麻阳新民社，创办《锦江潮》。1924年10月滕代远加入中国社会主义青年团，1925年10月加入中国共产党。1926年任青年团平江县委书记、湖南省农民协会委员长、郊区区委书记，开展农民运动，组织农民武装和兵运工作。1928年7月，滕代远和彭德怀、黄公略等领导发动了著名的平江起义，在庆祝起义胜利的大会上，滕代远以湖南省委特派员身份宣布成立中国工农红军第五军，任军党代表兼第十三师党代表，成立了平江县工农兵苏维埃政府，参与领导开辟湘鄂赣边革命根据地。1928年12月，红五军与毛泽东领导的红四军会师井冈山后，滕代远任红四军副党代表。1930年后历任红三军团政治委员、红一方面军副总政治委员、中央革命军事委员会武装动员部部长等职，参加了保卫井冈山的斗争和中央苏区历次反"围剿"，曾获二等红星奖章。1948年5月滕代远任华北军区副司令员，11月任中央军委铁道部部长，后兼任铁道兵团司令员、政治委员，领导军民恢复铁路交通，为保障解放战争的顺利进行、为铁道兵的创建和人民铁道事业的发展做出了卓越贡献。

　　有"万里长江第一桥"美称的武汉长江大桥，就是在滕代远的主持下修建的。1950年，滕代远刚刚接手主持全国铁路工作不久，就根据中央人民政府的指示着手筹划修建武汉长江大桥。滕代远认为，武汉长江大桥要"又经济，又坚固，又美观，又迅速，又安全。这个桥的质量至少保证100年"。他对武汉长江大桥工程非常重视，多年跟随滕代远的秘书卜占稳在日记里写道："（他）每年至少要去武汉两次，有时出差绕道也要去一下。他说，这座大桥修好了，可以培养我国建桥的大批人才，训练出更多的工人修桥队伍，总结出建桥的经验。"对大桥的基础工程采取的建设方案，滕代远进行了缜密调查与研究，并顶住各方压力，挑战苏联政府派来的以运输部长为首的工程代表团的权威,否定了沿用了100多年的"气压沉箱法",坚决支持苏联驻铁道部专家组提出的具有创新思路的"管柱钻孔"方案,确保了大桥建设的顺利推进。半个多世纪来,历经风雨沧桑的武汉长江大桥,巍然屹立在大江之上,肩负着每分钟60多辆汽车、每六分钟一列火车通过的荷载,经受了无数次洪水、大风的洗礼,承受了来自外力的碰撞达70多次。其中最严重的一次碰撞是一艘900吨吊船正面撞上,但是武汉长江大桥安然无恙。今天,武汉长江大桥不仅是长江上一道亮丽的风景,而且也成为一座历史丰碑。

四、向警予

向警予,杰出的共产主义战士、忠诚的无产阶级革命家,中国妇女运动的先驱和领袖。2009年,向警予被评为"100位为新中国成立做出突出贡献的英雄模范"之一。

1895年,向警予出生在湖南省怀化市溆浦县,土家族。父亲是溆浦县商会会长,家境殷实,六岁入私塾,八岁进入长兄在县城开办的新式小学。1911年向警予以常德女子师范学校高才生的资格升学于湖南省城第一女子师范学校,后入周南女校结识了蔡和森、毛泽东。1919年7月,向警予到长沙参加发起组织"周南女子留法勤工俭学会",随后又组织了湖南女子留法勤工俭学会。年底,向警予同蔡和森等30余人赴法勤工俭学。1920年初,向警予进入巴黎蒙达尼女子公学,她刻苦学习法文,阅读马克思主义著作,还广泛地接触法国工人阶级,受具有巴黎公社斗争传统的法国工人阶级的影响,进一步坚定了共产主义信念。1922年初,向警予加入中国共产党,成为最早的女共产党员之一。在党的二大上,向警予当选为第一个女中央委员,担任党中央第一任妇女部长,开始领导中国无产阶级妇女运动。向警予撰写大量文件,用马克思主义理论阐述中国妇女问题,号召广大妇女团结起来,为解放自身投入到革命运动中去。1923年6月,在中共三大,向警予当选为中央委员,担任妇女运动委员会第一任书记。大会通过了向警予起草的《中国共产党第三次全国代表大会妇女运动决议案》。1924年,向警予参与领导了上海14家丝厂万名女工大罢工,使女工们的阶级觉悟得到提高。她还发动组建了"妇女解放协会",培养了大批妇女干部,为反帝反封建斗争增添力量。1925年10月,向警予赴莫斯科东方劳动者共产主义大学学习,1927年回国,在中共汉口市委宣传部和市总工会宣传部工作,担任中共湖北省委党报《大江报》主笔,撰写了许多短小精悍的文章激励广大党员和革命群众坚持斗争。1928年5月1日,由于叛徒出卖,向警予英勇就义,年仅33岁。

1939年在延安纪念三八妇女节大会上,毛泽东高度评价了向警予的一生。他说:"要学习大革命时代牺牲了的模范妇女领袖、女共产党员向警予。她为妇女解放、为劳动大众解放、为共产主义事业奋斗了一生。"湖南省溆浦县建立了向警予纪念馆,以此纪念中国共产主义女战士、妇女运动的先驱。

参考文献:
[1]《贺龙传》编写组《贺龙传》,北京:当代中国出版社,2007年。
[2] 张雄文《无冕元帅:一个真实的粟裕》,北京:人民出版社,2008年。
[3] 唐承德、姜之铮《周逸群传》,北京:中共党史出版社,2006年。
[4] 余玮《滕代远:成为毛泽东亲密战友 "将军"将天堑变通途》。

第十九讲　文人传统

第一节　中国第一位时政学校校长

在湖南省的西部边缘，有一个群山环抱，风景秀丽的小县城，名曰凤凰。该县与贵州省的松桃、铜仁两县交接，与本省的省城长沙则远隔千里。因为历史上，这里一直是苗人聚居的"五溪蛮地"。

凤凰确实很美。城四周用精致的石头绣起一道城墙，城东沱江河面上，有一座大桥，桥面两侧层叠着住家的房子，中间嵌着一条有瓦顶棚的小街。桥下游的河流拐弯处，有一座万寿宫。宫旁矗立着一座白塔，从桥上能欣赏白塔倒影。城里多清泉，清冽的泉水从山岩缝隙里渗出，人们便在石壁上凿成壁炉似的泉井，泉井四周长满青苔及羊齿植物，映得四周青幽碧绿。城内街道用石条铺成，每逢雨天，便能听见穿钉鞋的行人在石板上敲起的清脆声音。这确实是一座安谧、恬静的小城。[1]

熊希龄，字秉三，别号明志阁主人，双清居士。他晚年学佛，佛号妙通。因隶籍湖南凤凰厅，故人称熊凤凰。

一、军人后裔

熊氏先人原籍江西省南昌府丰城市。大约宋代移民时迁入湘西苗疆，在凤凰厅南面约三十华里的一个名叫水打田燕子岩的地方聚族而居。熊希龄的祖辈原以

---

[1] 凌宇《沈从文传》第 34—35 页，北京：北京十月文艺出版社，2003 年。

务农为业，1795 年，湘黔边境苗民发动反清武装起义，清廷调兵平乱后，为了巩固其统治，从 1796 年开始，在凤凰全境推行屯政，设屯养兵。熊希龄的曾祖父朝简在此时被招募为屯丁，于是熊家自此而降，"三代皆隶军籍"。[1]

1870 年 7 月 23 日，熊希龄就降生在凤凰镇这样一个军人的门庭。他有姐弟四人，胞姐叫熊绣凤，1885 年适本厅人田景辉。田景辉生子田学曾，娶著名作家沈从文的胞姐沈岳锟为妻。而沈从文母亲的胞妹又嫁给熊希龄的三弟，因为这层亲戚关系，青年时期的沈从文曾在芷江县的熊公馆"勾留过一年半左右"。熊希龄的下面有两个弟弟。大弟熊烹龄，因在叔伯兄弟中排行第四，故称四弟，曾在日本兽医学校学习兽医专业，回国后在四川陆军兽医学校当过教官。熊希龄的小弟弟叫熊燕龄，在叔伯兄弟当中排行第七，故称七弟，他是著名画家黄永玉的姑公，文学家沈从文的嫡亲姨父。熊希龄有嫡堂兄五：九龄、岳龄、鹿龄、崑龄、晋龄，他从小就是在这样的一个家庭环境中生活和成长。

熊希龄虽然生在凤凰，但他的青少年期是在沅州府的芷江县度过的。芷江原是沅州府的治所，也处在湖南省的西部边境，与凤凰厅相距不远，南北交邻，它的西北、西南与贵州省的思州（今岑巩县）、天柱接壤。

二、学路茫茫

熊希龄在少年时代，受他父亲的影响很大。他的父亲熊兆祥虽然是军人，但幼读私塾，精于书法，更擅长于绘画。熊兆祥不只是以自己的绘画爱好影响着幼小的熊希龄，而且对于熊希龄的教育也很得法，不但帮助了他的学识，更教会了他许多做人的方法。经过多年的私塾苦读，到了 1884 年，年仅 14 岁的熊希龄中式秀才，[2] 小小年纪就有如此造化，这对于三代从军的熊家来说，实是十分荣耀之事，在凤凰厅与芷江县这样的穷乡僻壤，也可以算得上"凤毛麟角"了。熊希龄虽然进了县学，但是，由于沅州地处边陲，偏僻闭塞，文化落后，加上书院教育

---

[1] 熊希龄《熊朱义助儿童幸福基金社说明书》，藏北京市档案馆（下简称北京市档）。

[2] 关于熊希龄中秀才有 12、13、14 岁三种说法。此处采叶景葵所撰《凤凰熊君秉三家传》之说。15 岁之说乃视之为虚岁，与 14 岁之说并不矛盾。

无方，他苦读几年，却不能立即考中举人。1888年，熊希龄年满18岁，按旧时风俗，父母为他娶妻成家。其妻廖氏，系贵州省镇远府国学生廖长龄的三女。结了婚，在旧时就意味着男人到了成家立业的时候了，可是熊希龄还无"业"可立。尽管身为军人之子，家有世袭封职，但熊希龄不愿走父辈的从军之路，他当时的最大愿望，就是要在科举之路上获得成功。然而现实又那么无情，他尚未能通过省试一关，登上举人的阶梯。因此结了婚，反而更增添了他的思想负荷，所以在婚后相当长的一段日子里，他总是郁郁寡欢，终日苦闷，对于妻子廖氏，自然也谈不上多少恩爱之情。恰好在他婚后十分苦恼的这一年，江苏宝山人朱其懿担任沅州太守，这对于熊希龄来说，实在是一个转折。他的早年生活，从此发生了重大的变化。

三、金榜题名

1888年12月29日，朱其懿来到沅州任太守期间，了解到沅州府所辖的芷江、黔阳、麻阳三县，文化粗野、学风蹇塞、士气衰微，于是对原有书院进行整顿，1889年2月，朱其懿创办了沅水校经堂，在教学的方针与方法上，校经堂反对刻板的陈规旧套，在摸索中创新。

沅水校经堂与芷江城内的熊公馆相距不过百步之遥，当熊兆祥获悉校经堂即将开馆招生，立即让熊希龄投考就读。1889年3月26日，校经堂正式开馆，所有录取的士子都被要求必须住堂肄业，此时熊希龄结婚已快一年，但为了求取功名，他不得不住到这里来复读补课。

父亲熊兆祥望子成龙心切，他与朱其懿有同寅之谊，为了引起朱对熊希龄的关注和栽培，他依照民间习俗，命熊希龄"以师礼事其懿"。当然，最终博得朱其懿对熊希龄赏识的，并非熊兆祥与朱其懿的那层同寅关系，而是熊希龄在学业上的出类拔萃。

由于熊希龄在沅水校经堂学习得法，又刻苦自励，他取得了优异的学业成绩。1889年夏，沅州府举行岁、科连试，他在全郡名列第一，取得了秀才当中的最高等次，朱其懿由此对他刮目相看。1890年，湖南学政张亨嘉按试沅州，熊希龄成绩又列第一，张亨嘉也看中了这位有才气的湘西士子，特地将他抽调到长沙的湘水校经书院深造。

1891年，熊希龄参加本省乡试，以十九名中式举人，与他沅水校经堂的老师沈克刚同榜。1894年5月25日，甲午恩科殿试在保和殿举行对策。[1] 28日听宣，熊希龄以第六十三名位列二甲，赐进士出身，朝考后钦点翰林院庶吉士。[2] 庶吉士共76人，熊希龄排名第四十一，进入词馆。熊希龄由秀才到举人，考中进士，入词馆，少年及第，春风得意，成为湘西这个穷乡僻壤数十年难得一出的玉堂金马人物。然而，喜庆的日子还不到一年，1895年，熊希龄的原配夫人廖氏突患肺病身亡，所生一女宝贞亦殇，这让熊希龄黯然神伤。此时，朱其懿惜才如命，遂将自己同父异母的幼妹朱其慧许配给他。朱其慧，生于1876年，小熊希龄6岁。朱其懿是她同父异母的三哥，但比她大30岁。她自幼和兄弟姐妹在家馆读书，文字女红，样样精通，尤其健于言谈。1896年春，熊希龄与朱其慧在湖南沅州朱其懿的治所结婚，人赞为"龙凤配"，这位贤淑的夫人，成为熊希龄一生事业的知心伴侣。

四、探寻救国之路

春风得意的熊希龄还来不及勾画自己的锦绣未来，甲午中日战争爆发了。熊希龄痛苦地发现，在这灭国亡种的紧急关头，慈禧竟然还在为自己的六十庆典而大肆耗费本当用来充实武备的大笔财富。这一丑陋的场面，让军人家庭出身的熊希龄感到自己受到了巨大的侮辱，他胸中的血性被激发出来，感慨说国家都要灭亡了，读书有什么用？恰在此时，湖南巡抚吴大电奏朝廷，请求统率湘军入朝作战，暗弱的清廷如获救命稻草，当即应允。

随着民族危机的不断加剧，尽管朝廷尚未正式下令变法，但维新志士已在国内的局部地区开展了活动。湖南是地方上率先兴起变法的一个省份，几乎与康有为、

---

1 汉代出现的察举制度的一种考试方法，又称"策试"。把策题书于简册之上，使应举者作文答问。策题一般以政事、经义等设问；答策则相当于"应诏陈政"，发表政见。王朝往往因灾异、动乱而下诏特举，使应举者对策进言。

2 中国明、清两朝时翰林院内的短期职位。由通过科举考试中进士的人当中选择有潜质者担任，目的是让他们可以先在翰林院内学习，之后再授各种官职。情况有如今天的研究生见习生。

梁启超在北京开展维新活动的同时，湖南的维新志士就开始有了举措。1895年8月，谭嗣同、唐才常等人在湖南的浏阳创立了算学社。熊希龄在湖北获悉此消息，心情异常激动。但是他从另一角度考虑，认为"兴利""致富"固然重要，但还不是头等急事，他认为最好的办法应当是自行设立枪炮厂。熊希龄的请设枪厂的长函，引起了湘抚陈宝箴的极大重视。陈宝箴认为熊希龄是一位不可多得的人才，于是叮嘱其子陈三立，务必设法将熊希龄从湖北拉来。于是在1896年秋，熊希龄返回湖南，跨入了湖南维新运动的行列。为了使湘省兴利致富，熊希龄忙于办枪厂，致力于湖南航运的创办。除此之外，他对于湘省的路、矿两政，也力事奔走，颇费心机。

五、创办时务学堂

甲午战争后，维新派为了救亡图存，奔走呼号，提出了"教育救国"的口号。最早提出在湖南设立新式学堂的是蒋德钧。1896年冬，熊希龄与蒋德钧会同湘绅王先谦、张祖同、朱昌琳、汤聘珍等人共议设立宝善成制造公司。1897年1月，蒋德钧起草了《请设湖南时务学堂公呈》和《开办湖南时务学堂简明章程》，言明学堂"设于制造公司，一切事务均归公司总理诸人兼管"。经商议决定，宝善成制造公司由王先谦负责，学堂之事由熊希龄承担。熊希龄说他之所以承担办理学堂，"亦少穆避谋利之名之意也"。[1]

熊希龄承办学堂，蒋德钧鼎力相助。学堂能否办成，最关键的问题是必须筹有巨款。陈宝箴虽然承诺每年可以从湘省的矿务余利拨给数千两以充常年经费，然而在熊希龄与蒋德钧看来，这无疑是一张难以兑现的空头支票。于是湖南时务学堂一面筹措经费，一面着手办理相关事宜。

时务学堂是新式学堂，不比旧式书院。熊希龄不想把时务学堂附设于宝善成制造公司，因此也就取消了原定的办成工艺学堂的打算。他征得陈宝箴与部分官绅的同意，决心办一所中西兼通的新型学堂，开设的课程既有中学，也有西学。这就使得所聘用的教师必须是学贯中西的，这在当时是一件不易办到的事情。时

---

[1] 周秋光《熊希龄集》上册，第53页，长沙：湖南出版社，1996年。

务学堂开办在即，教师人选却近乎难产，熊希龄不免心急如焚。直到7月中旬以后，黄遵宪奉命赴湘任长宝盐法道[1]兼署湖南按察使[2]，途经上海，在《时务报》馆动员了梁启超、李维格，建议湘省聘此二人入湘，事情才算有了转机。

9月17日，陈宝箴以他的名义颁发的《时务学堂招考示》在《湘学新报》刊出，并在长沙省城的大街小巷广为张贴。乡试后，这份《招考示》很快被参加乡试的士子们带往湖南各地，时务学堂招生的消息也就迅速地传遍了三湘四水。

在《招考示》里，陈宝箴说明了时务学堂的教学宗旨是"以中学为根本"，取西学中的精微以"辅我之短"。《招考示》反映了熊希龄通过陈宝箴对于如何办理湖南时务学堂的初步构想。1897年11月14日，梁启超与李维格来到长沙，本来梁启超一到，时务学堂便打算开学，但湘抚陈宝箴以"考试不得暇"，故将开学推迟了十余日。[3] 在这段时间里，熊希龄得以与梁启超就时务学堂的教育方针及其教学方法进行了详细的讨论。一切准备就绪，11月29日，湖南时务学堂正式开学，时务学堂在它易名之前，总共只招收了三批学生。第一批招收的名为头班；扩招的两批为二班，三班。创办湖南时务学堂，这是熊希龄对于湘省，对于湖南新政的最大贡献。

六、两派之争

不仅如此，熊希龄还创办了湖南最早的报纸《湘报》，向社会鼓吹"开民智"，报纸的取向直接引发了包括张之洞等大员与湖南守旧派对熊希龄的不满，可他们没有借口。此外，1897年，德国侵占我胶州湾，亡国灭种的危机感更加迫切，熊希龄趁机联合有影响力的湖南维新派成立"南学会"，开办讲论会鼓吹维新变法，而且讨论地方重大兴革及举措，分析省内外形势，提出方案，供省当局采纳，意图以此影响湖南的发展方向。

1　长宝盐法道，简称"长宝道"。康熙六年（1667年）置驿"盐粮储道"兼长宝，驻长沙府，领长沙府、宝庆府；乾隆五十九年（1794年）更名"湖南盐法道"。

2　唐初仿汉刺史制设立，主要任务是赴各道巡察，考核吏治。由宋代提点刑狱演变而来。

3　上海图书馆《汪康年师友书札》（一），第587页，上海：上海古籍出版社，1986年。

熊希龄在湖南维新运动的实际领导地位引起了守旧的王先谦等人的嫉恨，加上他们在投资由熊希龄领头的湖南实业时有损耗，激发了他们对熊希龄的种种不满，他们视时务学堂、《湘报》和南学会如眼中钉。事情起因于时务学堂的教学程式，1897年旧历年底，时务学堂学生放假回家过年，学生得意地向自己的亲友传阅自己的学习札记与教习的批语，对头脑尚不开明的湖南社会来说，那些民权革命的言论无异于鼓吹造反，见者无不诧异，旧派就此发动了对熊希龄为首的维新派的猖狂攻击。尽管陈宝箴想保护熊希龄，但1898年5月份，形势恶化，张之洞也趁势来函指责《湘报》言论不当。与此同时，旧派联络京城湘籍官僚，不断进行施压，陈宝箴被迫妥协，免去了熊希龄的学堂总理职务。之后，梁启超出走北京参与戊戌变法，湖南维新派实际上已经陷于分裂。

但这激发了熊希龄的血性，他断然反击，上书指斥王先谦主持的省书院（岳麓书院）积弊丛生，师道不端，并把它刊登到了《湘报》上，这恰好击中了旧派的痛处。愤怒的旧派恼羞成怒，借机要求取缔《湘报》。恰在此时，熊希龄因在湖南参与维新业绩突出，执意改革的光绪帝征召他入京，这正好遂了他想离开长沙这块是非之地的心愿。

熊希龄于是打点行装准备北上，他先把妻子安顿到他妻兄衡阳知府朱其懿那里，再返回长沙，然而途中饮食不慎，突发痢疾，只好返回衡阳养病。就在这养病的十多天里，北京维新六君子[1]的惨剧发生。因为一场疾病，熊希龄侥幸讨得一条性命。然而对这个维新名人来说，死罪可免，活罪难逃。熊希龄被御史黄桂均参奏，指为康梁党徒，受到"革职永不叙用，并交地方官严加管束"的处分。至此，熊希龄的维新事业止步，而这个时候熊希龄仅28岁。

七、祸兮福兮

"戊戌政变"之后，遭遇重挫的熊希龄处境非常艰难，多数时候只能在朱其懿的庇护下低调做人，蛰伏老家，寻找等待新的机会。到1901年遭遇八国联军入

---

1 谭嗣同、康广仁（康有为胞弟）、杨深秀、林旭、杨锐、刘光第。

侵，受辱的清朝政府不得不再实行新政，于是对维新党人严加管束的法令日渐松弛，当时新政的主要内容之一就是开办新式学校、新式学堂，到1902年的时候，朱其懿担任承德府太守，准备开办西路师范讲习所，他邀请办学经验丰富的熊希龄过来帮助处理校务、学务。

1903年初，长沙成立省师范馆，当时担任湖南巡抚的是赵尔巽，赵尔巽非常支持改革，并且他和湖南旧派势力的关系是冰火不相容。他决定要在湖南各府、各道设立师范学堂，因为熊希龄的视野开阔，办理教育事务办事非常认真，所以赵尔巽上奏清廷重新起用熊希龄，得到批准。熊希龄也未辜负上司的赏识，其负责主持的西路教育发展成为全省之冠。但后来他再次遭到守旧势力的攻击，不得不暂时放弃教育事业，进入了工商界。

1904年熊希龄东渡日本考察实业工业，回到湖南之后，设立沅州务实学堂，创办了醴陵瓷业公司，并且与当时的另外一个湖南名人杨度联合创办了矿务公司。从1904到1905年这两年时间是熊希龄在湖南从事实业活动的鼎盛时期，他可以当之无愧地被称为近代湖南地区实业活动的先驱人物之一。

赵尔巽到东北的沈阳主持政务，当时被称为盛京将军，念念不忘熊希龄的才华，他再次给皇帝上奏折请求开复原官——翰林院庶吉士，再次得到批准。不久，熊希龄又得到了湖南巡抚端方的奏保，以二等参赞官名跟随载泽、端方等五大臣出洋考察宪政，熊希龄实际上是担任出洋考察的这个报告的起草，以及立宪奏折。之后，清政府就根据这个报告和奏折下达了预备立宪诏书，熊希龄因为这次出洋有功，一时间成为内外大臣竞相延揽的对象。

1906年赵尔巽把熊希龄调到东北的辽宁，让他去帮办新政，他的官职是农工商局总办，之后熊希龄再次去日本调查浚河工程及商务。1908年江苏巡抚陈启泰让熊希龄担任江苏农工商局总办兼任谘议局筹备处的会办，同时被两江总督端方委任为两江总督的总文案[1]，另外端方还让熊希龄担任谘议局筹备处总办，担任南洋印刷官厂的监督。因为他的几次出洋活动，熊希龄增长了在立宪和外交方面的

---

[1] 用今天的话说就是总秘书长，写东西，包括一些总体事务的协调工作。

才华，再加上他在校经堂地理、历史知识的积累，还有他兴办实业这方面的才华，这时，熊希龄已经成长为晚清罕见的一个通才，可谓红极一时。

到了1909年4月，载泽上奏皇帝请赏熊希龄四品卿衔，把熊希龄调到东三省帮助处理财务，担任正监理官，而且让熊希龄管理奉天的盐运、盐务。到1911年赵尔巽担任东三省的总督，他把熊希龄任命为东三省的屯垦局会办以及奉天的造币厂总办。熊希龄从一个地方引人注目的实业家，成长为一个名重一时的理财能手。

八、出任国务总理

1911年10月10日辛亥革命爆发，熊希龄觉得清政府的大势已去，12月他离开了东北回到上海，到上海就与革命党人黄兴和宋教仁联络，成立湖南共和协会。熊希龄在这个时候做出的重大选择就是离开赵尔巽，尽管赵尔巽几次给他上奏折，打开了他的政治枷锁，是他的政治恩人，但是熊希龄这个时候选择离开赵尔巽，毅然转向共和，不得不说是一种爱国壮举。

之后，袁世凯攫取了临时大总统的权位，任命唐绍仪为国务总理。唐绍仪非常清楚熊希龄是一个理财能手，他邀请熊希龄担任他的财务总长。但是这个时候民国时期的财务总体状况是千疮百孔，没人愿意接手，也没人敢接手，熊希龄连续五次推辞不干，但是唐绍仪欣赏熊希龄的才干，他专程赶到上海坐等熊希龄答应，无奈之下，熊希龄于1912年就任财务总长。这个时候他主要干的事情就是筹措军饷，与外国银行团磋商借款。同时，他还对全国整体财政的状况提出了一些计划和方案，但是由于当时中央和地方都急需钱款。而外国银行团的借款条件又极为苛刻，各方舆论指责熊希龄当时的一些行为是卖国行为，而且袁世凯非常专断，一意孤行，所以熊希龄感觉处处不顺手，非常窝火，无法施展他的才华，所以最后辞去了财务总长的职务。熊希龄从正式任命到辞去财务总长只有三个多月。他辞去财务总长之后，袁世凯又任命他为热河都统，负责筹划热河建省、修筑铁路和修葺避暑山庄。

1913年7月，因为政局动荡不安，袁世凯在理财方面离不开熊希龄，于是强迫命令熊希龄担任国务总理,熊希龄百般推辞,毫无办法,只好就范担任民国的国务总理。熊希龄就任民国国务总理之后,他的计划是组建一个第一流经验和第一流人才的内阁,他想为建设一个讲求法制、致力于现代化的宪政共和国而努力,但是专断的袁世凯拒绝了这个提议,实际上熊希龄内阁大政方针的计划与设想在袁世凯的统治下是根本无法实现的,后来在袁世凯的独裁统治之下,熊希龄被迫签署了解散国民党、解散国会等命令。而解散国会、解散国民党在当时被认为是非常不追求民主革命的一些举措,所以当时舆论界纷纷指责熊希龄,熊希龄被迫在1914年2月6日辞去民国总理的职务,任职仅五个多月。

九、转战慈善教育事业

1916年袁世凯复辟帝制,3月份熊希龄被袁世凯任命为湘西宣慰使,到职后,他并没有听命于袁世凯,而是暗中筹集粮款来援助护国军,6月份袁世凯死后,熊希龄进京力请恢复民国元年的临时约法后,便毅然地转入了他人生最辉煌的事业——慈善教育事业,这个时候熊希龄正当壮年,47岁。

在1917年夏末秋初,河北境内秋雨连绵,山洪暴涨,京畿一带顿成泽国,这个时候正在天津隐居的熊希龄的住所也被河水吞没。身处灾区的熊希龄目睹难民露宿、哀号求援的惨状,当即奔赴北京,一边向中国银行工会求助,一方面向政府求救。结果他利用在社会上的巨大号召力,结合政府、地方士绅和中外慈善团体的力量,成立了"京畿水灾筹赈联合会",自任会长。他积极开展对泛滥河渠的河工治理,提倡以工代赈,即让受灾的青壮年,从事一些体力活动,一方面出力,另一方可以通过付出劳动获得一定的物资,包括衣食等方面的资助。这样既救济了大批灾民,还给受灾地区做了不少永久性的建设,这次领导赈灾的巨大成功把熊希龄引向了开办慈善事业的光辉道路。

1920年秋,河北、北京等地,还有山东、河南、山西、陕西五个省爆发大规模的旱灾,饥民达到三千多万人,灾情非常严重,预计需要两亿元款项才可以完成赈灾任务,这在当时的中国是几乎不可能承受的,熊希龄再次组织成立了"北五省灾区协济会",使得多数灾民得以渡过厄运,免于死亡。此后熊希龄还多次领衔各地的慈善救济活动，这些慈善救济活动一直持续到 1937 年他去世。就在他从事这些救灾活动过程中间，熊希龄对中国的底层社会有了全新的认识。目睹流离失所的儿童，他曾痛心地说："可怜这些孩子，他生下地来并无罪恶，为何遭此惨状呢？"因此，他决心把他的余生献给救助和培育这些流落儿童的事业，致力于社会福利和教育事业。他因创办了驰名中外的香山慈幼院，成为著名的爱国慈善家和平民教育家。

熊希龄的慈幼院最初只设了男校和女校，到 1926 年已拥有一个总院、五个分院，总院是香山慈幼院，分院包括了小学、中学、师范和职业教育，就是几个分支。慈幼院的目标是培养健全爱国的国民，由于慈幼院拥有比较先进的教育理念，比较优秀的师资和较为完善的设施，所以香山慈幼院很快就成为当时誉满全国的一个慈善教育机构。

与其他学校相比，慈幼院不仅仅教育，而且还收养一些孤贫儿童。慈幼院有健全完整的教育系统，强调学校、家庭和社会要连为一体。为了能够让这些孤贫儿童享受到母爱和家庭温暖，熊希龄创建了小家庭式的教育模式，小家庭教育模式比 1949 年奥地利的世界第一所国际 SOS 儿童村早了十几年。香山慈幼院从 1919 年破土动工建设到 1920 年正式开园，一直到 1949 年结束，办了 30 年，先后培养学生六千多人，大部分都成为国家和社会各个行业的有用人才，可以说，香山慈幼院在中国近代史尤其是中国近代教育史上有着不可低估的地位。1931 年 8 月，熊希龄妻子朱其慧因为脑溢血去世，熊希龄在朱其慧逝世第二年时宣布捐出全部家产，创办儿童幸福公益事业。为怀念爱妻，熊希龄蓄长须，持手杖，洁身自爱，鳏居多年，不再续弦。[1]

十、桑榆晚景，白发红颜

熊希龄晚年时，一连做了两件惊世骇俗的大事：一件是前面叙述的在朱其慧逝世后将全部家产捐给慈幼事业；另一件就是在 1935 年娶了第三任妻子毛彦文。

---

[1] 引自：王娟演讲稿《熊希龄在北京》（2011 年）。

毛彦文，乳名月仙，号毛海伦，1896年出生于浙江江山县，小熊希龄26岁。毛彦文的父亲毛华东或许是出于工商业活动的需要，在"父母之命、媒妁之言"下，将她许配给徽州面业大亨方家小老板为媳。结婚的时候，毛彦文以逃婚抗拒。面对僵局，毛家只得赔偿方家的一切损失。事后，毛彦文与表兄朱君毅订婚。

1919年毛彦文考取北京女子高等师范外语科，当转入南京金陵女子大学时，巧遇熊希龄之女熊芷，与之同班学习，彼此间关系密切。毛彦文善于社交，频频投入社会活动，并出任中国女权运动同盟会浙江支会临时主席。

1923年，朱君毅由美国获取博士学位归国，出任南京东南大学教授。他对毛彦文的社会交际有所不满，同时经人介绍，另谋新爱，双方达成协议：（一）表兄妹限于血缘关系，不宜结婚，今后以正常的亲戚兄妹关系相称。（二）由朱给毛四千元作为精神损失费，分五年付清。（三）以前所订婚约，即日起作废。

毛彦文经两次婚变刺激后，重新对自己做了调整，将一切烦恼抛弃，一心学习，考取美国密歇根大学教育系。

回国后，毛彦文多次到正在办慈善学院的熊府去玩。毛彦文和熊希龄妻子朱其慧的侄女朱曦也是朋友，她到熊家，受到熊希龄的热情接待。他们谈时局，谈诗文，毛彦文对熊希龄非常钦佩。朱其慧去世，毛彦文为之惋惜之余，对熊希龄的鳏居深表不安。大概朱曦在一旁看出她的心意，极力从中斡旋，熊希龄考虑到慈幼事业亦须后继有人，又见彦文美貌可爱，于是向毛彦文写了求婚信。

由于经历过婚姻的磨难，毛彦文一气之下，闪电般嫁给了熊希龄。只是婚前向熊提出了一个要求，必须剃须丢杖。熊希龄当即答应。两人于1935年2月9日，在上海结成终生伉俪，当时熊希龄66岁，毛彦文39岁。婚后，这对老夫少妻，恩爱无比，爱情上是夫妻，事业上是志同道合、同舟共济的战友。毛彦文继承熊希龄的事业，协助他主持慈幼院工作。继而又出任中国妇女红十字会会长。

1937年，上海和南京陆续陷入日寇手中。12月16日，熊希龄和夫人毛彦文乘船离开上海到香港，准备一边躲避战火，一边为难民伤兵募捐。18日抵达香港的时候，熊希龄因为劳累和起居不适，身体开始出现问题，于1937年12月25日突发脑溢血而逝世，享年68岁。一直到了1949年1月，北平和平解放，毛彦文从上海去了台湾，慈幼院才由副院长雷动和理事长雷洁琼移交给了北京市人民政府。

第二节　中国学历最低的文豪

一、将军门庭

凤凰人杰地灵，不仅孕育了中国第一位时政学校校长，而且还是大文豪——沈从文的故乡。而距今约二百五十年前，这里还是少有人住的边陬荒蛮之地。

沈从文原名沈岳焕，笔名休芸芸、甲辰、上官碧、璇若等，乳名茂林，字崇文。沈家移居凤凰，应该是在沈宏富"发达"之后，究竟何年，已无从考证。可是，沈宏富年轻时便因伤病死去，留下一栋房子，一份金银财宝，一份田产，一个年轻寡妇，却没有留下一儿半女。按当地习惯，为避免身后香火断绝，可以从近亲中过继一人为子，由于沈宏富的弟弟沈宏芳之妻也未能生育。于是，沈宏富的妻子便做主替沈宏芳从贵州境内娶回一个刘姓的苗族姑娘做二房。这个苗族妇人先后生下两个儿子，于是将老二过继给了沈宏富为子。在当时，苗族人的社会地位极其低下，凡苗民或与苗民所生之子，一律不能参加科举选拔。

为了子承父业，当苗妇人为沈家生了两个儿子以后，便被远远地嫁出去，如今沈家后裔既不知其由来，也不明其所终。苗族妇人被远嫁后，沈宏芳又娶了第三房妻子，先后生下三个儿子，两个女儿。过继给沈宏富的老二取名宗嗣，沈宗嗣从小习得一身武艺，年轻时便投身清军，去实践他做一个将军的理想。沈宗嗣的妻子叫黄英，在娘家排行第六，故又被称为六姑。黄英出身于书香门第，从小便读书识字，还懂医方，他的哥哥也是个有新头脑的人物，开办了凤凰的第一家邮政局和照相馆，因此，黄英也是当地第一个会照相的女子。1902年12月28日凌晨，沈宗嗣和黄英的第二个儿子降生于人世，取名为沈岳焕。

二、顽童眼中的"神奇"世界

六岁时，沈岳焕开始入私塾读书。在私塾里学习的内容先是《幼学琼林》，而后是《孟子》《论语》《诗经》，因沈岳焕上学前识了不少字，加上记性又好，时间一长，私塾里呆板而无生气的生活，再也引不起沈岳焕的半点兴趣，于是他开始频繁地逃学，家里开始埋怨私塾管教不严，于是，第二年换了一个私塾，在这个私塾里，沈岳焕跟从几个较大的孩子，学会了顽劣孩子抵抗顽固塾师的方法，用来逃避那些枯燥书本去同一切自然亲近。凤凰城墙外有一条清澈的河流，那是沈岳焕儿时的乐园。夏天，私塾为了担心学童下河洗澡，每到中午散学时，就会用朱笔在每个人的手心写个大字，但沈岳焕的表哥照例能想出法子，让他们一手高举，把身体泡到水里玩个半天。新私塾离家很远，位于凤凰城的北门，沈岳焕每天出门走西门，入南门，在完成每天必看的染坊、豆腐作坊、冥器铺、织簟子铺、铁匠铺后，才绕城里大街朝私塾走去。看百物制作的过程比私塾里背书识字，更让沈岳焕着迷，有时，沈岳焕还会去西城监狱附近的杀场看杀人，如果前一天刚刚杀人，一时无人收尸，尸体就常常被野狗撕碎，沈岳焕便会好奇地用一块石头去敲击污秽的人头，又或者拿根木棍去戳尸体，看会不会蠕动。沈岳焕就这样日复一日地解读着凤凰城内外由自然和人事写成的那本大书。

1912年辛亥革命在凤凰的演出落下帷幕，沈宗嗣因行刺袁世凯未遂而逃出关外，改名换姓，在热河都统姜桂题、米振标处隐匿，沈宗嗣的冒险之举，使得沈家在凤凰开始败落下来。1914年，凤凰有了新式小学。1915年，沈岳焕从私塾转到设在城内王公祠的第二小学。半年后，转入第一小学读书。第一小学位于城南对河的文昌阁，新学校给了沈岳焕许多新鲜，学校规矩也和私塾有了许多不同，但课堂依旧拘束不了沈岳焕的自然天性，沈岳焕又开始了上山捉鸟、下河捉虾、爬树、玩扑克牌的逃学时光。

三、遭遇家变后的理性苏醒

1916年底，袁世凯死后，沈宗嗣与家里通信，来信中要家里典田还债，于是家里仅有的一点田产便被典光了。1917年沈岳焕的二姐去世，这给了母亲黄英乃至全家极大的打击，母亲决定让14岁的沈岳焕出门当兵，这时候沈岳焕刚刚小学毕业，于是随军去了辰州。不久，沈岳焕因整理内务，得到了上司夸奖，加上从预备兵技术班学得的知识,被升为上士班长。到达沅陵后不久,联军首脑召开了一次会议,重新分配各军驻地,于是,沈岳焕被指派去芷江境内"清乡剿匪"。有一天,沈岳焕得到上面通知,要他从副兵连搬到秘书处去住,这时他已被提升为上士司书。当时的军法长叫肖选青,是一个又高又大的胖子,他问:"岳焕,岳焕。'焕乎,其有文章?'""我看,你就叫从文吧。"

从此,沈岳焕就变成了沈从文。

之后,秘书处出现了一位新上任的秘书。他叫文颐真,湘西泸溪人,曾留学日本,小小的个子,举止斯文。刚开始,沈从文见他总是一副彬彬有礼的样子,感到十分别扭。

不知不觉中,沈从文开始和文颐真亲近了起来。不久,两人就成了好朋友。文颐真给沈从文讲述了在外面见到的火车、轮船、电灯、电话是什么样子,英军美军军服的式样如何,鱼雷艇、氢气球为何物。沈从文感到十分新奇,仿佛被带到了另一个世界,心里起了一种朦胧的向往。文颐真到来的第二天,天气转晴。沈从文见文颐真将行李箱打开,晾晒箱内衣物。衣物取出,箱子里剩下两本书,封面上写着"辞源"两个大字。文颐真说:"这是宝贝,你想知道什么,上面都写着。"文颐真问他:"你看过报纸没有?""老子从不看报。"沈从文回答。文颐真笑笑,从《辞源》中翻出"老子"条给他看,他才知道太上老君原来叫老子。沈从文忽然对书和报纸起了兴趣,便和秘书处另外两个人商量,每人出四毛钱,订了一份《申报》。但使他神往的,仍是文颐真那两本厚书。可是文颐真对这两本书却极爱惜,轻易不拿出来给别人翻,看时也要先洗手,沈从文只能从别人那里借《西游记》《秋水轩尺牍》看。不久,队伍撤退到沅陵,又从沅陵开过川东,沈从文和文颐真分了手。几个月后,文颐真却惨死在鄂西来凤那场军队和"神兵"的冲突里。尽管和文颐真相处的时间不长,沈从文却感到自己生命里揉进了一点新的东西。在沅陵留守的那段时间,沈从文开始感到寂寞,有时候眼前会突然浮起文颐真和他的两本厚厚的《辞源》,浮起曾订阅了两个月的老《申报》,浮起《秋水轩尺牍》等种种影像。

自沅陵留守处撤销后,沈从文被遣散回家,家里的景况同两年前出门当兵时相比,更觉艰难。父亲仍然没有回家,哥哥北上也还没有回来,田产已经典光,家里正坐吃山空。沈从文比两年前懂事了点，也明白了母亲的苦处，他想到外面去找点事做，去谋生求生存。军队不能再去了。熟悉的人，一个一个相继死去，一切来得那么平常，又那么触目惊心。文颐真在沈从文生活中的突然出现与消逝，好似专为点醒沈从文沉睡的理性而来，还没等到沈从文理性的完全苏醒又匆匆而去。

四、熊公馆里的文学启蒙

芷江是湘川黔边境的重要通道，机会自然较多，沈从文来到芷江后，暂住在刚从县长任上下来的五舅家里，不久，五舅担任了芷江警察所长，沈从文在警察所里作了一名办事员。之后，警察所的职权有了些调整，原属地方财产保管处负责的本地屠宰税，划归警察所征收。于是，沈从文便兼任收税员。在芷江，除了做警察所长的五舅，沈从文还有一家在当地名望最高的亲戚，就是担任过民国政府总理的熊希龄的家族。

那时，熊希龄已和母亲、妻子儿女迁居北京，坐落在芷江青云街的熊公馆，此时正由熊希龄的七弟熊捷三照管。熊捷三的妻子，便是沈从文的七姨——沈从文母亲的妹妹。在熊公馆，最吸引沈从文的，莫过于客厅楼上的书房。那里还留有一只大书箱，里面有一套林纾翻译的小说和十来本白棉纸印谱，1921年整整一个夏天，沈从文就坐在那个大院花架边的台阶上，陆陆续续读完了狄更斯的《贼史》《冰雪姻缘》《滑稽外史》《块肉余生述》等作品。从那十来本印谱，认识了许多汉印古玺款识。熊公馆隔壁还有一所熊希龄创办的中等学校，取名"时务学堂"，此时学校已停办，在这所学校的图书馆里，沈从文翻阅过《史记》《汉书》和其他一些杂书，以及有《天方夜谭》连载的《大陆月报》。

由于在芷江收税做得有条不紊，帮亲戚抄诗抄得好，沈从文在芷江给人一种好学上进的印象。那时，他的月薪已经从十二千文加到十六千文，母亲在凤凰已经将家中房屋卖掉。听说沈从文在芷江做事做得好，便带着沈从文的九妹，来到芷江，在青云街熊府附近租房与儿子住在一起，卖屋所得近三千块银圆，也全数存入钱庄，交由沈从文经管。

沈家原是湘西有名的旧家，又与熊府是亲戚，还有钱存到钱庄里，沈从文又聪明能干，按本地人观念，要面子有面子，要钱有钱，要人才有人才。本地几个有钱有地位的绅士财主，包括熊捷三在内，都盘算着要把自己的女儿嫁给沈从文。后来，沈从文进了税收职责新属的团防局，这是一个商业性质的机构。他在这里认识了芷江著名大户龙家的私生子马泽淮，并在之后的时间里爱上了马泽淮的姐姐，他以为那就是狄更斯小说里的"爱情"，并相信对方也全心全意地爱他，为此他放弃了能成为当地绅士财主女婿的机会，直到芷江发生战事那一日，整个城里人心惶惶，马泽淮与他的姐姐也消失不见了，沈从文这才发现由自己经管的那笔钱，有一千块左右不对数，沈从文终于明白那一千块钱连同自己的"爱情"已经化为乌有了。他心里十分害怕，后来一位姓龙的商人替他补足了这一千块钱的亏空，但他担心事情总有一天要被人知道，于是想到了离开芷江，他写了一封信给母亲，连同在钱庄存款的票证，一起留在家里，自己胡乱带一些换洗衣服，匆匆搭上一条开往常德的船便离开了芷江。这一段小插曲也几乎改写了沈从文一生的命运，十几年后，他在北京回忆这段往事时，这样说：

> 假若命运不给我一些磨难，允许我那么把岁月送走，我想象这时节我应当在那地方做了一个小绅士，我的太太一定是个有财产商人的女儿，我一定做了两任县知事，还一定做了四个以上孩子的父亲；而且必然还学会了吸鸦片烟。照情形看来，我的生活是应当在这么一个公私里发展的。这点打算不是现在的想象，当时那亲戚就说到了。[1]

五、另辟蹊径

常德原本不是沈从文这次出走预定的终点，他想芷江的事做得太过丢脸，唯一的办法就是走得越远越好，到北京去。后来在常德一家取名为"平安"的小客栈遇到了表哥黄玉书，大舅的儿子。沈从文得知表哥从常德师范学校毕业后，跟随大舅跑过北京、天津许多大地方，各处找事做都没有结果，无奈之下只好回到常德等待机会。他听沈从文说了离家的原因和去北方的打算，便让沈从文陪他在

---

[1] 沈从文《从文自传·女难》，载《沈从文散文选》，北京：人民文学出版社，1982年。

常德先住一阵，明年再一起去北京。两人每天除了在客栈里吃饭、睡觉，便是到常德大街小巷、河边码头各处闲逛。这样的日子无聊且没有希望，再加上没钱而在客栈里赊账，老板娘时不时地冷语讥诮，这些让沈从文感到心里不安，后来他与表哥黄玉书，还有从保靖总部派来做译电的表弟聂清三人搭上一只运军服的帆船，押船人名叫曾芹轩，过去曾是沈从文哥哥的朋友，正预备从常德上行到保靖去，于是沈从文便下决心跟船去保靖，再想办法在军队里谋一碗饭吃。

在保靖，沈从文做过司书，每天负责抄写一些不重要的训令、告示之类，之后辗转去到川东做机要收发员，负责收发文件，后来因为发现司令部那位参谋长是个性变态狂，极好男色，身边的一些年轻士兵已深受其害，沈从文担心自己会受一辈子洗不尽的羞辱，便偷偷给陈渠珍写了一封信，叙说自己目前的处境，希望能将自己调回保靖。从川东回到保靖，沈从文被陈渠珍留在身边作书记。军部会议室是一栋新建房屋，孤零零站在一座山上。开会时，若机要秘书不在，就由沈从文担任记录。每当陈渠珍需要阅读某一书或抄录书中某一段时，就由沈从文预先准备好。于是，图书的分类编排、编号、旧画古董的登记，全由沈从文来做。由于登记涉及书画作者的人名、时代及其在当时的地位、铜瓷器物的名称、用途等，这些都必须弄得清清楚楚，又由于必须经常替陈渠珍翻检抄录古籍，日积月累，沈从文将大部分古籍也看懂了。

此外，军部书记的职务也比秘书处、参谋处书记要做的事多。一有急电或别的公文送来，即使是半夜，也必须立即起床，抄写回文。因此，沈从文不能随便离开会议室，无事可做时，沈从文就会将那些宋至明清绘画一轴轴取出，独自欣赏；有时翻阅《西清古鉴》《薛氏彝器钟鼎款识》一类古籍，与那些铜器上的铭文做比较鉴别，估出它们的名称及价值；有时又去查阅《四库提要》，以弄清一部自己不熟悉的古籍的作者及其生活的时代。在这之前，虽然有过秘书官文颐真的点醒，芷江熊公馆的藏书也曾对他产生过诱惑，却因后来的种种变故，沈从文的精神原野又复归于荒蛮。而现在开始的这一倾向，对于沈从文具有极为重要的意义。他的历史、文学、艺术的中国传统根子，就是在这时扎下的。

后来，湘西各县为了实施"乡自治"决议案，正在筹办各种学校。为了造就师资，决定派送学生出省或去本省学习。沈从文虽然已经决定去北京读书,可究竟学什么?却没有明确具体目标。当他鼓起勇气,嗫嚅着向陈渠珍述说自己的打算时,还担心陈渠珍不会答应。因为他明白陈渠珍的为人,自己虽然好读书,却从不鼓励部下读书,他害怕部下夺权,可是这次,陈渠珍却立即同意了。于是,沈从文拿着陈渠珍写的手谕,到军需处领了二十七块钱,独自离开了保靖。沈从文终于跨出了对于他一生具有决定性意义的一步,这一步跨出去,开始了他此后无法逆转的生命历程,同时意味着他即将摆脱生命的自在状态,汇入五四开始的中国新文化、新文学的历史洪流。离开保靖,沈从文坐船沿沅水而下,到达沅陵,去探望此时住在沅陵的父母,大约在1921年,沈宗嗣已经从东北返回湘西,在陈渠珍部做了一名上校军医官。几天后,沈从文辞别父母,从常德乘船,越过八百里洞庭湖,经武汉到达郑州。因黄河涨水受阻,遂转徐州,经天津,在离开保靖十九天后到达北京。他知道,自己"开始进到一个使我永远无从毕业的学校,来学那课永远学不尽的人生了"[1]。

六、艰辛求学路

沈从文来北京的本意是想找机会进一所大学读书。然而,读大学必须通过入学考试,这对只有高小毕业程度的沈从文,无疑是一道难以逾越的难关。当时被认为最有前途的清华大学,入学读两年"留学预备班",就能去欧美留学。但进清华全靠走门子,有熟人凭一纸介绍信即可介绍入学,没有关系的,学业再好也难如愿。

沈从文不再作正式升学打算,他只好独自在位于前门外杨梅竹斜街的酉西会馆,开始来北京后第一阶段的自学。每天早上吃两三个馒头、一点泡咸菜,就一头扎进京师图书馆,直到闭馆时才返回住处,到了冬天,北京气温降到零下十几度,最低到零下二十几度,沈从文仍然穿着薄薄单衣,所幸图书馆里有火烤,有水喝,使他得以坚持下来。在这里,沈从文读了许多杂书,如《笔记大观》《小说大观》

---

1 沈从文《从文自传·一个转机》,载《沈从文散文选》,北京:人民文学出版社,1982年。

《玉梨魂》等。每逢图书馆不开门的日子，他就待在会馆里。冬天屋里没有火炉，他就钻进被窝，看随身带来的那本《史记》。

然而，这种独居会馆，给沈从文带来了难以忍受的孤独和寂寞。他需要有人来听他倾诉自己的人生经验，也渴望从别人身上获得一些启发。在酉西会馆住了半年后，他的一位就读于北京农业大学的表弟黄村生来看他，担心他独住会馆，时间长了，于学习、身心两不利。于是特意替他在沙滩附近的银匣胡同一个公寓里，找了一个房间，并介绍了一些朋友。这次搬迁对沈从文的学习具有重要意义。

他居住的银匣胡同公寓，以北京大学红楼为中心，附近还有大大小小几十个公寓。这时，正值蔡元培担任北京大学的校长，由于他的远见卓识，北京大学向一切人开放。尽管有了听课的自由和权利，沈从文仍想成为正式学生，获得一张大学毕业文凭。这一年的秋天，他曾参加过燕京大学二年制国文班的入学考试。可是，考试时却一问三不知，得了个零分，连预先所缴的两块钱报名费也被退回。从那时起，沈从文对正式入学死了心。于是，他一面时断时续地在北大听课，一面在公寓开始无日无夜地伏案写作，文章写成后，就壮起胆子分别向北京各杂志和报纸文学副刊寄去。然而，这些文章却石沉大海，毫无回音。

1924年冬，沈从文于百般无奈中，写信向几位知名作家倾诉自己的处境。这时，郁达夫正受聘在北京大学担任统计学讲师，沈从文也想到了他。11月13日，在接到沈从文的来信后，郁达夫到公寓来看望沈从文，那一天，外面正纷纷扬扬下着大雪，屋内没有火炉，郁达夫在屋里默默听着沈从文倾诉自己来北京的打算和目前的处境，最后将脖子上一条淡灰色羊毛围巾摘下，披到沈从文身上，然后邀沈从文一起在附近一家小饭馆吃了一顿饭。结账时，共花去一元七毛多钱，郁达夫拿出五块钱结了账，将找回的三块多钱全给了沈从文。回到住处，沈从文禁不住伏在桌上哭了起来。

七、生活渐露曙光

沈从文的遭遇引发了郁达夫对社会黑暗的强烈不满。从沈从文住处回去的当天晚上，他便挥笔写下了那篇题为《给一位文学青年的公开状》的著名文章。郁达夫探望沈从文三个月后，沈从文以休芸芸为笔名，在《晨报副刊》上发表了散文《遥夜——五》，文章叙述沈从文乘坐公共汽车的一段经历，在将自己与有钱人的对比中，倾诉自己窘迫处境和内心感受到的人生痛苦和孤独。这篇文章后来被北京大学教授林宰平看到了，林宰平托人找到沈从文，邀他到自己家去谈天。从沈从文的谈话中，林宰平明白了眼前这个年轻人，并非大学生，而是一个入学无门、在逆境中自学的文学青年。

1925年初，沈从文处于生活最困难的时节，正以休芸芸为笔名，将写成的文章向各处投去，其中一篇，出乎意料地被登在了1月13日的《京报·民众文艺》上，《民众文艺》的两位编辑到沈从文寄身的西城庆华公寓探望他，谈话中，沈从文得知这两位编辑就是名字经常见于《民众文艺》的项拙和胡崇轩（即胡也频）。大约一个星期后，胡也频再次来看沈从文时，身后跟了一个年轻女子，她就是丁玲。从谈话中，沈从文得知她的家乡在安福县（今湖南临澧县），由于沈从文和丁玲的原籍同是湖南，故乡又接近同一条沅水，两个便有了许多共同的话题。加上都漂流在外，共同的"怀乡病"使他们的友谊更加密切了。5月，沈从文通过林宰平和梁任公的介绍，获得了一份在香山慈幼园图书馆做办事员的工作，月薪二十元。在这期间，沈从文曾去北京大学专门学过一阵子图书管理。香山慈幼园在那时由一个新化县人当教务长，此人是宵小势利之徒，对上极尽巴结之能事，对下则颐指气使，作威作福。因不满于他的为人，沈从文在《第二个狒狒》里，专为他画像。这篇文章在《晨报副刊》发表后，立刻得罪了那位教务长。他找到沈从文，两次用木棍敲打沈从文的脚面，这让沈从文想到古时韩信所受的胯下之辱，自尊心受到极大伤害。但他忍下心头的气愤，一声不响地走开了。事后，他立刻写了《棉鞋》[1]，实叙这件事的始末。

文章在这一年9月发表以后，进一步激发了沈从文与教务长的矛盾，他被教务长叫去，当面大骂了一顿，还发出种种威胁。为了应付当前，沈从文应邀担任过《现代评论》的发行员。北京政变以后，有人介绍沈从文去找冯玉祥的秘书长

---

[1] 沈从文《棉鞋》，载《晨报副刊》1925年9月27日。

薛笃弼——（薛笃弼在冯玉祥部驻防常德时，曾任常德县知事），于是他又在冯玉祥部秘书处做过事。

1927年底，随着第一阶段北京生活的结束，沈从文走完了最初阶段的创作历程。他的作品越来越频繁地见于《晨报副刊》和《现代评论》，三年间先后发表各类作品一百七十余题。1926年，北新书局出版了他的散文、小说、戏曲、诗歌合集《鸭子》，1927年，他的小说集《蜜柑》由新月书店出版。

八、颠沛流离的文学追求

这时，已分别出版过沈从文的《鸭子》和《蜜柑》的北新书店及新月书店，已先后迁往上海，有较多机会发表作品的《现代评论》也已离京南下，而原先在上海的《小说月报》，因叶圣陶负责编辑的缘故，沈从文的作品在上面获得了一席之地。

生活对沈从文依然严峻，1927年，母亲和九妹从湘西来到北京，和沈从文住在一起，一家三口的生活全靠沈从文的稿费收入。1928年1月，沈从文让母亲和九妹暂留北京，独自先行到了上海，住进法租界善钟里一个托上海的朋友预先租定的亭子间。随后，再由亭子间迁入正楼大房。7月，胡也频和丁玲从杭州来到上海，住永裕里10号。这时，上海《中央日报》的总编辑彭浩徐（学沛）与胡也频在北京时很熟，听说胡也频到了上海，便邀请他担任该报副刊的编辑。沈从文在胡也频、丁玲处得知这个消息后，三人商量将这副刊定名为《红与黑》。[1]

在接手《中央日报》副刊的编辑后，胡也频和丁玲搬到了萨坡赛路196号。为商量与筹备《红黑》《人间》杂志的出版，沈从文三人租赁了萨坡赛路204号，三人商定，由胡也频负责《红黑》杂志，沈从文和丁玲负责《人间》月刊，并在各书店出版三人取名为《二百零四号丛书》。1929年，《红黑》与《人间》两个月刊的创刊号，分别于1月10日和20日出版发行，三个人酝酿了长达四年之久的梦想终于变成了现实。

1928至1929两年间，几乎上海所有的书店和大型刊物都有沈从文的作品发

---

[1] 凌宇《沈从文传》，第196页，北京：北京十月文艺出版社，2003年。

表和集子出版，现代、新月、神州国光、北新、人间、春潮、光华、中华、华光各书店，就分别出版了沈从文的十多个作品集，可是书出来后，沈从文却总是不能按时得到应有的报酬，常常不得不亲自上门索取，他解嘲似的称自己为"文丐"。1929年春，《人间》月刊出到第4期便不得不宣告终结，以便集中资金办好《红黑》。到8月，终因资金周转难以为继，《红黑》也成了商业竞争的牺牲品。一年的经营，他们非但未能赚钱赢利，一结账，甚至连原先的本钱也赔了进去。为谋今后的出路和偿还所欠债务，三人商议分头去找事做。

1928年，徐志摩写信给沈从文说："还是去北京吧，北京不会因为你而米贵的。"沈从文没有因此重返北京，当时，胡适正担任上海中国公学校长，经徐志摩介绍，胡适同意聘用沈从文为中国公学讲师，主讲大学部一年级现代文学选修课。那时，沈从文在文坛上已初露头角，在社会上也已小有名气，来听课的学生极多。在这里，他遇到了他的学生张兆和，并开始了一段马拉松式的求爱过程。

1932年底，沈从文收到张允和、张兆和姐妹俩发来的有关婚事已获应允的电报，长达四年之久的耐心与期待终于有了预期的回响。随后，张兆和便伴随沈从文一起来到青岛，在青岛大学图书馆内编英文书目。

九、乐章的前奏

进入30年代以后，沈从文在中国文坛上的地位迅速上升。1934年，《人间世》向国内知名作家征询《一九三四年我爱读的书籍》的意见，老舍和周作人不约而同地以《从文自传》作答。[1] 沈从文在文坛上的地位上升，不仅取决于他在文学创作中取得的成就，也得力于他所主编的《大公报》文艺副刊。

《边城》的问世，意味着沈从文建造的文学世界整体构架的基本完成。沈从文30年代以乡土为题材的全部创作，展示了一个延伸得很远的人生视野，他从20世纪初叶到抗战时期湘西社会的历史演变里，提取了原始自由、自在蒙昧、自主自为这三种基本的生命形态。然而，《边城》到底只是沈从文笔下乡村世界的一

1　沈从文《从文自传》，载《人世间》1935年第19期。

部分，蕴含其中的沈从文的乡土悲悯感和全部人生感慨，只有将它放在沈从文创作的整体构架里，才能充分而清晰地显现出来。而《龙朱》《神巫之爱》《月下小景》《阿黑小史》作为一个系列，大多是以苗族和其他南方少数民族的生活习俗为根据加以想象的产物，通过这些故事，沈从文完成着对生命原生态的考察。

随着"改土归流"的完成，封建宗法关系开始向湘西渗透，到20世纪初叶，中国社会的剧烈变动，尤其是30年代都市"现代文明"的侵入，推动着湘西社会朝现代演变。《柏子》《萧萧》《贵生》《会明》《虎雏》《夫妇》等在沈从文创作中占有极大比重的作品，真实地表现了在这一历史过程中，乡村生命形式的演变，塑造出"乡下人"的形象系列，完成着他对自在生命形态的考察。在"乡下人"自在生命形式的探索下，凝聚了沈从文对自己所属民族长处与弱点的反省，《边城》与《长河》，正是沈从文从深处对民族现状进行反省以后，唱出的生命理想之歌。《八骏图》《绅士的太太》《自杀》《来客》《烟斗》《大小阮》等一系列作品则展现了都市上流社会沉沦的人生图景，沈从文从人性角度暴露了都市社会的黑暗，还反映出沈从文独有的特点，以"乡下人"的眼光去看待都市人生的荒谬。

沈从文也写出了这个沉沦的人生天地里，企图摆脱泥淖的挣扎，如《都市一妇人》《如》《一个女剧员的生活》，集中提出了沈从文的反庸俗要求，表现了都市男女摆脱庸俗人生的努力。

十、风雨飘摇

1937年7月7日，卢沟桥事变的发生揭开了中日战争的序幕，沈从文离开北平，一路辗转回到了故乡湘西。1938年三四月，沈从文搭乘汽车离开沅陵，出湘境，取道贵州，再入滇去昆明。自沈从文逃离北平后，夫人张兆和携带两个孩子，留在沦陷的北平，直到1938年初，母子三人同九妹岳萌，才途经香港，取道越南河内，沿滇缅线到达昆明。张兆和到达昆明后，沈从文随家眷住青云街六号，不久迁北门街蔡锷旧居，连同九妹岳萌、四妹张允和，与杨振声及其女儿杨蔚、儿子杨起，刘康甫父女，以及汪和宗，组成一个临时大家庭，外加金岳霖寄养的一只大公鸡。

这时，沈从文已在西南联大师范学院任副教授，第二年转北京大学（当时，西南联大所属各校上课不分开，编制分开）任教授，担任现代文学、习作课程。除了教学和写作外，沈从文和杨振声一起，重新开始战前已开始的教科书的编撰工作。

1934年4月，沈从文发表了题为《一般或特殊》的文章，针对一部分作家放弃文学创作的特殊性，将其等同于一般的抗日宣传工作的现象提出批评。1942年，沈从文再写《文学运动的重造》，进一步发挥了他的批评。沈从文的观点，同他一贯坚持的文学独立原则相关。一份"乡下人"的倔拗，虽然常常使他陷于偏执，却也保护着他的生命人格的独立。这份性格也无可避免地造成了他在特定的中国现代文学环境里的孤立。

1946年夏，沈从文一家离开了云南，沈从文送母子三人到苏州后，独自先回到北平。1948年，一场政治风暴降临到沈从文头上，他的"游离"国共两党政治之外的"中间路线"，受到左翼文艺阵营的批判与清算。沈从文遭到批判的文章，除了《从现

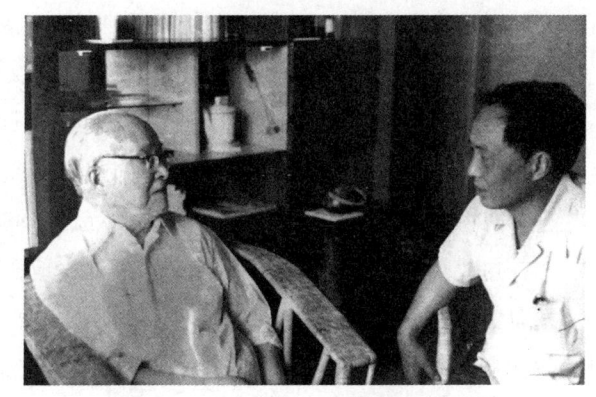

图27　沈从文与刘一友（刘一友 供图）

实学习》《一种新希望》《〈文学周刊〉编者言》，还有《芷江县的熊公馆》。1947年，是熊希龄病逝十周年。1948年1月，《大公报》发表了以"纪念熊希龄逝世十周年"为专栏标题的一组文字，《芷江县的熊公馆》是其中一篇。文章回忆了自己青年时代以亲戚身份做客熊公馆时的所见所闻所感。这篇文章被指认为歌颂老爷太太们的德行，津津乐道地主阶级的剥削，沈从文被界定为"桃红色文艺"的作家。然而，更加出乎他意料的是北平和平解放后，北京大学一部分进步学生，发起了对沈从文的激烈批判，一幅幅的大标语写着："打倒新月派、现代评论派、第三条路线的沈从文"，沈从文接受不了这样的判决，再加上亲人、朋友的不理解而使陷入孤立状态，他最后选择了自杀。

十一、抉择与选择

病愈出院后，沈从文的工作编制仍留在北京大学，人已被安排到中央革命大学学习。从中央革命大学出来后，沈从文曾随工作组去四川宜宾，参加过一段时间的农村土地改革工作。在中华人民共和国成立后的三年中，报刊上完全没有了沈从文的踪影，既无作品发表，也没有关于他的消息，这引起海内外的种种猜测和谣传。有说沈从文因受折磨死去的，有说他被关进监狱的，也有说他被强制劳改的，此时，沈从文已经正式转入历史博物馆工作，他明白如果继续从事文学创作，自己已经定型的写作方式与已经自觉到的社会要求之间，存在着不可调和的冲突。对沈从文来说，真要改行没有想象的那么容易。新的选择无论是什么，一切都得从零开始，他已经是五十岁的人了。沈从文想起三十年前刚到北京时，自己在这些古董店门前徘徊不敢进门的往事，心中不免产生出许多感慨，感慨中也慢慢生出一种憬悟，自己的生命与这些古代文物原不可分。从此，沈从文便一头扎进了博物馆，成年在破旧的金、石、陶、瓷、丝绸等瓦砾堆里转来转去。

在这片新的事业领域内，沈从文默默无言地耕耘，一篇篇文物研究的学术论文发表了，一部部专著——《唐宋铜镜》《战国漆器》《中国丝绸图案》《龙凤艺术》相继出版了，他的生命之火再次发出了耀眼的光辉。1963年，沈从文开始着手《中国古代服饰研究》的写作，按照统一安排，由轻工业出版社的阮波负责这本书的出版，由历史博物馆从美工组抽调陈大章、李之檀、范曾参加，负责图片制作——由沈从文提供图像实物资料，加以描摹绘制。到1964年春，一部包括二百篇主图及部分附图，二十余万研究说明文字的《中国古代服饰研究》初稿即告完成。书稿完成后，出版社将样书分送有关部门及专家征求意见，在听取了各方面有关意见后，沈从文又重做增补。按预定计划，此书将在1964年冬付印，作为建国十五周年的献礼。1966年，"文化大革命"在全国范围内展开，他被红卫兵先后八次抄家，他无法记清被抄走了什么东西，唯一留在记忆里的，是他的六公斤一捆的书信被抄走了，《中国古代服饰研究》一书，也被作为"鼓吹帝王将相，提倡才子佳人"的毒草遭到批判。

随着"四人帮"的垮台,中国人民终于走完了十年"文化大革命"的苦难历程。在此后的三四年间,虽有齐燕铭、刘仰峤多次问及沈从文及其《中国古代服饰研究》的情况,沈从文的生活工作条件仍然没有多少改变。1978年,为改善沈从文的工作环境,由胡乔木过问,沈从文从历史博物馆调到中国社会科学院历史研究所。王序从考古所被借调到历史所,担任沈从文助手,王亚蓉的工作得到转正机会,也成为沈从文的正式助手,并由三人为主,组成了一个新的研究室,进行《中国古代服饰研究》一书的最后校正增补工作。

1981年,《中国古代服饰研究》一出版,很快引起国内外学术界的重视。这部著作对起自殷商、迄于清朝前后三千余年中国各个朝代的服饰问题进行了研究和探索,掀开了中华民族先民创造的繁美、灿烂的文化帷幕。日本方面表示愿意购买该书版权和全部已出书籍;欧美学术界派人接洽商量,拟以英、法、德文翻译出版;台湾立即出了该书的盗印本——以极不光彩的手段,抹去沈从文的名字,篡改了引言中的字句以迎合台湾当局的政治需要。就在中外学术界殷切关注着《中国古代服饰研究》一书进展情况的同时,沈从文前半生的文学创作成就也在国外引起广泛重视,国外也出现了重新评价沈从文文学成就的呼声。有关沈从文的传记、评传和研究专著相继出版,美国、西德、日本、法国都有人拟定进一步翻译出版沈从文作品的计划,西方文学界开始提名沈从文为诺贝尔文学奖候选人。

1988年5月,因心脏病猝发,沈从文在北京家中去世,享年86岁。沈从文在文坛上的沉浮,在中国几乎是一个典型。他前30年倾心文学创作,受阻后转向文物研究,一生寂寞而无怨无悔。对于那些始终不肯饶恕他的人,先生也从不计较,反而宽厚待之。当人们为他在文学史上的"沉浮"感到不平时,沈从文却笑道:"那未必不是塞翁失马。"1978年全国第四次文代会后,沈家从门庭冷落又回到门庭若市,重新评价其文学成就的文章也屡见报端。对此沈从文表现出宠辱不惊的平静,他淡然地说:"那都是些过时了的东西,不必再提起。"虽然自称"过时了",但人们不会忘记沈从文在文学和研究两方面创下的不朽功绩。

参考文献：

[1] 吴荣臻《乾嘉苗民起义史稿》，贵州：贵州人民出版社，1985年。
[2] 沈从文《芷江县的熊公馆》，载《大公报》1948年。
[3] 熊希龄《儿童教育特刊词》，载《庸报》1930年。
[4] 滕建庚《熊希龄生平》，载《湘西文史资料》1984年。
[5] 逸文《熊院长的青年时代》，载《北平香山慈幼院院刊》1936年。
[6] 朱其懿《申送两湖书院肄业生附上张制军禀》，载《守沅集》1936年。
[7] 林增平、周秋光《熊希龄集＜上册＞》，载《湖南人民出版社》1985年。
[8] 朱经农《在我记忆中的熊秉三先生》，载《东方杂志》第44卷第1号。
[9] 刘成禺《洪宪纪事诗三种》，上海：上海古籍出版社，1983年。
[10] 皮锡瑞《师付堂未刊日记》，载《湖南历史资料》1958年。
[11] 邓潭州《谭嗣同传论》，上海：上海人民出版社，1981年。
[12] 舒新城《中国古代教育史资料》，北京：人民教育出版社，1961年。
[13] 陶菊隐《六君子传》，北京：中华书局，1981年。
[14] 叶景葵《凤凰熊君秉三家传》，载《叶景葵杂著》，上海：上海古籍出版社，1986年。
[15] 商君《"中华民国"内阁升沉录》，载于《子曰丛刊》1949年。
[16] 李剑农《戊戌以后三十年中国政治史》，北京：中华书局，1980年。
[17] 周秋光《熊希龄传》，北京：百花文艺出版社，2006年。
[18] 吕振羽《中国民族简史》，北京：生活·读书·新知三联书店，1951年。
[19] 马援《武溪深行》，载《先秦汉魏晋南北朝诗（上卷）》，北京：中华书局，1980年。
[20] 沈从文《我读一本小书同时又读一本大书》，载《沈从文散文选》，北京：人民文学出版社，1982年。
[21] 沈从文《一个大王》，载于《沈从文散文选》，北京：人民文学出版社，1982年。
[22] 沈从文《学历史的地方》，载于《沈从文散文选》，北京：人民文学出版社，1982年。
[23] 沈从文《一个转机》，载于《沈从文散文选》，北京：人民文学出版社，1982年。
[24] 凌宇《沈从文传》，北京：北京十月文艺出版社，2003年。
[25] 朱光潜，张充和《我所认识的沈从文》，长沙：岳麓书社，1986年。

第二十讲 侠客行

沈从文在一篇散文中曾提到凤凰人具有游侠精神。二十余年前,刘一友对凤凰人的游侠精神做了专门研究。他们的成果开出了武陵山侠客精神研究的气河。他们之后,武陵山文化的研究者中,探索这种侠客精神的人很少,出版的著作也不多。凤凰是武陵山小城的典型,侠客精神不仅是凤凰文化的特性,也是武陵山文化的一个著名特性。武陵山是中国的侠客基地,是盛产侠客的地方。言说武陵,不提到武陵侠客,那就会少了很多韵味。我们以侠客行做本书的大结局正是基于这样的理解。

第一节 侠客传统

一、武陵山是侠客的故乡

行侠仗义,是武陵山人的古老传统。追溯其源头,可追溯到武陵山的盘瓠传说。高辛氏时代,受到南方犬戎之国的吴将军侵犯,眼见国家危在旦夕,坐在高辛氏门口值班的盘瓠一声不响地出手了。出兵打仗原本是肉食者谋之的事,与他这个守门的牲畜无关。可是一来有高辛氏许下以公主相嫁的诺言,二来也是激于义气,他不能眼见天下兴亡而不顾。所以他出手救下高辛氏王国,这是最初的狭义之气。

辛女也是一代女侠。他的父亲许下的嫁女诺言,他的父亲也已经反悔,群臣也多有犹豫。看来她嫁不嫁盘瓠,不会引起很大的麻烦,事情也与她没有很大关系。

但是，在此关键时刻，她义无反顾地选择了下嫁盘瓠。这需要义气，更需要勇气，辛女之义气，是一种大勇大智慧。

在远古的时代，武陵山的侠女还不止一位，盐水女神也是女侠中的代表人物。本书第二讲中，介绍了廪君与盐水女神的爱情故事，盐水女神作为一个地方领袖，浑身透露出来的都是侠女豪情。她敢恨敢爱，为了爱无所顾忌，为了取悦廪君，她不惜将盐井相赠。盐井是她们部落的主要生产生活资源，关系到一个部落的兴衰大事。但是，这些重要资源与爱情相比，又算得了什么呢！真个是那爱江山更爱英雄的侠女。她对爱的追求，与辛女嫁盘瓠一样，都凸显了武陵山女性的个性与智慧。但是，盐水女神比辛女更有个性，她不仅仅敢爱，而且追求浪漫，做事相当张扬。你看她出行的时候，那种浪漫与排场，就知道她这种侠女情怀，有一种大美。《后汉书》是这样形容盐水女神的："暮则来取宿，旦即化为虫，与诸虫群飞，掩蔽日光，天地晦暝。"[1] 盐水女神追求浪漫到了不太注重影响的程度，她出行的时候带着很多随从，往来山水之间，尽情嬉戏游乐，使太阳逊色，天地晦暝。而且为了爱情，每天来与情人相会，使得廪君深坠爱河而忘了白天黑夜，更别说打理政事。盐水女神虽然最后还是死在她的爱人箭下，但她的豪侠情怀，却传给了后代儿女。

盘瓠、辛女、盐水女神等人种下了侠客种子，这些种子会不断发展壮大，最终培育成武陵山人的豪侠情怀。

二、用生命助人的侠客传统

侠客们或会武艺，以武艺助人；或不会武艺，以钱助人。这样的侠客，在武陵山只能算二等侠客。一等侠客是以命助人，创造这个传统的是巴国将军蔓子。话说周代末期，巴国发生战乱，将军蔓子到楚国请求援军，许诺回赠三座城池作为回报。楚王一划算，三座城池，几乎就是半壁江山呀，那不是超值回馈了吗？于是慷慨派出军队，救了巴国。巴国安定下来之后，楚王高高兴兴派使者前往巴

---

[1] 范晔《后汉书》卷一百十六《南蛮西南夷列传》。

国，向蔓子索要三座城池。可是蔓子变卦了，他说："凭借楚国的英明，消除了我国的灾难，我们对楚王表示十二万分的感谢，我们确实曾经许诺过回馈楚王城池，现在我将我的头作为酬谢，城池你是拿不到的。"蔓子说完，拔剑自刎而死。巴人将蔓子的头给了楚国使者。使者既深受感动，但也很无奈，毕竟他来的目的是索取城池，而不是人头啊！但事已至此，使者也没有办法，只好带着蔓子的头颅回去销差。当楚王看到使者带回来的不是城池，而是蔓子的头的时候，不仅大发感慨："天啊！我能得到像蔓子这样的臣子的话，还要城池做什么呢！"于是，楚国用上卿的礼节埋葬了他的头，巴国用上卿的礼节埋葬了他的身躯。[1]

蔓子用自己的一颗头颅，保住了巴国三座城池，他创造了武陵山的侠客用命助人传统。蔓子之后，用命助人的豪侠之情代代相承，史不绝书。豪侠之情怀，浸润于普通民众的生活中，简单来说只要有命就能行侠！只要是个人，就能将豪侠之情演绎的惊天地泣鬼神。侠无论男女、无论老少、更无论身体健康还是身有残疾，只要心存侠气，随时随地，都可行侠仗义。这就是武陵山侠客代代秉承的传统。

三、上刀山下火海的宗教侠情

武陵山民族宗教信仰有几个流派：傩教、道教、白帝、辛女、巫教、苗教六大派，相应地各教派的神职人员分别叫着老司、道士、流落、仙娘、巴代雄等。这些神职人员在祭祀时，都有相应的祭祀仪式表演，这些仪式中都浸润着一种侠客情怀。特别是流传最广影响最大的傩教，更是典型的以侠客精神为整个仪式的主题。

傩是从巫文化演变而来的一个古老宗教信仰，在中国分布及其广泛。有人说，傩是农耕文化时代的信仰，凡是采用农耕的民族，都曾经信仰过傩教。以傩为标志，演绎出来的文化，被学者称为傩文化。傩文化发展到今天，受到道教的影响很大，其主要的故事都与道教一致。如果单纯从教义出发，人们很难将傩教与道教的区分说清楚。但是在现实中人们有两个办法区分傩教与道教，一是从核心神祇来

---

[1] 常璩原著，汪启明译注《华阳国志译注》，第7页，成都：四川大学出版社，2007年。

判断，道教崇拜的基本神祇是元始天尊等，傩神除此之外，还有基本神祇傩公傩母，这两个神是道教中所没有的。再一个是从神职人员判断，道教的神职人员称为道士，傩教的称为老司。道士念经，老司习武。所以，民间又将道教称为文教，将傩教称为武教。与全国各地的傩文化相比，武陵山的傩文化有一个明显的标志，就是行侠仗义的宗旨，这武教非一般的武，乃是侠客之武。为什么这么说呢？

傩教的核心法事是为人"追魂"，这是老司与道士行法的关键区别。道士行法是度魂，即将那些已经死亡的人的亡魂度到天上去，服务对象是亡魂。既然仅仅是度魂，那就只要念好经就行了，道士行法主要是念经，这是文的。但是老司服务的对象是生魂，是那些生人的生魂。在旧时代人看来，一个活人生病了，特别是小孩生病了，大多是他的生魂被妖魔鬼怪摄走了，必须将人的生魂从这些妖魔鬼怪那里追回来，这些病人的病才得以变好。而这些妖魔鬼怪大多生活在非常险要的山上或地狱之中，要追回这些生魂，哪里是一件容易的事情？一般人哪里敢于冒这么大的风险？又愿意冒这么大的风险？此时，只有老司们有这个热情、有此种胆量、有这等能耐能将被妖魔鬼怪摄走的生魂追回来。所以，老司行法的目的主要是追魂。追魂仪式中也就出现一个基本环节，即上刀山下火海。

上刀山下火海是要冒极大风险的。先说上刀山，在平地之中，立一根两三丈高的木头，木干上横插若干锋利的尖刀，老司必须赤着手足从那刀上爬到木头顶上去。若非一身武艺，一定被刀划伤手足，从而无法完成表演。下火海也非常难，老司必须赤足从烧红的数张铁犁口上踩过去，不能被烫伤。高手还可以将烧红的铁犁口嘴当着鞋子，赤足穿上行走。这就更是匪夷所思了。你想想，这烧红的铁犁口，可将一般的布匹木材都烧焦，何况人的皮肉之足？（参见第十四讲《富于神性的民间艺术》）

在武陵山区，民族宗教虽然有六大门派，但是影响最大、流传最广的还是这傩教，他的神职人员老司也是最具有威信的神职人员。其根源就在于老司的追魂仪式就是一个完整的行侠仗义的仪式，这种宗教精神最符合武陵山人的精神气质。所以说，侠客精神不仅仅是一种传统，而且是武陵山人宗教生活中最为人喜闻乐道的一种精神。

第二节 普通人身上的豪侠情怀

豪侠情怀是一种文化传统，它浸润在所有人的血液里，凡是受此浸染的人，无不具有行侠仗义的大丈夫气概。蔓子创造了用命助人的传统，但还不足以养成武陵山人的豪侠情怀。这豪侠情怀还得靠一代代侠客去充实去丰富去演绎。从位高权重的高层人物，到人微言轻的底层民众，人人心中都存着一个侠义二字；从文人到武士，个个都不缺侠骨柔情；从关涉天下兴亡的大事，到鸡毛蒜皮柴米油盐的小事，事事都可以分出侠与不侠的界线。只有到了此种境界，一种文化才算是具有了豪侠情怀。经过代代武陵山侠客的努力，这种侠客文化已渐至化境成为当地人灵魂中的一个基本素养。随时随地、大事小事，我们都能感觉到武陵山人的侠客精神。

一、快意恩仇的侠客

民国时期，凤凰有一个著名的游侠田三怒。15 岁那年，他在酒馆喝酒，听人聊天。隔桌两个男人在说话，其中一个男人对另一个男人说，他的妻子在常德被某某地头蛇调戏，他当时敢怒不敢言，苦于找不到报仇机会，他为此一直耿耿于怀，又无可奈何。另一个男人就在旁边安慰，也就是被调戏了一番，也没有什么大不了的事，凡事忍一忍就过去了云云。听了这个事之后，这田三怒可忍不住了。他记下了常德那个地头蛇的住址、姓名，然后一个人怀揣一把小尖刀，步行七百里赶往常德城。七天后，他回到凤凰，将剁下的一双手，交给那个被欺负的男人，说："大哥，请你辨认一下，看看是不是这双手曾经调戏过你的妻子？"这就是解决个人小恩小怨的侠客。自古英雄出少年，田三怒 15 岁时的这一举动很快传遍武陵山各地，成为众多少年男儿心目中的偶像。田三怒日后也成为威震江湖的大侠客。一生行侠仗义、扶危济困，专打不平。

二、无名侠客的大义情怀

其中一个侠客原本也就是一个普通的篾匠。篾匠就是会编制竹席的匠人。篾匠靠为别人编织竹席谋生。哪里有人家需要编织竹席，他就去哪里。所以，篾匠一生就是到处流动作业。正因为这个特点，他对哪里都熟悉。其中有一个王篾匠，估计是读私塾出身，因此略识文字。虽然没有多少文化，但他绝对是一个有心人。他走村串乡，每到一处就研究当地风土人情，打听当地历史掌故。渐渐地他成为一个武陵山民情风俗的通才。

1795年，几乎没有任何先兆，不知怎么地，武陵山腹地的湘黔边境一带发生了苗民起义。战火很快蔓延到湘黔川三省，外来客民纷纷举家逃走避难。王篾匠也随着逃难队伍，一路来到沅陵县，住在当时政府为难民临时搭建的棚屋里面。沅陵是辰州府所在地，朝廷派来镇压苗民起义的大官此时云集城内。可是，面对苗民起义，没有人知道应该怎样应对，仗怎么打？从哪里下手？城内驻扎的官员不可谓不大，包括湖广总督毕沅、湖南巡抚姜晟、调任湖广总督福宁等，都是当今饱学之士，但是他们面对苗民义军，可是拿不出丝毫主张。就在大家都在迷茫的时候，一介草民王篾匠求见毕沅毕总督，他向毕总督提出了一个建议，正是他的这建议，为朝廷最终打败苗民义军起到了关键性作用。

这是一道什么建议？他给毕总督说，要打败苗民义军，仅依靠朝廷官兵，绝对是很困难的。因为朝廷大军不善于山地作战，加上粮运艰难，打胜这一场战争几无胜算。可是如果招降大小章的仡佬人，使他们为前锋，则对付苗民义军，就绝对有把握。为什么如此说呢？因为这仡佬人住在苗民与客民的中间，半客半苗。他们说苗话，几与苗族无异。但因为先世祖是从外地来此镇压苗民的，所以他们在身份上又认同客民，他们的这种身份是可以争取的。他们人数虽然较少，但是很勇武，善于山地作战，历来就不把苗族人放在眼里。招募了仡佬，不仅挡住了苗族义军的东征之路，而且为下一步围剿苗民义军增加了绝对实力。

正在迷茫之际的毕沅等人，听了这道招募策略，仿佛暗夜里燃起的一道火光，眼前一下亮了起来。王篾匠的招募策出来不久，严如熤的平苗策略也从几百里之外，寄到了姜晟手里，其中也有一条招募大小章仡佬的策略。此后的事实证明，招募仡佬成为朝廷与苗民对决的关键布局。第二年，也就是1796年四月中旬，就在福康安准备向乾州进军的时候，他们已经处于进退维谷境地。从铜仁开始，建立的粮站越来越多,线路越来越长,危险系数越来越大,已经到了难以控制的地步。福康安为此陷入万分焦虑之中,不几天就病死了。和琳临危受命,但也是朝不保夕。他们命令从广东新调来的粤军与先调来的绿营兵,共计四五千人,从东路泸溪县城出发向苗疆攻击前进,打通东部粮道,解开清军大营的燃眉之急。然而新来的粤军不知天高地厚,一出师就陷入苗军在丑蛇设下的伏击圈,战死600余名官兵。如果东路军失败,整个深入苗疆的清军大营将陷入两道断绝的危险,并导致全军覆没。这可是万分危急的关键时刻。此时,新招募的仡佬民兵(乡勇)发挥了作用,他们突然出手,打败了苗军义军,救下了粤军,打通了东部大道!也扭转了整个战局,也等于救了乾隆嘉庆。这一仗,仡佬人立下首功,如果要论功行赏,那王篾匠也应该得到重奖。但是,当人们去找这王篾匠,想给他一点奖励的时候,他却早已不知去向,连一点人影子都不见了,他又不知转到哪一个村寨,住在哪一户人家里,忙着帮人家编织竹席呐!人们只知道篾匠姓王,至于名字,谁也不记得了!

另一个侠客是一个算命先生,他名叫杨天才,是麻阳县一个汉民。这算命先生年纪轻轻哦,才二十六岁,风华正茂的年龄啊。人虽然年轻,经历却十分丰富。他在武陵山腹地,走村串巷,为人算命,不但熟知湘黔川边境的一山一水、一草一木,而且心中存着的那个侠义之心也随着阅历的增长,日渐扩充放大。他每每看到苗民生活在被客民欺负、被官府压迫之时,心中不免有一种恻隐之心,想着总得为苗民做点事情,给他们一点帮助才行。但是,他仅仅是一位算命先生,他自己还经常为生计发愁,哪有余力去帮助苗族人?不过,有心人永远都不会缺少机会。1795年正月里,苗民起义了。他当时正在永绥厅(花垣县)客民村寨为人算命。听到苗民起义的消息,他心中一惊,立马意识到,是他杨天才为苗民出力的时候了。当时客民听到苗民起义的消息后,纷纷举家外逃,或躲入深山,或远走泸溪、辰溪、浦市、沅陵等城市,坐在别人屋檐下,当个难民。唯有这算命先生,不但不逃,反而迎着苗军加速前进,只身赶往苗王石三保的大营。他去石三保大营干嘛?找死啊?当时的苗民义军对客民可是非常不客气的。战争期间,苗族义军总共杀死客民达到数千人,但他不怕,他是去帮助苗民义军的。他到了石三保大营，主动要求担任苗军的谋士。开始的时候，苗军还不太相信他，可是不几天，他就获得了信任。他的到来，让苗军如虎添翼。为什么呢？

一来苗民义军都是农民出身，很少外出，对苗疆以外的地方非常陌生，无法辨认东西南北，这对打仗相当不利。可是这算命先生，走东闯西，对麻阳、凤凰、辰溪、泸溪一带大小路径非常熟悉。有了这先生，等于有了眼睛，苗民义军从此东征西讨，在苗疆各处躲闪挪移，非常机动灵活。一会儿在苗疆腹地与福康安作战，一会儿又抽身而出，跳到朝廷大军的大后方，做出向清军的大后方进攻的态势。使清军不敢轻易前进，主力不敢轻易调动的被动局面。

二来苗民将领大多是文盲出身，大字不识一个，眼光较狭窄，指挥作战，处处受限，这正是西部战线很快被福康安打破的主要原因。可是自从来了这算命先生，他有远见有智谋，指挥行军打仗，驾轻就熟，从此，苗军从初期的处处失利，变成有输有赢。而且苗军得以在石三保大营周围组织几场大战役，严重挫败了福康安的气焰，打破了清军快速围剿苗族义军的计划。

苗民起义就是针对客民的，战争期间，苗军杀死了很多客民。这正是激起客民纷纷自发组织起来，帮助朝廷军队，抵抗苗民义军的原因。按理说，一个客民此时不应该站在苗民的立场上。可是这种理是一种狭隘的理，不是天下公理。这算命先生是一个侠客，他心中的处事标准是人间大义。他不能坐视苗民处处被人欺负、义军被朝廷白白屠杀，他就要为苗民争一口气，为苗民争个平等地位。所以，他冒着生命危险，进入苗区，协助苗军打赢了很多场战役。但是，不幸得很，他最终在黄瓜寨大营保卫战中落入清军之手，最后不屈不挠，英勇就义！

这都是一些普通的人，他们用自己的智慧与生命实现行侠仗义的目标！这正是武陵山侠客的豪侠情怀！

第三节 南北大侠杜心五

大侠者，就是为担道义敢于牺牲的那些胆略超人的英雄人物。大侠者非一般侠客可比。一般侠客激于义气，在市井之中纵横驰骋。大侠客是为道义而生，平常行事，也与常人一般，不显山不露水的。但是一旦道义当前，便绝对会当仁不让，为大义敢于赴汤蹈火，上刀山下火海。历史上，武陵山出了无数大侠，每个大侠都有说不完的故事，我们想在这全部介绍是不可能的。本节单挑现代史上闻名中外的大侠杜心五向大家做一个简单介绍，以从中窥探武陵山出身的大侠客所具有的独特情操。

杜心五，名慎魁，清同治八年（1869年）正月初三出生于现今的张家界市慈利县江垭岩板田，后迁居熊家庄白岩峪，家世业儒。父杜桂珍，曾任清军都司，是一个较大的军官（正四品），开启了杜家的习武传统。杜心五资质聪慧，自幼受到父亲的影响，爱好武术。父谢世后，他一边读私塾，一边习武。九岁拜师严克学南派拳术，从道士于虎习武当拳，又延徐矮师（四川人）来家授艺，习自然门武艺八年。矮师返川后，心五去渔浦书院攻读，后又去峨眉山向徐矮师专攻自然门轻功。因武艺超群，被重庆金龙镖局聘为镖师，走镖川黔滇桂，保护商旅安全。在走镖期间，常毁黑店、灭盐枭，行侠仗义，故江湖上又称其为"南北大侠"。有武术爱好者列出了一个晚清武林高手排行榜，共列出10位高人，分别是：董海川（1797—1882）、王五、黄飞鸿（1847—1924）、霍元甲（1869—1910）、王子平（1881—1973）、杜心五（1869—1953）、韩慕侠、燕子李三、许世友（1905—1985）、海灯。杜心五在列，与其他这些侠客不一样之处，在于杜心五还是身兼大学教授、诗人、书法家、政府官员等多种身份，真正做到了传统文化中的诗、书、剑三合一的侠客最高境界，开创了中国侠客的新传统。杜心五一生行侠仗义，流传的故事繁杂庞大，至今尚没有得到系统整理，但归结起来可用神人来概括。

一、出神入化的自然门武功

身有南北大侠称呼的杜心五，武功到底有多高？有没有一些具体的标志，展示出他的武功？我们先来看看两件事，看能否从这些事件中窥测一下杜心五的武功境界。

1929年他在杭州担任国术比赛评委期间，应台下观众的一再要求，他上台表演一套武术。杜心五来到台上，按照自然门功法，在台中间走起圈圈。初时，步伐较慢，人们大都能看清他的基本动作。但是，他转到后来，越转越快，一直到最后，人们只看见台上有一团黑影在晃动，根本看不清杜心五的身影了，台下掌声雷动。最后，他突然停下来，稳稳地停在台中央，脸不变色心不跳。

  第二件事。1950 年，他应共产党的邀请，来到长沙担任军政委员会顾问，住在他的女婿家里。那时他已经是 81 岁的老人了，他嫌女婿家人来人往，吵得很。他平时住在自己房间里时，就将自己的房间从外面锁上，免得来人打扰他。有一次，他的一个同盟会老朋友来看他，走到他门口看见挂着一把锁，不仅长叹一声，回头就要走。杜心五在房间听出是老朋友，就对外面说："朋友，不要走。"他的朋友转身回来一看，发现杜心五正从两米多高的窗户里一下跳了出来，他原来是从两米多高的窗户跳进跳出！

  杜心五的这些武功是否就是一些仅仅用于表演的花拳绣腿呢？能否实战呢？实战时又达到了什么程度呢？这可以从他与北侠赵金彪的暗战来看。

  华北武林高手赵金彪，华北一霸，手下徒众一千余人。想暗算杜心五，一举威震中华。有一次假意邀请杜心五喝酒，在席间敬酒之际，赵金彪趁杜心五不备，给了杜心五一暗掌，打伤了他一根肋骨。杜心五不动声色，也借敬酒之际，回他一指，将其击成重伤，赵金彪数日后死亡。杜心五回家后，他的忘年交、太平天国时期的御医刘神仙很快将其伤治好，而且身体较以前更加爽朗。打死赵金彪，杜心五从此获得"北侠"的称号。[1]

  另外，蒋介石的侍卫长刘百川，自小练习少林拳法，长期居于南方，人称南侠。1929 年，杭州举行国术大赛，杜心五与刘百川同为评委，曾坐在一排照相留念。当时刘百川有意要与北侠杜心五比试高低，两人一番较量，打成平手。刘百川不服，后又两次找杜心五比试，非要决出胜负。为此刘百川辞去侍卫长工作，专门前往长沙与杜心五第三次交手。实在推脱不过，杜心五使出真本事，将刘百川打败。刘百川输得心服口服，不得不将南侠称号让与杜心五。所以，杜心

---

[1] 周保林《南北大侠杜心五》，载《文史春秋》1994 年第 12 期。

五获得南北大侠的江湖名号。[1]

二、充满传奇的学艺经历

杜心五学艺本身就充满传奇。杜心五受到父亲影响，从小对武术就有特殊的感情。九岁那年的一天早上，他从一条田埂路上赶去上私塾，这田埂路特别窄，一般只能容一个人通过。走在他前面的是一个老人，老人家慢慢腾腾，让杜心五特别心急。心怕走得慢，上学迟到，被老师打手板。于是便对前面老人说："你这老人家走路如此之慢，你能否让我先走，我快迟到了，老师要打手板。"老人不慌不忙地说："你要走到前面来很简单，你抓住我的辫子，一定要抓紧。"杜心五不解，按照老人的话，紧紧抓住他的辫子。还没等杜心五明白过来，他已经站在老人的前面。真是神人啊！杜心五原本要赶路上学的，看到眼前这一幕，他也不急着上学了，反而在老人面前一跪，就要拜老人为师。与所有传奇故事一样，这一次拜师，开始了杜心五的侠客人生。此老者正是南派拳术高人严克。

一年多之后，严克自觉人老快不行了，推荐杜心五去一座山上玩，说那里有重要秘密。当杜心五与小伙伴去到那山上时，发现那里有一座院子，可是没有门进出。其他小伙伴看了看，感觉不好玩，就离开了。可杜心五反而感觉到有文章，于是在那里琢磨，正当他来来回回观察的时候，里面跳出一个老道人来，仿佛是飞出来一般轻轻落在杜心五面前。杜心五马上明白过来，师傅叫他来，就是要让他跟着这位老道人学艺。接下来的事情大家都明白，他成了这个老道人的徒弟，这一年他才11岁。跟老道人学艺两年之后，老道人因别的事不得不离开了。

到杜心五14岁那年，经人介绍，他将徐矮子请进家门为师。徐师乃是贵州人，人长得奇丑，身高不到一米五。可是徐矮子从不教他功夫，杜心五想赶徐矮子走，又怕错过真功夫，不赶他走，他又从不露几手真功夫出来，就这样白白在家吃饭。杜心五练功，徐矮子在旁抽烟，漫不经心，似看非看。杜心五气不过，有心要试一

---

[1] 杜新宝《杜心五其人及对后世武学的影响窥探》，载《兰台世界》2013年第10期（下）。

试这矮子到底有没有真功夫。有一天乘徐矮子睡午觉的时候，他操起一把刀，朝着睡在床上的徐矮子就是一刀。可是怪得很，就在刀要砍着徐矮子的时候，他此时刚好打了一个翻身。杜心五将徐矮子身下的枕头砍为两节。徐矮子翻身过去，依然呼呼大睡。杜心五佩服得五体投地，从此死心塌地跟着徐矮子习武。这徐矮子乃是自然门武术的开山始祖，杜心五是自然门武术的发扬光大者。但是，有关徐矮子的故事，都是杜心五讲出来的，真实性存疑。后代学者一般相信，杜心五本人才是自然门武术的创始人。

三、酒色财气、西南镖王

保镖，是由行商出钱雇请的。行商的货物运往山区，大都靠骡马载运，多时二三十头牲口，少时也有七八头，俗称"马帮"，镖师与马帮同行，雇请镖师等于是人货保险。路遇不测由镖师防卫，如果镖师无能，货物被劫或伤人，镖局必须赔偿损失，故镖师之职，实质上无异于玩命。18岁那年，杜心五来到重庆，在金龙镖局当了一名镖师，是当时镖局中最年轻、最不起眼的镖师。杜心五在这家镖局做了两年多镖师，人虽年轻，但是武功却是一流，在镖师任上，从未失手。不但没失过手，而且一路走镖，一路行侠，侠名震动云南、贵州、四川、广西、重庆等大西南地区。20岁不到，就获得"西南镖王"的称号。

这西南镖王，虽然初出江湖，但是为人行事却非常老练，真有王者之气。据他自己说，当时的他，为人极潇洒倜傥，经常出入青楼，连会见朋友，都放在青楼里。平时也极爱喝酒，不但爱喝酒，由于交友不慎，还与朋友一同染上了吸鸦片的恶习。好在他这镖王只做了两年多时间，由于受到同行嫉妒，他感觉这镖行不是久待之地，因此两年以后，他辞去镖师，回到家乡，进入书院继续读书。读书期间在母亲的监督下，他以顽强的毅力戒掉了鸦片。居住北京期间，他结识一青楼女子，该女子年轻貌美，能歌善舞，杜心五对女子情有独钟。但是，有一次这女子说起她自己的身世，悲从中来，泣不成声。经过杜心五再三追问，方才知道，这女子是被人卖入青楼，初时不肯卖身，数次逃跑，都被抓回，然后被打得死去活来。杜心五问："别的女子也是这样吗？"，女子回答说："大多数女子都是这样，还有一些女子比她更惨。"杜心五听后，感觉自己做了那些坏人的帮凶，进入妓院就是犯下天大的错误，从此再也不进青楼了。

四、重情信义、追随革命

1895年左右，经一位同乡推荐，杜心五来到皇宫里面做卫士。在担任卫士期间，他亲眼看见了戊戌变法，非常敬佩谭嗣同，原本要潜入大牢将谭嗣同救出来，谭嗣同事前已经预料到杜心五将有此举，因此提前通知大刀王五在去监狱的路上挡住杜心五。戊戌变法失败，杜心五一时间变得很迷茫。正在此时，他遇到了来自桃源的老乡宋教仁。在宋教仁的开导与鼓励下，他东渡日本留学，寻求救国的真理，并在那里加入了孙中山领导的同盟会。

在日本留学期间，正是留学生中保皇党与革命党相争十分激烈的时候。清廷对留学生也监视得非常严密，对孙中山更是十分痛恨，非除之而后快。因此，有一段时间，杜心五与长沙的王润生成为孙中山先生在日本期间的贴身保镖。在此期间，多次打败前来暗杀孙中山的清廷杀手，这些杀手，有些是清廷从国内派来的大内高手，有些是清廷使者聘请的日本浪人。正因为有了杜心五，才一次次挫败了清廷的阴谋，保证了孙中山在日本的安全。

孙中山先生对杜心五极为看重。因为杜心五熟悉江湖事情，孙中山还专门派他回国，联络各地的黑社会，以期共同举行起义。杜心五为此走遍大江南北，与各地会首结拜把子，共谋大事。同盟会早期举行的多次起义，都是以这些黑社会成员为基本骨干队伍，这不能不说，是杜心五立下的汗马功劳。

民国成立后，宋教仁担任农林总长，延聘杜心五担任佥事，算是一个较大的官员，同时还担任农事传习所教授。

在北京期间，宋教仁因为思想激进，成为国民党左派领袖，得罪了不少右派官员。杜心五住其在附近，时加保护，宋教仁多次遇险，都平安度过。但是1913年3月20日，宋教仁在上海火车站返京途中，因没有保镖，被袁世凯派人刺杀，杜心五知道消息后，赶往上海处理宋教仁后事。手捧先生遗体，回想民国成立以来，各党各派天天勾心斗角，国事日非，万念俱灭。安葬好宋教仁之后，他就辞去公职，从此隐身江湖。

当然,他辞职隐身江湖,还有更深层背景。因为高层人物一直把他视为宋教仁的死党,把他列入下一个刺杀目标。敌人在暗处,自己在明处,杜心五为了自身安全,只好假装得了疯癫病,然后辞职。

五、浪漫不羁、诗酒药仙

杜心五隐身江湖,当了青红两帮的"双龙头"。这"双龙头"的身份,整个民国史上,只有杜心五做到,前无古人、后无来者。上海青帮老大黄金荣非常尊重杜心五,在杜心五面前,每每总是恭恭敬敬地称呼"杜师叔"。而另一位青帮老大杜月笙,面对杜心五时,必须恭恭敬敬地称呼"杜师祖"。不敢跟杜心五平起平坐。杜心五平时对普通人民群众,总是心平气和,没有任何架子。但是,对青红两帮中的那些大佬,则很威严,不随便给他们面子。

此后,他走南闯北,或耽影故乡,或栖身江湖。有时开堂收徒,扩组帮会;有时闭门谢客,修佛参禅。得暇时读庄生书,研相人术;有兴则采药炼丹,制千搔膏。总之,萍踪浪迹,行止靡定,深不可测。期间,他当过张作霖的武术师傅,传过一些绝招给他,他也帮助张作霖收服过东北的一大批胡子。这些胡子都愿意接受杜心五的领导,还集体拜杜心五为都统。杜心五约束这些胡子说,可以劫富济贫,但不可谋取分文私利。

隐居期间,还遇到了刘神仙,得到刘神仙神医神药的真传。刘神仙何许人也?乃是太平军中的军医,随石达开西征,在大渡河一战中隐身江湖数十年。杜心五与刘神仙相遇之后,两人相见恨晚。

抗战爆发,日本人很想请杜心五出山担任伪华北政府主席。杜心五知道消息后,连夜潜回慈利老家。不过汉奸周佛海知道杜心五已经回到慈利的消息后,还是给他汇来五千大洋,想与他套近乎。杜心五接到支票的时候,发现是汉奸周佛海汇来的,他看都不看一眼,即将支票撕得粉碎。

杜心五还极爱书法,他的书法也自成一体。

杜心五不平凡的经历,早已驰名中外,盛享赞誉。著名画家徐悲鸿在他辞世后称赞他"卓艺绝伦,令德昭著"。也有人说,杜心五是我国自赤松子、张良、吕洞宾等人以来继往开来的气功家。杜心五一生淡泊名利、疾恶如仇,不仅武艺精湛,而且德行过人,堪称一代大侠,不仅仅对后世武学发展和习武之人的品德教化等产生了巨大的影响,而且将中国传统侠客形象上升到诗书剑合一的最高境界,开创了中国侠客的新传统。

后记

在新的时代高度上对武陵山实施深度开发，既是政府的迫切要求，也是当地老百姓的迫切需求。2009年，国家决定建设武陵山经济协作区的文件出台之后，这个要求变成了实际行动。然而，经济协作区建设毕竟是一个新事物，有一个漫长的探索过程。仁者见仁、智者见智，是这个探索过程中必然会出现的一个现象。作为武陵山民族文化的研究者，我们希望通过将这里的文化搬进大学校园、搬进大学课堂，一方面用武陵山民族文化培养大学生的创新精神，一方面通过占领大学课堂这个文化高地，提升武陵山的文化知名度与文化品位，为武陵山的深度开发提供文化上的动力。这也许是我们的一厢情愿，不过这是一个良好的情愿。

本书是一本为配合大学素质课教育撰写的参考读物。为了提高大学生的阅读兴趣，我们尽量摆脱传统教材写作中的刻板模式，采用灵活生动的文字，按照文化人类学讲故事的学术传统，阐述武陵山民族文化的方方面面。本书也适合那些想了解武陵山民族文化的一般读者的阅读需要。必须说明的是，为了充分尊重每位作者的创作自由，我们保留了每篇文稿的鲜明个性。这从另一方面也让本书给人一种体例不统一的感觉。不过，这更增加了本书的可读性。

本书是在湖北省高等学校省级教学研究立项课题"武陵山民族文化进高校研究"成果基础上，经过专家们的反复修改而成，是十多位学者集体智慧的结果。本书是一本介于学术创新与教材编写之间的著作，书中有相当篇幅属于首次公开的最新研究成果，表达了我们对学术前沿的追求。也有部分章节是在充分吸收前人研究成果的基础上编撰而成，表达了我们对前人学术研究的认同与继承。

本书初稿出来后，由谭必友教授在湖南师范大学《神韵武陵：故事与文化》

素质课（校选课）上试讲，从2013年秋季至2015年春，共讲授了四个学期，听课学生达到600多名，收到了很好的效果。特别是一批大学生因为选修这门课，成立了武陵文化研习社，很多社员跟随谭必友教授深入湘西浦市古镇、怀化西晃山开展田野调查，为推动浦市古镇的旅游开发，贡献了自己的智慧与劳动。

本书由湖南师范大学、东北大学、中南民族大学、长江师范学院、三峡大学、湖南科技大学、怀化学院、吉首大学、遵义师范学院、凯里学院、重庆文理学院、湘西民族职业学院等十余所大学专业教师与研究人员共同编写，作者承担的写作任务为：谭必友（绪论《武陵山：一个有故事的地方》、第三讲《廪君传说与战神起源》、第六讲《十九世纪的土改运动——傅鼐与苗疆新政》、第二十讲《侠客行》）；洪文雄（第四讲《土司及其爱国故事》、第十讲《乾嘉苗民起义战争》）；潘芬萍（第一讲《地理与传说》）；胡云（第二讲《辛女传说与爱情故事母题》）；徐雯栋（第五讲《苗侗伙款与古老的民主文化》、第十四讲《集场与爱情》）；黄丽（第七讲《书院与文化》、第十八讲《革命家与军事家》）；郗玉松（第八讲《武陵山少数民族先民的起义战争》、第九讲《溪州之战与溪州铜柱》）；戴楚洲（第十一讲《晚清民国时期的武陵山战事》、第十二讲《抢修芷江机场与中日雪峰山决战》）；郑艳萍（第十三讲《歌与哭的故事》）、王淑贞（第十五讲《富于神性的民间艺术》）；向轼（第十六讲《独具特色的饮食工艺》）；龚志祥、彭佳（第十七讲《建筑工艺及故事》）；杨沁（第十九讲《文人传统》）。湖南省政协副主席武吉海先生为本书提供了重要指导，并提供了大量精美的照片，东北大学中国满学研究院院长赵杰教授为本书出版提出了大量有价值的建议。洪文雄、龚志祥、陆群等人参与了大纲制定、初稿审稿等工作。武陵网总编朱峰、湖南师范大学民族学与人类学研究中心访问学者孙君子、杨建波等同志为本书做了大量策划工作。为本书顺利出版，学苑出版社编辑杨雷、陈柯宇为本书做出许多无私贡献。在此一并表示感谢！

谭必友
2018年7月于秦皇岛

本书撰稿人简介

1. 戴楚洲（1963—），男，土家族，湖南慈利人。湖南省张家界市政协历史文化研究办公室主任、湖南省民间文艺家协会理事、长江师范学院兼职研究员。出版《中国武陵文化》等图书10多部，在《人民日报》等报纸杂志发表各类文章500多篇，承担5个省级研究课题，荣获湖南省委宣传部和省民委等单位各类奖项50多项。
2. 龚志祥（1966—），男，土家族，湖北来凤人，法学博士，长江师范学院教授，伦敦政治经济学院访问学者，东北大学秦皇岛分校兼职教授，巴基斯坦国立旁遮普大学客座教授，博士生导师。主持省部级课题5项，横向课题3项，获省部级奖5次，发表论文30多篇，出版专著2部。
3. 胡云（1981—），女，汉族，湖北天门人。哲学硕士，湖南师范大学图书馆馆员，湖南师范大学民族学与人类学研究中心讲师，发表论文4篇，参与国家社科等多项课题。
4. 黄丽（1979—），女，回族，湖南常德人，法学博士，三峡大学副教授，硕士生导师，主要研究民族社会学，出版专著1部，发表论文30余篇，主持完成教育部课题1项，厅级课题3项；科研成果获省社科成果一等奖1次、三等奖2次。
5. 洪文雄（1973—），男，苗族，湖南凤凰人，学苑出版社副社长，副编审。发表论文10余篇，主持国家社科、国家和省市级出版规划项目等10余项。主要从事民间文化、文博考古、民族文化等中国传统文化的保护研究、挖掘利用和传播工作。
6. 陆群（1969—），女，土家族，湖南古丈人，吉首大学教授，博士生导师。发表学术论文80余篇，主持国家社科课题3项，出版专著7部，其中《湘西原始宗教艺术研究》获教育部第七届高校人文社会科学研究二等奖。
7. 潘芬萍（1975—），女，汉族，湖南娄底人，历史学硕士，湖南科技大学商学院旅游系教师，主持省部级课题2项，参与国家、省部级课题10余项，发表论文20余篇。
8. 彭佳（1991—），女，汉族，湖南岳阳人，中南民族大学法学硕士，参与龚志祥教授多项课题。

9. 谭必友（1968—），男，土家族，湖南凤凰人，法学博士，东北大学教授，湖南师范大学教授，巴基斯坦国立旁遮普大学教授，博士生导师。主要研究民族文化、话语体系与社会行为等。发表论文 40 余篇，出版各类专著 10 余种（部），主持国家社科等各类课题 20 余项，担任多个集刊的主编或审稿人。

10. 王淑贞（1976—），女，白族，湖南张家界人，湖南省怀化学院商学院副教授，主要从事民族文化旅游开发研究。主持科研、教研课题 7 项，出版著作 2 本，发表学术论文 20 多篇。

11. 郗玉松（1972—），男，汉族，山东广饶人，博士，遵义师范学院副教授，主要从事南方民族历史文化研究。主持、参与国家及省部级课题 10 余项，发表论文 20 余篇。

12. 向轼（1972—），女，土家族，湖北来凤人，法学博士，重庆文理学院文化遗产学院副教授，主要从事民族文化与社会发展研究。主持国家社科等课题 3 项，出版专著 1 本，发表学术论文 20 余篇。

13. 徐雯栋（1985—），女，汉族，河南新密人。中南民族大学民族学硕士，参与谭必友教授多项省部级国家级课题。

14. 杨沁（1987—），女，侗族，贵州天柱人，法学硕士，凯里学院人文学院讲师，主要从事社会人类学方向的研究。发表论文 2 篇，参与课题若干项。

15. 郑艳萍（1969—），女，回族，湘西民族职业技术学院教师。

本书策划人简介

1. 孙君子,60后老头。非著名策划人、艺术品策展人、自由撰稿人,晃动于各种群体之间的边缘独行者。
2. 杨建波(1973—),男,汉族,湖南芷江人。
3. 朱峰(1969—),男,土家族,湖北咸丰人,北京瑞武陵峰文化发展中心主任。《土家族文化网》和《武陵网》创办人兼总编辑,致力于推动土家族文化传播传承和宣传武陵山片区经济社会发展,多次受到国家部委和地方民宗委及武陵山区等地各方人士的好评。